KB193852

실리콘밸리가
원하는 사람

실리콘밸리가
원하는 사람

현직 실리콘밸리 엔지니어가 말하는
글로벌 커리어 & 로드맵

이원종 지음

추천사

저자는 자신의 풍부한 경험과 깊은 통찰을 바탕으로, 회사 생활의 전략과 태도, 그리고 경력을 설계하는 법을 섬세하게 그려냅니다. 페이지를 넘길수록, 경력의 방향을 고민하는 이들이 흔히 간과할 수 있는 작은 디테일까지 고려한 따뜻한 조언과 날카로운 통찰로 채워져 있음을 느낄 수 있었습니다.

글로벌 무대에서 엔지니어로서 필요한 태도와 접근 방식을 실질적이고 현실적으로 제시하며, 경력의 성장과 글로벌 무대에서 활약을 꿈꾸는 엔지니어라면 누구나 곁에 두고 참고할 만한 등불 같은 책이 될 것입니다.

단순히 실리콘밸리를 꿈꾸는 엔지니어를 위한 이야기를 넘어, 엔지니어로서 성장하고, 자신의 가치를 증명하고자 하는 이들에게 꼭 필요한 조언과 방향성을 제시합니다. 커리어라는 항해 속에서 흔들리는 독자들에게 확신과 용기를 심어줄 단단한 이정표가 되어줄 것입니다.

허정욱(ASML 소프트웨어 엔지니어)

한국의 대학원 시절부터 실리콘밸리에서 반도체 아키텍트로 일하기까지, 저자가 자신의 체험과 시행착오를 바탕으로 학생과 주니어들에게 필요한 조언을 담아낸 책입니다. 어떻게 준비하고 경력 계획을 세워야 하는지, 취업과 이직 과정에서 만날 수 있는 어려움들에 대한 구체적인 가이드를 제공합니다. 실리콘밸리 커리어를 꿈꾸는 모든 분에게 권합니다.

홍정모(유튜버, 홍정모 연구소 운영)

추천사

이 책의 내용을 학부 시절부터 알려주는 선배님이 있었다면 큰 행운이었을 것 같습니다. 실무 경험이 조금 쌓인 지금이라도 책으로 이러한 내용을 접할 수 있어 여전히 행운이라고 느낍니다.

저자는 실리콘밸리 엔지니어가 되기 위한 전략을 자신의 경험과 지식을 바탕으로 체계적으로 정리하여 상세히 전달합니다.

단순히 미국 취업을 위한 요령을 알려주는 책이 아닙니다.

실리콘밸리가 원하는 좋은 엔지니어란 무엇인지, 그렇게 되기 위해 각 커리어 단계에서 준비해야 할 것은 무엇인지, 그리고 준비가 되었을 때 미국 진출을 현실적으로 어떻게 공략해야 할지 다룹니다. 또한, 미국에 도착한 후 어떤 삶을 살게 될지와 그때 필요한 전략까지도 구체적으로 제시합니다.

엔지니어로서 미국에서의 삶을 꿈꾸는 저는 이 책을 주기적으로 펼쳐 제 상황을 점검하려고 합니다. 미국 진출을 준비하거나 좋은 엔지니어로 성장하고자 하는 분들에게도 꼭 권하고 싶은 책입니다.

정종후(하이퍼커넥트 머신러닝 엔지니어)

미국의 리쇼어링 정책과 함께 엔지니어에 대한 미국의 문턱이 낮아진 요즘, 실리콘밸리는 엔지니어에게 막연한 이상향을 넘어 실질적인 커리어 선택지가 되었습니다.

저자는 실리콘밸리에서 일하게 되기까지의 경험과 그 여정에서 보고 배운 것들을 부담 없이 풀어냅니다. 하지만 그 사이 사이에 늘어놓는 이야기들은 결코 가볍지 않습니다.

책 전체를 관통하는 하나의 질문이 있다면, '그래서 무엇이 엔지니어의 삶을 행복하게 하는가?'입니다. 이 책에서 상황마다 얻어지는 답의 형태는 다르지만, 그 핵심은 결국 하나로 귀결됩니다. 엔지니어는 자신을 포함하여 세상을 이롭게 하는 데서 기쁨을 찾는 사람들이고 그들에게 그런 삶을 살 수 있는 기회를 가장 폭넓게 제공하는 곳이 실리콘밸리라는 것입니다.

이 책은 세상을 이롭게 하고 그 과정에서 자신도 행복하게 일하고자 하는 엔지니어에게 좋은 커리어 지침서가 되리라 생각합니다.

최기영(MaxLite 소싱 및 품질 담당 VP)

글로벌 엔지니어를 꿈꾸는 모두를 위해

실리콘밸리에서 꿈을 펼치려는 이들이 늘어나고 있다. 높은 연봉과 워라밸 보장, 더 나은 사회적 인식, 자녀 교육 환경 등 엔지니어의 근무 조건이 한국보다 월등히 좋다는 막연한 기대감 때문일 것이다. 먼저 진출했던 지인의 전언이든, 각종 매체가 만들어낸 환상이든 한 명의 엔지니어로서, 보다 합당한 환경에서 일할 수 있는 기회라 믿는 것이다. 이때 많은 이들이 머릿속에 그리는, 즉 실리콘밸리로 대표되는 기술 혁신의 중심에서 활약하는 이들을 '글로벌 엔지니어'라 지칭하려 한다. 하지만 글로벌 엔지니어라는 단어는 사실 내겐 그 이상의 의미를 지닌다. 글로벌 엔지니어는 내가 지향하는 방향이자 동시에 나의 동료들 그리고 엔지니어를 꿈꾸는 이들에게 권장하고자 하는 엔지니어상이기 때문이다.

내가 이상적으로 생각하는 엔지니어상은 '자신의 전문성을 바탕으로 조직 나아가 세상에 선한 영향력을 행사하는 엔지니어'다. 조직의 최고 엔지니어나 임원이 아니어도, 은퇴하는 시점까지 열정을 잃지 않고 자신의 일에서 역량을 발휘하는 엔지니어, '기술 발전에 적응이 빠르고 능통함tech-savvy'을 견지해 후배들을 이끌 수 있는 선배 엔지니어 말이다.

이때 '글로벌'이라는 단어가 '엔지니어' 앞에 붙어야만 하는 이유는 이러한 이상적인 엔지니어상을 지향하려면 필수적으로 '글로벌'을 목표로 나아가야 하기 때문이다. 현실적으로 이러한 엔지니어상에 부합하기 위해서는, 자신의 일에서 꾸준히 의욕을 불태울 수 있어야 한다. 그리고 이러한 의욕의 밑바탕에는 자신의 일에 대한 '보람'이 자리한

서문

다. 단계별, 시기별로 일정 시간과 노력을 투입하여 다음 단계로 성장할 수 있다는 확신과 마침내 전문가의 경지에 도달할 수 있다는 내면의 믿음, 그리고 그 결과물을 마주할 때 생기는 환희의 감정이 그것이다.

하지만 유행을 선도하기보다는 좇는 환경 그리고 경직된 조직 문화에서는 '업'에서 보람을 찾기가 무척이나 어렵다. 특히 기술 트렌드가 빠르게 바뀌는 환경에서 변화를 빠르게 이해하고 이에 적응할 수 있는 여건은 그 물결의 진원지에서만 갖춰질 수 있다. 그래서 내가 그리는 글로벌 엔지니어의 모습은 세계 시장을 대상으로 충분히 실력을 발휘하면서, 자신의 일에서 만족과 보람을 느끼고, 기술력으로 조직과 세상에 선한 영향력을 행사하는 엔지니어다.

글로벌 엔지니어로 성장하기 위한 단계별 로드맵을 제시하기 위해, 부족하지만 이 책을 쓰게 되었다. 실리콘밸리에 관심을 갖게 된 한국의 많은 공학도와 직장인들은 막상 어떻게 준비해야 할지 막막하기만 할 것이다. 구체적으로 방법을 알려주는 사람도 없고, 온라인상에서 정보를 구하기도 어렵다. 여기에는 이유가 있다. 사람마다 나이, 전공, 학위, 경력 등 상황이 모두 다르고 그 진출 경로조차 한두 가지로 규정할 수 없기 때문이다. 검색으로 누군가의 경험담을 찾을 수는 있겠지만 내 상황과 맞지 않은 경우가 대부분이다. 무엇보다도 이 길은 속성 과외를 받듯 단기간에 공부해 찾을 수 없다. 가능한 이른 단계부터 글로벌 엔지니어가 되기 위한 역량과 실무 경력을 체계적으로 쌓는 방법만이 유일하다. 그래서 그 방법을 구체적으로 알려주기 위해 감히 이 책을 쓰게 되었다.

이 책은 공과대학 학부생, 대학원 석박사, 그리고 사원부터 초임 부

장급까지의 현직 엔지니어를 위한 커리어 안내서이자, 그 모든 단계를 겪었던 한 실무 엔지니어의 회고록이기도 하다. 진로를 고민하며 오랜 시간 몸부림치다가 우연히도 실리콘밸리와 인연이 닿았던 내 커리어 여정을 녹여냈다. 과거를 돌아보면서 아쉽고 부끄러운 기억을 마주하기도 했지만 이를 꾸밈없이 담으려 했다. 이 책을 읽을 누군가가 나보다 더 이른 나이에, 더 좋은 조건으로 실리콘밸리에 진출하기를 바랐기 때문이다.

이 책은 크게 4부로 구성된다. 우선 1부에서 실리콘밸리와 한국 IT 산업의 차이를 이해하고, 우리가 '왜 글로벌 엔지니어가 되어야 하는지' 그 당위성을 이야기한다. 2부에서는 글로벌 엔지니어가 되기 위해 학부, 대학원, 직장인 단계에서 어떤 준비를 해야 하는지를 구체적으로 살펴보고 실질적인 로드맵을 제시한다. 또한 인터뷰, 신분, 영어, 이주 시점, 진출 경로, 취업 시장 동향 등 실리콘밸리 진출 시 반드시 알아야 할 지식적인 면을 이야기한다. 3부에서는 글로벌 엔지니어의 필수 역량인 글쓰기와 소프트 스킬 그리고 경력 성장을 위한 중요한 선택지 중 하나인 이직에 대해서 다룬다. 4부에서는 현지 엔지니어의 삶을 소개해 이곳에서 겪는 고민과 문화, 일상에 대한 이해를 돕는다. 또한 AI 시대의 엔지니어의 생존 전략과 업을 대하는 마음가짐을 이야기해 독자의 커리어 설계에 도움이 되도록 하였다.

이 책은 '브런치'라는 글쓰기 플랫폼에서 시작되었다. 서비스를 시작했을 때 한국에 있었던 나는 지금과는 다른 주제로 글을 쓰기 시작했다. 하지만 야근에 치여 좀처럼 여유도 없었고, 쓰고 있던 주제가 전공 분야가 아니어서인지 나의 글쓰기는 오래가지 못했다. 미국으로

서문

이주한 뒤 삶의 활력을 되찾으며 비로소 다시 글을 쓸 여유가 생겼다. 한국에서의 추억을 소환하며 미국 이민자의 삶, 미국 직장 생활을 에세이로 풀어냈다. 생각보다 많은 분이 구독해 주셨는데, 어느 순간부터 이들이 진정으로 알고 싶어 하는 것은 나의 '삶'이 아님을 알게 되었다. 현직자, 장래 엔지니어가 될 공학도들이 원하는 것은 바로 실리콘밸리로 향하는 '길'이었다. 그들이 온라인이나 시중에 출판된 서적에서 접하는 것은 주로 특정 테크 기업 현직자의 실리콘밸리 근무 경험 또는 기업 문화에 대한 내용이 주를 이루었을 것이다. 정작 실리콘밸리로 진출하고자 하는 이들의 질문에 답해줄 수 있는 매체를 찾기가 어려웠던 것이다. 나는 한국에서 대학과 대학원을 졸업하고 한국 대기업 11년, 실리콘밸리 테크 기업에서 7년을 경험했다. 그리고 연구원과 엔지니어 직군을 모두 경험했기에 이들의 고민을 비교적 폭넓게 이해할 것이라 생각했다. 그래서 좀 더 장기적인 관점에서 커리어 단계별로 준비해야 할 것과 그 방안을 정리하여 썼다. 그렇게 연재를 시작한 '글로벌 엔지니어 성장 로드맵'이라는 시리즈 글이 책의 시초가 되었다.

집필을 하면서 가장 고민이 되었던 지점은 다양한 독자의 필요를 만족시키는 것이었다. 나이, 전공, 학위, 경력이 다른 이들을 모두 고려하여 쓰다 보면 그 내용이 범박해져 일반론으로 흐를 수 있었다. 이 경우 내용이 구체적이지 않아 글을 쓰기도 어려웠고, 글의 내용이 독자에게 와닿지도 않을 듯싶었다. 그렇다고 독자를 너무 구체적으로 한정하면 그렇지 않은 독자의 실정에는 도움이 되지 않을 것이다. 고민 끝에 되도록 많은 이들에게 도움이 될 중요한 내용을 위주로 담되

본문에서 내 경험과 실례를 자주 들어 이해를 돕도록 했고, 실제 한국의 공학도와 직장인이 궁금해할 만한 그리고 실제로 자주 받았던 질문들을 질의응답 형식으로 담았다.

이 책이 나오기까지 많은 이들의 도움이 있었다. 우선 부족한 글을 구독해 주시고 댓글로 소통했던 구독자 모두에게 감사를 전하고 싶다. 특히 내가 직접 경험하지 못했던 미국 진출 경로에 대해 다양한 피드백을 주신 봄마을 님과 연구원의 삶을 진중하게 이야기하고 계신 nay 님 그리고 브런치에서 만나 실리콘밸리에서 일상을 공유하고 있는 담낭이 님께 고마움을 전한다. 이 책을 집필하던 중 담낭이 님이 개설한 네이버 커뮤니티 '담낭이의 커리어 놀이터'에서 한국의 많은 공학도, 현직자를 만났다. 댓글로 이들의 고민 상담을 하면서 독자의 필요를 더 잘 이해하게 되었다. 출판사 비제이퍼블릭의 한영서 편집자님께도 감사의 말씀을 드린다. 편집자님이 주신 건설적인 피드백은 이 책을 완성하는 데 큰 도움이 되었다. 그리고 미국에서 타향살이를 하고 있는 우리 가족을 언제나 응원하고 계시는 부모님과 장인, 장모님, 동생 부부, 처남에게 고마움을 전한다. 마지막으로 미국으로 이직할 때 남편을 믿고 묵묵히 따라와 준 아내, 언제나 내 삶의 이유가 되어주는 두 아이에게 감사의 마음을 전한다.

목차

목차

일러두기

'빅테크'라는 용어는 아마존, 애플, 구글과 같은 특정 기업들을 지칭하기도 하나,
이 책에서는 테크 분야에서 중요한 위치를 가진 다국적 기업을 통칭하는 용어로 쓰였습니다.

1부

실리콘밸리와
엔지니어

1장

왜
실리콘밸리인가?

한국에서 연구원으로 11년 동안 일한 후 미국 회사로 이직했고 이제 8년 차에 접어들었다. 미국에서 경력의 시작은 연구원이었으며 이후 엔지니어로 전업轉業하여 현재는 실리콘밸리의 한 반도체 빅테크 회사에서 GPU 아키텍트로 근무 중이다. 도합 18년이라는 짧지 않은 세월 동안 한국과 미국의 반도체 업계를 모두 경험하면서 양국 기업의 상이한 문화와 체계를 충분히 이해할 수 있었다.

미국에서 처음 일할 때는 한국 회사와 비교하였을 때의 표면적인 장단점만 보였다. 자율성이 보장되고 창의성이 중시되는 업무 환경은 긍정적이었다. 하지만 이에는 책임이 따르기에 언제든 정리해고를 당할 수 있는 곳이었다. 이러한 동전의 양면 같은 조직 문화를 겪으면서도 나는 되도록 밝은 면만 보고자 했다. 내 선택이 틀리지 않았음을 바랐기 때문이다. 하지만 이곳에서 보내는 시간이 길어지면서 점차 그 차이가 어디에서 왔는지, 보다 깊이 이해하게 되었다. 내 선택에 대한 판단은 바람에서 확신으로 바뀌었다.

실리콘밸리는 전 세계 기술 산업의 중심지이다. 이곳에는 8천 개가 넘는 기술 회사와 수많은 스타트업 그리고 벤처 자본이 모여 있다. 이곳은 혁신에 대한 열망과 기업가 정신을 바탕으로 신생 기업들이 성장하며 투자를 유치하는 곳이다. 그 결과, 크게 성공하거나 실패하는 역동적인 생태계를 형성하는 곳이기도 하다. 빅테크 기업은 이곳에서 원천 기술을 끊임없이 개발하여 제품과 서비스로 출시하고 세계인의 삶을 바꾼다. 꿈을 품은 전 세계의 인재들이 몰려드는 이유이다. 현재 50만 명 이상의 글로벌 엔지니어들이 실리콘밸리에서 일하고 있다.

우리는 자신의 일과 경력에 만족할 때 행복하다. 당연하게도 이는 엔지니어 역시 마찬가지이다. 엔지니어가 자신의 일에 만족하기 위해서는 '전문가라는 자부심'과 '보람'을 느낄 수 있어야 한다. 이 두 가지는 자신의 업을 주도적으로 이끌어 갈 수 있는 환경, 즉 자율성이 보장되는 조직 문화에 속해 있어야만 가능하다. 이러한 조직 문화가 갖춰진 곳이 바로 실리콘밸리고, 우리가 글로벌 엔지니어가 되어야 하는 이유이다.

이번 장에서는 한 명의 엔지니어로서 내가 오랜 기간 지켜본 한국과 미국의 IT 산업 변천사를 되짚어 볼 것이다. 기술과 엔지니어는 궤를 같이하여 성장한다. 기술이 새롭게 등장하고 산업이 육성되면, 자연스럽게 관련 엔지니어의 수요와 공급이 함께 늘어나기 때문이다. 따라서 양국의 산업 발전 과정을 잠시라도 돌아보고 그 차이를 이해할 필요가 있다. 양국의 경제적, 정치적, 사회적 배경이 다르기 때문에, IT 산업은 서로 다른 모습으로 발전해 왔고 이로 인해 기업의 조직 문화 나아가 대학의 교육까지 다른 양상으로 발전해 왔기 때문이다. 그리고 이러한 차이로부터 기인하는, 엔지니어가 실리콘밸리로 향해야 하는 이유, 앞에서 말한 나의 판단이 확신으로 변해 간 근거가 무엇이었는지 이번 장을 통해 이해하게 될 것이다.

한국과 미국의 IT 산업 변천사, 그리고 나

IMF 사태가 터지기 몇 년 전 세상은 마지막 잔치를 누리고 있었다. 기업은 차입금으로 무분별한 투자를 계속했고 덕분에 고용 시장은 호황이었다. 이 시기에 대학교를 다니던 나는 학부 2학년을 마치고 입대를 했다. 군전역 후 학교로 돌아오니 많은 것이 바뀌어 있었다. 그중 가장 큰 변화는 인터넷의 보급이었다. 미국에서는 90년대 초반에 이미 인터넷이 대중화되어 WWW, HTML, 브라우저 등 관련 기술이 개발된 반면, 한국에서는 90년대 중반에 들어서야 본격적으로 인터넷이 보급되었다. 실습실은 모두 랜선으로 연결되어 있었고, 학생들은 웹서핑과 검색을 즐겼으며, HTML로 개인 홈페이지를 만들고, MP3로 고음질의 음악을 들었다. 대학교에서 컴퓨터 공학(그 당시에는 전자계산 공학)을 전공한 나는 이러한 변화 속에서 세상이 바뀐 것을 실감하며 강의실과 도서관을 오갔다.

업계에 새롭게 등장한 Java나 C++ 같은 객체지향 프로그래밍 과목과 함께 운영체제, 네트워크, 컴파일러, 알고리즘, 데이터베이스 같은 주요 전공과목에 매진했다. 동시에 혹시 모를 취업에 대비해 토익 공부를 병행했고, 일부 동기들은 어학연수를 떠났다. 졸업반이 되자 나는 계획대로 대학원 준비를 했고, IMF 시기와 맞물린 열악한 환경 속에서 동기들은 취업 시장에 뛰어들었다.

본교 연구실에 진학하는 것을 고려하기도 했지만, 결국 만나는 사람과 공부 환경을 바꾸고자 타대 진학을 결정했다. 군대에서 전산병이었던 경험을 살리기 위해 '데이터베이스' 연구실을 1지망으로 써냈다. 하지만 결국 2지망이었던 '컴퓨터 구조' 연구실로 향해야 했다. 당연했다. 데이터베이스는 당시 학생들에게 인기가 높은 분야여서 경쟁률이 치열했는데, 타대생인 주제에 해당 연구실과 사전에 어떤 연락도 취하지 않았기 때문이다. 하지만 이는 내 엔지니어 커리어에 결정적인 영향을 미친 첫 번째 사건이었다. 대학원에서 세부 전공한 주제를 현재까지도 다루고 있기 때문이다.

세기말이었던 그 즈음, 설레는 마음으로 연구실에 첫발을 들였던 날, 사수였던 박사 과정 선배는 내게 연구 주제를 하나 던져주었다. '그래픽 가속기graphics accelerator'라고 했다. 데이터베이스에 몰두하던 내게는 완전히 생소한 분야였다. 알고 보니 말 그대로 그래픽 연산을 가속하는 하드웨어였다. 그러니까 지금 우리가 PC에서 기본적으로 장착해 쓰고 있는 그래픽 카드와 관련된 기술이었던 것이다. 이제는 인공지능을 통해 매우 잘 알려진 GPU(Graphics Processing Unit)의 시조 격인 기술이었다.

당시 내겐 생소했지만 그래픽 가속기는 이미 미국에서 80년대 후반부터 연구되었던 기술이었다. 초창기에는 실리콘 그래픽스SGI: Silicon Graphics Inc사의 고성능 서버 위주였지만, 시간이 흘러 점차 PC용으로 그 연구가 확산된 것이다. 이러한 학계의 누적된 기술을 바탕으로 90년대 중반부터 미국 업계가 제품을 출시했다. 엔비디아와 ATI라는 두 반도체 회사가 PC용 그래픽 칩셋 상용화에 성공해 시장에서 상승세를 이어갔다. 50년대 트랜지스터의 발명, 60년대 집적회로 개발, 70년대 CPU 상용화까지 미국은 세계 반도체 업계를 선도하고 있었다. 거기에 향후 GPU로 불리게 될 그래픽 칩셋까지 발을 뻗었던 것이다.

당시 미국 학계에서 그래픽 가속기는 인기 있는 연구 주제였다. 하지만 이를 연구하는 국내 대학은 거의 전무하다시피 했고 업계도 아무런 관심이 없었다. 솔직히 걱정이 되었다. '아무도 관심 없는 이 분야를 전공했을 때 졸업 후 과연 밥이나 먹고살 수 있을까?'라는 의구심도 들었다. 당시 삼성과 LG 같은 대기업의 주력 사업은 무선 통신을 이용한 핸드폰 그리고 DRAM 메모리였다. 정부가 '시스템 IC 2010' 국책사업을 펼치고,[1] 삼성이 1 GHz 마이크로프로세서 '알파칩'을 양산하기도 했지만, 한국의 시스템 반도체 사업은 여전히 걸음마 수준이었다. 그런 시기 속에서 그저 이왕 시작했으니 열심히 하자고 스스로를 독려할 수밖에 없었다.

그 즈음 웹에서는 다음이나 네이버 같은 대형 포털이 등장했다. 무료 메일과 검색서비스로 사용자를 모으고 있었고, 전자상거래가 활성화되어 인터넷 쇼핑 시대에 접어들고 있었다. 널리 보급된 초고속 통신망과 인터넷을 올라타고 대한민국 소프트웨어 산업이 만개하기 시작한 것이다.

석사 마지막 학기가 되어 졸업 논문을 부랴부랴 쓰고 있던 어느 날, 나는 왠지 억울한 마음이 들었다. 연구 이외의 업무만 하다가 대학원 생활을 흘려보낸 것만 같았다. 그래서 그날 '연구'라는 것을 제대로 하겠다고, 박사를 진학해야겠다고 갑작스러운 결심을 하고 만다. 지금 와서 보면 이 결심이 내 경력의 방향을 결정하는 두 번째 사건이다. 석사 3학기 때 한 대기업 산학 장학생에 선발되어 졸업 후 입사가 예정되어 있었다. 해당 기업에 장학금을 돌려주면서까지 선택한 박사 진학이 독이 될지 득이 될지는 전혀 짐작할 수 없었다.

그 당시 대학원생들의 연구를 집중적으로 방해하던 것이 있었는데, 바로 온라인 게임이었다. 넥슨이 한국 최초의 온라인 그래픽 게임 '바람의 나라'를 1996년에 출시한 이후, 대한민국의 온라인 게임 산업은 급격히 성장했다. 1998년에 출시된 NC소프트의 '리니지'가 그 정점을 찍었다. 이전 세대를 풍미하던 외산 게임, '스타크래프트'나 '디아

블로'와 함께 '리니지'는 게임 산업의 춘추전국 시대를 이끌었다. 연구실에서 밤새 게임을 하던 우리들은 스스로에게 암시를 걸었다. '이것은 단순한 유희가 아닌 연구의 일환이다. GPU 연구자로서 그래픽은 가까이해야 할 숙명과 같다'라고 말이다.

박사 과정에 진학하자 나는 스스로 연구 주제를 찾아야 했다. 당시 GPU, 그래픽스 학계는 병렬화가 다시 화두로 떠오르고 있었고, 응용쪽에서는 과학 영상 가시화visualization 분야가 흥미진진하게 전개되고 있었다. 두 분야에 쏟아지는 논문을 나눠 읽으며, 후배들과 아이디어를 짜는 데 골몰했다. 연구 아이디어를 지도 교수에게 제안하고 혼나길 반복했다. 그렇게 시행착오를 거듭하며 후배들과 조금씩 연구 결과를 내기 시작했고, 선배의 지도를 받으며 영어 논문을 썼다. 밤늦게까지 연구실에서 첫 논문을 쓰던 그 날, 창밖으로 바라본 신촌 거리는 무수한 인파로 빼곡했다. 2002년 월드컵 때문이었다. 대한민국의 인터넷 커뮤니티는 활발했고, 대중은 미니홈피를 통해 사회관계망을 누렸으며, 일상적 소통은 PC 메신저로 이루어졌다.

그즈음 대기업에서 연구실에 연락을 하기 시작했다. 미국에서 GPU 시장이 성장하면서, 한국의 반도체 기업들도 그래픽스 하드웨어에 관심을 갖게 된 것이다. 아무도 관심을 두지 않을 때부터 이 주제에 대해 연구해 온 연구실이 드디어 빛을 보기 시작한 것이다. 업계는 휴대폰, 디지털 멀티미디어 방송DMB과 같은 모바일 단말에서, 오디오, 비디오 다음으로 소비될 미디어로 3차원 게임같은 그래픽을 예상했다. 연구실은 삼성의 사업부 셋과 차례대로 산학 협력 과제를 진행했다. 연구실의 많은 인력들이 투입되었고, 우리는 아주 잘 동작하는 프로토타입을 성공적으로 개발해 인도했다. 거의 4년에 걸쳐서 진행된 과제들에 참여하며 나는 많은 실무 경험을 쌓았다. 과제 마무리 시점이면 직접 삼성으로 출근해 현업 개발자, 연구원들과 함께 작업했기 때문이다.

개발 프로젝트에만 전념하다 보면 박사 과정의 졸업은 점점 멀어진다. 졸업 요건을 충족할 수 있도록 논문을 출판하고 발표해야 하기 때문이다. 따라서 나는 협력 과제에 참여하는 동안에도, 과학 영상 가시화에 대한 연구도 병행했다. 이 주제로 논문도 썼고 덕분에 '산업기술종합연구소AIST: National Institute of Advanced Industrial Science and Technology'라는 일본 국책 연구소에서 연구 인턴을 할 수도 있었다. 일본과 대한민국 정부가 공동으로 지원하는 연수사업의 수혜를 입은 것이다.

그즈음 나는 연구실의 선임이 되어가고 있었고, 꽤 많은 석사 후배들이 내 팀을 거쳐 졸업했다. 그중 루마니아에서 온 외국인 친구가 있었는데, 학부 시절 이미 ACM 국제 프로그래밍 대회 수상 경험이 있던 실력자였다. 이 친구가 졸업하면 자국으로 돌아가 교수가 될까 싶었는데, 어느 날 찾아와 말하기를 미국의 한 회사로 가게 되었다는 것이 아닌가. 그 회사가 다름 아닌 '구글'이었다. 그랬다. 당시가 2000년대 중반이었고, 미국은 닷컴 버블 이후 내실 있는 소프트웨어 기업들이 실리콘밸리를 중심으로 성장하고 있었다. 구글은 검색 엔진으로 서비스를 넓히고 있었고, 페이스북(현 메타)은 본격적으로 사회관계망 서비스를 시작했다. 그럼에도 당시 나는 그 친구의 행보에 안타까움을 감추지 못했다. 그의 능력에 비해 구글이 너무 초라해 보였기 때문이다(당시만 해도 실제로 초라했다). 물론 큰 착각이었다는 것을 깨닫게 되기까지 채 몇 년 걸리지 않았다. 후일 미국에 와서 그 친구를 다시 만난 적이 있는데, 그는 입사 이후 구글에서 초고속 승진을 했고 임원급인 디스팅귀시드 펠로우distinguished fellow 자리까지 올랐다.

박사 졸업과 동시에 삼성으로 입사를 했다. 협력 과제를 함께하던 사업부인 삼성종합기술원이었다. 나는 마지막 협력 과제를 함께하며 기술원에서 필요로 하는 스킬셋과 연구 실적을 자연스럽게 쌓았고, 당시 기술원도 그래픽스 하드웨어에 대한 연구를 적극적으로 계획했기 때문에 서로의 필요가 맞았던 것이다. 그리고 기술원에서 11년 동안 연구원으로 지냈다. 서른 초반부터 사십 대 초반까지 가장 왕성하게 일할 시기였고, 결혼을 하고 첫아이를 낳으며 대한민국의 평범한 가장이 되었다. 조직 개편으로 마지막 6개월을 사업부에서 엔지니어로 보내긴 했지만, 나의 대부분의 한국 경력은 그렇게 종합기술원에서 쌓았다. 첫 5년은 팀원으로, 이후 5년은 팀장으로 지내며 다양한 연구 과제를 수행했다. 그 11년간 운이 따랐던 건지, 변화하는 환경 속에서도 그래픽스와 GPU라는 하나의 연구 분야로 경력을 지켜낼 수 있었다.

2000년대 중후반부터 2010년대를 관통하던 그 시기, 세상은 더 많은 변화와 혁신을 거듭했다. 2007년 스티브 잡스가 아이폰을 세상에 처음 소개하고, 모바일 앱 시대를 열면서 대중의 삶은 크게 바뀌었다. 모바일로 음악, 이미지, 영상 등 모든 미디어를 소비하고, 결제하고, 쇼핑하고, 게임하는 시대가 열린 것이다. 페이스북과 트위터(현 X)는 세계인들을 하나로 연결시켰으며, 공유경제가 사람들의 일상을 더욱 편리하게 했다. 가상화virtualization와 클라우드는 개인의 데이터 접근성과 업무 생산성을 높였다. 구글, 아마존, 마이크로소프트의 클라우드 사업은 대용량 저장소, 고속 네트워크, 빠른 처리 속도를 보장하는 데이터 센터 산업을 급성장시켰다. 덕분에 인텔의 CPU 그리고 삼성과 SK의 메모리는 날개 돋친 듯 팔렸다. 클라우드와 함께 스트리밍 서비스가 고개를 들기 시작했고, 개인 비서나 음성 인식 등 인공지능에 기반한 서비스들이 확산되기 시작했다.

그리고 2010년 중반, 나는 한국에서의 커리어를 정리하고 미국으로 이직을 했다. 종합기술원에서 내가 이끌던 연구팀은 정리되어 나는 다른 팀의 일원으로 일하고 있었다. 사업성 부재로 팀은 사라졌지만, 내가 5년간 쌓아온 업계 경험과 학계 평판 덕분에 전문성과 스킬셋은 여전히 유효했다. 내 연구 업적과 평판을 접한 인텔이 먼저 연락을 한 것이다. 인터뷰를 보고 합격하여, 취업비자 발급과 같은 정식 이민 절차를 거쳐 미국 땅을 밟았다.

인텔에서 새롭게 연구원 커리어를 시작하면서 새로운 분야에 도전했다. 한국에서도 연구원이었지만 사업부 엔지니어처럼 일했다. 사전에 허락된, 연구보다는 개발의 측면이 더 강한 과제를 수행할 수밖에 없었다. 인텔에서는 좀 더 자유롭게 연구 주제를 정할 수 있는 전업 연구원이 되었다. 평소 해보고 싶던 상위 수준의 주제를 파기 시작했다. 그래픽스 알고리즘과 프로그래밍 모델에 심취했고, 한참 부상 중이던 인공지능을 그래픽스에 접목하는 시도를 하며 그렇게 5년을 인텔에서 보냈다.

그 기간 동안 미국은 또 다른 번영을 맞이하고 있었다. 거리엔 테슬라의 전기 자동차가 운행되기 시작했고, 인공지능의 열풍은 점차 거세졌다. 인공지능 계산 요구량이 기존 CPU와 GPU의 연산력computing power을 훨씬 넘어서기 시작하자, 반도체 업체들은 또 다른 가속기를 준비했다. 인공지능 연산에 특화된 전용 하드웨어, 바로 'AI 가속기'였다. 엔비디아나 인텔과 같은 반도체 업체들은 자사의 CPU나 GPU에 AI 가속기를 장착하기 시작했고, 아예 이들을 여러 개 묶은 슈퍼컴퓨터까지 제작했다. 인공지능 열풍과 함께 미국의 데이터 센터 시장은 더 크게 성장했다. 하이퍼스케일hyperscale과 에지edge 컴퓨팅으로 진화했고 클라우드 업체는 돈을 쓸어 담기 시작했다.

인텔에서 5년의 연구원 생활을 마치고 다시금 새로운 도전을 했다.

연구원으로서의 커리어를 이어갈 수도 있었지만, 내가 설계하고 개발한 제품을 전 세계인이 사용하는 경험을 하고 싶었다. 그래서 GPU 아키텍트로 직군을 바꿔 AMD로 이직해서 현재까지 일하고 있다. 그 사이 실리콘밸리에 OpenAI의 ChatGPT가 일으킨 두 번째 인공지능의 파도가 들이닥쳤고, AI 하드웨어를 개발하는 많은 스타트업들이 우후죽순 생겨났다. 앞으로 인공지능은 우리 삶 구석구석으로 전파되어 새로운 미래를 만들어 낼 것이다.

지난 30년간의 한국과 미국의 IT 산업 변천사를 보면, 우리의 IT 기술이 늘 미국의 영향권에 있다는 것을 알 수 있다. 소프트웨어 및 서비스, 시스템 반도체, 네트워크 장비 및 통신기기, 클라우드 및 데이터 센터, 인공지능과 빅데이터, 사물 인터넷, 보안 등 IT 기술 대부분은 미국에서 최초로 발현되고 일정 시간을 지나 한국에 보급되었다. 한국이 선도하는 분야는 인터넷 인프라 및 속도, 스마트폰 보급률 및 모바일 앱 생태계, 온라인 게임, 메모리 반도체, 파운드리, 백색 가전 정도다. 그리고 그중 비교적 역사가 오래된 반도체와 가전은 삼성, LG, SK와 같은 제조업에 뿌리를 둔 몇몇 대기업 위주로 발전했다. 카카오, 네이버와 같이 소프트웨어 기업이 두각을 나타낸 것은 지금으로부터 불과 20여 년밖에 되지 않았다. 최근 들어 줄어들었다고는 하지만 여전히 기술력의 격차는 존재한다. 인공지능과 소프트웨어 산업은 여전히 열세에 놓여있고, 정부나 기업이 오랜 기간 투자한 시스템 반도체는 오히려 격차가 더 벌어지고 있다.

이러한 차이를 극복하기 위해 그동안 대한민국은 패스트 팔로워fast follower 전략을 펼쳤고, 스마트폰, 모바일 시장, 사물 인터넷 등에서 실제로 가시적인 성과를 이뤄냈다. 하지만 빠르게 선두 기술을 따라잡거나 따라 하는 방식은 유효했지만, 그와 동시에 스스로 사고하고 설계하는 창의성을 기를 기회를 놓치기도 했다. 한국에서 성장하고 교육받아 공학을 전공한 뒤 엔지니어 커리어를 시작했거나 시작할 우리라면, 우선 이러한 현실을 인정해야 한다. 그리고 나아가 이 한계를 어떻게 극복할지 고민하는 것이 글로벌 엔지니어로 성장하기 위한 중요한 과제일 것이다.

실리콘밸리는 어떻게 세계 IT 산업의 중심지가 되었나

"월급쟁이 노예로 살지 말고, 야망을 갖고 벤처를 해!"

한국에서 막 대학원 생활을 시작했을 때 지도 교수는 제자들에게 창업을 강조하곤 했다. 젊음을 무기로 새로운 도전을 하라고 장려하신 것이다. 실제로 지도 교수는 구호로만 그치지 않고 학생 몇 명과 함께 몸소 벤처를 창업해 운영하기도 했다. 물론 벤처 창업에는 늘 위험부담이 따르기 때문에 결과는 그다지 좋지 못했다. 실험실 연구와 실제 비즈니스 사이에는 크나큰 괴리가 있었고, 결정적으로 당시 한참 분위기가 고조되던 닷컴 시장이 붕괴되었기 때문이다.

당시 나는 '빨리 졸업해서 취직이나 하는 게 최고'라 생각하며 지도 교수의 말을 귓등으로 흘렸다. 그런데 지금 와서 생각해 보면 지도 교수의 행보는 일종의 '위대한 도전'이었다. 제자들에게 말로만 주문하지 않고 직접 길을 개척하셨으니 말이다. 그 도전이 씨앗이 되었는지 후일 연구실 선배 몇 분은 졸업 후 실제 스타트업을 창업했고 지금도 열심히 그 열정을 불태우고 있다. 그런데 막상 제자들이 창업하겠다고 했을 때 지도 교수는 오히려 이들을 만류했다. 너무 힘든 길임을 직접 체험했기 때문이다.

　벤처와 스타트업 신화의 본 고장인 실리콘밸리에서 살다 보니, 가끔씩은 한국에서 지켜본 그분들이 생각나곤 한다. 그분들이 이곳에서 창업했다면 성공했을까? 더 많은 투자 기회와 더 큰 시장이 기다리고 있었을 테니 적어도 더 좋은 결과를 맺었을 것 같다. 그것이 현재에도 많은 한국의 스타트업들이 어떻게든 실리콘밸리로 진출하려는 이유일 것이다.

　그렇다면 어떻게 실리콘밸리는 스타트업의 성지, 아니 세계 IT 산업의 중심이 되었을까? 이를 알아보기 위해서는 먼저 우리는 한 대학을 방문해 볼 필요가 있다. 바로 미 서부 명문 대학인 스탠퍼드다. 주말이면 가끔씩 가족과 이 대학 캠퍼스를 방문하곤 한다. 캠퍼스가 있는 팰로앨토가 현재 살고 있는 산타클라라에서 꽤 가깝고, 잔디밭, 분수, 미술관, 교회 건물, 서점 및 기념품 가게 등 볼거리도 많아 아이들 손을 잡고 산책하기 좋기 때문이다.

　1890년대 이 대학이 설립된 시기엔 학교 주변이 허허벌판이었다. 현재로서는 상상할 수도 없지만, 그 당시에는 학생들이 졸업하면 일자리를 찾아 다들 동부로 떠났다고 한다. 그러한 분위기가 조금씩 바뀌기 시작한 것은 한 명의 교수, 프레데릭 터먼Frederick E. Terman에 의해서였다.[2] 당시만 해도 대부분의 미국 대학은 보수적이었고, 과학 기술의 상용화에 대해 회의적이었다. 하지만 터먼 교수는 기술 발전이 미국 경제를 일으킬 수 있다고 믿는 급진적인 '기술 혁신론자'였다. 그가 공과 대학의 학장이 되면서부터 자신의 생각을 교육에 반영하기 시작했다. 바로 교수진과 졸업생들에게 창업을 적극적으로 독려한 것이다.

　터먼 교수의 제안을 수용한 두 제자, 윌리엄 휴렛William Hewlett과 데이비드 패커드David Packard에 대한 일화, 바로 휴렛 팩커드HP: Hewlett-

Packard Company사에 대한 이야기는 이미 널리 알려져 있다. 테크 기업 신화에 자주 등장하는 '차고 창업'은 바로 이들이 원조다. 1939년 차고에서 휴렛과 패커드에 의해 태어난 HP는 실리콘밸리 역사의 시초 격이 된다. 그 이후로도 스탠퍼드 대학은 졸업생들을 인근에 남기기 위해 더 많은 노력을 기울였다. 학교가 보유한 주위 토지에 연구 단지를 세우고, 건물에서 나오는 임대료나 조성한 기금을 통해 창업하는 졸업생들에게 자금과 인프라를 꾸준히 지원했다.

이후 실리콘밸리 기술의 핵심이 될 반도체 산업이 시작된다. 윌리엄 쇼클리William B. Shockley는 1956년 마운틴뷰에 반도체 연구소를 설립한다. 벨 연구소Bell Labs에서 동료와 함께 발명한 트랜지스터 기술이 기초가 되었다. 이 연구소가 실리콘밸리의 반도체 붐을 촉발시켜 유능한 엔지니어와 과학자들을 끌어들였고, 수많은 하이테크 기업의 설립으로 이어졌다. 이 연구소 출신 연구원이었던 로버트 노이스Robert N. Noyce와 고든 무어Gordon E. Moor가 인텔을 1968년에 설립했고, 그들은 1971년 마이크로프로세서 즉 오늘날의 CPU를 세계 최초로 개발한다.

벤처 자본VC: Venture Capital은 실리콘밸리가 폭발적으로 성장하는 데 큰 원동력이 되었다. 그중에서도 1972년에 설립된 클라이너 퍼킨스 카우필드 & 바이어스Kleiner Perkins Caufield & Byers는 기술 스타트업에 공격적으로 투자해 이들을 세계적인 기업으로 성장시켰다.[3] 이러한 벤처 자본가들은 금융 지원뿐만 아니라 컨설팅까지 해주며 젊은 창업가들의 멘토 역할을 톡톡히 했다. 이러한 벤처 자본이 아니었다면 오늘날 실리콘밸리의 '대담한 창업 문화'는 없었을 것이다. 2024년 기준 실리콘밸리에는 여전히 200개가 넘는 벤처 자본 회사가 활동하고 있다.[4]

마이크로프로세서가 촉발한 또 다른 산업은 바로 개인용 컴퓨터였다. 1976년 스티브 잡스와 스티브 워즈니악이 차고에서 개발한 애플

I Apple I이 시험 판매된 이후, 정식으로 출시된 애플 II Apple II가 센세이션을 일으켰고, 개인이 가정에서 컴퓨터를 쓰는 시대가 열렸다. 마이크로프로세서, 개인용 컴퓨터가 보급되자 소프트웨어의 체계적인 연구와 관련 산업이 만개하기 시작했다. 팰로앨토에 위치한 제록스사의 연구센터, PARC(Palo Alto Research Center)는 이 즈음 객체지향 프로그래밍과 GUI, 운영 체제 등을 제시했다. 현재 쓰이고 있는 모든 프로그래밍 언어와 소프트웨어의 주요 핵심 개념이다.

1980년대는 실리콘밸리를 글로벌 기술 중심지로 변모시킨 기술 붐이 일어난 시기였다. 애플 그리고 선 마이크로시스템즈가 개인용 컴퓨터 혁명의 선두에 섰다. 이 회사들은 단순히 제품을 만든 것이 아니라, 데스크톱 출판에서 소프트웨어에 이르기까지 새로운 산업을 창출하며 기술과 비즈니스의 새로운 기준을 세웠다.

1990년대 초, 연구소나 실험실에만 사용되던 인터넷이 일반에 보급되면서 실리콘밸리는 또 한 번 큰 전환점을 맞이한다. 야후, 구글이 태동해 검색 엔진을 선보였고, 2000년대에는 소셜 미디어의 대표주자 페이스북, 트위터, 공유경제의 효시 우버, 에어비앤비, 핀테크 산업을 개척한 스퀘어, 전기 자동차의 대중화를 이끈 테슬라가 등장한다. 2010년대가 되면서 인스타그램, 벤모 Venmo, 펠로톤 Peloton, 슬랙, 틱톡 등의 소셜 미디어, 공유경제, 핀테크, 전자상거래, 보안, 클라우드 등 IT 산업 전 분야에 걸쳐 중흥기를 이끈 크고 작은 회사들이 등장한다.

2020년대부터는 인공지능 기술이 만개하면서 AI 서비스를 제공하는 무수한 스타트업들이 등장했다. OpenAI, 마이크로소프트, 구글, 메타가 생성형 AI 모델의 선두 주자로 거듭났고, 데이터 센터 및 AI 반도체 산업이 새로운 부흥기를 맞았다. 실리콘밸리의 크고 작은 기업들은 현재까지 다양한 혁신을 주도하고, 그만의 독특한 생태계에 힘입어 빠른 기술적 진보를 이뤄내고 있다.

앞에서도 말했지만 스탠퍼드 대학은 실리콘밸리 형성의 1등 공신이다. 휴렛 팩커드, 선 마이크로시스템즈, 실리콘 그래픽스, 시스코 등 누구나 알만한 전통적인 반도체 기업부터, 야후, 구글, 링크드인, 인스타그램, 스냅챗 등 비교적 최근에 세워진 소프트웨어 회사들까지, 모두 스탠퍼드 졸업생 또는 교수가 세운 회사들이다. 오늘날에도 많은 스타트업들은 스탠퍼드 대학과 벤처 자본이 함께 투자한 기금으로 운영되고 있다. 자금 지원 및 사업화 노하우가 잘 구축되어, 반짝이는 아이디어를 가진 스탠퍼드 학부생들은 재학 중에도 부담 없이 스타트업 창업에 뛰어든다. 회사가 성장하면 학교를 그만두고 사업에 전념할 정도다.

실리콘밸리에서 그렇게 성장한 기업은 또다시 유망 기술을 보유한 학교의 연구실로 투자한다. 충분한 연구비, 인턴십 기회를 지원받은 연구실은 우수한 연구 실적을 발표하며 기술을 다시 업계로 전파한다. 학부생, 대학원생들은 졸업 후 업계로 진출해 실리콘밸리의 중추적인 인물로 성장한다. 이런 산학연 협동 모델을 통해 서로에게 자금과 인력을 주고받으며 선순환을 일으키게 된다. 실리콘밸리 형성 초기에 스탠퍼드 대학이 중요한 역할을 했지만, 이후 UC 버클리, 산호세 주립대학과 같은 교육 기관들도 인재 풀과 혁신 문화에 중요한 기여를 했다. 이러한 기관들은 지속적으로 엔지니어, 프로그래머, 창업가를 배출하여 기술 산업을 이끌어 냈다.

산호세, 팰로앨토, 마운틴뷰와 같은 실리콘밸리의 지역 정부는 기술 기업이 성장할 수 있도록 다양한 제도를 통해 창업가들을 지원했다. 실리콘밸리를 정의하는 가장 중요한 요소는 '혁신을 장려하고 위험을 수용하는 문화'다. 이 문화는 비단 기업 내에 한정된 것이 아닌 지역 사회 단위에도 깊이 뿌리내리고 있다. 네트워킹 행사, 기술 모임, 피치 세션Pitch Session(상품이나 기술을 홍보하고 판매하는 행사)이 일상적으로 열리며, 아이디어를 자유롭게 교환하고 협력을 장려하는 활기찬 커뮤니티를 만들었다.

80년 넘는 세월 동안 전 세계 IT 기술의 총본산으로 성장했다. 포춘 1000대 기업 중 30개의 본사가 실리콘밸리에 위치해 있고 2024년 기준, 세계 시가 총액 10위 기업 중 4개사(애플, 엔비디아, 구글, 메타)가 실리콘밸리에 본사를 두고 있다. 실리콘밸리에만 8천 개가 넘는 IT 회사가 있고, 50만 명이 넘는 엔지니어들이 근무 중이다.[5] 시장 규모, 일자리의 수적인 면에서 그만큼 엔지니어에게 많은 기회가 열려 있는 것이다.

정량적 기회뿐만이 아니다. 앞에서 보았듯 실리콘밸리는 IT 기술을 선도해 왔고, 지금도 세계 IT 산업에 영향을 끼칠 새로운 원천 기술을 개발하고 있다. 그 기술이 상용화되고 세계 곳곳에 서비스될 때 그 프로젝트에 참여했던 이력은 그만큼 높은 가치로 평가될 수 있다. 엔지니어가 세계 IT 산업의 중심인 이곳에서 자신의 커리어를 꽃피워야 할 이유가 여기에 있다.

그들이 알아서 열심히 하는 이유

"상무님, 이 프로젝트가 성공하면 회사가 잘 되는 것은 알겠는데요. 그런데 저는 뭐가 좋은가요?"

한국의 대기업에서 산전수전을 다 겪은 임원 B는 당황스러웠다. 부서원들과 평가 면담을 하던 중 갑자기 한 직원에게 당돌한 질문을 받은 것이다. B는 이 직원에게 부서에서 진행되던 프로젝트의 중요성과 성공했을 시 회사에 미칠 파급효과에 대해 역설하였다. 비전을 제시해 소속감, 자부심, 주인의식을 고취하려는 의도였다. 다만 이 젊은 직원에게는 아무런 효과가 없었던 것이다.

B는 주간 회의에서 부장급 중간관리자들에게 자기가 겪었던 이 일화를 들려주었다. "부서원들이 동기 부여를 가지지 못하고 있는데 어쩌면 좋겠냐"라며 우리에게 방법을 구한 것이다. 그런데 우리라고 뾰족한 수가 있었을까? 그 직원의 마음과 다르지 않았다. 그저 부서원들보다 일찍 입사해 연차와 직급만 더 쌓여 있을 뿐 미래에 대한 고민이 많은 것은 마찬가지였다. 오히려 우리가 하지 못한 말을 속 시원히 해준 그 직원이 고맙기까지 했다.

어쩌면 그 직원도 어차피 임원이 자신에게 해줄 수 있는 것이 없다는 사실을 알고 있었을 것이다. 조직의 성과를 위해 '프로젝트 중요성 운운'하며 억지로라도 동기 부여를 끌어내려는 임원의 의도를 이미 간파했을지도 모른다. 더구나, 직원에게 가장 큰 동기 부여가 되는 상위 고과는 극소수에게만 돌아가는 것이 현실이다. 그래서 임원의 말은 그에겐 그저 뜬구름이었을 것이고 이에 소심한 반항을 한 것이다. "그래서 어쩌라고!"

임원이 이 직원에 뭐라고 답했는지는 듣지 못했지만, 굳이 듣지 않아도 짐작할 수 있었다. 아마도 "프로젝트가 성공하면 그것이 네 이력이 되어 결국 네 몸값이 올라갈 거야" 정도의 말이지 않았을까? 하지만 문제는 내 몸값이 올라간다 해도 이를 활용할 이직 기회가 마땅치 않았다는 점이다. 한국 대기업에 입사하면 이후 선택할 수 있는 경력의 폭은 그리 넓지 않은 것이 현실이기 때문이다.

임원 B가 신입이던 시절에는 한 번도 가져보지 못한 생각일지 모른다. 조직의 목표가 최우선인 것을 당연하게 받아들이던 86세대의 인물이었기 때문이다. 시대가 바뀌고 세대 간 가치관이 충돌하면서 그가 새롭게 직면한 상황이었던 것이다. 하지만 그 임원 B는 그들을 그저 애사심이 부족한 직원이라 치부하고 싶지 않았던 것 같다. 적어도 그는 팀원들의 동기 부여에 대해 고민하고 있었다. 하지만 우리에게도 딱히 방법은 없었다. 팀원이나 스스로나 동기 부여를 끌어내는 유일한 방법은 열심히 일해 성과를 내면 더 나은 고과, 연봉 상승의 보상을 받을 수 있다는 것, 그리고 좋은 고과가 쌓이면 진급이 빨라진다는 누구나 아는 사실을 환기하는 것뿐이었다.

한국의 대기업들은 나름대로 임직원의 목소리를 경청하려 꽤 노력한다. 대표적인 예는 임직원을 대상으로 주기적으로 설문조사를 실시하는 것이다. 근무 환경, 복지, 직무 만족도, 커뮤니케이션, 조직 문화 등 설문조사의 문항도 꽤 다양하고 구체적이다. 주관식 문항도 있어 의견을 익명으로 직접 개진할 수도 있다. 회사는 직원이 어떤 생각을 하고 있는지 다양한 의견을 수렴하고, 부서별로 집계해 조직 문화나 리더십에 문제가 없는지 점검하기도 한다.

문제는 아무리 열심히 설문에 응해도 내 근무 환경이 크게 달라지지 않는다는 것이다. 설문 결과는 점수로 정량화되는데, 부서별 순위를 매기거나 부서장에게 참고하라고 전달되는 정도다. 간혹 어떤 부서장은 설문 결과를 부서원들에게 공개하며 함께 진지한 논의를 하기도 하지만, 대게는 회사가 왜 이럴 수밖에 없는지 부서원들을 납득시키는 데 대부분의 시간을 할애한다. 그것도 그나마 노력하는 부서장의 경우다.

부서장이 보수적일 수밖에 없는 입장도 이해가 된다. 그의 생존을 위해서는 부서의 당면 목표를 달성하는 것이 가장 중요하다. 가능한 변수를 줄여야 하기에, '조직 문화의 개선'과 같이 예측 불가능한 일은 섣불리 벌이지 못한다. 임원에 오르는 동안 알게 모르게 터득한 자신만의 방식이 있기 때문이다. 그리고 직원의 좋은 아이디어를 반영하고 싶어도 막상 현실성이 없는 것들도 많다. 사내에 이해관계자들이 많거나, 타 부서와의 조율이 필요하거나, 자신의 상사를 설득해야 하는 일이라면 주저할 수밖에 없다. 혁신적인 아이디어는 최상위로부터 전사적으로 하달되는 의사결정이 아닌 이상 현실로 실현되기 어렵다. 사실 대기업 임원이라 해도 할 수 있는 일은 그리 많지 않다.

문제는 부서장의 보수적인 태도가 직원들에게도 전염된다는 것이다. 아무리 좋은 아이디어를 제안해도 변화가 일어나지 않는다면, 직원들은 점차 입을 닫기 시작한다. 의욕적으로 의견을 내던 직원들도 결과가 돌아오지 않는 경험을 반복해서 하게 되면 더 이상 의욕을 불태우지 않는다. 의미가 없다고 느끼기 때문이다. 이후부터는 설문 조사도 조직 문화 개선에 참여하기 위한 활동이 아니라 하기 싫은 또 다른 잡무로만 인식하게 된다.

미국으로 이주한 직후 한동안 나는 참 바쁘게 지냈다. 완전히 다른 조직 문화를 가진 새로운 직장에서 빠르게 업무에 적응해야 했기 때문이다. 과거의 월간 보고서들을 읽으며 팀의 행적을 파악했고, 주력 제품의 스펙, 팀에서 발표한 논문들을 읽으며 회사의 기술을 이해했다. 이주 초반엔 가족들이 아직 미국에 합류하기 전이라 퇴근 후에도 딱히 할 일이 없었다. 저녁이면 업무용 노트북을 다시 열어 낮에 읽던 문서들을 계속 읽었다. 빠르게 팀에 적응도 해야 했지만 무엇보다도 '진심으로' 일이 즐거웠다. 실리콘밸리 반도체 기업에서 연구 개발을 한다는 사실 자체가 나를 스스로 움직이게 했다. 후에 가족들이 합류한 뒤에도 이러한 습관은 그다지 달라지지 않았다. 퇴근 후 가족들과 시간을 함께 보내고도 아이들이 잠든 밤이면 책상으로 돌아와 낮에 하던 코딩을 계속 이어갔다.

물론 지금은 그때만큼 자발적 야근을 하지 않는다. 지금은 업무가 익숙하고, 무엇보다 일보다는 가족이나 개인 시간에 더 큰 비중을 두기 때문이다. 하지만 급박한 일정이 잡힌 경우엔 업무적 책임감을 갖고 스스로 일하는 시간을 늘린다. 가족에게 양해를 구하고 1~2주 밤낮없이 일할 때도 있다. 그리고 사실 실리콘밸리에선 이러한 방식의 삶을 사는 것이 흔하다.

미국에서 처음 일했던 직장과 지금 직장에서 모두 나의 팀원들은 꽤나 열심히 일했다. 그리고 여기서 말하는 '열심히'는 '부지런하다'보다는 '스스로 일을 찾아서' 한다는 의미에 가깝다. 연구팀이었던 전 직장에서는 업의 특성상 일정에 쫓기는 일은 별로 없었다. 그럼에도 팀원들은 누가 시키지도 않았는데 스스로 연구주제나 아이디어를 발굴해 팀원들과 공유하고 발전시켰다. 직접 사업부 엔지니어에게 연락해, 이 아이디어가 사업화 가능한지 검증하였다. 그리고 현실성이 있다고 판명되면 연구 프로젝트로 제안하고 관련 인력들을 모아 협력체를 구성했다.

개발 부서인 현 직장에서는 팀원들에게 맡겨진 일과 그 일에 대한 일정이 정해져 있다. 개발 일정에 따라 업무를 진행하면서도 새로운 아이디어가 도출되면 스스로 실험하고 자료를 만들어 팀 기술 회의 시 결과를 발표한다. 그 누구도 시킨 일이 아니다. 그 모든 과정에서 중요한 기술적 의사 결정은 실무자들이 직접 내린다. 매니저는 담당자들과 일대일 면담을 통해 프로젝트들의 진행사항을 파악하지만 기술적 세부사항에는 직접적으로 관여하지 않는다. 운영상의 문제가 발생하면 도움을 주고 필요할 때만 조언할 뿐이다.

이런 자기 주도적인 문화가 직원들이 동시에 여러 프로젝트에 참여하게 만든다. 적게는 1~2개, 욕심 있는 친구들은 4~5개까지도 동시에 해내곤 했다. 가끔씩 밤에 온라인 접속 시 사내 메신저에 아직도 불이 들어온 친구들을 보면 '여기 내가 생각했던 실리콘밸리 맞아? 한국 아니야?' 하고 생각했다. 나야 원했던 '전업 연구자'가 되어 일이 즐거웠지만, 이들은 무엇 때문에 이렇게 열심히 일하는 것인지 다소 의아했기 때문이다. 무엇이 이렇게 이들을 일에 몰입시켰을까? 실리콘밸리의 엔지니어들은 어떻게 스스로의 잠재력을 끌어올리는 동기 부여를 가지는 것일까?

"나는 우리 회사에 만족해. 경쟁사인 X사 연구팀과 달리 내가 한 연구가 우리 회사의 다양한 제품에 직접 반영될 수 있거든. 그게 아니었다면 난 X사 갔을 거야."

내가 미국 첫 회사에 인터뷰를 볼 때, 후일 같은 팀원이 된 면접관에게 들었던 말이다. 이 친구에게 동기 부여는 자신의 기술적 영향력에 있었다. 자신이 연구 개발한 기술이 실제 제품에 반영되어, 사용자들의 삶에 직접적인 영향을 준다는 사실이 이 친구를 움직이고 있었다. 그는 자신이 경험하지 않았던 새로운 연구 주제에 끊임없이 도전했다.

"나는 실제로 이직에 뜻이 없더라도 2년마다 구직시장에 나가보곤 해. 내 몸값이 얼마나 올랐는지 확인하면 그동안 얼마나 성장했는지 알 수 있거든."

옆 팀의 또 다른 친구가 한 말이다. 이 친구는 자신의 역량을 '돈'이라는 자본주의적 가치로 환산하며 경력 향상을 추구하고 있었다. 결국 그는 몇 년 뒤 FAANG(Facebook, Apple, Amazon, Netflix, Google)의 한 회사로 이직을 했다.

이 둘의 공통점은 강한 '자기 확신'이었다. 그들은 자신이 시간과 노력을 투입하면 일정한 결과를 만들어 낼 수 있다는 굳건한 믿음을 가졌다. 그 결과는 제품 기여를 통한 성취감, 늘어난 사내 영향력, 한층 향상된 자신의 경력과 연봉 등 다양할 수 있다. 하지만 중요한 것은 이러한 결과를 자신의 노력으로 만들 수 있다는 믿음, 그리고 이를 뒷받침하는 환경이 그들에게 강한 동기를 불러일으켰다는 점이다.

이러한 감정은 단순히 '하면 된다'는 식의 자기 암시와는 조금은 다르다. 이러한 확신은 구호나 의식적인 선동이 아니라 '경험'에서 비롯되기 때문이다. 본인이, 옆자리의 동료가, 나아가 자신이 속한 팀과 조직이 회사를 변화시키는 것을 두 눈으로 보고 경험할 때 자연스럽게 '나 또한 할 수 있다'는 의욕이 생겨난다. 이러한 '자기 효능감'을 느낄 때만이 비로소 강한 동기 부여가 생겨나는 것이다.

실리콘밸리는 동기 부여가 충만한 직원들에 의해 작동한다. 이들은 현재 회사에서 보낸 시간이 곧 자신의 커리어가 되는 것과 그 노력에 대한 보상을 믿는다. 이러한 이들이 함께 모여 프로젝트를 수행하고, 회사는 그 결과를 제품으로 출시해 사용자들에게 전파한다. 개인은 경력을 성장시키면서 적정 시점에서 이직을 시도해 자신의 가치를 한 단계 더 끌어올린다. 시간과 장소를 옮겨가며 발생하는 이러한 선순환이 실리콘밸리 전체를 이룬 것이다.

직원들이 자기 효능감을 가질 수 있는 것은, 개인의 자율성이 보장되는 수평적인 조직 문화 덕분이다. 비교적 권력 거리가 가까워 경영진 및 관리자와 실무진들 간에 자유로운 대화가 가능하다. 직급이 낮은 신입 엔지니어도 자신의 의견을 내는 데 아무런 거리낌이 없다. 모두가 쉽지 않은 채용 과정을 통해 전문성을 입증한 엔지니어이기에, 자신의 전문 분야에 있어서는 목소리를 내는 데 주저하지 않는다. 이러한 분위기에서, 엔지니어들은 경력, 나이, 직급과 무관하게 각자의 전문성에 따라 서로 영향을 주고받는다. 경험 많은 시니어 엔지니어라도 모르는 분야는 주니어의 의견을 경청하고 기꺼이 그들에게서 배운다. 반대로 신입 엔지니어라 해도 전문성이 있다면 얼마든지 조직 내에서 자신의 영향력을 드러낼 수 있다.

이러한 조직 문화는 일찍이 실리콘밸리의 시작과 함께 형성되었다. 1960년대 휴렛 팩커드사에는 '돌아다니며 경영하기MBAW: Management by Walking Around'라는 독특한 문화가 있었다.[6] CEO인 윌리엄 휴렛과 데이비드 패커드는 자신의 사무실에서 거의 시간을 보내지 않았다. 틈만 나면 실무 엔지니어들이 일하는 일터를 돌아다녔고, 직원들과 허물없이 소통하며 회사 분위기나 프로젝트 진행사항 등을 자연스럽게 파악했다. 이러한 문화는 관리자와 직원 간의 거리를 한층 가깝게 만들었고, 직원들은 적극적으로 의사 결정에 참여하고 업무 자발성을 높였다.

휴렛 팩커드의 이러한 문화는 2세대 반도체 기업 페어차일드 반도체 Fairchild Semiconductor에서도 이어졌다. 젊고 유능했던 8명의 엔지니어들이 세웠던 페어차일드 반도체는 혁신적인 아이디어와 기술을 자유롭게 교류하는 문화를 정착시켰다. 누군가 실험적이고 창의적인 아이디어를 제시하면, 함께 열띤 토론을 했고 적극적으로 발전시켰다. 특히 '20% 시간'과 같이 근무 시간 중 일정 비율을 개인 프로젝트에 할애하는 제도를 일찍부터 도입했는데,[7] 이후 구글이 이를 적용하게 된다.

1970년대와 1980년대에 애플은 창의성, 디자인에 중점을 두었고, 혁신적인 생각은 혁신적인 작업 환경과 기업 문화에서 나온다고 믿었다. 직원들 사이에 칸막이를 없애는 개방적이고 협력적인 작업 공간을 도입하여 서로 아이디어를 자유롭게 교류할 수 있도록 했다. 이는 현재 실리콘밸리의 많은 회사들이 갖추고 있는 오픈 오피스open office 환경의 시초가 되었다.

1990년대 실리콘밸리의 조직 문화에 큰 변화가 찾아왔다. 이 시기에 설립된 구글은 자유로운 분위기, 편안한 작업 환경, 유연한 근무 시간, 다양한 복지 혜택, 그리고 직원들의 일과 생활의 균형을 제공했다. 자신의 주업무 외에 20%의 시간을 자유롭게 사용하여 새로운 프로젝트에 참여하는 제도는 우리에게 이미 널리 알려진 사실이다.

2000년대에 들어서면서 실리콘밸리의 기업들은 더욱 글로벌화되고, 다양성과 포용성을 강조하기 시작했다. 페이스북, 트위터 등 새롭게 등장한 테크 기업들은 세계 각국에서 온 다양한 인재를 채용하여 글로벌 시장에 대응했다. 이들을 위해 다양성을 조직 문화의 핵심 요소로 삼아 다문화를 포용하는 환경을 조성했다. 또한 환경 보호, 지속 가능성, 친환경 정책, 사회적 책임이 주요한 화두로 떠오르자 이에 대한 제도를 정착시켰다.

코로나 이후 실리콘밸리의 조직 문화는 급격한 변화를 맞았다. 원격 근무가 일상이 되었고, 기업은 방만하게 키웠던 사업을 정리하고 체질 개선에 앞장섰다. 그 과정에서 대규모 정리해고가 발생했고 더불어 조직 문화가 경색되기도 했다. 공짜 점심, 기발하고 혁신적인 프로젝트, 자유분방한 문화, 연말 파티 등 그동안 실리콘밸리 빅테크로 연상되던 장면들은 더 이상 보기 힘들다. 인공지능 패권을 두고 빅테크들이 치열하게 경쟁하면서 회사의 모든 힘을 한곳에 집중하고 있기 때문이다.

하지만 실리콘밸리의 정신을 나타내는 조직 문화 그 자체는 전혀 훼손되지 않았다. 개인의 자율성을 중요하게 여기며, 구성원 스스로 책임지고, 창의성이 존중되는 문화가 그것이다. 혁신을 도모하기 위해 회의에서 열띤 토론을 이어가는 직원들의 모습은 여전히 실리콘밸리에서 유효하며 이러한 구성원들의 열정은 실리콘밸리의 심장으로 뜨겁게 박동하고 있다.[8]

Q: 실리콘밸리 회사들은 직원의 근태를 어떻게 관리하나요? 휴가는 어떻게 가게 되나요?

A: 자율에 맡기는 편입니다. 성과에 대한 평가를 일하는 과정보다 결과로만 보는 문화가 정착되어 있죠. 그래서 일하는 시간이나 장소에 대한 제한을 크게 두지 않습니다. 출퇴근 시간이 비교적 자유롭고, 근무시간을 정량화하지도, 할 수도 없죠. 코로나 이전부터 이미 재택근무가 생활화되어 있었습니다. 회사 출입 시 사원증을 체크하는 것은 보안의 목적이지 출퇴근 시간을 기록하기 위함이 아닙니다. 다만 전면 재택근무가 일반화되었던 코로나 시기가 끝난 뒤, 실리콘밸리의 빅테크들은 '일주일에 3회 사무실 출근'과 같은 가이드라인 정도는 세우고 있습니다.

유급 휴가는 회사 복지 정책마다 조금씩 다릅니다. 1년에 정해진 휴가 일수가 정해진 회사도 있고, 휴가 일수조차 완전히 자율에 맡기는 회사도 있습니다. 이론상으로는 무제한 휴가가 가능한 셈이지만 이 경우 오히려 직원들이 휴가를 쓰는 것이 더 쉽지 않다고 합니다. 일수가 정해지면 내 휴가 일수가 눈에 보이기 때문에 내 권리를 당당하게 행사하는 입장이 되지만, 무제한 휴가 제도의 경우는 이 기록이 명확하지 않아서 오히려 눈치를 보는 상황이 되는 것이죠. 전자와 같은 회사는 한국처럼 유급 휴가 일수를 관리하는 시스템이 별도로 존재하는 편이고, 후자의 경우는 시스템이 없습니다.

휴가를 쓰기 위해 상사에게 결재를 받을 필요는 없습니다. 팀 일정 조율을 위해 부서원들과 자신의 휴가 일정을 공유하는 정도가 필요한 절차입니다. 이민자의 입장에서 유연한 재택근무와 휴가 제도는 큰 장점입니다. 2주 휴가 + 2주 원격근무로 한국을 1개월 정도 일정으로 다녀올 수도 있기 때문입니다. 물론 매니저와 사전협의는 필요합니다.

공식 휴가 일수는 한국 대기업보다는 적은 편입니다. 통상 15일 정도죠. 다만 부가적으로 쉬는 날이 더 있습니다. 분기별로 하루씩 재충전일recharge day을 주기도 하고, 1년에 몇일씩 유동적 휴일floating holiday을 제공하기도 하죠. 유동적 휴일은 추수감사절이나 크리스마스와 같은 연휴 기간 앞뒤로 붙여 쓸 수 있는 휴가입니다. 따라서 공식 휴가, 재충전일, 유동적 휴일을 합하면 연간 쉬는 날은 한국과 유사하다고 할 수 있습니다. 또한 일부 실리콘밸리 회사는 일정 근속연수를 채우면 안식월과 같은 장기 휴가를 주기도 합니다. 5년 근속 시 1개월, 5년차 안식월을 쓰지 않고 7년을 근속했을 시 2개월을 주는 식이죠.

자녀 출산 시 육아 휴직도 쉽게 다녀올 수 있습니다. 캘리포니아주 근로자에게는 최대 8주간 육아 휴직이 보장됩니다. 유급 휴가라 이 기간 동안 임금의 60~70%를 지급받을 수도 있죠. 8주 기간도 유연하게 나눠서 쓸 수 있습니다.

Q: 실리콘밸리에도 회식 문화가 있나요?

A: 회식은 대규모의 그룹 단위 회식보다는 소규모의 팀 단위로 이뤄집니다. 음주가무를 곁들인 회식, 접대 문화는 없습니다. 대신 분기별 혹은 반기별로 저녁을 함께하곤 하죠. 맥주 한 잔 정도는 음료로 생각하는 경향이 있어서 식사와 함께 자주 주문하곤 합니다. 심지어 점심시간에도 마십니다. 그러나 폭음, 과음은 절대 없습니다.

코로나 전에는 연말에 임직원이 모두 모여 1년 성과를 자축하는 파티를 하곤 했습니다. 임직원의 배우자들도 초대해 함께 파티를 즐기곤 했죠. 그러나 현재는 이런 큰 파티 문화가 대부분 사라졌습니다. 회사가 비용 효율성을 강조했기 때문이죠. 이외에 팀 결속력을 다지는 워크숍 같은 행사도 대부분 업무시간 중, 구내 카페테리아 같은 곳에서 이뤄집니다. 물론 회사가 직원에게 참석을 강제하지 않습니다. 직원도 본인의 의지에 따라 자유롭게 참석하지요.

추수감사절과 같은 미국 연휴 시즌 즈음에는 사내에서 조촐한 파티를 하곤 하는데, 집에서 각자 음식을 조금씩 싸와 나눠 먹는 팟럭potluck 파티로 진행됩니다. 파티 호스트 없이 함께 준비하고 함께 나누는 팟럭 문화는 비단 회사뿐 아니라 친구들, 동료들 간에도 흔히들 볼 수 있는 미국만의 문화입니다.

글로벌 스탠더드의
내밀한(?) 탄생

"잘했다. 본디 사람은 큰 물에서 놀아야 하는 법이다."

10년 넘게 잘 다니던 회사를 그만두고 다른 나라에서 새롭게 직장생활을 한다 하니, 부모님을 포함해 일가친척분들은 많은 근심을 하셨다. 그러면서도 막상 출국일이 다가오자 조금씩 응원을 해주시기 시작했는데, 그중 사촌 형님의 말씀을 아직도 잊지 못한다. 그리 특별할 것 없는 이 말이 이상하게도 내게는 큰 힘이 되었다. 내 결정이 틀리지 않았음을 다시 한번 확인받는 것 같았다. 형님은 한국에서만 사셨다. 하지만 오랜 삶을 통해 얻은 지혜에서 나온 말씀이었기에 나의 마음에 크게 다가왔다.

물론 미국이 속칭 '큰 물'이라고 쉽게 단정할 수는 없을 것이다. 한국을 떠날 때 나는 막연한 기대감만 갖고 있었다. 당시 실리콘밸리에 대해서는 말과 글로 접한 간접적인 정보가 다였다. '워라밸이 좋다', '가족과 더 많은 시간을 보낼 수 있다', '더 좋은 커리어를 쌓을 수 있다' 같은 막연한 기대감이었다. 그런데 미국 현지에서 적응해 7년간 근무하다 보니 사촌 형님의 뜻을 조금이나마 이해하게 되었다. '엔지니어라면 실리콘밸리에서 근무해야 하는 본질적인 이유'는 실제로 이곳에 와서야 비로소 찾을 수 있었던 것이다.

어느 날 미국 회사에서 동료로부터 문서 하나를 받게 되었다. 당시 내가 연구하던 분야의 API(Application Programming Interface) 표준 스펙 문서였다. API는 응용 프로그램을 개발할 때 엔지니어가 보다 손쉽게 프로그래밍할 수 있게 해주는 일종의 보조 도구다. 일반적으로 코딩 시 많이 쓰게 되는 연산들은 라이브러리화 되고, 이를 같은 업계 개발자들이 통일된 방법으로 쓰게 된다. 호환성을 높이기 위함이다. 업계가 같은 API를 공유하면 여러 회사에서 만든 CPU나 GPU에서도 응용 프로그램이 문제없이 동작할 수 있다. 통상 이 API는 표준화 과정을 통해 만들어진다. 따라서 한번 API가 표준으로 제정되면 개발자나 엔지니어들은 소프트웨어를 개발할 때 이 방법론을 따라야 한다.

표준화는 크게 두 가지 방법으로 이뤄진다. 첫 번째는 업계 표준을 제정하는 컨소시엄consortium이 주도하는 방식이다. 표준화 컨소시엄은 통상 비영리로 운영되며 회원사의 회비만으로 운영비를 충당한다. HTML, CSS, XML과 같은 웹 기술에 관련한 표준을 제정하는 W3C, LTE나 5G와 같은 모바일 통신 프로토콜을 제정하는 3GPP, 통신, 전력 및 에너지, IT 기술 전반에 대해 광범위한 기술 표준을 제정하는 IEEE 등이 대표적인 표준화 컨소시엄이다. 이 단체에서 특정 기술에 대한 표준을 제정할 때, 관련 회원사들은 함께 모여 오랜 기간 토의를 거친다. 그리고 마지막 합의를 통해 최종적인 스펙을 발표하게 된다. 표준이 만들어지는 과정은 회비를 납부한 회원사의 직원이면 누구나 확인할 수 있고, 작성 중인 표준 문서를 언제든지 읽어볼 수 있다. 비교적 과정이 투명하게 이뤄지기 때문이다.

하지만 투명하게 관리되는 표준화 컨소시엄에서도 회원사들이 모두 같은 입장은 아니다. 동일한 회비를 납부하는 회사라 해도 각 사가 발휘하는 영향력에 차이가 많기 때문이다. 시장 지배력, 기술 리더십,

정치력 등이 높은 회원사는 자사의 기술을 표준에 포함시키는 데 늘 유리한 위치에 있다. 이들은 워킹 그룹의 좌장, 스펙 편집자 등 주요한 역할을 선점한다. 물론 이들은 표면적으로는 표준화 과정을 공평무사하게 관리하지만 암암리에 자사에게 유리한 방향으로 흘러가도록 영향력을 행사한다.

두 번째는 한 회사가 표준을 주도하는 방식이다. 특정 회사가 시장에서의 높은 제품 점유율을 바탕으로 관련 기술이나 개발 방법론을 오랜 기간 독점한 경우다. 표준화 단체가 아니기에 엄밀히 말해 업계표준이라고 부를 수는 없다. 하지만 이미 오랜 기간 업계가 그 회사의 방식으로 하드웨어, 소프트웨어를 개발해 왔기 때문에 그 회사의 방식을 따를 수밖에 없다. 사실상 표준de facto standard인 셈이다. 마이크로소프트의 윈도우즈 운영체제, 구글의 안드로이드, 인텔의 x86 마이크로프로세서, 그리고 엔비디아가 개발해 현재 AI 생태계를 지배하고 있는 CUDA(Compute Unified Device Architecture)와 같은 기술이 대표적이다.

물론 이러한 표준을 주도하는 회사도 다음 버전의 스펙을 제정할 때 일방적으로 정하지는 않는다. 평소 협력관계에 있던 회사들과 비공식적인 상의를 거친다. 스펙 초안에 대해 피드백을 받기도 하고 새로운 기능에 대한 제안proposal도 접수한다. 피드백을 모아 최대한 공통의견을 반영하고 향후 업계에서 필요할 기술을 고려하기 위해서다. 하지만 역시 최종 스펙은 '업계의 합의'가 아닌 그 회사의 의사결정에 의해 제정된다. 실로 막강한 권력인 셈이다.

내가 동료에게 받은 문서는 두 번째 방식으로 제정된 표준 스펙이었다. 이 기술은 M사에 의해 오랜 기간 표준화가 주도되어 왔는데, M사가 다음 버전의 스펙 초안을 작성한 뒤 업계로부터 의견을 수렴하던 상황이었다. 우리 회사를 대표해 표준화 활동을 하고 있던 동료가 M사로부터 받은 문서를 공유해 준 것이었다. 그는 M사에게 보낼 우리 회사의 의견을 수렴하고 있었다.

나는 아직 공식 발표되지도 않은 표준 스펙이 내 손에 주어지는 상황이 믿기지 않았다. 물론 한국에서 일할 때 대략 짐작하기는 했다. 미국에서 새로운 API 표준 스펙이 발표되면, 거의 같은 시기에 그 API를 지원하는 제품들이 시장에 출시되곤 했다. 스펙이 발표되는 시점이 아니라, 이를 제정하는 단계부터 제품 개발을 시작하지 않으면 절대로 나올 수 없는 일정이었다. 즉, API 표준 스펙을 제정하는 회사는 이 API를 제품에서 지원하게 될 회사들과 사실상 발표 1~2년 전부터 그 내용을 공유해 온 것이다.

한국에서 근무하면서 미국에서 새로운 표준이 발표되기라도 하면, 부랴부랴 발표된 스펙 문서를 다운로드하여 읽어 내려갔다. 이전 스펙 대비 새롭게 추가된 기능이 무엇인지, 그 기능에 어떤 목적이 있는지를 빨리 파악해야 기술 트렌드를 따라갈 수 있기 때문이다. 그리고 내가 연구 개발 중인 기술이 그 API와 관련이라도 있으면, 관련 엔지니어들과 모여 분석하고 어떻게 제품에 적용할지 그때부터야 고민하기 시작했다.

하지만 M사와 협력 관계에 있는 미국 회사 직원들은 나와 같은 한국의 연구 개발자들보다 1~2년 먼저 표준 기술을 접했던 것이다. 기술 발달이 워낙 빠른 IT업계에서 1~2년의 차이는 어마어마한 시간이다. 어떤 엔지니어는 공식적으로 스펙이 발표된 이후에나 문서를 보고 공부를 시작하지만, 어떤 엔지니어는 이미 수년 전에 그 표준을 접하거나 심지어 제정하는 데 관여까지 한다. 이들은 업계 엔지니어들보다 늘 한발 앞서 나가 있고, 콘퍼런스(학회)나 개발자 포럼에서 기술 발표를 주도한다.

물론 연결의 시대를 살아가는 우리는 최신 기술을 거의 실시간으로 빠르게 접할 수 있다. 해외 유수 대학의 강의도 온라인으로 손쉽게 접근할 수 있고, 다양한 오픈 소스들도 공개되어 있다. 하지만 그 강의에서 전하는 지식, 오픈 소스에 사용된 기술이 최초에 어디에서 나왔는지를 생각해야 한다. 이는 전 세계를 상대로 기술 파급력을 행사하는 미국의 학계와 업계로부터 나온다. 그리고 새로운 기술이 쉼없이 태동하는 지금의 시기에, 기술이 발현되는 과정의 내밀한 속사정은 내부자가 아니면 절대 알 수가 없는 것들이다.

메모리나 디스플레이처럼 한국이 세계 기술을 선도하는 분야도 있다. 이런 분야의 표준화 컨소시엄(예. JEDEC, OLED-A)에서는 한국 회사의 영향력도 상당히 크다. 하지만 비메모리 반도체, 통신, AI, 사물인터넷, 소프트웨어와 같이 전반적인 세계 IT 산업을 미국 회사가 주도하고 있는 것은 부인할 수 없다. 이들은 새로운 기술을 발표할 때 '세계 최초'라는 수식어를 달지 않는다. 업계가 이미 세계 IT 기술을 주도하기 때문에 이들이 발표하는 모든 기술이 곧 세계 최초이기 때문이다.

한국에서 흔히들 "글로벌 스탠더드를 따라야 한다"라고 한다. 비단 IT업계만이 아닌, 인문, 사회 분야 심지어 최근엔 정치권에서도 이 말을 한다. 이는 기술이나 지식, 이념과 가치까지 세계에서 통용되는 방식에 따르자는 뜻이다. 좋은 말이다. 다만 우리 같은 엔지니어가 자신의 커리어를 생각한다면 이 글로벌 스탠더드를 따르는 것이 아니라 만들어내는 입장이 돼야 한다. 그리고 우리가 미국, 실리콘밸리의 회사에 속할 때 이 국제 표준을 주도할 기회를 접할 수 있다. 실리콘밸리가 출시하는 제품, 서비스는 전 세계로 전파되어 세계인의 일상에 영향을 준다. 한국에서 이러한 기술을 '받아들일 때' 이곳은 이미 '다음 표준을 준비'한다.

엔지니어가 미국 진출을 목표로 해야 하는 또 하나의 핵심적인 이유가 여기에 있다. 세계 IT 기술을 선도하는 곳에서 근무한다는 것은 세계 표준, 즉 글로벌 스탠더드를 누구보다 빠르게 접할 기회를 갖는다는 뜻이다. 자신이 현재 개발 중인 제품이나 서비스가 세계에 널리 보급되어 세계인들의 일상에 영향을 미치는 것이다. 이를 통해 엔지니어는 보다 빠르게, 보다 보편적인 기술과 스킬셋을 습득할 기회를 얻게 되며, 이는 같은 커리어를 갖더라도 남들보다 항상 한발 앞설 수 있게 해준다. 이는 생애 경력 경로에서 절대적인 무기가 될 것이다. 안타깝지만 한국에서는 개인 역량과 무관하게 이를 쉽게 이루기 어렵다. 당연하게도 '큰 물에서 놀기' 위해서는 그 '큰 물'에 들어가야만 가능한 일이기 때문이다.

Q: 실리콘밸리에 근무하면 엔지니어가 업계 표준을 제정하는 데 참여할 수 있나요?

A: 실리콘밸리의 모든 엔지니어가 표준화 활동을 하지는 않습니다. 회사마다 전담 인력들이 있죠. 관련 분야의 일을 하고 있는 실무 엔지니어들 중 선발됩니다. 이들은 표준화 기구에서 자사를 대표하는 입장이 됩니다. 그리고 가능한 업계 표준이 제정될 때 자사에 유리하도록 힘쓰죠. 자사 기술이 표준에 포함되면 그만큼 시장에서 유리한 위치를 점하게 되니까요.

그래서 표준화 활동을 하는 엔지니어는 우선 자사 내부 사정에 포괄적인 이해도가 있어야 합니다. 표준화 모임에서는 자사 기술의 이점을 회원사 엔지니어들에게 잘 설명할 수 있어야 하죠. 이 기술이 표준에 포함되면, 향후 이 표준에 따라 만든 모든 회사의 제품이 대중에게 어떤 이득을 줄 수 있는지 확실한 명분을 보여줘야 하는 것입니다. 논리적 말하기가 매우 중요한 역할이죠.

또한 이들은 표준화가 진행되는 과정을 주기적으로 사내 엔지니어들과 공유합니다. 이를 통해 일반 실무 엔지니어들이 표준화 진척 사항을 파악할 수 있고 때때로 피드백을 해주기도 하죠. 따라서 간접적으로 표준화에 참여할 수 있습니다.

이 표준화에 참여한 이력도 엔지니어로서는 큰 경력이 됩니다. 새로운 산업 기술이 발현되는 데 기여한 것이니까요. 표준화 활동을 하는 엔지니어는 상당히 폭넓은 인맥을 확보할 수도 있습니다. 매주 동종 업계의 타사 엔지니어들과 온라인 회의를 하며, 분기나 반기에 한 번씩 오프라인 행사를 통해 대면 만남도 가지죠. 이를 통해 이직과 같은 새로운 제안을 자연스럽게 받기도 합니다.

2장
엔지니어의
경력 경로

한국에서 수석 연구원 3년 차일 때 미국으로 이직을 했다. 초임 부장급으로 이민을 가기엔 다소 늦은 감이 있었다. 한국의 대기업 조직에서라면 관리자 단계로 넘어가 프로젝트, 팀원, 팀 생산성 관리에 전념하기 시작하는 때이다. 그러나 나는 그 당시 과도기에 있었기에 실무적 경험과 그리 멀어지지 않았다. 덕분에 미국 회사의 인터뷰를 보는데 큰 무리가 없었다.

지금 생각해 보면 한 가지 아쉬운 대목은 있다. 당시 미국 이직 자체에만 의미를 두었기 때문에 직급 및 연봉 협상에 적극적으로 임하지 않았다. 그리고 사실 적극적으로 임하겠다고 마음먹어도 쉬운 일은 아니었을 것이다. 한국 이직자와 미국 회사 간에 존재하는 '정보의 비대칭성' 때문이다. 한국에서 쌓은 내 경력에 부응하는 미국 기업에서의 적정 직급을 한국에서는 명확하게 파악하기 힘들다.

그래서 우리는 한국과 미국의 엔지니어가 생애 주기에 걸쳐 어떤 경력 경로career path를 걷는지 살펴볼 필요가 있다. 한국과 미국의 엔지니어 경력 경로는 비슷하면서도 다른 점이 많다. 한국에서 교육을 받거나 경력을 쌓는 도중에 미국의 인력 시장으로 편입하기 위해서는 무엇보다도 이 차이를 이해해야 한다. 자신의 한국에서의 경력, 직급,

역량이 미국 업계 어느 정도에 위치하는지 알아야 이후 경력 설계 계획을 보다 명확하게 세울 수 있기 때문이다. 향후 내가 어떻게 성장할 수 있는지 그리고 각 단계에 어떤 역량이 필요한지를 예상하기 위해서도 필요하다.

한국 엔지니어의 경력 경로

한국의 엔지니어 경력 경로를 한 장의 그림으로 표현하기에는 무리가 있다. 엔지니어가 속한 업계의 종류, 조직의 규모, 문화, 업무 방식 및 경영 철학에 따라 직급 명, 직급 체계가 상당히 달라질 수 있기 때문이다. 일반적으로 대기업은 좀 더 계층적이고 정형화된 직급 체계로 구성되어 있으며, 각 직급에 따른 책임과 권한이 분명히 구분되어 있다. 이에 비해 스타트업은 직급체계가 훨씬 유연하고 비계층적이다. 또한 최근에는 한국 대기업에서도 수평적인 조직 문화를 지향하느라 직급을 파괴하고 있다. 상호 호칭할 때 '홍길동 님'과 같이 직급을 생략하는 식이다.

그런데 직급을 너무 간소화하면 직원의 승진 기회도 줄어들고 동기부여도 사라진다. 따라서 직급을 없애는 대신 직무별 스킬셋, 전문성을 바탕으로 레벨제로 전환하는 방식 역시 운영되고 있다. 레벨에 대한 정보나 승진 여부도 공식적으로 알려지지 않는다. 따라서 과거의 직급 체계와 같이 낮은 직급의 엔지니어를 하대하는 등의 일은 줄어들고 서로 존댓말을 사용하고 상호 존중하는 문화가 형성되고 있다.

다만 공식적으로 호칭을 통일하고 직급을 레벨로 전환해도 내부적

(인사적)으로는 '전통적 직급에 준하는 단계'는 존재한다. 예를 들어 공적으로는 홍길동 님이라고 부르지만, 홍길동 씨는 현재 레벨 3이고 이는 '과거 책임 연구원에 해당하는 직급'이라는 식이다. 따라서 각 단계의 역할과 필요 역량을 이해하기 위해, 편의상 전통적인 대기업 직급 체계에 기반하여 설명하고자 한다. 그에 따른 한국 엔지니어의 경력 성장 로드맵은 그림 1과 같다.

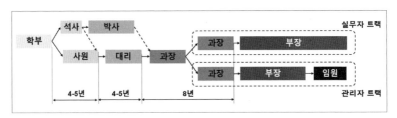

그림 1. 한국 대기업 엔지니어의 보편적인 경력 경로

직급별 역할과 필요 역량을 설명하는 데 있어 엔지니어가 소속된 산업군, 직군별로 그 내용이 상이할 것이다. 따라서 여기서는 가상의 A, B라는 인물이 한국의 IT 대기업에 입사했을 때를 가정해 경력 경로를 설명한다.

사원

대학교에서 컴퓨터 공학을 전공한 A는 재학 중 몇 번의 대기업 인턴십과 실무 경험을 쌓아 국내 전자 기업 X에 입사하게 되었다. 입사 연수를 마친 A는 디지털 TV를 개발하는 사업부에 배치되어 소프트웨어 엔지니어로 커리어를 시작한다.

A의 첫 직급은 사원이며, 당연히 업계 경력은 없는 상태다. 이 시기 A는 사수로부터 업무를 배우면서 다양한 잡무를 담당한다. 팀의 서버, 데이터베이스, 네트워크와 같이 인프라를 유지 보수하거나, 사수

가 할당해 준 모듈을 구현하고 테스트하는 일, 스크립트 인프라를 구축하는 일 등을 맡는다. 또한 TV에 탑재될 소프트웨어 모듈의 단위, 통합, 시스템 수준의 다양한 테스트 기법을 배우고 적용한다.

사원 단계인 A에게 가장 중요한 것은 '빠르게 업무를 익히는 것'이다. 팀 프로젝트와 시스템을 선배들에게 물어가며 파악하고, 업무 수행 능력을 키워 복잡한 프로젝트와 주요 업무를 맡을 수 있도록 성장해 나가야 한다. A가 4~5년 정도 사원으로 경험을 쌓으면 다음 직급인 대리(선임)로 진급하게 된다.

A와 같은 학번의 전자공학도였던 B는 졸업 후 취업을 하지 않고 대학원에 진학했고, A가 사원으로 회사에서 일하는 동안 석사 과정으로 연구실 생활을 시작한다.

대리(선임)

A는 X사에서 4년 정도 경력을 쌓고 실무가 익숙해졌을 때 대리로 진급을 한다. 사원 시절에 비해 업무가 크게 달라지지는 않지만 맡은 모듈의 중요성, 프로젝트 기여도가 높아진다. 더 이상 사원 시절처럼 사수로부터 세세한 지도를 받지 않는다. 대신 더 빠르고 정확하게 실무를 처리해야 하고, 실제로 해야 할 일의 양도 늘어난다. 후배 사원들도 들어오기 때문에 이들을 지도하면서 조금씩 리더십도 발휘하게 된다. A는 이후 4~5년 뒤 다음 단계인 과장으로 진급하게 될 것이다.

같은 기간 B는 대학원에서 석사 과정을 마치고 박사 과정에 진학한다. 박사 과정 1~2년 차에 자신만의 연구 주제를 잡고 열심히 실험해 첫 해외 논문을 쓴다.

과장(책임)

B는 성공적으로 박사 과정을 마친 뒤 4년 만에 졸업을 하게 된다. 재학 중 국내 종합 반도체 회사인 K사의 산학 장학생에 선발되어 안정적으로 대학원 생활을 하기도 했다. 졸업과 동시에 B는 K사에 입사했고, 시스템 반도체 사업부에서 반도체 설계 엔지니어로 직장 생활을 시작한다. 박사 경력을 인정받아 첫 직급은 과장으로 시작한다.

그 이듬해 A도 X사에서 역량과 업적을 인정받아 과장으로 승진하게 된다. A는 벌써 7년 차의 엔지니어다. 회사가 개발 중인 TV의 소프트웨어 시스템을 잘 파악하고 있고, 조금씩 주도권을 가지고 실무에 참여한다. 담당하는 시스템의 규모도 커지고, 거시적으로 시스템을 설계 후 모듈을 부사수에게 할당하곤 한다.

A가 과장 4년 차에 접어들 때 그를 눈여겨보고 있던 그룹장은 그에게 파트장을 제안한다. A는 이때부터 팀장으로서 관리직으로 경력을 전환한다. 하드웨어 개발 부서와 협업하면서 회사 안팎의 네트워크를 조금씩 넓혀 간다. 엔지니어로서 가장 원기 왕성하게 일하게 된다. A가 팀장으로 역량을 발휘하기 위해서는 실무 능력을 유지하면서 업계 동향을 수시로 파악하며, 기술적인 시야를 넓혀야 한다. 커뮤니케이션 능력과 리더십 등 소프트 스킬이 점차 중요해진다.

부장(수석)

A는 업계 경력이 16년이 넘는 베테랑 엔지니어가 되었다. 그동안 사내에서 많은 프로젝트를 겪었고, 다양한 스킬셋도 쌓았다. 회사 안팎의 인맥도 넓게 확장되어 있다. 일찍이 실무자에서 관리자로 경력 경로를 전환했기 때문에 자신이 관리하는 팀이 10명 정도로 그 규모도

커졌다. 오랜 기간 관리자로 근무했기 때문에 실무에서는 멀어지고 프로젝트, 팀원 관리가 주업무가 된다.

A는 팀을 잘 이끌어 해마다 프로젝트를 성공시켰고 출시되는 TV에 탑재될 다양한 기술을 개발했다. 덕분에 부장 4년 차 즈음 조직 개편이 단행되면서 40명의 구성원이 있는 새로운 그룹의 그룹장을 맡게 된다. 그룹장이 된 A는 아래의 중간 관리자들과 소통해 팀별로 성과를 잘 낼 수 있도록 관리하고, 위로는 경영진과 소통해 회사의 주요한 의사 결정에 참여하게 된다. A는 그룹장이 된 뒤 자신의 그룹의 신규 과제를 직접 발굴해야 했다. 이를 위해 경쟁사 동향, 기술 트렌드에 민감해야 했고 경영 감각과 기획력도 갖춰야 했다. 소프트스킬이 실무 능력보다 훨씬 중요해졌다.

A는 다음 단계인 임원으로 승진하기 위해서 같은 사업부의 다른 그룹장들과 경쟁관계에 놓이게 된다. 임원이 되기 위해서는 끊임없이 성과를 내야 한다. 그룹을 이끌어 상용화 실적을 쌓고, 회사 매출에 큰 기여도 해야 한다. 기술력, 발표력, 리더십, 정치력이 출중해야 하며, 자신이 이끄는 거의 모든 프로젝트가 성공해야 임원 진급 대상 후보군에 포함될 수 있다. A의 업적, 트랙 레코드track record에 한 번이라도 실패 기록이 남으면 임원 승진 가능성은 현저히 떨어지게 된다.

A가 X사에서 그룹장까지 성장하는 동안 B는 K사에서 관리자로 경력을 전환하지 않고 실무자로 남아있었다. 그동안 반도체 설계 엔지니어로 가시적인 성과를 냈기 때문에 부장까지 승진은 했다. 다만 맡은 보직이 없고 팀을 관리하지 않기 때문에, 인사권, 평가권이 없어 상대적으로 조직 내 입지는 크지 않았다. B는 베테랑 엔지니어로 실무를 계속하면서 후배들을 이끌고 소통해야 했기 때문에 지속적인 공부와 기술 변화에 대한 대응을 한다. B와 같이 보직 없는 부장급 엔지

니어들은 목표로 할 더 높은 직급은 없다. 대부분 정년까지 무탈하게 회사에 다니는 것이 목표가 된다.

X사나 K사에서 B와 같이 보직 없는 부장급 엔지니어 중 커리어를 일찍감치 정리해, 특허, 전략부서로 전직하는 경우도 있다. 오랜 조직 생활의 경험을 바탕으로 사내에서 제2의 업을 찾아 나서는 것이다.

정년과 은퇴

A는 그룹장으로 승승장구해, 드디어 대기업의 별이라는 임원으로 승진을 한다. 임원이 된 뒤에는 계약직으로 전환되기 때문에 언제든 해고될 수 있다. 따라서 해마다 사업화 성과를 내기 위해 자신의 조직을 엄격하게 관리하기 시작한다.

B는 계속 실무자로 남아 반도체 설계를 하고 있다. 보직은 없지만 경력과 연차가 성숙해 나름대로 후배 엔지니어의 모범이 되고 있다. 과거에는 K사에서 보직 없는 부장 엔지니어로 정년(55세~60세)까지 근무하는 것은 사실상 불가능했다. 하지만 최근 학령인구 감소, 이공계 기피 현상이 고착화되면서 업계에 실력과 경험 있는 엔지니어의 수가 급감하고 있다. 기업도 베테랑 실무자에 대한 활용 방안을 강구하고 있는 추세다. 따라서 B는 본인이 자기 계발을 게을리하지만 않으면 정년까지 실무자로 남을 수 있다고 굳게 믿는다. 한국에서도 베테랑 엔지니어를 대우해 주는 조직 문화가 조성되면 미국 회사들처럼 개별 기여자IC: Individual Contributor라는 또 하나의 엔지니어 커리어가 정착될 수 있을 것이기 때문이다. 하지만 임금 피크제가 적용된 법정 정년 60세 이후로는 물리적으로 회사에 남아있을 방법은 현재로선 없다.

즉 50세 이후부터 B와 같은 한국의 평범한 대기업 엔지니어는 사실상 정년을 대비해야 한다. 회사마다 개시 연령이 다르고 향후 노령

화가 가속될 예정이라 더 늦춰질 가능성도 있다. 하지만 현재로선 55세가 도래하면 임금 피크제가 시작되고 이를 통해 최장 60세까지만 일할 수 있는 상황이다. 그 이후는 비자발적으로 은퇴를 해야 하고 제2의 인생을 설계해야 한다.

지금까지 가상으로 설정한 A, B의 경력 경로가 한국 조직의 모든 상황을 대변할 수는 없을 것이다. 그리고 같은 대기업조차도 부서별 구성원의 상황이 다르고, 개인 역량에 따라 진급 시기도 달라지기도 한다. 최근 승진 연한도 폐지하는 추세다. 역동적인 조직 문화를 구축하기 위해 대기업들도 발탁 인사로 점차 고위직에 승진시키는 연령을 낮추고 있다. 관리자 직군이 아니어도 리더십을 발휘하는 기술직 트랙도 존재하며 임원에 준하는 고위직으로 승진할 수도 있다. 스타트업과 같은 경우 빠른 의사 결정을 위해 대기업의 평균 연령보다 훨씬 젊은 나이부터 더 높은 직급에서 중요한 역할을 감당하기도 한다. 따라서 앞에서 설명한 예시는 대한민국 대기업에서 근무하는 실무 엔지니어의 보편적인 경력 경로를 설명하기 위한 것이고 예외는 있을 수 있다.

미국 엔지니어의 경력 경로

미국 빅테크 기업의 직급체계는 회사가 성장하면서 점진적으로 변화해 현재의 모습으로 정착되었다. 실리콘밸리의 빅테크는 스타트업으로 시작한 경우가 대부분이다. 초기엔 비교적 직급 구분이 명확하지 않았고 '모두가 해결사'라는 분위기에서 모든 직원이 다양한 업무를 수행했다. 회사가 차츰 성장하면서 역할별로 직군을 구분하고 직군별 계층을 체계적으로 도입하기 시작했다. 즉 엔지니어, 엔지니어 관리자, 제품 관리자, 영업 관리자와 같이 조직 내에서의 역할에 따라 세부 직군이 형성된 것이다. 각 직군에서는 경력 수준에 따라 주니어, 시니어, 프린시펄principal, 디스팅귀시드distinguished와 같은 공식적인 직급을 부여했다. 또한 같은 직급에도 세부적인 레벨이 존재한다. 현재 한국 대기업에서 시행하고 있는 레벨 제도가 이러한 모델을 벤치마킹한 것이다.

미국 빅테크 기업의 직급을 일반화하여 도식화하기도 쉽지는 않다. 표면상의 직급과 내부 레벨명이 회사마다 상이하기 때문이다. 같은 직급이라 하더라도 회사의 규모나 직급 체계에 따라서 조직 내 위상, 역할, 책임이 달라질 수 있다. 즉 현재 회사에서의 직급(또는 레벨)은 다른 회사에서 다른 직급(또는 레벨)이 될 수도 있다. 업계에서의 경력, 이직 시 인터뷰에서 보여준 역량, 협상력과 같은 여러 가지 요인에 의해 결정된다.

그림 2는 몇몇 실리콘밸리 빅테크 기업에서의 엔지니어 직급 체계의 상관관계에 대한 하나의 예를 보여준다. 우측에는 레벨이 의미하는 5개(Junior, Senior, Staff, Principal, Distinguished)의 직급 그룹으로 구분하였다. 회사마다 엔지니어 레벨의 의미와 직급은 다르지만, 상호 대응 관계가 있음을 알 수 있다. 이직자는 이러한 관계도를 참고하여 직급 협상을 하게 된다. 채용 측 회사에서도 자체적으로 대응 관계도를 관리한다. 다만 직급별로 요구되는 역량과 책임, 일의 범위는 유사하다. 따라서 이를 기준으로 보편적인 경력 경로를 도식화하면 그림 3과 같다.

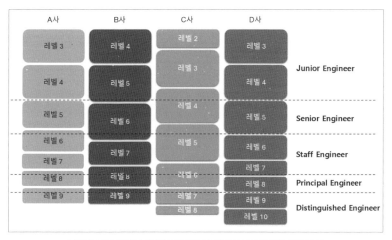

A사	B사	C사	D사	
레벨 3	레벨 4	레벨 2	레벨 3	
레벨 4	레벨 5	레벨 3	레벨 4	Junior Engineer
레벨 5	레벨 6	레벨 4	레벨 5	Senior Engineer
레벨 6	레벨 7	레벨 5	레벨 6	Staff Engineer
레벨 7			레벨 7	
레벨 8	레벨 8	레벨 6	레벨 8	Principal Engineer
레벨 9	레벨 9	레벨 7	레벨 9	Distinguished Engineer
		레벨 8	레벨 10	

그림 2. 미국 빅테크 기업의 직급(레벨) 체계와 이들의 대응 관계의 예

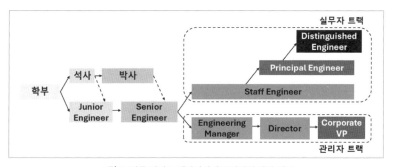

그림 3. 미국 빅테크 엔지니어의 보편적인 경력 경로

마찬가지로 가상의 인물 M이 미국 빅테크에 입사했을 때를 가정해서 단계별 역할과 필요 역량을 알아보자.

주니어 엔지니어

미국의 한 주립대 컴퓨터 과학과를 졸업한 M은 재학 중 열심히 인턴십 경력을 쌓았다. 덕분에 졸업과 동시에 실리콘밸리의 한 빅테크 C사의 오퍼를 받는다. 이곳에서 소프트웨어 엔지니어로 경력을 시작한 M은 C사의 인공지능 플랫폼에서 개발자 생산성을 높이는 인프라 환경 개선 프로젝트에 참여한다.

M은 주니어 엔지니어로서 정규직 레벨 3으로 시작한다. 한국으로 보면 대략 사원급에 해당한다. 시작 레벨이 1이 아닌 이유는 더 하위 레벨이 존재하기 때문이다. 학부생 신분으로 인턴에 참여한 경우 1또는 2레벨, 대학원생 인턴 경우 3레벨까지 받기도 한다.

M은 주니어 엔지니어 시기에 선배들의 지도를 받으며 실무를 진행한다. 할당된 코드를 작성하거나, 모듈을 구현하고, 간단한 기능 추가, 버그 수정, 단위 테스트 코드 작성, 코드 배포 전 최종 검수와 같은 일을 한다. 선배들이 진행하는 C사의 디자인 리뷰에 참여하면서 소프트웨어나 하드웨어 구조의 주요 기능에 대한 결정 과정을 학습하게 된다.

M의 업무 상당 부분에서 '학습'이 요구된다. 기술과 지식을 빠르게 습득해야 한다. 한 명의 팀원으로 역할을 감당할 수 있다는 것을 보여 줘야 한다. 빅테크마다 다를 수도 있지만, M은 C사에서 3~4년 정도 이 시기를 보내면 다음 단계인 시니어 엔지니어가 될 수 있다. 참고로 여기서 주니어 단계라는 것을 명시하기 위해 Junior Engineer로 표기하였지만, 대부분의 회사에서 직급 명에 Junior를 붙이지 않고 단순히 'Engineer'와 같이 표기한다. Engineer 1, Engineer 2와 같이 세부 레벨을 명시하기도 한다.

시니어 엔지니어

주니어 시절을 성공적으로 보낸 M은 그동안 고과를 잘 받아 시니어 엔지니어로 진급한다. M의 업무 범위는 주니어 엔지니어와 유사하다. 다만 경험이 쌓였기 때문에 상위 엔지니어로부터 최소한의 지도 아래 더 빠르고 정확하게 실무에 임해야 한다.

미국 회사에서는 사내 '영향력'을 주요한 평가 기준으로 본다. M

에게는 주니어 엔지니어를 멘토링하거나 지도하는 일도 업무의 일부가 된다. 맡고 있는 모듈, 블록의 규모 및 중요도도 커지고 동료가 개발한 코드를 리뷰하면서 팀 내 영향력을 넓혀간다. 그 즈음 팀에 박사학위를 받고 입사한 다른 동료는 바로 이 직급에서 경력을 시작한다. 주니어 엔지니어와 유사하게 Senior Engineer 1, Senior Engineer 2와 같이 세부 직급이 존재할 수도 있다.

스태프 엔지니어

M은 C사에서 6~7년의 경력을 쌓았다. M은 연봉을 높이며 다른 빅테크인 B사로 이직을 한다. C사에서의 경력을 살려 빠르게 B사에 적응했고 사내 영향력을 점차 넓혀가기 시작한다. 비슷한 경력의 팀원 중 한 명은 매니저 직군으로 전환했지만, 실무를 계속하기를 원했던 M은 기술 트랙에 남아서 팀 내에서 계속 영향력을 행사한다. 그 역량을 인정받아 M은 스태프 엔지니어로 승진하게 된다.

스태프 엔지니어로 근무하던 M은 리더십과 사내 영향력을 인정받아 자연스럽게 '테크 리드'의 역할을 맡게 된다. 테크 리드는 일반 관리 업무를 맡지 않고, 순수 기술력만으로 팀에게 리더십을 발휘하는 위치다. 공식적인 상하관계는 아니지만 동료 팀원들을 성장시키는 멘토로서의 역할을 수행한다.

이 단계부터 팀을 대표하는 성격도 높아져 경영진, 사내 노출도가 증가하며 유관 부서로 영향력이 확장된다. 발표력, 커뮤니케이션 등 소프트 스킬에 대한 필요성이 늘어난다. 스태프 엔지니어 레벨로의 진급 자체도 꽤 난도가 높다. 몇 년을 계속 상위 고과를 받아야 가능하다. 스태프 엔지니어도 Staff Engineer, Senior Staff Engineer와 같이 세부 단계가 존재할 수 있다.

프린시펄 엔지니어

15년 이상의 경력이 쌓이고, 테크 리드로 좋은 성과를 내자 M은 그다음 단계인 프린시펄 엔지니어가 되었다. 관리자 트랙에서는 디렉터급 직급이다. 한국 회사에서 부장급 직급인 '수석 연구원'을 영문으로 표기할 때 Principal Engineer로 번역하곤 하는데, 미국의 Principal Engineer는 사실상 한국 대기업의 수석 연구원보다 훨씬 높은 직급이다. 준 임원에 가깝다.

M은 스태프 엔지니어 시절 프로젝트를 성공시킨 실적을 여럿 가지고 있었고, 자사 기술을 표준화에 포함시키는 등 업계에 큰 영향력을 행사한 이력이 있었다. 이러한 업적을 바탕으로 프린시펄 엔지니어가 된 M은 직제상으로는 자신의 밑에 고정 조직을 두지는 않지만 프로젝트가 착수되면 조직을 넘나들면서 엔지니어들에게 영향력을 행사하게 된다.

프린시펄 엔지니어는 통상 제품을 구성하는 시스템에서 하나의 블록을 책임지고, 이를 성공적으로 개발하기 위해 하위 엔지니어들을 통솔한다. 따라서 상당히 도달하기 어려운 직급이다. 마찬가지로 프린시펄 엔지니어도 Principal Engineer, Senior Principal Engineer와 같이 세부 단계가 존재할 수 있다.

디스팅귀시드 엔지니어

프린시펄 엔지니어로 회사 경영에 이바지한 M은 실무 엔지니어 트랙으로서는 거의 마지막 단계인 디스팅귀시드 엔지니어까지 승진한다. 임원과 같은 위치다. M은 사내에서 한 분야의 전문가로 인정받았고, 미국의 양대 학술 기관인 ACM, IEEE가 선정하는 펠로우에 선출되기도 했다. 이미 학계나 동종 업계에 명성을 떨치고 있었다.

정년과 은퇴

회사마다 상이하지만 사실상 프린시펄 엔지니어 직급부터 상당히 도달하기 어렵다. 스태프 엔지니어에서 은퇴하는 경우도 상당히 많다. 스태프 엔지니어부터는 M과 같이 테크 리드로 리더십을 발휘해야 상위 단계 진급이 가능해진다. 또한 리더십을 발휘하는 위치까지는 아니더라도 엔지니어로서 실무를 놓지 않는다면, 일정 레벨까지 진급하고* 은퇴할 때까지 실무자로 남을 수도 있다. 물론 미국 회사에서 언제든 발생할 수 있는 정리해고를 피할 수 있도록 꾸준히 역량을 입증해야 한다.

미국의 테크 회사는 한국처럼 법으로 정해 놓은 정년이 없다. 건강이 허락하는 한 개별 기여자로서 실무 엔지니어로 남아 개인이 정한 은퇴 시점까지 일할 수 있다. 실리콘밸리 테크 기업에서는 백발의 나이 든 시니어 엔지니어들도 실제로 존재한다. 개인적으로 70세가 넘은 엔지니어를 본 적도 있다. 이 경우에 의도적으로 계약직으로 전환해 일하는 시간을 탄력적으로 운용하기도 한다.

절대 기준이 될 수는 없지만 사내에서의 경력, 역할, 영향력으로 생각해 보았을 때, 대략 한국의 사원~대리급이 미국의 주니어 엔지니어, 대리~과장급이 시니어 엔지니어, 과장~부장급이 스태프 엔지니어로 대응되며, 부장급 중에서 기술 리더십을 크게 발휘한 사람이 프린시펄 엔지니어 이상의 직급과 대응될 것이다.

하지만 양국의 기업 조직 문화, 업무 방식이 매우 다르기 때문에 이

---

*미국에서는 이를 Terminal Level이라 부른다

런 대응 관계가 항상 성립하지는 않는다. 게다가 미국에서는 한국 경력을 잘 인정하지 않는다. 이력서에 명시한 경력보다 인터뷰에서 보여준 역량에만 기초해 직급을 부여하는 경향이 있다. 그래서 때때로 한국에서 미국으로 직접 이직을 할 때 경력에 비해 낮은 직급을 받기도 한다. 예를 들어 한국에서 부장급이어도 미국에서 시니어 엔지니어가 되는 식이다. 미국 이민이 전제되어 있고, 정보의 비대칭성 등의 이유로 한국의 이직자가 적극적으로 연봉이나 직급 협상에 임하기 어렵기 때문이다. 그만큼 인터뷰에서 실무 역량을 잘 입증하는 일이 가장 중요하다.

신입 사원에서 부장급의 경력직에 이르는 과정은 한국과 미국과 유사하지만 한 가지 차이가 존재한다. 바로 실무자에서 관리자로의 전환 과정이다. 한국 대기업에서 조직 내 새로운 팀이 만들어지거나 프로젝트가 착수되는 경우, 이를 관리할 새로운 인력을 관리자로 세우게 된다. 통상 과장급 이상의 연차를 갖는 실무자들 중 한 명을 임명한다. 따라서 한국에서는 실무자로 근무하면서 어느 정도 직급과 연차가 도래하면 슬슬 관리자로의 전환을 생각해야 한다.

이에 비해 미국의 경우 이른 시기부터 실무자, 관리자를 구분한다. 한국으로 따지면 대리~과장급인 레벨 4~5정도의 실무 엔지니어부터 엔지니어링 매니저로의 제안을 받을 수 있다. 관리자와 실무자는 위계에 의한 상하 관계라기보다는 역할이 다른 직군으로 인식된다. 따라서 낮은 연차나 직급의 엔지니어가 높은 직급의 실무자를 관리하는 매니저가 될 수도 있는 것이다. 또한 리더십도 관리와 기술을 별도로 구분하기 때문에 '테크 리드'와 같이 비공식적인 보직 또한 존재한다. 이에 대해서는 8장에서 자세히 다루기로 하겠다.

지금까지 설명한 가상의 인물인 M의 경력 경로를 '미국 엔지니어의 성장 로드맵'으로 일반화할 수는 없다. 한국과 마찬가지로 산업군, 회사의 규모, 문화, 업무 방식 및 경영 철학에 따라 직급 체계가 다를 수 있기 때문이다.

Q: 실리콘밸리 미국 기업에서 한국인 엔지니어들이 근무하면서 느끼는 문화적 괴리감은 무엇이 있을까요?

A: 언어와 문화 차이로 인한 문제는 단순히 의사소통에 한정되지 않습니다. 영어가 모국어가 아니라는 것은 역사와 문화를 함께 공유하지 않는다는 의미이기도 합니다. 비영어권인 한국에서 자라나 교육받은 우리는 미국 현지인들과 문화적, 사회적 이질감을 느낄 수밖에 없지요.

예를 들어, 한국인들은 자신의 욕망을 잘 드러내지 않습니다. 유교 문화권에서 자라난 탓인지, 무슨 일을 하든 '겸손하고자' 노력하지요. 내적으로는 누구보다 강한 상승 욕구가 있다 하더라도 이를 드러내는 것을 주저합니다. 일종의 자기 검열인 셈이죠.

한국, 일본, 중국과 같이 동아시아권의 나라들은 전형적인 고맥락 문화국 high-context culture들입니다. 의사소통이 직접적이지 않고 암시적이죠. 상황과 맥락에 따라 진의를 해석하는 것이 일반화되어 있습니다. 따라서 한국에서는 나를 낮춰 말하더라도 듣는 이들이 알아서 상대방의 겸손함을 높이사고, 성과를 인정해 주죠.

하지만 대표적인 저맥락 문화국low-context culture인 미국에서는 의사소통에서 '언어'가 가장 중요한 역할을 합니다. 입 밖으로 나온 말만이 고려 대상이죠. 따라서 미국 사회에서는 말에 숨은 의미를 담는 것은 피해야 합니다. 분명하고 명확한 의사소통만이 필요하죠. 따라서 겸손의 의미로 스스로를 낮추는 것은 말 그대로 스스로가 낮아지는 효과만 낳을 뿐입니다.

이런 문화적 차이가 실리콘밸리에서 한국인이 고위직에 진출하지 못하는 이유 중 하나입니다. 한국식 교육과 조직 문화를 오래 접할수록 이런 경향은 더욱 고착화되죠. 따라서 미국의 문화권에서 야망을 가진 사람이라면 의식적으로 상승 욕구를 드러낼 필요가 있습니다.

Q: 실리콘밸리에는 백발의 실무 엔지니어들도 많다고 들었습니다. 사실인가요?

A: 많은 수는 아니지만, 실제로 회사에서 나이 지긋하신 고연령대의 엔지니어를 자주 뵙곤 합니다. 현장에서의 오랜 경험과 노하우를 조직이 인정해 주는 것이죠. 물론 제가 역사가 깊은 미국 반도체 회사에서만 근무했으니 그럴 수도 있습니다. 메타나 구글과 같이 상대적으로 역사가 짧은 회사는 그만큼 젊은 엔지니어들이 주축이 됩니다. 바꿔 말해 에너지, 항공, 기계, 전기, 화학과 같이 유서가 깊은 분야일수록 이런 시니어 엔지니어들의 비중이 높습니다. 이들의 숙련된 경험과 역량이 더 필요한 분야이죠. 덕분에 이런 분야는 숙련 엔지니어들이 갑작스럽게 은퇴할 경우 기술 공백 문제가 발생하기도 합니다. 충원되는 신입 엔지니어들에 의해 빠르게 보완될 수 없기 때문이죠.

엔지니어가 자신이 쌓아온 경험만으로 오랫동안 자리를 유지하는 것은 쉽지 않습니다. 나이가 들면 자연스럽게 기억력과 생산성이 저하되고 동시에 기술은 계속 발전하기 때문이죠. 끊임없이 공부하고 빠르게 적응하는 역량이 엔지니어에게 중요한 이유입니다.

Q: 실리콘밸리에서 실무자와 관리자 직군 전환은 언제 이뤄지나요? 그리고 한번 직군을 전환하면 되돌리기 어려운가요?

A: 통상 엔지니어가 일정 직급에 도달하면, 상위 관리자로부터 매니저 전환을 제안을 받기도 합니다. 실무자 역량과 기술적 영향력이 뛰어난 경우이죠. 제안을 받은 입장에서는 자신이 매니저로서 적성이 있는지, 향후 자신의 커리어에

도움이 될지에 대해 진지하게 고민 후 결정을 하게 됩니다.

직군을 전환하고 난 뒤 관리자로서 새로운 방식의 업무(팀, 프로젝트, 생산성 관리)에 더욱 두각을 나타낼 수도, 반대로 적응에 실패할 수도 있습니다. 실무와 관리는 완전히 다른 영역의 일이기 때문이죠. 뛰어난 실무자가 반드시 뛰어난 관리자가 된다는 보장은 없습니다. 하지만 이 경우 미국에서는 비교적 쉽게 실무자로 돌아오기도 합니다. 통상 엔지니어링 매니저는 관리 업무를 하면서도 기술 전문성은 유지하고, 갑자기 결원이 발생했을 때 직접 실무에 참여하기 때문에 스킬셋을 좀처럼 잊지는 않거든요.

미국 회사들은 엔지니어링 매니저 외에 다양한 관리직들이 있습니다. 제품 출시를 위해 개발팀과 영업팀 사이에서 가교 역할을 하는 제품 관리자product manager, 복수의 개발팀 사이에서 프로젝트들을 조율하는 기술 프로그램 관리자technical program manager 등이 그 예입니다. 이런 직군은 사람과의 관계를 통해 일을 풀어가는 전통적인 관리가 주업무이기 때문에, 한번 직군을 전환해 커리어를 쌓기 시작하면 실무자로 쉽게 돌아오지 못하는 편입니다.

2부

글로벌 엔지니어
성장 로드맵

3장
학부 LEVEL:
기초의 중요성

엔지니어 생애 주기에서 학부 시절은 출발점과도 같다. 어떠한 경험과 경력도 존재하지 않는 백지와 같은 상태지만 그만큼 무한한 가능성을 담고 있다. 그 어느 때보다 강력한 자원을 가진 시기이기 때문인데, 그것은 바로 '시간'이다. 따라서 이때 가장 중요한 것은 이를 얼마나 '효율적으로 사용하는가'이다.

하지만 그 시간을 어떻게 활용해야 할지 막막하기만 하다. 강의만 충실히 듣는다고 취업이 되는 시대는 지났다. 자신만의 무기를 만들어야 한다는 강박에 사로잡힌다. 전공 수업은 무엇을 들어야 할지, 전공 이외에 무엇을 더 공부해야 할지, 앞으로 유망한 분야가 무엇일지, 과외 활동은 무엇을 해야 할지, 스킬셋을 쌓기 위해 학원, 해커톤, 부트 캠프를 등록해야 할지, 대학원 연구실이나 회사에서 인턴을 해야 할지, 자격증을 따야 할지 같은 무수한 고민을 반복한다. 나를 이끌어 줄 선배나 멘토도 없고, 나의 방향성을 정하는 데 필요한 정보를 찾을 수도 없다. 시간이 아무리 많아도 스스로 방향을 잡기 어려워 우왕좌왕하며 시간을 낭비한다.

나 또한 그 시기가 별반 다르지 않았다. 모두가 졸업 후 당면한 '취업'이라는 과제에서 조금이라도 유리한 조건을 갖추기 위해 동분서

주했다. 영어, 스킬셋, 자격증 등 쌓고자 했던 포트폴리오는 과거에도 똑같았다. 결국 대학원에 진학했지만 대학원에서도 진로에 대한 고민은 계속되었다.

'취업'이라는 하나의 목표를 위해 달려가고 있을 이들에게, 그 최종 관문을 통과할 수 있는 '완벽한' 테크 트리를 제시할 수 있으면 좋겠다. 하지만 아쉽게도 그런 마법은 존재하지 않는 것이 현실이다. 다만 오랜 현업 실무자로 근무한 경험에 근거할 때, 향후 글로벌 엔지니어로 성장하기 위해 학부 시절에 역점을 둬야 할 것들에 대해 말하고자 한다. 엔지니어 전 생애 주기를 보았을 때 이 시기가 아니면 할 수 없는 것들이다. 그래서 어쩌면 스펙을 쌓는 것보다 더 중요할 수 있다.

엔지니어로서 경력을 쌓아가는 과정을 집 짓기로 비유하자면 학부는 기초 공사 단계다. 기초가 튼튼해야 골조, 내·외장 공사를 무리 없이 할 수 있다. 이렇듯 여러분이 학부 시절에 기초를 튼튼히 해두어야 경력을 시작한 뒤 원하는 분야로 잘 뻗어 나갈 수 있다.

나는 세 가지를 강조하고 싶다. 첫째, 전공을 탄탄히 해야 한다. 전공은 향후 커리어 내내 나의 근본과 정체성이 된다. 둘째, 고교 시절 여러분을 괴롭혔던 국·영·수다. 국어, 영어, 수학을 다지는 것은 글로벌 엔지니어로 성장하기 위한 발판이 된다. 셋째, 실무 능력과 경험이다. 수업을 통해 배운 전공 지식이 업계에서 어떻게 적용되고 있는지 직접 체감하는 것은 내 지식을 살아있는 역량으로 바꿔준다. 이 세 가지만 충실히 한다면 글로벌 엔지니어로 성장하는 데 있어 첫 단추를 잘 꿴 것이라 할 수 있다.

전공은
내 경력의 시작

나는 대학교를 졸업한 지 꽤 오래되었지만 전공 수업에서 들었던 대부분의 과목들을 기억한다. 특히 현재 내가 일하고 있는 분야와 관련 있는 과목들은 주요 내용들까지 머리에 남아 있다. 대학원에서 연구를 하거나, 현업에서 실무를 하면서 계속 사용했기 때문이다. 물론 현장에서는 훨씬 최신 기술을 다루기 때문에 논문, 표준 스펙, 백서white paper들을 볼 일이 더 많다. 그리고 많은 경우 추론을 통해 눈앞에 보이는 현상 그 이면의 것들을 추측한다. 하지만 그 최신 기술을 이해하거나, 실제 업무를 할 때, 그리고 기술적 추론을 할 때, 사고의 재료가 되는 것은 바로 대학교 때 수강한 전공과목의 지식이다.

현재 나는 GPU 아키텍트로 근무 중이다. GPU 하드웨어를 상위 수준에서 설계한 뒤 성능을 예측하고 스펙을 쓰는 일이 주 업무다. 하드웨어를 설계할 때나 스펙을 쓸 때, '마이크로프로세서 응용'이나 '컴퓨터 구조' 과목에서 배운 지식이 기초가 된다. 상세 수준의 회로 단계까지 고려해야 할 때는 '논리 회로' 과목이 소환된다. 성능을 예측하기 위해서 하드웨어를 모사하는 소프트웨어 코딩을 하기 때문에 '자료구조', '알고리즘', '객체 지향 프로그래밍' 과목의 지식이 폭넓게 사용된다. 또한 말 그대로 GPU는 그래픽 처리 장치라서 '그래픽스'야말로 내 커리어 내내 근간이 되어줬던 과목이었다. 흥미로운 점은 내가 학부 때 이 과목에 별 흥미가 없어 수강하지 않았다는 것이다. 대학원에 진학한 뒤 연구 분야가 정해지자, 기초를 다시 쌓기 위해 학부 그래픽스 수업을 청강해야 했다. 응용 소프트웨어, 장치 구동기device driver 엔지니어들과 협업을 할 때는 '컴파일러', '운영체제' 과목의 지식까지 동원되기도 한다. 물론 이러한 지식은 대학원에서 심화 과목을 수강하고, 연구를 하거나, 현장에서 실무를 하며 계속 갱신되어 왔다. 하지만 결국 그 뿌리는 학부 시절에 배운 지식에 근거한다.

시스템 반도체 설계 엔지니어의 예도 들어보자. 이들의 주업무는 나 같은 아키텍트가 쓴 스펙을 읽고 구조를 이해한 뒤, 회로 수준에서 하드웨어를 설계하고 구현하는 일이다. 주로 전기 전자 계열을 전공한 엔지니어들이 담당하는데, 마찬가지로 학부에서 배운 다양한 과목의 지식을 활용한다. 회로 설계 시에는 '전자 회로', '디지털 논리 회로 설계', '디지털 시스템 설계'와 같은 과목부터 아키텍트와 협업 시에는 '컴퓨터 구조', '마이크로프로세서 설계'와 같은 상위 수준 과목들의 지식까지 사용한다. 설계하는 지적 자산의 분야에 따라, '통신', '신호 처리', '영상 처리', '암호화'와 같이 특정 도메인에 특화된 과목 지식을 활용하기도 한다.

소프트웨어 엔지니어는 어떠한가. 실리콘밸리 빅테크 기업의 소프트웨어 엔지니어들은 회사가 돈을 벌어들이는 다양한 서비스를 위한 기술을 개발한다. 당연히 이들은 학부 때 배운 '자료구조', '알고리즘', '객체지향 프로그래밍'과 같은 기초 과목부터, '소프트웨어 공학', '프로그래밍 언어론'처럼 소프트웨어 설계 방법론의 지식을 활용한다. 또한 자신의 주요한 전문 분야에 따라, 기술 스택에 최적화된 과목 지식도 이용한다. 예를 들어 프런트엔드frontend 엔지니어라면 '웹 프로그래밍', '네트워크', '사용자 경험 설계', 백엔드backend 엔지니어라면 '데이터베이스', '운영 체제', '네트워크', 모바일 엔지니어라면 '임베디드 프로그래밍', '운영 체제', 게임 엔지니어라면 '그래픽스' 과목의 지식을 필수적으로 사용한다.

연구원이나 엔지니어로서 오랫동안 근무하면서 학부 전공과목들이 기초가 된다는 것을 자연스럽게 깨닫게 되었다. 하지만 정작 학부 시절에는 수강 과목의 필요성을 잘 느끼지 못했다. 막연히 프로그램을 개발하는 것이 좋아 컴퓨터 공학과에 들어왔다. 그런데 논리 회로, 컴퓨터 구조, 마이크로프로세서 응용과 같은 과목을 들을 때는 '도대체 이걸 왜 배우는 거지?' 생각하며 도저히 재미를 붙이기 힘들었다. 코딩 실무를 배울 수 있을 것 같아 소프트웨어 공학, 프로그래밍 언어론과 같은 과목을 들었는데 별로 쓸모없어 보이는 이론만 잔뜩 가르쳐 주었다. 프로그래머가 되는 데에 아무런 도움도 안 되는 것처럼 느껴졌다. 사실 어찌 보면 당연한 것이 애초에 공과대학은 기술자가 아니라 연구자를 육성하는 곳이었기 때문이다.

하지만 업계로 나와 실무자로 살아보니 그제야 나를 괴롭혔던 그 전공과목이 왜 필요하고, 어떻게 실무에 적용되는지를 알게 되었다. 고품질의 소프트웨어를 개발하기 위해서는 좋은 알고리즘을 설계할 수 있어야 하고, 좋은 알고리즘은 컴퓨터 구조에 대한 올바른 이해에서 비롯된다. 현업에서 개발하는 소프트웨어는 그 규모가 방대해 구조 설계부터, 유지 보수, 테스트, 검증과 같은 소프트웨어 공학의 체계적이고 이론적인 접근이 필요하다. 즉 좋은 소프트웨어 엔지니어가 되기 위해서는 학부 시절에 배웠던 전공 이론이 튼튼하게 밑바탕 되어야 하는 것이다.

따라서 학부 시절에는 핵심 전공과목만큼은 충실하게 수강하고 내 것으로 만들어 두어야 한다. 향후 본인의 커리어와 실무를 위한 기초가 되기 때문이다. 공학의 핵심 전공과목들은 본질적인 '이론'을 다루기 때문에 시대가 바뀌어도 그 내용이 크게 변하지 않는다. 최초에 그 학문이 미국에서 발현되어 학계에서 오랫동안 논의된 후 불변의 진리처럼 하나의 이론으로 정립되었기 때문이다. 그렇게 역사를 통해 검증되어 하나의 학문으로 자리 잡은 것이 바로 공학의 모든 과목이고 모든 전공의 근본이다.

하지만 이론은 언제나 따분하다. 그래서 재미없고 공부하기도 힘들다. 취업과 큰 관련도 없어 보인다. 그래서 대부분의 학부생들은 전공을 국가고시처럼 공부한다. 공부의 이유나 목적은 단지 '높은 학점을 받는 것'일 뿐이다. 중간고사와 기말고사가 다가오면 벼락치기로 공부한다. 단기간 고도의 집중력을 발휘해 수업 시간에 다룬 모든 지식을 송두리째 암기한다. 덕분에 머릿속 단기 기억장소에 저장된 지식은 시험을 보고 나면 자연스럽게 휘발된다.

전공에서 재미를 느끼지 못하는 까닭은 공부해야 할 이유를 찾지 못했기 때문이다. 따라서 전공을 공부해야 하는 이유를 스스로 찾아보는 것이 필요하다. 전공 수업에서 배운 이론이 실제 업계의 제품, 서비스에서 어떻게 적용되는지 확인하는 것이다. 예를 들어, 자료구조 시간에 배운 '해시 테이블hash table'은 구글의 검색 엔진, 페이스북의 친구 관리, 아마존의 장바구니, 트위터의 팔로우/팔로워 관리에 사용되고 있다. 컴퓨터 구조 시간에 배운 '하드웨어 파이프라인'은 인텔, AMD의 CPU와 엔비디아의 GPU에 오랫동안 쓰여왔다. 전자공학과에서 배우는 '신호 처리' 과목의 기술들은 애플 아이폰 카메라에서 영상 처리, 아마존 알렉사에서 음성 처리, 퀄컴의 모뎀 칩, 테슬라의 자율주행 시스템에서 쓰이고 있다.

공학은 근본적으로 실용 학문이기 때문에 수업에서 배웠던 지식은 반드시 우리가 쓰는 제품에 쓰였거나 쓰이고 있다. 따라서 스스로 지식과 응용을 잇는 노력을 기울인다면 우리가 글과 말로 배운 지식에 생명을 불어넣을 수 있다. 그 과정에서 자신의 이해력을 벗어나 벽에 부딪힐 수도 있지만, 반대로 자신이 몰랐던 새로운 분야에서 흥미를 발견할 수도 있다.

　대한민국 학부 과정의 커리큘럼은 절대로 부족하지 않다. 모든 공학의 역사는 미국에서 시작되었고 미국에서 관련 학과가 먼저 개설되었다. 그러나 그곳에서 수학한 이들이 현재 한국의 교수가 되어 교육과정을 설계했다. 또한 연결의 시대를 살아가는 현재 그 간극은 거의 없다. 심지어 조금만 노력하면 실시간으로 미국 주요 대학 수업을 온라인으로 들을 수도 있다.

　실리콘밸리 빅테크 기업들에서 엔지니어 기술 면접을 볼 때, 지원자를 다양한 방면으로 평가한다. 코딩 테스트와 같이 실무 능력을 평가하기도 하지만, 기본적으로 많은 질문을 주고받으며 지원자의 지식 수준을 파악한다. 이때 의외로 그 질문 수준이 높지 않을 때가 많다. 왜냐하면 학부 수준의 전공 지식들로 시작하기 때문이다. 이는 '기초'가 잘 되어있는지를 검증하는 것이다. 같은 팀에서 일할 동료 엔지니어가 기본기도 안 되어 있다면 그는 팀원들의 신뢰를 얻기 힘들 것이다. 그런데 의외로 많은 지원자가 대답을 잘 못한다. 분명히 학부 때 수업으로 배웠던 지식이지만, 이해하지 못하고 암기로만 학습해, 막상 필요할 때 이를 기억하지 못하는 것이다. 부족한 기초는 감출 수 없다. 인터뷰는 기억력 테스트가 아니기 때문이다.

　그래서 향후 글로벌 엔지니어로 성장하기 위해 첫 번째로 할 일은 학교에서 배우는 전공의 중요성을 이해하고 전공에 집중하는 것이다. 그리고 이는 엔지니어로서의 자신의 정체성을 확립하는 것이기도 하다. 엔지니어의 전문성은 그가 전공한 특정한 분야에 기반하는 것이기 때문이다.

대학에 와서 국어, 영어, 수학을
다시 공부해야 하는 이유

한국 학생들은 고교 때까지 국·영·수를 지겹도록 공부한다. 그렇다면 한국의 교과 과정이 국·영·수를 그토록 강조하는 이유는 무엇일까? 국·영·수에서 배우는 지식 그 자체가 중요한 것일까? 국어의 본래 목적은 리터러시literacy, 즉 텍스트의 진의를 파악하고 생각을 글로 풀어낼 수 있는 능력을 기르는 데 있다. 영어는 세계 공용어이므로 세계적인 지식을 배우기 위한 언어이고, 수학은 수리적, 논리적 사고력을 키워 추론력과 창의성을 기르기 위한 도구이다. 즉, 국·영·수는 새로운 학문을 습득하기 위한 강력한 '도구'였다. 하지만 실제 공교육에서는 입시 위주로 변질되면서 그 본래의 목적이 퇴색된 것이다.

우리가 입시라는 관문을 넘어 대학교로 오게 되면 도구라는 본연의 의도가 되살아난다. 아니 오히려 그 의도를 살려 국·영·수를 다시 공부해야 한다. 바꿔 말하면 이후 엔지니어 커리어에서 필요할 국·영·수를 공부할 수 있는 마지막 기회가 바로 학부 시기인 것이다. 그렇다면 왜 엔지니어가 국·영·수를 잘해야 되는 것일까? 학부 시절에 역점을 둬야 한다고 강조하는 이유가 무엇일까?

국어: 사고력을 위한 제1의 도구

"좋은 엔지니어가 되려면 학부 시절부터 독서를 꾸준히 하는 것이 필요합니다."

나는 글쓰기 플랫폼을 통해 멘토링을 하고 있다. 어느 날 "전공 외에 무엇을 더 하면 좋을까요?"라는 한 학부생의 질문에 주저 없이

"독서"라고 대답했다. 이 친구는 내 대답에 실망한 눈치였다. 아마도 '과외 활동'이나 '인턴십'과 같은 좀 더 실용적인 대답을 기대했는지도 모르겠다. 졸업까지 2년 정도 남았는데 그 시간 동안 독서를 해봤자 취업에 별 도움이 되지 않는다고 생각했을 것이다. 아무리 학부 시절이 가장 시간이 많은 시기라지만, 어차피 시간에 쫓기는 것은 마찬가지다. 이해한다. 독서를 할 시간에 스펙을 하나라도 더 쌓는 것이 낫다고 생각할 수 있다. 취업 시장이 얼어붙어 있는 지금 공학도가 문학, 철학, 역사책을 읽는 것은 한가로운 사치로 느껴질지도 모른다.

그러나 독서는 우리가 엔지니어로서 기술 트렌드나 스킬셋을 익히는 것과는 다른 성격으로 접근해야 한다. 독서를 통해 기를 수 있는 것은 바로 엔지니어 생애 커리어동안 절대로 휘발되지 않는 '사고력'이다. 사실 사고력은 공학뿐 아니라 모든 학문을 공부하는 데 있어 필요한 역량이다. 그렇다면 도대체 이러한 사고력과 독서는 어떠한 관계에 있는 것일까? 인류의 지식은 언어로 전달되어 왔다. 기록으로 남겨진 지식을 내 것으로 만들기 위해서는 그 내용을 올바르게 이해해야 한다. 글을 이해한다는 것은 곧 글쓴이의 생각을 읽어낸다는 말이다. 이를 위해서는 내가 글쓴이와 지적 수준이 대등하거나, 글쓴이가 글로 남긴 지식을 소화할 수 있어야 한다. 지식의 소화 과정에는 논리적, 분석적, 그리고 추론적 사고력이 종합적으로 필요하다. 이러한 종합적 능력을 포괄하는 것이 바로 사고력이다. 즉 새로운 지식을 익히는 과정에서 자연스럽게 사용 하는 역량인 것이다.

졸업 후 엔지니어로 경력을 시작하면, 실무를 할 때 이 사고력을 본격적으로 발휘해야 한다. 엔지니어의 작업물들은 모두 논리적인 흐름에 기반하기 때문이다. 하드웨어든 소프트웨어든 구조화된 시스템을 설계하고 구현할 때, 오류 발생 시 원인을 찾아내 해결할 때, 실험 결과 데이터를 체계적으로 분석할 때, 객관적 데이터를 종합해 현상을 예측할 때, 동료에게 지식을 전달하기 위해 글을 쓰거나 구술로 소통할 때 모두 논리적, 분석적, 추론적인 사고가 동원되어야 한다.

이런 사고력은 하루아침에 갖춰지지 않는다. 평소에 생각하는 습관을 꾸준히 기르고 훈련해야 서서히 발현되기 때문이다. 그리고 이 훈련의 방법으로 '독서'만 한 것이 없다. 특히 독서를 하더라도 우리는 조금은 불편한 책을 읽어야 한다. 내 이해의 수준보다 높은 책, 내 전공과는 무관한 다른 분야의 책, 내 견해와는 상반되는 책들을 의식적으로 찾아 읽을 때, 조금씩 우리에게 생각하는 근육이 길러지기 때문이다. 그런 의미에서 엔지니어들은 은퇴하기 전까지 책에서 손을 놓으면 안 된다고 생각한다. 특히 20대 때 더욱 독서를 해야 하는 이유가 여기에 있다. 학부 시절 독서하는 습관을 기른다면, 이후에도 자연스레 책과 가깝게 지낼 가능성이 높다.

디지털 시대에 정보는 넘쳐나고 우리는 간단한 검색으로 이를 빠르게 습득한다. 그런데 신속하게 알게 된 지식은 그만큼이나 빠르게 휘발되기 마련이다. 영상과 이미지는 우리에게 상상의 여지를 앗아가고 사고의 과정을 생략시킨다. 그 과정이 생략된 검색 결과는 여러분의 궁금증을 즉각적으로 해소할 수는 있어도 사고력 훈련에는 전혀 도움이 되지 않는다.

영어: 글로벌 엔지니어에게 필수 과목

도서, 신문, 잡지, 논문, 저널, 영화, 웹페이지 등 지식과 정보가 기록된 전 세계 매체의 44.29%가 영어로 작성되어 있다.[9] 압도적 1위 언어다. 공학도들이 읽는 원서, 대학원생들이 읽는 논문, 그리고 앞으로 사회에서 접할 무수한 기술 문서들은 모두 이 언어로 쓰여 있다. 그래서 영어 문해력이 없으면 눈앞의 지식은 그저 외계어일 뿐이다.

무엇보다 글로벌 엔지니어를 목표로 한다면 영어는 피할 수 없다. 그리고 이는 취업 관문을 돌파하기 위한 '점수 획득' 그 이상의 의미를 갖는다. 향후 실리콘밸리에서 자신의 업무 진척사항을 발표하고, 원어민 팀원들과 소통하며, 기록을 남길 때 모두 '영어'로 해야 하기 때문이다.

나는 영어를 위해 안 해본 것이 없다. 학부 시절엔 수많은 토익 서적을 구입해 자습했고 무수한 어학원을 다녔다. 대학원 시절엔 교내 어학당 출근했으며, 독학으로는 뉴스 받아쓰기, 입사 후엔 사내 온라인 교육, 전화영어 수강 등 시중의 웬만한 영어 공부법은 다 해봤다. 하지만 그 어느 방법도 극적으로 영어 실력을 올려주지는 못했다. 방법보다 내 빈약한 의지의 문제였다. 꾸준하지 못했기 때문이다.

내 인생에서 영어 실력의 한계를 돌파했던 순간이 있다. 회사에서 맡고 있던 팀이 해체되어 실의에 빠진 시기였다. 뭔가 나를 일으켜 줄 전환점이 필요했다. 쉬고 있던 영어 공부나 다시 해보자고 생각했다. 그 길로 집 근처 영어학원으로 향하여 일대일 회화 과정 6개월 치를 한 번에 등록했다. 그렇게 거의 매일 10개월 동안을 아침 7시마다 학원을 찾았다. 야근 후 밤 10시~11시에 퇴근해도 다음날 아침이면 어김없이 일어났다. 그 결과 그 즈음에 본 사내 오픽 시험에서 등급 AL(Advanced Low)을 받게 되었다. 그리고 얼마 뒤 미국 회사의 연락을 받고 미국에서 인터뷰를 봤는데, 인터뷰 시 나의 영어는 아무런 문제가 되지 않았다.

나처럼 꼭 일대일 회화를 하라는 의미가 아니다. 방법을 불문하고 '1년 동안 지속적으로 나를 공부할 수 있게 만든다면 그 방법이 최선'이라는 말이다. 그것이 미국 드라마 감상이든, 뉴스 청취든, 전화 영어든, 일대일 회화든 괜찮다. 이왕이면 재미를 붙일 수 있는 한 가지를 정해 꾸준히 하는 것 그것이 영어 실력을 늘리는 최고의 방법일 것이다.

수학: 모든 공학 지식을 이루는 것

대학원에 다닐 때 그리고 미국에서 연구원 생활을 할 때 수학을 많이 썼다. 동료들과 화이트보드 앞에서 의사소통을 할 때 수식을 많이 사용했고, 특히 논문을 읽고 쓸 때 주로 사용했다. 학부 시절 원서의 수식은 별 무리 없이 소화할 정도였지만, 대학원에서 수식이 복잡한 논문들을 읽을 때는 그 의미를 파악하는 데 시간이 꽤 소요되곤 했다. 틈틈이 수학 책을 다시 펼쳐 놓고 보충해야 했는데, 학부 시절에 수학을 잘 다져놓지 않은 것을 무척이나 후회했다.

알다시피 거의 모든 공학 분야에서 수학을 쓴다. 여기서 '쓴다'는 대학에서 수학은 문제를 풀기 위한 용도가 아니라는 뜻이다. 공학의 문헌은 영어라는 언어로 기술되어 있지만, 기술의 원리를 표현하는 것은 수식이다. 글보다 훨씬 직관적이고 간명하기 때문이다. 전공 지식을 내 것으로 만들기 위해서는 필히 수식을 이해해야 한다. 학부 수준에서는 수식을 읽고 이해할 정도면 되고, 대학원에서는 자신이 제안한 이론을 수식으로 표현할 줄 알아야 한다.

수학을 잘하면 이후 업계로 진출했을 때 엔지니어로서 분명한 차별점을 가질 수 있다. 예를 들어 모든 소프트웨어 엔지니어는 알고리즘을 개발하고 분석할 때 점근적 표기법asymptotic notation을 사용하고, 데이터 엔지니어는 통계와 확률을 통해 예측 모델을 구축하곤 한다. 게임 개발자나 그래픽스 엔지니어는 기하 데이터를 3차원에서 표현하기 위해 선형대수를 이용한다. 하드웨어 엔지니어들도 다양한 방식으로 수학을 사용한다. 회로 설계 시 전압, 전류, 저항 간의 관계를 수식으로 표현하고, 신호 처리 분야에서는 푸리에Fourier, 웨이블릿wavelet과 같이 다양한 변환을 사용하고, 칩을 설계하거나 시스템을 최적화할 때도 확률, 통계, 대수학을 사용한다. 수학을 잘하는 엔지니어는 수리적 사고력이 높아 이러한 업무를 더욱 효율적으로 수행할 수 있다.

수학을 위해 별도의 시간을 내기보다는, 미적분학(및 미분 방정식), 선형대수, 확률 통계와 같이 공대 공통 수학 과목을 충실하게 공부하는 정도여도 좋다. 다만 공부할 때는 가능한 원서로 보고 영어로 표현된 수학 용어에 익숙해지는 것이 좋다. 이에 익숙하지 않으면 향후 수식을 설명하는 원서나 논문을 볼 때 번번이 막히게 된다. 학부 시절 수학을 잘 닦아놓으면 이후 엔지니어나 연구원으로 경력을 쌓아갈 때 훨씬 수월하다. 반대로 말해서 수학이 부족하면 여러모로 피곤한 상황에 직면하게 된다. 이후 직장을 다니면서 나처럼 수학 책을 다시 펼쳐야 하는 상황이 올 수도 있다.

엔지니어에게 국·영·수는 목적이 아니라 도구와 같다. 그리고 엔지니어가 실무를 하면서 이 도구들을 잘 활용하려면 학부 시절에 이를 잘 연마해 두어야 한다. 한번 예리하게 날을 잘 갈아 놓으면 은퇴할 때까지 언제든 꺼내 쓸 수 있다.

Q: 실리콘밸리에서 일하려면 어느 정도의 영어실력이 필요한가요?

A: 물론 잘하면 잘할수록 좋습니다. 하지만 순수하게 한국의 공교육만으로 영어 교육을 받아온 입장에서 원어민 수준으로 영어를 하기는 불가능하죠. 일단 입사를 위해서는 '기본적인 회화'는 가능해야 한다고 봅니다. 상대방의 말을 대략이라도 알아들을 수 있고, 자신이 하고 싶은 말을 약간의 막힘이 있더라도 전달할 수 있는 수준입니다. 오픽으로 환산했을 때 'IH' 레벨 정도로 생각합니다.

일단 온사이트 인터뷰까지 가기 전에 전화로 스크리닝 인터뷰를 거치게 되는데, 음성 정보만으로 커뮤니케이션하는 것이 생각보다 어렵습니다. 대면 또는 화상으로 진행하는 온사이트 인터뷰가 오히려 수월할 수도 있습니다. 화이트보드 등을 이용해서 시각 정보를 함께 사용할 수 있기 때문이죠. 물론 지원자의 '실력을 파악'하는 것이 인터뷰의 주된 목적이기 때문에 영어를 주요 평가 기준으로 삼지는 않습니다. 따라서 면접관은 원어민이 아닌 지원자의 입장을 이해해 주는 편입니다. 필요하면 재차 천천히 말해주곤 하죠. 심지어 통역자 요청까지 가능한 경우도 있습니다.

하지만 진짜 '영어 실력'은 실무를 하는 데 필요합니다. 온라인 회의가 생활화되어 있기 때문에 원활한 소통을 위해서라도 충분한 말하기와 듣기 실력이 있어야 합니다. 특히 연차가 높거나 경력직으로 입사한 경우 단순히 정의된 일을 혼자 하기보다 타 유관부서, 협력사 등과 협업하는 경우가 많아집니다. 따라서 영어의 중요성은 더욱 높아지죠. 함께 일하는 동료들도 팀원이 영어가 좀 부족하다고 특별히 '배려 영어'를 구사하지 않습니다. 평소와 같이 똑같은 속도로 발화하죠. 팀원의 영어 향상을 위해서라도 이편이 낫다고 생각합니다. 부족한 것은 본인이 채울 수밖에 없습니다. 경험상 미국 회사로 이직한다고 영어실력이 극적으로 향상되지 않더군요. 회사에서 회의나 커뮤니케이션이 많다고 해도 대부분의 시간은 혼자서 업무를 봅니다. 결국 별도로 영어는 계속 공부할 수밖에 없습니다.

한 줄의 스펙 NO,
실무 능력과 경험 YES

최근 한국 기업에서도 '공채' 제도가 거의 사라지고 있다. 기업들 대부분 수시 채용으로 뽑는 추세다. 그것도 신입보다 즉시 일할 수 있는 경력직을 선호한다. 취업하려면 경력이 있어야 하는데 경력을 쌓으려면 일단 취업을 해야 한다. 이러한 모순과 같은 악순환 속에서 한국의 공학도들은 경력에 준하는 스펙을 만들기 위해 대외 활동을 하느라 분주하다. 학사 졸업 후 취업을 하기 위해서는 어떻게든 이력서에 많은 항목을 추가해야 하기 때문이다.

학부 시절에 최선을 다해 학업에 매진해도 졸업 후 즉시 전력이 되는 것은 불가능한 것이 현실이다. 실무 경험이 전혀 없는 상태에서 현직자들과 바로 협업을 할 수는 없기 때문이다. 그만큼 학교와 기업의 간극은 여전히 크다. 그래서 기업은 즉시 전력을 배출하지 못하는 대학의 커리큘럼에 대해 불평하고, 대학은 신입 재교육에 인색한 기업을 비판한다. 그럼에도 나는 대학의 '학술적 교육' 그 본연의 목적은 변질되지 않아야 한다고 생각한다. 즉시 전력감 엔지니어를 배출하기 위해 대학이 취업 학원이 되는 것은 본말전도本末倒置이기 때문이다. 취업 시장의 현실을 고려하지 않은 이상적인 이야기로 들릴 수 있다. 하지만 이 시기에 전공 지식을 단단히 해놓는 것이 코딩 스킬을 쌓는 것보다 훨씬 중요하다. 앞에서도 말했지만 공학의 전공 이론과 지식은 향후 엔지니어로서의 근본과 정체성이 되기 때문이다.

그래서 그 간극은 스스로 메워야 한다. '객체 지향 프로그래밍' 수업을 들어도 좋은 프로그래머가 될 수 없고, 'Verilog HDL 설계' 과목을 이수해도 좋은 하드웨어 엔지니어가 될 수 없다. 프로그래밍과 설계 능력은 시간과 경험에 비례하기 때문이다. 그렇다면 결국 '대외 활동을 통한 실무 경험 쌓기'로 돌아온다. 일단 취업이라는 관문을 뚫어야 경력도 쌓고 실리콘밸리를 노리든 말든 할 것 아니겠는가? 그래서 대외 활동이든 뭐든 열심히 경험을 쌓는 것은 좋다. 아니 어떤 식으로든 실무 경험을 쌓아야 한다. 하지만 대외 활동의 가짓수보다는 본질적인 실무 경험이나 능력 향상에 도움이 되는지를 중요하게 고려해야 한다. 말 그대로 이력서 한 줄의 스펙으로만 남기려는 것이라면 지양해야 한다. 눈속임은 결국 면접이든, 인터뷰든, 실무 현장이든 어디서든 드러난다. 따라서 단 몇 가지를 하더라도 본질적인 실무 능력과 경험을 쌓는 것에 목적을 둬야 한다.

실무 경험을 명목으로 전공 공부에 소홀해서는 안 된다. 그런 면에서 전공과 관련 있는 소프트웨어, 오픈 소스, 공학 관련 동아리 활동은 유익하다. 4년 내내 선배, 동기들과 다양한 프로젝트를 해보면서 꾸준히 스킬셋을 쌓을 수 있기 때문이다. 기업에서의 인턴십도 좋다. 현장에서 현직자들과 함께 일하면서 실제 업계에서 일하는 업무 방식을 가까이서 체험하고, 개발 환경, 실험 장비, 시스템 등을 접할 수 있기 때문이다. 학교에서 배운 전공이 실제 업계에서 어떻게 활용되는지 직접 경험하면서, 이론으로만 알던 전공 지식을 살아있는 역량으로 바꿔준다. 연구실 학부 연구생은 경우에 따라 다르다. 학부 졸업 후 취업을 위한 것이라면 유익하지 않을 가능성이 크다. 학부 연구생 신분에서는 연구보다는 부차적인 잡일만 하다가 끝날 공산이 크기 때문이다. 하지만 이후 대학원을 진학하고자 한다면 희망하는 연구실의 분위기를 미리 탐색해 볼 수 있는 기회다. 지도 교수와 랩 선배들과 미리 교류할 수 있다.

여기서 미국의 빅테크의 인턴 제도에 관하여 잠시 말해보고자 한다. 미국은 100% 수시 채용으로 인력을 채용한다. 대신 학부생들을 위한 인턴제도가 활성화되어 있다. 스타트업, 중소기업, 빅테크 가리지 않고 실리콘밸리의 회사들은 여름 방학에 인턴을 집중적으로 뽑는다. 특히 자본에 여유가 있는 빅테크들은 미국 전역에 있는 주요 공과대학 캠퍼스에 직접 방문하며 채용 박람회를 개최한다. 학생들에게 회사 정보를 제공하고, 인턴십 및 졸업 후 취업에 대해 소개한다. 현장에서 이력서 접수, 간이 면접, 채용 설명회를 진행한다. 가을 학기가 시작되는 9월에 주로 개최하고, 이때 선발된 인턴들은 이듬해 봄 학기가 끝난 후 여름 방학이 되면 회사에서 인턴으로 근무하게 된다.

채용 박람회나 온라인으로 접수된 이력서들은 실무 부서의 엔지니어들에게 전달된다. 엔지니어들은 이력서들을 리뷰하면서 1차로 서류 심사를 하고, 서류 전형을 통과한 후보자들은 10월~12월 사이에 첫 번째 라운드 인터뷰를 본다. 이때 전화, 화상 면접, 온라인 코딩 테스트 등을 실시한다. 첫 번째 라운드를 통과한 후보자들은 경우에 따라 두 번째 라운드에서 현장 면접을 보기도 한다. 인턴에게 향후 리턴 오퍼return offer(정직원 오퍼)를 줄 것까지 고려하기 때문에 정직원 채용에 준할 정도로 엄격하게 인터뷰를 실시한다.

여기서 서류 심사를 할 때 주로 보는 것은 학교, 학점 그리고 '스킬 셋'과 '과거 프로젝트 이력'이다. 이때 중점적으로 살펴보는 것은 해당 회사 기술과의 접점이다. 지원자가 경험한 프로젝트가 학교 과제였든, 개인 프로젝트였든, 오픈 소스 프로젝트였든, 다른 회사 인턴십이든 그 연관성이 많으면 점수가 올라간다. 즉 범위가 작더라도 회사에서 진행 중인 프로젝트와 관련된 요소 기술이라면 눈길을 준다는 것이다. 실제로 엔지니어들이 리뷰를 할 때는 이력서를 훑으며 눈에 들어오는 기술 키워드에 표식을 한다. 이 표식이 많을수록 소위 말하는 1차 핏fit(적합도)이 맞는 상황이 된다. 이 경우 일단 서류는 비교적 쉽게 통과한다. 인터뷰를 볼 때도 면접관들이 해당 프로젝트에 매우 관심을 갖고 질문하게 된다. 두 번째 면접 라운드에서는 코딩, 시스템 설계, 구술 면접과 같이 실무 능력을 직접 확인한다.

미국 테크 기업이 인턴을 뽑는 이유는 싸게 인력을 활용하거나 공학도들에게 스펙을 쌓게 해 주기 위한 것이 아니다. 장래에 같은 팀원이 될 후보를 검증하기 위해서다. 미국이 아무리 사람을 쉽게 뽑고 내보낸다고 해도 빈번한 채용과 해고는 모두 비용에 직결된다. 경력직은 과거 회사 이력 등으로 검증이 끝난 상황이지만, 신입은 참고할 수 있는 이력이 없다. 따라서 실무를 시켜보면서 직접 확인하는 것이다. 인턴이라고 잡일을 시키는 것도 아니다. 여름 방학 3개월 동안 할 수 있는 하나의 프로젝트를 주고 그 결과로 평가한다. 그 과정에서 현직 멘토들을 잘 따라오는지, 가르쳐 준 지식을 잘 흡수하는지를 보며 2차 핏을 확인한다. 이 검증 과정을 잘 통과한 인턴은 이후 졸업과 동시에 정직원 오퍼를 받게 된다.

이렇게 정직원으로 연결될 수 있는 인턴은 주로 학부 3학년 여름 방학에 하게 된다. 미국은 한국과 학사 일정이 다르기 때문에 재학 중 여름 방학은 단 세 번이다. 가을에 1학기가 시작되고 이듬해 봄에 2학기가 시작되기 때문이다. 즉 여름 방학은 학기중이 아니라 학기말에 있는 것이다. 4학년 여름 방학이라는 것은 없다. 4학년 봄 학기가 끝나면 바로 졸업이기 때문이다. 따라서 학부생이 취업을 하려면 3학년 여름 방학에 무조건 인턴을 해야 한다. 그래야 졸업과 동시에 리턴 오퍼를 받고 입사를 할 수 있기 때문이다.

빅테크 인턴십 경쟁률은 상상을 초월한다. 정직원 입사보다도 경쟁률이 높을 정도다. 인기 있는 빅테크의 경우 수백 대 1을 넘기도 한다. 다만 인턴을 뽑는 크고 작은 회사들이 미국 내에 많기 때문에 학생들도 그만큼 많은 곳에 지원해 볼 수는 있다. 기본적으로 100개 많으면 500개 이상의 회사에 인턴을 지원하기도 한다.

그래서 미국의 공학도들도 인턴 구직을 위해 일찍부터 포트폴리오를 준비한다. 3학년 인턴이 마지막 관문이기 때문에 1학년, 2학년 여름 방학 때부터 다른 인턴 경험을 쌓는다. 희망하는 기업의 3학년 '인턴직을 위한 스펙'을 갖추기 위해 사전 인턴을 하는 것이다. 1학년 여름에는 수업을 들은 것도 별로 없고 스킬셋도 약하기 때문에 괜찮은 인턴 자리를 구하기 어렵다. 그럼에도 경력을 쌓아야 하기 때문에 교내 스타트업과 같은 곳에서 무급 아르바이트직을 하기도 한다. 이 경력을 바탕으로 2학년 여름에는 좀 더 큰 중소기업의 인턴 자리를 잡곤 한다.

미국의 공학도들이 3학년 여름 방학 인턴 기회를 잡기 위해 준비하는 것은 탄탄한 전공 지식, 코딩과 회로 설계와 같은 실무 능력, 자신의 기술과 프로젝트를 잘 보여줄 수 있는 포트폴리오, 그리고 1, 2학년 때 했던 인턴 이력 정도라고 할 수 있다. 즉, 다른 경험보다는 실무 능력을 쌓을 수 있는 인턴 경험을 만드는 데 중점을 둔다. 이렇게 준비해 인터뷰를 통과한 빅테크 인턴들은 인턴십 기간 동안 즉시 전력에 준하는 능력을 발휘하게 된다.

물론 이는 미국의 이야기다. 6장에서 논의하겠지만 한국 대학교에서 학사를 졸업 후 바로 미국 테크 기업으로 취업하는 것은 극히 드문 케이스에 속한다. 게다가 한국에서 쌓은 스펙은 미국에서 인정받기 어렵다. 하지만 글로벌 엔지니어를 목표로 한다면 미국의 공학도들이 엔지니어 경력을 어떻게 출발하는지 참고할 필요는 있다. 그리고 이왕이면 학부 시기에 스펙을 쌓더라도 향후 미국 회사에도 통할 수 있는 이력이 좋을 것이다.

컴퓨터 전공자의 경우 가장 추천하는 것은 '오픈 소스 활동'이다. 오픈 소스는 그 자체로 전 세계에 노출된 환경이기 때문에, 한국에서 활동해도 미국에서 인정받을 수 있는 경력이라는 큰 장점이 있다. 또한 오픈 소스에 올라온 코드들은 세계 각국의 뛰어난 현업 프로그래머들이 오랜 기간 개발한 것들이기 때문에, 코드를 읽고 분석하는 것만으로 좋은 공부가 된다. 또한 오픈 소스를 관리하는 깃허브Github와 같은 개발 환경들은 모두 현업에서 사용하는 툴이기 때문에, 현장 개발 환경에 미리 친숙해질 수도 있다. 가능하면 업계에 알려져 있고 인지도 있는 오픈 소스 프로젝트에 참여하는 것이 좋다. 향후 경력을 삼기 위해서는 미국에서의 노출도가 높아야 하기 때문이다. 즉, 한국에만 국한된 것이 아닌, 미국 업계에서도 익히 알 수 있는 글로벌 프로젝트, 제품, 서비스에 참여한 눈에 띄는 경험이 필요하다.

물론 오픈 소스 커뮤니티의 일원이 되는 것은 쉽지 않다. 처음엔 주석을 고치는 일부터 시작해, 혹시나 버그를 찾거나 더 나은 방법을 제시한다면 커뮤니티에서 조금씩 입지는 높아진다. 커미터committer(남의 코드를 리뷰하고 병합할 수 있는 위치)까지 갈 수 있다면 좋지만, 컨트리뷰터contributor(기여자)로 활동한 경험만으로도 충분히 좋은 경력이 되어준다. 이것도 꽤 시간이 필요한 일이며 단기간에 이룰 수 있는 성과가 아니다. 저학년 때부터 시작해 꾸준히 시간을 들여야 한다. 오픈 소스 프로젝트에서 활동하면 실무 능력도 향상할 수 있고, 현장 개발 환경에도 익숙해지며, 무엇보다도 그 자체로 미국에서도 인정받는 실무 경력이기 때문에 일석삼조다. 이것을 학부 시절에 해야 되는 이유는 일단 한국에서 회사를 다니기 시작하면 따로 시간을 내기도 어렵고, 사내 컴플라이언스compliance(법규, 내규, 보안) 상의 이유로 과외 개발 활동을 하기 어려울 수 있기 때문이다. 간혹 자체 컴플라이언스를 정해서 오픈 소스 활동을 장려하는 회사들도 있는데 이 경우 적극적으로 참여하면 좋을 것이다.

한국의 공학도로서 취업을 위해 스펙을 쌓는 것은 피할 수 없다. 하지만 스펙 그 자체가 목적이 되어서는 안 된다. 이력서에 추가할 이력을 만들기 위해 득(경험, 실무 능력)보다 실(돈, 시간, 기회비용)이 많은 과외활동을 하는 것은 한국이든, 미국이든 본인이 글로벌 엔지니어로 성장하는 데 도움이 되지 않는다.

미국에서는 이력서에 올라온 '어디 AI 부트캠프 수료'와 같이 스펙 그 자체를 보지 않고, 그 'AI를 이용한 자연어 처리 프로젝트'처럼 스펙의 내용을 본다. 실무 능력이란 실무적 성격을 띠는 동아리 활동이나 오픈 소스 프로젝트와 같은 데서 오랜 시간에 걸쳐 꾸준히 활동해야 결국 내 것이 된다. 그리고 그렇게 쌓은 스킬셋만이 기술 인터뷰나 현장에서 실무를 할 때 빛을 발한다. 실무 능력은 절대로 벼락치기로 쌓을 수 없기 때문이다.

Q: 실리콘밸리의 회사들은 채용 시 학벌을 보는지요?

A: 그렇기도 하고 그렇지 않기도 합니다. 하지만 한국보다 학벌에 그다지 방점을 두지 않습니다. 주니어의 경우는 어느 정도 영향이 있고, 경력자가 될수록 의미가 없습니다. 이력서에서도 통상 학력 사항은 주니어의 경우 상단에, 경력자의 경우 제일 아래 기재하죠. 지금까지의 프로젝트, 인턴십 경험과 스킬셋 위주로 먼저 기술하고 출신 학교는 가장 하단에 기술하는 것이 관례입니다.

당락 여부에 미치는 가장 큰 요인은 실제 온사이트 인터뷰 결과입니다. 한마디로 말해 회사에서 원하는 역량만 보여주면 됩니다. 소위 핏이 맞으면 되는 것이죠. 다만 신입의 경우 검증해 볼 수 있는 업계 경력이 부족하기 때문에 상대적으로 졸업한 학교, 학점을 많이 참고합니다.

한국에서 미국으로 구직을 한다면, 결국 이력서에 한국의 최종 학력을 기재할 텐데, 사실 한국 학교 랭킹에 밝지 않은 이상 미국의 채용 매니저 입장에서는 다 똑같이 느낍니다. 결국 실무 능력이 핵심이죠.

빅테크 연구직의 경우 회사 공식 웹페이지에 연구원들의 이력을 공개하곤 합니다. 물론 연구원들이 스스로 작성한 프로필이죠. 이 경우 회사 홈페이지를 통해 자연스럽게 동료의 출신 학교를 알게 되곤 합니다. 하지만 통상의 사업부 엔지니어들의 경우 이력이 외부로 공개되지 않죠. 따라서 실제 실무를 하면서도 동료의 출신 학교를 모르는 경우도 많습니다. 알 필요도 없고 일할 때 전혀 필요 없는 정보이기 때문입니다.

4장

대학원 LEVEL: 미래를 선점하고 전문성을 확보하라

대학원에 입학하던 시점에 석사까지만 할 생각이었다. 그런데 어쩌다 박사 학위까지 받고 기업체 연구소에서 연구원으로 재직하게 되었다. 연구원 생활을 하면서도 한동안은 내가 '연구자'라는 정체성을 갖지 않았다. 일을 시작한 지 5년 차부터 연구자로서의 열정이 생겨났다. 연구 실적이 업계나 학계에서 조금씩 조명을 받으면서 차츰 '업'에서의 보람을 느끼게 된 것이다. 뒤늦게 적성을 발견한 나는 미국에서 전업 연구자의 길을 걷게 되었고 한동안 계속 리서치 사이언티스트로 근무했다.

대학원 진학을 결정하는 일에 연구에 대한 대단한 신념이나 커리어에 대한 뚜렷한 목표가 있었던 것은 아니다. 그렇다고 대학원 학위를 취업 스펙으로 활용하려는 목적 역시 아니었다. 나를 대학원 진학으로 이끌었던 것은 대학원 졸업이 '지금보다 나은 또 다른 나'를 만들 것이라는 막연한 기대, 그 하나뿐이었다.

공학도들은 졸업반이 되면 한 번은 대학원 진학을 고민한다. 일찌 감치 대학원을 선택지에서 제외한 이들은 취업에 매진하겠지만, 대학원을 선택지 중 하나로 둔 이들은 대학원 학위가 진정 나의 경쟁력을 높여줄지 끝까지 의구심을 품는다. 어렵사리 진학을 결정해도 세부 전공 분야와 연구실 선택이라는 또 다른 고민이 기다린다. 학부 연구생 생활도 해보지만 연구 보조만 하다가 대학원에 대한 불신만 커지는 경우도 많다.

대학원 생활을 시작하면 본격적으로 혼란스러운 시기가 펼쳐진다. 대학원에서 보내는 시간 중 온전히 '연구'에 쏟는 시간은 얼마나 될까? 석사 과정 때는 지도 교수나 선배가 시키는 잡무, 조교, 수업, 세미나 등으로, 박사 과정 때는 연구 외에 제안서, 보고서, 프로젝트나 팀 관리로 바쁜 나날을 보낸다. 게다가 경제적 이유로 받는 스트레스도 상당하다. 취업에 성공한 동기들은 이미 사회인으로 적응해 재정적 안정, 결혼, 출산, 육아를 하며 그 나이에 맞는 인생을 살고 있다. 정작 자신은 낮은 인건비로 하루하루를 버티고 있어 자괴감을 느끼는 날들이 생긴다.

대학원 진학을 후회한 적이 없었을까? 나에게 질문해 본다. 대학원에 있을 때 매일같이 후회했다. 그렇지만 결론적으로 내 인생에서 내린 결정 중 손에 꼽을 정도로 좋은 선택이었다고 생각한다. 결과론이지만 현재 내가 실리콘밸리에서 엔지니어 생활을 하는 데 있어 매우 큰 도움이 되었기 때문이다. 물론 실리콘밸리 진출 경로는 매우 다양하고 대학원 학위가 반드시 필요한 조건은 아니다. 학위 자체가 더 많은 연봉과 취업을 보장하는 것도 아니다. 하지만 과정의 어려움을 극복하고 성공적으로 마무리할 수만 있다면 대학원은 그 어떠한 경험보다 값진 역량을 얻을 수 있는 기회를 선사한다.

이 장에서 나는 글로벌 엔지니어 성장 로드맵에서 대학원 단계에 대해 이야기한다. 우선 대학원 진학 결정 시 고려할 사항과 대학원 학위가 엔지니어의 커리어에 어떤 역할을 하는지, 나아가 실리콘밸리 엔지니어가 되는 데 어떤 도움이 되는지를 살펴볼 것이다. 그리고 대학원생들을 위한 세부 전공 선택 방법과 향후 글로벌 엔지니어로 성장하기 위해 석사, 박사 과정 시기를 어떻게 보내야 할지를 말할 것이다.

대학원,
왜 가십니까?

대학원 진학 결정은 공학 전공자들에게 주어지는 영원한 난제이다. 그러나 대학원을 다니는 사람, 대학원을 나온 사람, 학부를 졸업하고 바로 취업 전선에 뛰어든 사람, 하물며 커뮤니티 사이트에 물어도 명확한 답변은 얻을 수 없다. 무수히 많은 경우가 존재하고, 각자가 경험한 한계 내에서만 알고 말하기 때문이다. 따라서 대학원 진학을 고민하는 공학도라면 먼저 내가 왜 대학원에 진학하려 하는지를 명확히 할 필요가 있다.

예를 들어, 학위가 있으면 더 나은 경력을 얻을 수 있다고 생각해서일까? 사람마다, 상황에 따라 결과가 다를 뿐이다. 학위 자체는 승진, 경력 성장, 돈, 취업과 직접적 인과관계가 없다는 것을 업계에 나와보면 알 수 있다. 실제로 실리콘밸리 빅테크 기업에서 리더십을 발휘하는 엔지니어, 고위직들 중 학사 학위의 비중은 높다. 애플, AMD, 인텔, 테슬라에서 제품 개발을 주도해 반도체의 전설로 불리는 짐 켈러Jim Keller, OpenAI의 CTO인 미라 무라티Mira Murati, VMware의 전 CTO인 레이 오페럴Ray O'Farrell, AMD의 엔지니어링 디렉터 나이젤 헤런Nigel Herron 모두 학사 출신이다.

대학원 진학이 더 나은 경력을 보장하지는 않는다. 따라서 대학원 진학을 고민할 때는 좀 더 근본적인 요소를 고려해 봐야 한다. 그림 4

는 대학원 진학을 고민하는 학부생에게 도움이 될만한 의사 결정 트리다. 대학원 진학에 적합한 성향과 대학원 진학의 목적을 고려하여 각 상황마다 적절한 학사, 석사, 박사 졸업의 방향을 제시하였다. 하나씩 살펴보자.

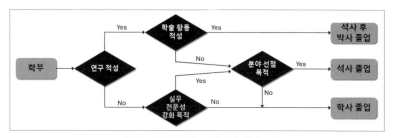

그림 4. 대학원 진학을 위한 의사 결정 트리

연구 적성

가장 우선 확인해야 할 것은 본인의 '연구에 대한 적성'이다. 하지만 업계와 학계에 대한 경험이 없다면 자신에게 연구 적성이 있는지조차 잘 모를 수 있다. 그렇다면 다음 질문에 대답해 보자.

- 나는 기존에 없는 새로운 기술과 이론을 발명하는 것에 더 흥미를 느끼는가?
- 나는 기존의 기술과 이론을 실용화하는 것에 더 흥미를 느끼는가?

만일 내가 기술 발명에 더 흥미를 느끼고, 남들이 개발한 알고리즘이나 기술을 재현하는 것에 따분함을 느낀다면 일단 연구에 적성이 있다고 생각해도 좋다. 반면 이론을 탐색하는 것은 골치 아파서 싫고 기존 기술을 실용화, 상용화하는 데 더 즐거움을 느낀다면 연구에 큰 관심이 없는 것이다. 일단 이 물음을 통해 연구 적성 유무가 판단되면, 또다시 새로운 질문을 해봐야 한다.

학술 활동 적성

연구 적성이 있다고 판단했다면 '학술 활동에 적성이 있는가'도 고민해 봐야 한다. 연구는 단순히 흥미만 있다고 할 수 있는 것이 아니다. 문제 설정, 아이디어 도출, 관련 문헌 분석, 반복 실험, 논문 작성과 같은 지난한 과정의 연속이다. 새로운 기술과 이론을 만드는 과정에서 생각처럼 진도가 나가지 않는다. 이때 포기하지 않고 반복적인 실험을 해낼 수 있는 끈기와 열정이 없으면 결코 깊이 있는 연구 결과를 맺을 수 없다.

특히 연구 완성 단계에 논문 작성을 하기 위해서는 최소 한 달 이상 논문 작성에 몰입해야 한다. 관련 연구 논문을 섭렵한 뒤 비교 분석하고, 자신이 제안하는 기술과 이론의 우수함을 잘 짜인 논리로 기술해야 한다. 고강도의 정신노동을 수반하는 지루한 과정이다. 실험, 읽기, 쓰기와 같은 활동을 견딜 수 없다면 결코 연구는 할 수 없다. 반면 이 힘든 학술 활동 끝에 연구 결과를 발표하고 자신의 논문 이력이 쌓여가는 것에 성취감을 느낀다면 대학원에 진학해 박사 과정까지 생각해도 좋다. 좋은 연구자가 될 자질이 있기 때문이다. 그렇지 않다면 박사 과정은 다시 생각해 보는 것이 좋다.

실무 전문성 강화 목적

연구 적성은 없지만 대학원을 통해 부족한 실무 경험과 스킬셋을 채우고자 할 수 있다. 그런데 진학의 목적이 이러한 이유 하나라면 대학원을 추천하지 않는다. 석사 기간 동안 실무에 도움이 되는 전문적 역량을 기르는 것은 현실적으로 쉽지 않기 때문이다. 물론 석사 기간 역시 하나의 사회생활이기 때문에 의미는 있다. 그러나 석사 기간은 코스윅course work을 소화하고, 연구 보조, 그 밖의 비전문적인 업무만 하다가 빠르게 지나갈 가능성이 높다. 따라서 순수하게 스킬셋을 키우기 위한 목적이라면 다른 방법론을 찾는 것이 더 효율적이다. 하지만 이때 다른 한 가지 목적에도 부합한다면 진학을 고려해도 좋다.

기술 분야 선점 목적

그것은 바로 '기술 분야 선점'이다. 학계, 즉 대학원의 진정한 존재 이유는 연구를 통해 새로운 기술과 이론을 창출하여 업계를 선도하는 것이다. 그리고 이러한 연구 활동에 참여하면 대학원생에게는 시장보다 빠른 기술을 내 것으로 만들 수 있는 기회가 주어진다. 물론 그만큼 불확실성도 높다. 하지만 향후 유망할 기술을 탐색하고 그 불확실성의 범위를 좁혀가는 과정이 바로 '연구'이다. 그리고 대학원에서 연구 주제를 탐색하는 과정이 곧 시장보다 빨리 '유망 기술을 선점'하는 훈련이다.

따라서 기술 분야를 선점하는 전략보다 현재 기술 흐름을 잘 '따라가는 전략'을 취하고자 한다면 대학원에 갈 필요가 없다. 그림 4에서 박사 진학 시 이를 묻지 않은 것은, 연구와 학술 활동에 적성이 있다는 것 자체가 분야 선점 역량을 포함하기 때문이다.

이러한 기준으로 대학원 진학을 결심했다고 하자. 앞서 대학원에서 취득한 학위 그 자체가 내 경력 향상을 보장하는 것은 아니라고 했는데, 그렇다면 이는 공학도에게 대학원 진학의 유리한 점이 없다는 것을 의미할까? 그렇지는 않다. 일반적인 엔지니어 커리어의 측면과 향후 미국 진출을 염두에 두었을 때를 포함하여, 대학원 진학의 이점을 알아보자.

전문 분야 확보

학위를 받으면 일단 자신만의 전문 분야를 확보할 수 있다. 일단 성공적으로 대학원을 졸업해 학위를 받으면, 경력 시작 시점에 명시적으로 '주 전공 분야'를 드러낼 수 있다. 이력서 학력 란에 학사 이후 석사, 박사 항목을 추가할 수 있고 학위 논문 제목을 기술함으로써 구직 시 해당 분야에 전문성이 있다는 인식을 심어줄 수 있다.

전문성의 관점에서 따져볼 때, 학부만 마치고 업계에서 차근차근 경력을 쌓아도 전문가로 성장할 수 있다. 하지만 이 경우 상대적으로 경력 관리에 더 세심한 노력을 쏟아야 한다. 시기상 주니어 엔지니어 단계이기 때문에 본인의 선호도나 의지와 상관없이 조직에서 비전문적인 업무를 하게 될 확률이 높다. 이 기간 동안 커리어를 관통하는 '일관성'을 확보하기란 결코 쉽지 않다. 대학원 석사 과정에서도 온갖 잡무를 한다. 하지만 동시에 연구실의 구성원으로서 연구 과정에 참여하는 기회를 얻는다. 그리고 참여한 연구, 산학과제들의 주제가 결국 본인의 전문 분야로 남는다.

직군에 따라 차이는 있지만 미국의 빅테크 업계들은 대체적으로 석사, 박사 학위자들을 선호하는 편이다. 채용 공고에도 '학사 학위 필요, 석사, 박사 학위 선호됨BS required. MS/PhD preferred'을 명시하곤 한다. 이는 석사, 박사 학위자들의 전문성을 더욱 인정해 주는 것이다.

자기 주도성

대학원은 이미 출판된 '보편적인 지식'을 공부하는 곳이 아닌 새로운 지식을 만들어내는 곳이다. 엄밀히 말해 대학원에서 배우는 것은 지식 자체가 아니라 '지식을 창출하는 과정'이다. 이러한 방법론은 지도 교수나 선배의 지도를 통해 배울 수 있다. 하지만 그들이 연구를 대신해 주지 않는다. 습득한 연구 방법론을 통해 지식을 만드는 것은 오로지 본인의 몫이다. 문제 설정, 해결 방법 고안, 아이디어 검증, 실험, 논문 작성과 같은 일련의 연구 활동을 모두 스스로 해야 한다.

연구는 아직 규명되지 않은 어떠한 현상에 대한 공학적, 과학적 설명의 타당성을 입증하는 과정이므로 교과서나 강의로는 해답을 얻을 수 없다. 제한된 조건과 환경 안에서 해답을 찾아야 한다. 유사 문제를 해결했던 기존의 방법론, 논문을 찾아보고 배경지식의 한계에 다다르면 또 다른 논문, 관련 서적, 커뮤니티를 찾아 나선다. 심지어 문제 해결이 쉽지 않다면 다른 분야까지 파헤쳐야 한다. 연구 과정 중에 일어나는 이러한 활동은 자발적, 주도적일 수밖에 없다. '학위'라는 최종 목표를 위해서는 하지 않을 수 없기 때문이다.

학위 과정에서 받은 이러한 훈련은 이후 업계에서 실무를 할 때 큰 도움이 된다. 크고 작은 다양한 문제에 직면했을 때 일일이 선배, 상사가 해답을 가르쳐 주지 않는다. 석사나 박사 출신들은 스스로 방법을 찾는 것에 이미 익숙하다. 현장에서 이런 문제가 닥쳤을 때도 비교적 쉽게 대처하곤 한다. 즉시 답을 찾지는 못하더라도 적어도 답을 찾는 방법은 알고 있는 것이다.

실리콘밸리의 엔지니어가 되려면 특히 이런 자기 주도성이 필수다. 사수와 부사수의 개념이 없고, 도제식으로 업무를 가르치거나 배우면서 일을 진행하지 않는다. 부족한 스킬셋, 지식, 경험은 스스로 채워야 한다. 수평적인 조직 문화가 발달해 있기 때문에, 직급, 연차, 나이와 상관없이 먼저 문제를 찾고 해결책을 제시하는 자가 주도권을 갖는다. 이러한 적극성을 갖춘 엔지니어가 높은 평가를 받고 그만큼 빨리 성장한다. 그렇지 않으면 살아남기 쉽지 않은 곳이 실리콘밸리이기도 하다.

엔지니어로서 문제 해결 방법의 변화

엔지니어로서 문제 해결 방법도 달라진다. 학부만 이수한 상태에서 업계에서 경력을 쌓다 보면, 새로운 문제에 직면했을 때 축적된 역량과 과거의 경험치 내에서 해결책을 찾기 마련이다. 이에 비해 대학원에서는 보다 이론적 근거를 통해 해결책을 찾는 것에 집중한다. 연구 결과를 논문으로 발표하기 위해서는 직관적 판단이 아닌 수학, 공학적 근거가 제시되어야 하기 때문이다. 이런 방법론에 익숙해지면 업계에서 실무를 하다 문제에 직면했을 때, 또는 새로운 해결책을 제시해야 할 때, 이론적인 모델을 사용하여 보다 근본적인 해결책을 도출할 수 있게 된다. 또한 연구 논문을 읽는 훈련을 하였기 때문에, 학계에서는 먼저 연구되었지만 아직 업계에 도달하지 않은 기술과 지식을 빠르게 접할 수 있다.

인맥의 확보

또 하나의 장점은 인맥을 확보할 수 있다는 점이다. 같은 연구실에서 함께 수학하던 선배, 후배, 동기들, 그리고 이후 유학이나 이직 시 자신을 추천해 줄 수 있는 '지도 교수'를 만나게 된다. 대학원 연구실은 주기적으로 홈커밍데이와 같은 행사를 개최해 선후배 교류 시간을 갖곤 하는데 이때 까마득한 대선배들도 만날 수 있다.

연구실이 오랜 역사와 전통이 있을수록 업계에는 선배들이 많이 포진해 있다. 중요한 위치에서 영향력을 발휘하는 선배들과 교류할 수 있고, 때로는 이들이 결정적 도움을 주기도 한다. 업계에 있는 선배가 자신의 팀에서 신규 인력을 뽑을 때 후배를 추천할 수도 있고 후배는 선배를 멘토로 삼아 업계에서 성장하기도 한다.

인맥의 중요성을 아는 엔지니어들은 네트워킹에 별도의 시간과 수고를 들이곤 한다. 하지만 대학원 진학은 큰 노력 없이 한 줄기 인맥을 얻는 계기가 된다. 실제로 같은 연구실을 통해 맺어진 인연은 힘든 시기를 함께 보냈던 '동질감' 때문인지, 생각보다 오래 이어진다. 한국 대학 중 간혹 실리콘밸리로 졸업생을 많이 배출하는 연구실들이 있다. 지도 교수나 재학생의 연구 능력이 뛰어난 것도 있지만, 이미 진출한 선배가 후배와 정보를 공유하고 추천referral을 해주는 등 다양한 방면으로 도움을 주기 때문이기도 하다.

신분 문제 해결의 용이함

한국에서 미국으로 진출하기 위해 역량만큼이나 중요한 것이 비자, 영주권과 같은 신분 문제다. 6장에서 자세히 논하겠지만, 스폰서 없는 영주권인 EB-2 NIW(National Interest Waiver)나 특기자 비자 O-1을 받을 때 학위가 있으면 절대적으로 유리하다. 5년 이상의 업계 경력이 있다면 학사 학위만으로도 자격 요건이 된다. 하지만 그 기간 동안 경력 관리를 잘 해두어야 한다. 미국의 국익에 도움이 된다는 것을 입증할 수 있어야 하기 때문이다. 미국 이민국에서 보았을 때 노출도가 높은 경력들로 채워져야 하는 것이다. 석사나 박사 학위를 갖고 있는 상태라면 EB-2 NIW 영주권이나 O-1 비자를 받는 데 있어 좀 더 수월하다. 일단 대학원 재학 중 발표한 논문, 협력 과제를 하며 쓰게 된 특허, 학계 활동 경력 등으로 보다 폭넓게 필요 서류를 채울 수 있기 때문이다.

대학원 과정의 장점들을 내 것으로 만들기 위해서는 앞에서 제시한 적성과 목적을 무겁게 고려해야 한다. 섣부르게 선택한다면 과정을 견딜 수 없는 힘든 길이다. 학위의 무게는 결코 가볍지 않다. 연구라는 지난한 과정에서 엄격한 훈련을 통해 획득한 역량, 경험을 증명하기 때문이다. 그래서 대학원 학위를 받는 것에 그만한 가치가 있는 것이다. 엔지니어의 생애 경력 경로를 보았을 때, 특히 미국 진출을 염두에 둔다면 대학원 과정에서 얻은 역량 그리고 연구 경험들이 실무를 할 때 반드시 큰 무기가 된다.

대학원 연구실은 학교마다, 연구실마다 분위기가 천차만별이다. 지도 교수의 영향력이 큰 한국 특유의 문화에서는 특히 더 그렇다. 따라서 진학을 결정하기 전에 희망하는 연구실 평판에 대한 조사를 권장한다.

Q: 실리콘밸리에 취업하려면 석박사 학위가 필수인가요?

A: 직군에 따라 다르지만, 일반적으로 취업 자체만으로 봤을 때 대학원 학위가 필요하지는 않습니다. 소프트웨어 엔지니어의 예를 들어보죠. 채용 과정에서 석박사 학위의 유무를 따지지 않습니다. 철저히 문제해결 능력, 코딩 실력으로 검증해 채용하죠. 그래서 미국의 CS를 전공한 학부생들도 엔지니어로 커리어를 지향하는 경우 석박사 학위에 대한 필요를 그다지 느끼지 않습니다. 대학원에서 4~5년을 보낼 시간에 더 빨리 입사해 실무 경험을 쌓는 것이 커리어 측면에서 훨씬 낫다고 생각하는 것이죠. 다만 채용 측에서 스킬셋이 검증된 상태에서 학위까지 있으면 선호하기도 합니다. 전문성이 더 있다고 보는 것이죠.

일정 수준의 학위를 요구하는 직군은 있습니다. 리서치 사이언티스트와 같은 연구가 본업인 직군이죠. 가끔씩 석사 학위자들도 있지만 대부분이 박사입니다. 석사 학위자들도 있지만 박사 과정 시 인턴을 하다가 정식 오퍼를 받고 회사에 남은 경우입니다.

한국에서 실리콘밸리로 진출을 생각했을 때는 상황이 다릅니다. 한국에서 학부를 졸업하고 바로 실리콘밸리의 테크 회사로 취업하기는 사실상 어렵습니다. 신분 문제가 가장 크지요. 그렇다 보니 미국 석사 유학을 한 뒤 미국 회사에 취업하기도 합니다. 현지에서 일종의 적응 기간을 거치는 것이죠. 마찬가지로 한국에서 대학원을 진학하여 연구 실적, 코딩 실력, 영어 능력을 쌓아 도전하기도 합니다.

정리하면 미국의 채용 프로세스만으로 봤을 때 학위가 필요조건은 아닙니다. 하지만 한국에서 미국 취업을 염두에 두는 경우 그에 맞는 스킬셋, 역량, 현실적인 준비 기간을 확보하기 위해서 대학원 진학이 필요할 수 있습니다. 또한 만약 여건이 된다면 학점 관리, GRE, 영어를 잘 준비해 미국 석사 유학을 통해 현지에서 도전하는 것이 더 가능성이 높습니다. 미국 실리콘밸리 진출 경로에 대해서는 6장에서 자세히 다룹니다.

대학원에서 세부 전공을 정하는 방법

얼마 전 지인을 만나 그의 동생인 A의 안타까운 사연을 들었다. A는 한국에서 잘 다니던 직장을 그만두고, 미국으로 유학 와 모 주립대의 데이터 과학 석사 과정을 마쳤다고 했다. 그런데 A는 졸업을 한 지 1년이 다 되어가는데 아직 직장을 잡지 못하고 있었다. 동생을 생각하는 지인의 걱정이 이만저만이 아니었다. A가 재학 중 인턴 자리를 구하지 못해 리턴 오퍼도 없었고, 졸업 후 이력서를 다양한 회사에 보냈지만 거의 답장이 없었다고 한다. 회사는 대규모 데이터를 오래 다뤄본 실무 경력자만 찾고 있었기 때문이다.

분명 A는 한국에서 뉴스나 소문을 듣고 데이터 과학을 공부하기로 결심했을 것이다. 지금 인기 있으니 장래에도 유망할 것이라 생각한 것이다. 실제로도 2010년 초반 미국에서 딥러닝deep learning 기반의 인공지능 산업이 성장하자 '데이터 과학'이라는 분야가 함께 떠올랐다. 인공지능을 핵심적으로 사용하는 기업마다 별도의 데이터 부서를 조직했고 인력들을 충원하기 시작했다. 초기에 유사한 일을 하던 데이터베이스 전공자, 수학자, 통계학자들이 발 빠르게 이 분야에 진입했다. 이런 시류에 편승해 2010년대 중반부터 미국의 주요 대학은 데이터 과학 학부, 대학원 과정을 우후죽순 개설하기 시작한다. 덕분에 이 학과 학생들이 졸업하는 2010년대 후반부터 전공자들이 시장에 쏟아지기 시작했다.

문제는 시장에서는 수요가 오히려 감소하기 시작했다는 것이다. 인공지능 기술이 발전함에 따라 데이터 관련 일조차 점차 자동화되었기 때문이다. 2022년 이후부터 실리콘밸리의 빅테크들이 대규모 정리해고를 단행하면서, 단순 직무를 하는 데이터 과학자들을 1차적으로 정리했고 이후 더 이상 신입 데이터 과학자들을 뽑지 않게 되었다. 문제는 A와 같이 뒤늦게 데이터 과학을 전공하기 시작한 한국의 유학생들, 미국의 학생들이 직격탄을 맞은 것이다. 재학생들은 인턴을, 졸업생들은 일자리를 쉽사리 구하지 못했다. 인공지능에 의한 자동화는 경력자들에게는 생산성 향상의 도구가 되었지만, 일을 배우며 경력을 쌓아야 할 신입 과학자에게는 일자리를 두고 경쟁해야 하는 대상이 된 것이다.

이러한 현상이 나타난 데에는 인공지능 기술이 빠르게 발전한 탓도 있지만, 근원적으로는 데이터 과학 자체가 그 역사가 짧은 학문인 탓도 있다. 학계의 오랜 역사를 걸쳐 이론으로 정립된 학문이 아니라, 수학, 통계학, 컴퓨터 공학, 산업 공학 등 기존 학문들의 내용을 바탕으로 재창조한 학문인 것이다. 즉 제대로 하려면 학제 간 전공을 한도 끝도 없이 모두 공부해야 되고, 과목의 일부만 공부하면 확실한 전문성을 확보하지 못하는 것이다. A의 말에 따르면 데이터 과학 분야의 구직난이 격화되자, 현업에서 근무 중인 1세대 데이터 과학자들도 후배들에게 데이터 과학을 권하지 않았다고 했다. 데이터 과학자가 되기 위해서는 보다 역사가 긴 학문을 전공하고 데이터 과학은 향후 스킬셋으로 접근하라는 것이다.

데이터 과학은 학계보다 업계에서 먼저 발현되어 성장했고, 이 성장세에 편승해 학계가 뒤늦게 쫓아간 분야다. 따라서 대학원에서 가르치는 것은 '이론'보다는 업계에서 필요한 스킬셋과 실무 지식에 가까웠다. 또한 유행에 민감하기 때문에 그만큼 그 생명 주기도 짧았다. 미국 대학의 다른 공학 전공들에도 실무 역량을 기르는 데 좀 더 집중하는 전문석사ME: Master of Engineering 과정이 존재한다. 하지만 이러한 전문석사 과정에서는 해당 전공이 오랜 기간 쌓은 이론적 토대 위에서 실무 역량을 쌓는다.

나의 의도는 데이터 과학이라는 학문을 비하하려는 것도 그 중요성을 낮추려는 것도 전혀 아니다. 데이터의 중요성은 여전하며 현장에서도 숙련된 데이터 과학자들이 중요한 역할을 하고 있다. 다만 현재 데이터 과학이라는 분야를 자신의 경쟁력을 높여줄 '대학원 전공'으로 선택하기에는 부적절한 시기가 도래했음을 말하는 것이다. 나아가 유행에 편승하여 대학원 전공이나 세부 전공을 택하는 것이, 업계에서 유행이 일어난 시점에 학계로 진입하는 것이 꽤나 위험할 수 있다는 것이다.

세부 전공을 선택하기 앞서 우리는 왜 회사들이 대학원 학위자들을 필요로 하는지를 이해해야 한다. 그것은 바로 회사가 채용이라는 절차를 통해 '큰 노력 없이' 미래 기술을 흡수할 수 있기 때문이다. 기술 업계는 '현재' 기술을 바탕으로 제품과 서비스를 출시해 매출을 올린다. 그와 동시에 '미래'의 먹거리를 고민한다. 기술은 생명 주기가 짧기 때문에 언제든 시장이 사라질 수 있다. 새로운 시장을 준비하기 위해 또는 새로운 시장이 갑자기 찾아왔을 때 이를 전공한 대학원생들을 채용하여 즉각 대응하는 것이다. 규모가 큰 대기업에서는 별도의 연구 조직에서 연구원들이 이러한 일을 하지만 이들도 항상 모든 미래를 예측하여 대비할 수는 없다. 그래서 대기업조차도 시장 상황에 따라 계속 신규 주제를 전공한 대학원 학위자들을 지속적으로 충원한다.

대학원을 진학할 때 선택한 세부 전공은 자신의 경력의 전반, 아니 어쩌면 은퇴할 때까지 자신을 대표할 분야가 된다. 그렇다면 이렇게 중요한 대학원 세부 전공을 어떻게 선택해야 할까?

한국 업계가 아직 하지 않는 분야

학계 본연의 목적이 신기술을 발명해 이를 이론적, 학술적으로 입증하고 업계에 영향을 끼치는 것이라고 했다. 따라서 단 몇 년이라도 업계보다 앞선 기술을 연구해야 한다. 지금 업계가 이미 하고 있는, 심지어 업계보다 뒤처진 기술을 전공하면 졸업 후 내 가치는 여전히 학사 졸업 수준에 머무르게 된다.

따라서 '업계가 아직 하고 있지 않은 분야'를 선택해야 한다. 지금 시장에서 인기 있고 유망하면 이미 진입 시기를 놓친 것으로 봐야 한다. 많은 이들도 같은 생각으로 진입해 여러분이 졸업하는 시점엔 이미 레드 오션이 될 것이기 때문이다. 게다가 향후 미국 진출을 염두에 두는 경우에는 더욱더 미래 지향적인 주제를 전공해야 한다. 미국에서 건너온 기술을 한국 기업에서 적용하는 시점엔 미국은 이미 다음 기술을 개발한다. 따라서 현재 한국 업계에서 각광받는다고 대학원에서 이를 전공하면 졸업 후에도 영원히 쫓아가는 입장만 된다. 이러한 시차는 누적되어, 향후 미국 진출을 모색할 때에는 이미 뒤처진 기술과 관련된 경력만 있게 된다.

내가 GPU 아키텍트로 미국에서 근무할 수 있었던 것은 아주 이른 시기에 대학원에서 그래픽 가속기, GPU를 전공했기 때문이다. 대학원 생활을 시작한 것이 2000년대 초반이었는데 당시 국내 어느 반도체 회사도 GPU에 관심이 없었다. 이를 연구하는 국내 대학도 거의 전무했다. 나는 이때부터 GPU를 내 세부 전공으로 삼고 연구를 시작했다. 결국 몇 년 뒤 한국에도 수요가 발생했고 내 전공의 '희소가치'를 인정받아 큰 무리 없이 커리어를 시작할 수 있었다. 이후 업계에서 연관된 경력을 계속 쌓았고 결국 그 이력이 나를 미국에까지 이끌었다.

미국 학계에서 업계로 기술이 이전 중인 분야

아주 먼 미래를 내다보는 것은 사실상 어렵다. 그리고 지금 업계에서 다루고 있지 않은 기술이기 때문에 불확실성은 매우 크다. 하이 리스크 하이 리턴인 셈이다. 내가 GPU를 전공하게 된 것도 전적으로 내 의지에 의한 결정은 아니었다. 내가 선택한 것은 컴퓨터 구조를 연구하는 연구실이었고, GPU 세부 전공은 지도 교수와 연구실 선배들의 영향이 컸다. 그분들의 혜안과 지도 덕분에 중요한 세부 전공을 소위 저점 매수할 수 있었던 것이다.

당시 연구실은 연구 주제를 정할 때 미국 학계의 동향과 산업의 추이를 면밀히 관찰했다. 그래픽 가속기 분야는 미국 학계에서 슈퍼컴퓨터를 대상으로 어느 정도 연구가 성숙했고, 이를 바탕으로 그래픽 칩셋이 PC 시장에 등장하던 시기였다. 연구도 PC로 전환되고 있었다. 우리는 여전히 향후 업계에서 GPU 시장이 크게 성장할 것이라는 확신은 없었다. 하지만 일단 미국 학계의 기술이 업계로 이전되는 것을 확인했기 때문에 향후 한국에도 같은 일이 벌어질 것으로 예상하고 이 분야로 진입했다.

이는 세부 전공 선택 시 불확실성에 대한 리스크를 낮출 수 있는 방법이다. 미국 학계나 산업을 주시하고 그 추이에 따라 대응하는 것이다. 물론 미국의 동향을 보며 시작하기 때문에 미국 학계보다는 여전히 연구 진입 시점이 늦을 수밖에 없다. 하지만 최소한 한국으로 국한하자면 어느 정도 리스크를 줄이면서도 비교적 이른 시기에 진입할 수 있다.

기술의 한계로 이론으로만 남아 있는 분야

또 하나 고려해 볼 수 있는 방법은 과거를 돌아보는 것이다. 현재 시장에서 크게 성장하는 기술이 있다면 그 이론적 체계는 이미 과거에 끝났을 가능성이 높다. 그 이론을 상용화할 컴퓨팅 자원, 즉 CPU, GPU, 하드웨어의 성능이 충분히 받쳐주지 못해 묻혔을 뿐인 것이다. 하드웨어의 연산력이 유의미하게 좋아질 때 이론으로만 남았던 기술이 그 암흑기를 깨고 급격하게 보급되기도 한다. 인공지능, 병렬 처리, 그리고 내가 했던 그래픽스 분야의 많은 기술들이 그렇게 재발견되었다. 따라서 자신의 분야에서 이론적 체계는 잘 갖춰져 있지만 연산력의 한계로 혹한기에 머물고 있는 주제가 있다면, 향후 시장에서 본격적으로 등장할 확률이 높다. 연산력은 시간이 흐르면 이론의 여지없이 개선되기 때문이다. 기술은 늘 새로운 형태로 출현하는 것이 아니다. 역사를 통해 반복되기도 한다.

이러한 탐색 과정은 일단 한 연구실을 선택한 뒤 해당 분야에서 연구 주제나 세부 전공을 정할 때 유용하다. 큰 기술의 줄기가 정해져야 해당 분야의 세부 탐색이 가능하기 때문이다. 연구실을 선택할 때는 본인의 적성, 선호도, 본인이 판단한 유망함, 지도 교수의 인품을 보고 선택해도 괜찮다고 생각한다. 심지어 원하는 1지망이 아닌 곳에 가더라도 상관없다. 특히 학과 자체가 오랜 역사를 가진 학문을 다룬다면 어떤 연구실이든 이론적 배경은 탄탄할 것이다. 일단 연구실에 들어가서 세부 전공, 연구 주제를 정할 때, 동기, 선배, 지도 교수와 논의를 하며 위의 방법을 적극적으로 고려해야 한다.

시장보다 앞선 기술을 탐색하고 미래를 전망해 볼 수 있는 시점은 엔지니어 커리어 전체를 보았을 때 대학원 시기가 유일하다. 일단 업계에 나와 엔지니어 커리어를 시작하면 자신의 전공 분야를 살려 현재의 역할에 집중해야 하기 때문이다. 다시 한번 강조하지만 대학원은 부족한 스킬셋을 쌓는 '학원'이 아니다. '아직 시장이 열리지 않은 기술과 전문 분야를 미리 선점하여 자신의 가치를 높이는 곳'이다.

Q: 많은 논문을 읽고 있지만 연구 주제를 결정하기 힘듭니다. 간혹 아이디어가 떠올라 확인하면 이미 누군가가 생각해서 논문으로 발표되어 있습니다. 어떻게 해야 하나요?

A: 연구자에게 연구 아이디어가 떠오르지 않는 것은 흔한 일입니다. 그리고 이럴 때 혼자서 해결하려 하기보다는 동기나 선배, 지도 교수님과 많은 대화를 나누는 것이 도움이 됩니다.

실리콘밸리 빅테크 기업의 연구팀에서는 누군가 아이디어가 떠오르면 바로 팀원들과 공유한답니다. 아주 사소한 아이디어일지라도 말이죠. 그 과정에서 많은 피드백을 받게 됩니다. 심지어 이미 있는 아이디어라도 동료들과 머리를 맞대고 몇 번의 수정을 거치면 꽤 쓸만한 아이디어로 바뀌기도 하죠. 집단 지성의 힘입니다. 이렇게 동료의 연구에 간접적으로 도움을 주면, 향후 논문을 쓸 때 공저자로 함께 참여할 수도 있기 때문에 동료들도 적극적으로 도와줍니다. 한국의 연구 문화는 아이디어가 웬만큼 구체화되기 전에는 동료들에게 좀처럼 공개하지 않으려는 것 같아요. 하지만 혼자 하는 연구는 거의 없답니다. 단 동료의 아이디어로 도움을 받았으면 동료의 기여도를 인정하여 논문 작성 시 공저자에 대한 책임과 권리를 사전에 명확히 하는 것은 필요하겠습니다.

사실 논문을 너무 많이 읽는 것도 아이디어를 내는 데 그다지 도움이 되지는 않는 것 같습니다. 논문을 너무 과하게 읽다 보면 뭐든지 다 남이 한 것처럼 느껴지기도 하니까요. 새로운 분야 연구에 진입하는 단계에서는 빠르게 따라잡아야 하니까 어쩔 수 없지만, 일단 어느 정도 익숙해지면 해당 분야를 선도하는 몇 개 연구 그룹에서 발표한 핵심 논문 위주로만 읽는 것이 나을 것입니다.

석사 과정: 연구는 못해도 얻어갈 건 있다

내가 석사 과정을 밟고 있을 때 시간을 제대로 보낸 건지 알 수 없었다. 수업, 조교, 행정 업무, 외부 교육, 논문 읽기, 세미나 준비, 개인 연구, 국내 학회 발표, 졸업 논문 작성 등으로 무척이나 바쁘게 보냈지만, 딱히 이렇다 할 성과를 만들지는 못했다. 실무 역량을 그다지 쌓지도 못했고, 연구 역량이 좋아진 것도 아니었다. 그나마 남은 것은 좀 더 심화된 수업을 들어 전공 지식이 조금 깊어진 정도였다. 석사 2년이라는 시간은 참으로 빠르게 흘렀다. 1년 차에는 대학원 생활에 적응하느라 바빴고, 2년 차에 접어들어 겨우 연구 주제를 잡아 실험을 수행하고 시행착오를 반복하다 논문을 완성하고 나니 졸업이었다. 당시 썼던 석사 논문을 지금 보면 부끄럽다. 논지를 전개하는 방식부터 표현하는 방식까지 모두 어설프다. 결국 연구에 대한 아쉬움에 박사 과정에 진학했지만 박사 과정을 밟을 생각이었다면 더 일찍 결정하는 게 좋았겠다는 아쉬운 마음도 든다.

석사 과정은 학부와 박사 과정을 연결하는 과도기와 같은 단계다. 따라서 향후 박사를 진학할지 아닐지를 일찍부터 결정하는 것이 여러모로 좋다. 석사 2년을 어떻게 보내야 할지 그 방향을 일찍부터 정할 수 있기 때문이다. 석사만 마치고 취업을 할 생각이면 '실무 역량'을, 박사까지 할 생각이면 '연구 역량'을 쌓는 데 초점을 맞춰야 한다. 그래서 한국의 대학원에서는 향후 박사 진학 계획이 있는 학생들을 위해 '석박 통합과정'을 개설하기도 하고, 한편 실무 중심적인 '전문석사' 과정을 개설하기도 한다. 애초에 방향성을 일찍부터 정해 이수과정을 최적화하는 것이다.

하지만 나는 박사 진학 유무와 상관없이 석사 과정 시기에 학술적인 연구에 그렇게 집착하지 않아도 된다고 생각한다. 연구실의 상황에 따라 다를 수는 있지만 어차피 석사 2년 동안 의미 있는 연구 실적을 내는 것은 어렵기 때문이다. 게다가 회사로 따지면 신입에 해당하는 시기이기 때문에 연구를 주도적으로 이끌 수 있는 상황도 아니다. 간혹 신생 연구실의 경우 지도 교수가 열과 성의를 다해 석사 과정들을 지도하기도 하는데 이때는 감사하게 지도를 받으면 된다. 물론 학위 기간 동안 연구 실적이 도출되어 좋은 논문을 쓸 수 있다면 더할 나위 없겠지만, 그렇지 못했다고 실망할 필요도 없다. 업계에서도 석사는 좀처럼 한 분야의 전문가로 인정하지도 않고 석사 졸업 논문도 관심을 두고 보지 않는다. 연구에 뜻이 있다면 박사에 진학해서 본격적으로 하면 된다. 대신 석사 과정 때 보다 주안점을 둬야 할 것은 전공 지식을 더 심화하고, 실무 경험을 쌓고, 소프트 스킬을 키우는 것이다.

더욱 심화된 전공 지식

일단 대학원을 진학하면 자신의 지망에 따라 특정 연구실에 속해 지도 교수, 박사 과정인 사수의 지도를 받는다. 따라서 소속 연구실에서 참여했던 연구 프로젝트들이 표면적으로 본인의 전문 분야가 된다. 대학원생들에게 상대적으로 코스웍은 덜 중요하게 여겨지곤 하는데 연구와 부가적인 일들로 바빠 시간을 쏟을 여력이 없기 때문이다. 중간고사, 기말고사 때 벼락치기로 공부하는 시간이 거의 전부일 것이다. 게다가 상대적으로 학부 때보다 학점도 잘 나오는 편이다.

하지만 대학원 코스웍은 자신의 전공 지식을 심화할 절호의 기회다. 자신의 분야에 해당하는 지도 교수 과목은 빠짐없이 잘 들어야 한다. 그리고 개설된 과목들 중 자신의 연구와 관련이 있거나 지식을 확장할 수 있는 과목들을 잘 선택해 수강하도록 하자. 코스웍에 쏟을 시간이 많지 않기 때문에 가능한 수업 시간에 지식들을 소화해야 한다. 나 같은 경우 학부 시기에 들었던 '컴퓨터 구조' 과목의 깊이가 얕았다. 상대적으로 선호한 과목도 아니었기 때문에 많은 공부를 하지도 않았다. 석사 과정에 올라가서는 이를 집중적으로 보강하기 위해, 학과에 개설된 '고급 컴퓨터 구조', '디지털 시스템 모델링 및 검증'을 추가로 들었고, 다른 학과 수업인 '고성능 마이크로프로세서 설계', '디지털 시스템 테스팅'과 같은 하드웨어 아키텍처의 전반적인 수업을 찾아 들었다.

대학원 수강 과목들이 중요한 이유는 후일 미국 진출을 시도할 때 이력서인 CV(Curriculum Vitae)에 기입할 수 있기 때문이다. 미국에서는 주니어 엔지니어를 채용할 때 학교에서 어떤 수업을 들었는지 어떤 프로젝트를 했는지도 유심히 본다. 상대적으로 참고할 만한 업계 경력이 짧기 때문이다. 따라서 향후 희망하는 업계와 연관된 과목의 수강 이력이 많을수록 이력서 작성 시 많은 도움이 된다. 같은 이유로 가능한 학점GPA을 잘 받아두는 것도 중요하다.

실무 경험 보강

석사 과정 중에 실무 능력을 키우는 좋은 방법은 연구실에서 진행하는 프로젝트에 적극적으로 참여하는 것이다. 프로젝트는 연구비 확보를 위해 지도 교수가 정부(국가과제)나 업계(산학과제)에서 수주해 온다. 산학과제가 기업 연구소와의 공동 연구 성격이면 그 결과를 논문으로 발표하기 용이하다. 하지만 기업 사업부로부터의 외주 개발 성격의 과제라면 결과를 논문으로 쓸 수 없는 경우가 대부분이다. 신규성 부족으로 학술적인 가치가 떨어지기 때문이다. 하지만 앞에서 말했듯 석사 시기에는 연구 실적에 연연할 필요가 없다. 오히려 개발성 과제는 실무 능력을 향상할 수 있는 좋은 기회가 될 수도 있다. 따라서 프로젝트에 참여하면서 연구실에 있는 장비, 개발이나 설계 도구를 가능한 많이 경험하고 익혀두는 것이 이득이다. 프로젝트 참여 실적이나 과제를 수행하며 쌓은 스킬셋 모두 이후 이력서에 작성할 수 있다.

산학 프로젝트에 참여하다 보면 실제 업계의 엔지니어들과 교류할 기회도 가질 수 있다. 과제 착수, 중간보고, 완료보고 등을 위해 지도 교수를 따라 발주 회사에 방문하곤 하는데, 이때 업계의 엔지니어들과 자연스럽게 친분을 쌓을 수도 있다. 경우에 따라서는 프로젝트 마감을 위해 해당 회사로 출근하며 단기간 개발에 참여하기도 한다. 특히 한국에서는 학위 과정 중에 외부 인턴을 거의 할 수 없기 때문에, 이러한 산학 프로젝트 참여 경험을 미국 회사의 인턴십이나 코업co-op(학생 신분의 계약직 직원)과 유사한 실적으로 이력서에 기입할 수 있다.

학부 시절에 스킬셋을 충분히 쌓아놓지 못했다면, 석사 과정 중에 별도의 시간을 내서 스스로 보강해야 한다. 대학원에서 코딩, 설계 능력은 아무도 가르쳐 주지 않는다.

소프트 스킬

대학원생은 반은 학생, 반은 직장인과 같은 삶을 산다. 학부 때처럼 코스웍을 소화하지만, 그 외의 시간은 직장인과 유사하게 업무를 수행한다. 또한 지도 교수, 선후배 동료들과 함께 연구실 생활을 하기 때문에 향후 회사에서 겪을 조직 문화를 일찍부터 경험하게 된다. 상사(지도 교수, 선배)를 대하는 방법, 동료나 후배를 지도하는 방법들을 알게 모르게 배우는 것이다.

회사로 따지면 신입 단계이기 때문에 주로 누군가 지시한 일을 처리한다. 하지만 이때부터 주도적으로 일하는 습관을 기르는 것이 좋다. 연구 아이디어가 있으면 박사 선배나 지도 교수에게 적극적으로 제안하고, 반박 시 자신의 논리를 갖춰 설득하는 방법을 키우는 것이다. 미국 회사에서는 주니어 엔지니어들도 자신의 의견을 내는 데에 주저함이 없다.

또한 논문을 읽고 랩 세미나 등에서 청중들 앞에서 프레젠테이션 하는 기회를 갖게 되는데, 이때부터 발표력을 키울 수 있도록 연습을 해두는 것이 중요하다. 물론 처음부터 잘하지는 못한다. 랩 내에 발표의 달인이 있다면 잘 벤치마킹하도록 하자. 업계에 나가면 프레젠테이션이 엔지니어의 능력을 가늠하는 또 하나의 척도가 된다.

미국에서 엔지니어로 일하다 보면 팀에서 새로운 주니어 인력을 뽑을 일이 자주 있다. 대략 석사 출신에, 업계 경력 5년 미만인 경우가 주요 후보군들이다. 이들의 이력서들을 보면서 '학교를 졸업하기 전에 참 많은 실무 경험을 쌓았구나' 하고 생각한다. 학부 때부터 다양한 오픈 소스 활동에 참여하고, 석사 2년 동안엔 해마다 빅테크들에서 인턴을 해서인지 이력서의 Experience 란이 꽤 풍성하다. 애초에 미국은 '인턴'이라는 문화가 정착되어 있기 때문에, 석사든 박사든 학위과정 중 방학 기간 외부 인턴을 나가는 일이 일반적이다. 이를 위해 지도 교수가 적극적으로 추천서를 써주기도 한다.

게다가 미국은 공과대에 특수대학원, 전문대학원의 개념이 없고 모두 하나의 대학원에서 학술석사MS: Master of Science와 전문석사를 배출한다. 특히 전문석사 과정은 특정 연구실에 속해 지도 교수로부터 지도를 받지 않고 졸업논문을 쓸 필요도 없다. 대신 실무 중심적인 코스웍을 수강하고, 다양한 산학 연계 프로그램에 참여한다. 학교가 이런 이수과정을 설계하기 위해 주요 테크 기업들과 사전 협약을 맺기 때문이다. 특히 전문석사는 캡스톤 프로젝트capstone project라는 일종의 현장 실무를 필수적으로 이수하는데, 학기 내 배웠던 이론과 기술을 실제 업계의 실무에 적용해 보는 것이다. 특히 기업체에서 온 현업 엔지니어가 멘토가 되어 지도하기 때문에, 테크 기업의 살아있는 노하우를 현장감 있게 배울 수 있다. 이러한 프로그램 덕분에 전문석사 과정 학생들은 자연스럽게 업계 인사들과 인맥을 형성하거나 인턴십 기회도 확보할 수 있다.

반면 한국 대학원의 경우 방학이면 밀린 연구와 산학과제로 더 바빠진다. 대학원생을 대상으로 한 외부 인턴 자리도 흔하지 않지만, 있다 하더라도 지도 교수가 좀처럼 쉽게 허락하지 않는다. 애초 전일제 학생으로 분류되기 때문에 파트타임이더라도 급료를 받는 '직업'을 갖는 것이 쉽지가 않은 것이다. 따라서 석사 과정 시 간접적으로나마 실무 경험을 쌓을 수 있는 기회는 연구실 산학과제에 참여하는 것이다. 게다가 석사 과정을 통해 쌓은 이러한 전공 지식, 실무 경험, 소프트 스킬은 향후 박사를 진학하더라도 도움이 된다. 실무 경험을 통해 알게 된 업계 사정을 바탕으로, 보다 실용적인 연구 방향을 계획할 수 있기 때문이다.

한국은 특수대학원, 공학대학원과 같이 비전일제 석사 과정도 운영한다. 배움에 목마른 직장인들을 대상으로 야간 수업 중심으로 운영되는 대학원이다. '학위 취득' 자체에 목적이 크다. 최종 학력을 높이고자 하는 이들의 마음이 이해가 안 가는 것은 아니지만 개인적으로 득 보다 실이 크다고 생각한다. 현업과 학업을 병행하는 것은 절대 쉬운 일이 아니다. 그만큼 업계에서도 인정을 잘 못 받기도 한다.

향후 미국 진출을 염두에 둔다면, 차라리 미국 주요 공과대학의 온라인 석사 과정을 밟는 것도 나쁘지 않다고 생각한다. 물론 현지에서 학업을 하는 것이 아니므로 OPT와 같이 미국 취업을 할 수 있는 신분을 바로 얻지는 못한다. 하지만 이력서에 미국에 적을 두고 있는 학교를 남기면 조금 더 눈에 띌 수 있다. 게다가 미국에서는 학교 자체에 명성이 있으면 통상 온라인과 캠퍼스 학위에 그다지 차이를 두지 않는다. 실제로 미국 현지에서도 학부만 졸업한 현업 엔지니어들이 미국 주립대 온라인 석사 과정을 밟곤 한다.

Q: 현재 컴공과 졸업반으로 학부 연구생으로 지내고 있습니다. 석사 과정에 진학하는 것이 부족한 프로그래밍의 능력을 키우는 데 도움이 될까요?

A: 석사와 프로그래밍 실력에는 인과관계가 없습니다. 프로그래밍 실력만 키우는 게 목표라면 석사를 할 필요가 없어요. 프로그래밍 실력은 별도의 학습, 훈련, 경험을 통해 키워야 합니다. 다만 연구실 산학 프로젝트가 프로그래밍 훈련의 기회가 될 수도 있을 수는 있죠. 혼자 프로젝트를 해보는 것과 당위가 있는 연구실 프로젝트에 참여하는 것에는 배움의 차이가 큽니다. 그렇다고 연구실에서 아무도 코딩을 가르쳐 주지는 않아요. 결국 혼자 해야 되는 것은 맞고 환경만 다를 뿐이죠.

다들 처음에는 누군가가 만들어둔 예제를 따라 하면서 코딩을 시작합니다. 그리고 심지어 현업에서도 처음부터 시스템을 설계해 구현하는 경우도 거의 없습니다. 대부분 이미 돌아가는 시스템의 코드를 분석해, 성능을 개선하고 기능을 추가하는 일을 하는 경우가 대부분이죠. 그러니 코드를 차근차근 이해해 보는 것부터 시작으로 학습하다 보면 어느새 실력이 눈덩이처럼 불어나게 될 겁니다.

박사 과정: 첫째는 논문, 그러나 논문이 전부는 아니다

미국 이전 회사에서 리서치 사이언티스트로 일할 때 팀에서 자주 신입 연구원이나 인턴들을 뽑곤 했다. 후보자들은 모두 박사 졸업자이거나 졸업 예정자들이었고, 대부분 팀(매니저, 팀원)과 인맥이 있는 교수들의 소개를 통해 들어왔다. 하지만 팀과 인연이 없더라도 특정 학생에게 먼저 연락해 인턴십을 제안하는 경우도 있었는데, 바로 콘퍼런스에 눈에 띄는 논문을 발견했을 때다. 나는 가끔씩 한국 대학의 박사 과정들에게 연락을 했다. 한국에도 좋은 논문을 발표하는 우수한 학생들이 많았기 때문이다.

이전에는 정직원이든 인턴이든 채용 시 리로케이션relocation(현지 이주)이 원칙이었다. 거주 지역이 걸림돌이 될 수 있었던 것이다. 하지만 코로나 이후 원격 근무가 일반화되면서 자국에서 얼마든지 근무할 수 있게 되었다. 덕분에 한국의 박사 과정 학생들이 미국 빅테크의 인턴을 하거나, 심지어 연구실이 미국 회사와 산학 협력 과제를 진행하는 사례들도 늘어났다. 이들은 빅테크와의 협력에 참여하면서 네트워크를 형성하고 졸업 후 자연스럽게 미국에 진출했다. 물론 연구직에 국한된 일이고 그 사례가 아직까지 많은 편은 아니다. 하지만 과거에 비해 국내 박사들의 미국 진출 가능성이 높아진 건 분명하다.

미국에서 공학 박사 졸업자들이 진출하는 직군은 크게 셋 정도다. 첫째, 리서치 사이언티스트다. 소위 내셔널 랩이라고 불리는 국립 연구소나 사기업 연구소에서 근무하는 연구 직군이다. 연구, 학술 활동 등 대학원에서 하던 것과 유사한 일을 전업으로 한다. 둘째, 리서치 엔지니어다. 연구팀에 소속되어 프로토타입 개발과 같은 엔지니어링 일을 전담한다. 본업이 연구는 아니지만 리서치 사이언티스트들과 협업을 한다. 셋째, 엔지니어다. 개발 부서에서 제품, 서비스 기술 개발에 참여한다. 6장에서 또 언급하겠지만, 이중 엔지니어 직군이 압도적으로 많고, 그다음이 리서치 사이언티스트, 리서치 엔지니어 순이다. 리서치 사이언티스트 직군은 엔지니어 직군에 비해 정원 자체가 적다. 일반적으로 조직에서 연구팀을 소수 정예로 꾸리기 때문이다. 리서치 엔지니어의 경우 일종의 스페셜리스트이기 때문에 연구팀이 있는 회사 중에서도 일부만 이들을 채용한다.

한국의 박사 과정이 졸업과 동시에 미국 진출을 시도해 볼 수 있는 직군은 역설적으로 그 수가 적은 리서치 사이언티스트이다. 오히려 엔지니어 직군이 더 난도가 높다. 이는 역량이나 일의 난도의 문제라기보다는 재학 중 만들 수 있는 접점이 없기 때문이다. 미국 빅테크의 개발부서는 학계 동향을 그다지 주시하지 않고, 박사 과정들을 인턴으로 잘 뽑지 않는다. 간혹 인턴 자리가 있다고 해도 업무가 연구가 아니기 때문에 박사 과정들도 개발부서로 인턴을 오지 않는다. 인턴십 기간 동안 논문을 쓸 수 있는 연구 프로젝트를 할 수 없기 때문이다. 이에 비해 리서치 사이언티스트 직군은 연구 실적을 바탕으로 미국 회사의 눈에 띌 수 있고, 인턴이나 협력 과제의 기회도 얻을 수 있다.

나도 유사한 과정을 거쳐서 미국으로 진출했다. 학위 과정이 아닌 업계에서의 연구 성과를 통한 것이었지만, 연구 실적을 통해 미국 업계의 제안을 받은 것은 동일하다. 그래서 미국 회사의 리서치 사이언티스트로 커리어를 시작하고 싶다면 노출도와 가시성을 높이는 것이 중요하다. 박사 과정 중 미국 업계가 주목할 만한 성과를 만들고, 네트워킹 기회를 넓혀야 한다. 그리고 그 방법으로 가장 좋은 것은 역시 '논문'이다. 그리고 논문 작성과 발표에도 전략이 필요하다.

저널보다 콘퍼런스

미국은 학계라 하더라도 SCI(Science Citation Index)를 따져가며 저널(학술지) 실적을 요구하지 않는다. 한편, 한국은 교수 임용의 기준으로 과거 몇 년 내에 게재한 SCI급 저널 논문을 주요하게 본다. 그래서 한국의 박사 과정들도 SCI급 저널에 논문을 제출하는 것을 우선시한다. 하지만 미국 빅테크 기업 그 어느 곳도 리서치 사이언티스트를 뽑을 때는 이런 기준을 적용하지 않는다. 반면 그들이 주목하는 쪽은 주로 학계 인사들이 저명하다고 인정하는 콘퍼런스이다. 이런 콘퍼런스에 논문을 발표하면 관련 업계 연구원들의 눈에 자연스럽게 띄기 마련이다. '오, 이 아이디어 괜찮은데? 누가 쓴 거지? 한국의 모 대학에서? 오, 이 친구 계속 관찰해야겠네' 하는 식으로 각인되는 것이다.

미국 사기업 연구팀들은 저널 논문은 그다지 읽지 않는다. 연구도 자사의 제품 상용화를 염두에 두기 때문에 항상 시의성에 민감하다. 저널은 제출, 리뷰, 출판에 걸리는 시간이 상대적으로 길기 때문에, 논문의 아이디어는 출판 시점이면 이미 낙후될 가능성이 높다. 그래서 항상 콘퍼런스 논문 위주로 연구 경향을 좇는다. 논문 발표도 콘퍼런스 위주로 한다. 해마다 연초면 일 년 동안 있을 주요 콘퍼런스 일정을 확인하고 이에 맞춰 논문 작성 계획을 세운다.

한국의 대학에서는 박사 졸업 요건으로 저널 논문 출판을 요구한다. 따라서 그 최소한의 요건은 맞추지만 나머지 논문 실적은 저널보다는 콘퍼런스 논문 제출에 집중하는 것이 좋다. 그리고 가능하면 박사 1~2년 차에 좋은 콘퍼런스 논문 한 편을 실적으로 만들어 두는 것이 좋다. 그 이상 학기를 지나면 조금씩 졸업 시기와 맞물리기 때문에, 빅테크 연구팀에서 인턴 기회를 제공하려 해도 본인의 일정과 맞지 않아 성사가 안 되기도 한다.

대형보다 소형 콘퍼런스

콘퍼런스에 논문을 제출해야 할 또 다른 이유는 미국 현업 연구원들과 대면 네트워킹을 할 수 있기 때문이다. 수천 명이 참석하는 대형 콘퍼런스보다는 참석자가 2~3백 명 수준의 소형 콘퍼런스에 논문을 제출하거나 참석하는 것이 네크워킹 측면에서 유리하다. 대형 콘퍼런스는 콘퍼런스 센터와 같은 장소에서 수십 개의 세션을 동시에 진행한다. 상대적으로 많은 청중에게 논문을 발표할 수도 있는 장점이 있지만 세션이 끝나면 청중은 자신의 관심사에 따라 다음 세션 장소들로 흩어진다. 따라서 사전에 약속을 잡지 않은 이상 미국 연구원들과 네트워킹을 할 기회가 거의 없다.

그에 비해 소형 콘퍼런스는 단일 세션으로 프로그램이 꾸려지고, 2~3일의 일정 내내 한 장소에서 진행된다. 덕분에 쉬는 시간, 연회 시간에 참석자들과 자연스럽게 교류할 수 있다. 대학원 시절에 학회 참석 기회를 얻는다면, 해외여행의 기대로 '일정 이후 어디를 관광할지'를 고민하곤 한다. 그보다는 본인의 향후 커리어를 위해서 학회 기간 동안 한 명이라도 더 만나겠다고 생각해야 한다. 물론 처음부터는 쉬운 일은 아니다. 교수 신분도 아니고 학계에서의 인지도도 높지 않기 때문이다.

그렇다면 박사 과정이 자연스럽게 학계 인사들과 교류할 수 있는 방법은 무엇일까?

네트워킹

스탠딩 파티에 익숙하지 않은 한국인들에게, 다른 국적의 연구자들과 자연스럽게 섞여 친목을 도모하는 것은 영 어색한 일이다. 영어도 유창하지 않은 상태라 자신 있게 먼저 다가가기도 어렵다. 그래서 박사 과정이 콘퍼런스 출장을 가게 되면 함께한 선배, 후배, 동기들과 대부분의 시간을 보내기 마련이다. 유학파 출신의 지도 교수는 이미 유명 인사들과 어울리고 있는데 말이다. 이런 상황을 단기간에 극복할 수는 없겠지만 조금이나마 완화하면서, 인맥을 넓힐 수 있는 방법을 소개한다.

주 저자로 논문 발표: 저자로 논문을 발표하면 사람들을 내 쪽으로 끌어당길 수 있다. 내 연구에 관심을 가진 인사들이 먼저 찾아오기 때문이다. 논문 발표 시 청중에는 희망하는 연구 기관의 연구원, 연구팀장 등이 앉아있다. 그래서 논문 발표는 연구자로서 일종의 쇼케이스와 같다. 연구 내용 자체도 있지만 영어 발표, 영어 질의응답과 같은 소프트 스킬까지 어필할 수 있는 것이다. 이때 청중에 있던 미국 측 인사들에게 좋은 인상을 심어주면 기회를 얻을 가능성은 높아진다.

논문 주제가 흥미로우면 흥미로울수록 더 많은 주목도를 얻는다. 따라서 애초에 연구 계획 시점의 주제 선정도 매우 중요하다. 단순히 기존 논문에 대한 점층적인 아이디어 개선보다는 새로운 접근을 통한 방법을 시도해야 한다. 해법이 신선할수록 청중에게 각인이 더욱 잘 되기 때문이다.

아직 연구 결과가 성숙하지 못해 논문으로 완성하지 못했다면 포스터라도 제출하는 것이 낫다. 포스터 세션은 어떤 의미에서 논문 발표보다도 청중과 더 가깝게 교류할 수 있는 기회. 한국에서 연구원으로 지낼 때 대형 콘퍼런스에 포스터를 가끔씩 제출하곤 했는데, 내 포스터에 찾아온 미국의 한 반도체 회사의 연구소장이 나를 기억해 두었다. 이듬해 그는 해당 콘퍼런스의 한 튜토리얼 세션의 좌장을 맡았고 나를 연사 중 한 명으로 초대했다.

영문 명함: 사실 영미권에서 명함을 주고받는 문화가 그다지 많지는 않다. 교수들이나 업계 연구원들도 명함 자체는 갖고 있지만 아시아권 인사들처럼 첫 만남에서 교환하지는 않는다. 상대방이 먼저 건네면 이에 대한 화답으로 뒤늦게 가방에서 꺼내 자신의 것을 주는 식이다. 하지만 그들은 적어도 받은 명함은 잘 보관한다.

대학원생이 명함을 들고 다니면 '연구는 안 하고 친목질만 한다고', '건방지다고' 부정적으로 보는 일부의 한국 연구자들도 있다. 전혀 신경 쓸 필요가 없다. 아직 공식 직함이 없다고 소극적이 될 필요도 없다. 소속기관은 학교, 학과, 연구실명 등을 영문으로 기술하고 직급은 'PhD. Candidate' 아니면 'Researcher'

로 표기하면 된다.

명함을 학회에서 만난 인사들에게 건네면 상대방은 그 자리에서 한 번쯤 살펴보기 마련이고 다음 대화의 주제가 자연스럽게 따라온다. 연구실 이름을 보고 어떤 연구를 하는지 물어볼 것이고, 지도 교수나 학교에 대해서도 관심을 가질 것이다. 그 명함은 그 연구원의 가방 한편에 담길 것이고, 그가 회사에 복귀해 출장 보고회를 가질 때 팀원에게 소개할 수도 있다. 미국 회사에서 내게 처음 연락을 했을 때 그들은 내 명함에 있던 주소로 메일을 보냈다. 내가 학회에서 만난 미국의 연구원에게 건넸던 바로 그 명함이었다. 그렇게 명함은 결코 사소하지 않은 인맥 확장 도구로 기능한다.

출장 전 사전 메일: 학회 참석이 확실시되는 미국 테크 기업의 주요 연구원, 연구팀장 등에게 학회 참석 전에 콜드 메일cold mail(미리 알지 못하는 사람에게 보내는 이메일)을 보내는 것이 좋다. 특별한 내용은 필요 없다. 귀하의 연구, 귀사의 연구 실적이 훌륭해서 항상 추적하고 있다는 칭찬으로 시작한다. 그리고 내가 이번 학회에 이런 논문을 발표하게 될 텐데 혹시 귀하도 학회에 참석하시면 인사를 하고 싶다는 내용이면 충분하다. 대부분 반갑게 답변을 주기 마련이다. 사전에 한 번이라도 메일을 주고받으면 현장에서 만났을 때 어색함이 훨씬 줄어든다.

내가 회사에서 첫 학회 출장을 갈 때 했던 방법이다. 첫 출장이라 많은 사람을 만나 업계 동향을 확실하게 파악해야 한다는 부담감이 있었다. 하지만 첫 출장이니 학회에 자주 오는 인사들 중 지인도 없었고, 초면에 현장에서 그들에게 먼저 다가가 대화를 이끌어 갈 수 있다는 자신도 없었다. 며칠을 고민하다가 사전 메일을 보내보기로 한 것이다. 유력 인사들의 공식 웹페이지를 검색해 이메일 주소를 찾아 보냈다. 대부분 반갑게 답장을 주었고, 어떤 경우는 본인이 학회에 참석하지 못하지만 자신의 동료가 참석한다며 소개를 해주기까지 했다.

반복 참석: 가능한 같은 학회에 해마다 참석할 수 있다면 좋다. 업계, 학계에 잘 알려진 저명한 소형 콘퍼런스에 집중적, 반복적으로 논문을 제출하면 출장 기

회도 많아지고 같은 인사를 자주 만나게 된다. 같은 학회에 자주 나타나면 학회 운영위원들의 눈에도 띄게 되고, 학회 커미티에서 일할 기회도 생긴다. 학생 신분일 때 주요 요직까지는 맡기 힘들지만, 온라인 홈페이지 관리, 홍보, 등록자 관리와 같은 간단한 실무 역할을 담당할 수 있다. 학회 커미티 활동은 개인적인 학술 이력에도 큰 도움이 된다. 무엇보다 학계에 높은 인지도를 갖고 있는 운영위원들과 함께 일하는 값진 경험을 얻게 된다.

현재 한 학회에서 주기적으로 커미티 위원으로 활동하고 있다. 모두 이러한 과정을 통해 합류한 것이다. 초반의 출장에서는 위원들과 인맥만 형성했지만, 이후 출장에서는 한 위원에게 커미티에 들어가서 돕고 싶다고 의견을 전달했다. 이듬해 그의 추천을 받고 커미티에 합류했다. 운영위원으로서 내부 회의에 참석하며 느낀 점은 그들이 절대로 배타적이지 않았다는 것이다. 학회를 마무리할 때마다 다음 해 운영위원을 뽑게 되는데, 항상 기존 운영위원의 추천을 받는다. 늘 새로운 인물이 합류하는 것을 선호하였다. 그러니 위원과 친분 관계를 쌓고 이들에게 의사를 적극적으로 표명하면 기회를 얻을 수 있다.

자기 홍보

간혹 학계에 발표된 논문이 마음에 들어서, 빅테크에서 학생에게 직접 연락을 취하려고 하는데 검색이 잘 안되는 경우가 있었다. 본인의 단독 홈페이지가 없거나 소속 연구실 홈페이지에도 간략하게 이름만 있는 경우다. 이메일을 찾을 수 없어 연락을 못한 경우도 있다. 이는 자신의 우수한 연구 실적을 스스로 가리는 것과 다름이 없다. 따라서 내 가시성을 높이기 위해서 무조건 개인 이력 홈페이지를 만들어 두어야 한다. 대부분 소속 연구실 홈페이지가 있으므로, 별도의 비용을 들여가며 외부 사이트를 이용할 필요도 없다. 논문도 단순히 출판본 링크만 걸어두지 말고 각 건마다 별도의 프로젝트 페이지를 만들

어, 초록, 논문 링크, 발표 자료, 데모 동영상 등의 콘텐츠를 일목요연
하게 담아 가독성을 높이면 좋다. 심지어 최근 업계의 연구원들은 자
신의 논문이 한 번이라도 더 인용될 수 있도록, 논문에 대한 Latex(논
문 조판에 사용되는 프로그램) 서지 정보를 함께 제공하기도 한다. 또
한 연구실의 정책에 달려있겠지만, 연구 과정에서 개발한 소프트웨어
코드들도 오픈 소스로 함께 개방하면 더 많은 주목을 받을 수 있다.

나는 재학 중에는 연구실 웹페이지 내에 개인 홈페이지를 만들어
관리했다. 졸업생들에게는 학교 측에서 별도의 계정을 제공하였기에,
졸업한 이후에도 계속 이력 홈페이지를 유지했다. 물론 회사원 신분
이었기 때문에 철저히 사내 내규에 입각하여 콘텐츠에 대한 보안 사
항을 엄수했다.

박사 과정에 진학하면 본격적으로 이력서 관리를 시작해야 한다.
이력서는 제출이 필요할 때 시간을 들여 한 번에 작성하는 것이 아니
다. 이력에 추가할 일이 생길 때마다 주기적으로 업데이트하는 습관
을 길러야 한다. 또한 이른 시기부터 링크드인에 본인의 이력을 체계
적으로 정리해 올려둬야 한다. 한 번이라도 더 검색이 될 수 있기 때
문이다.

박사 학위는 결코 쉽게 취득할 수 없다. 석사처럼 정해진 시간을 보
내면 비교적 어렵지 않게 학위를 받을 수 있는 것이 아니다. 학교마다
정한 졸업 요건을 충족해야 하고 지도 교수와의 관계도 중요하다. 특
히 학위 과정 내내 진로에 대해 많은 고민을 해야 한다. 박사는 한 분
야의 '전문가'라는 의미다. 학위 과정 동안 그 정도의 실적을 쌓지 못
하면 졸업 후 진로도 불투명해진다. 기술 트렌드가 빠르게 변하기 때
문에 전공 분야에 대한 수요가 줄어들면 그만큼 진로의 문이 좁아진
다. 심리적 안정감을 꾀하기 위해서라면 이른 시기에 한국 기업체 산

학 장학생으로 선발되는 것도 방법이다. 하지만 미국 진출을 원한다면 새로운 기회에 대해서 항상 문을 열어 두어야 한다.

앞에서 논했던 방법들을 적용하기 위해서는 우선 확실한 연구 실적을 확보하는 것이 선행되어야 한다. 연구 실적이 없으면 쌓아놓은 인맥도 무용지물이기 때문이다. 결국 연구자는 연구 논문으로 말할 수밖에 없다.

Q: 박사 학위를 받은 공학도들이 진출할 수 있는 리서치 사이언티스트가 아닌 직군에는 무엇이 있나요? 박사 졸업 후 엔지니어 직군으로 진출하려면 특별히 준비해야 할 것이 있을까요?

A: 미국에서는 박사 졸업 후 연구원이 아닌 엔지니어 직군으로도 꽤 많이 진출합니다. 리서치 사이언티스트 직군 자체가 한정적이기도 하고, 때로는 연구보다 제품 개발에 참여하는 것을 선호하기도 하기 때문이죠. 연구원은 아무도 가지 않았던 길을 걷는다는 점이, 엔지니어는 전 세계에 출시되는 제품 개발에 직접 참여한다는 점이 매력입니다.

그 밖에는 '리서치 엔지니어'와 같은 직군도 있습니다. 연구 팀에서 일하면서 연구 프로젝트에서 개발과 관련된 일을 주로 하죠. 논문의 공저자로 포함되기도 합니다. 이들은 실무 능력과 연구 분야 모두에 대한 높은 이해도가 있어야 하죠.

실리콘밸리의 빅테크들은 엔지니어 직군을 뽑을 때도 박사 학위 소지자를 선호하는 편입니다. 일종의 경력직 엔지니어로 생각하는 것이죠. 따라서 엔지니어 업의 성격상 논문, 연구 실적은 그다지 중요하게 보지 않습니다. 그 대신 업계 5년 차 엔지니어 정도의 스킬셋과 실무 능력을 장착하는 것이 필요하고, 학위 기간 동안 갈고닦은 자신의 세부 전공 분야의 도메인 지식, 업계 표준화 동향, 산학 프로젝트 경험을 위주로 포트폴리오를 관리하면 좋습니다.

Q: 석사를 졸업하고 한국 대기업 연구소에서 근무 중입니다. 회사에서 대학에 파트타임 박사 과정을 보내주는 학술 연수 프로그램이 있습니다. 파트타임으로 박사 학위를 받으면 향후 미국 진출에 유리할까요? 같은 기간에 회사 근무 경력도 쌓이니 일석이조 같습니다.

A: 6장에서 또 이야기하겠지만, 박사 학위자의 미국 진출 비율이 높은 것은 사실입니다. 하지만 파트타임 박사 학위로는 원하는 결과를 내지 못할 확률이 높습니다. 통상 파트타임 석박사 학위는 사내에서만 유효합니다. 승진이나, 방문 연구자visiting scholar같은 특정 프로그램의 지원 자격에 도움이 되는 정도지요. 파트타임 학위 과정을 하면서 전일제 대학원생들의 연구 결과, 학술적 성취까지는 달성하기는 어렵습니다. 한마디로 자격증처럼 '학위' 자체가 목적이 됩니다.

회사 경력과 학위의 두 마리 토끼를 노릴 수 있다고 생각할 수도 있습니다. 하지만 그만큼 시간이 분산되기 때문에 둘 중 어디에도 집중하기 어렵게 됩니다. 일주일에 며칠 일찍 퇴근해 학교에 수업을 들으러 가면 업무 공백이 발생하고, 이를 보충하기 위해 그만큼 야근을 하는 일도 많아집니다. 게다가 지도 교수는 파트타임과 전일제 대학원생을 같은 기준으로 지도하지 않습니다. 교수와 연구실 동료들을 자주 만나지 못하니 연구실에서 진행되는 핵심 연구 과제에 참여할 수도 없지요. 결국 회사에서 하던 업무들을 정리해서 논문으로 쓰고, 후일 지도 교수에게 첨삭 지도를 받아 학위 논문을 완성하곤 합니다. 따라서 높은 수준의 연구 성과를 기대하기는 어렵습니다.

한국에서 근무할 때 파트타임 박사 과정을 이수하던 동료들을 보곤 했습니다. 결국 많은 수가 졸업을 하지 못하고 수료만 했지요. 개개인 모두 능력은 출중했지만 학위 취득을 위한 충분한 연구 시간을 확보하기 어려웠기 때문이죠.

이력서상 최종 학위를 높이고, 현재 직장에서 성장하는 것에 목표를 두신다면 파트타임 박사도 나쁘지 않습니다. 하지만 향후 미국 진출을 위한 학술적 성과를 만들고자 한다면 차라리 현재 회사 프로젝트와 연구에 집중해 경력의 질을 높이는 것이 낫습니다. 본문에서도 말했지만 '학위증' 자체는 아무것도 보장해 주지 않기 때문이죠.

만일 풀타임으로 학술 연수를 보내주는 프로그램이라면 고려해 볼만합니다. 전일제이기 때문에 국내뿐 아니라 해외 대학으로 갈 수도 있죠. 풀타임으로 연구에 집중할 수 있기에 높은 연구 성과를 기대할 수 있습니다. 다만 회사 지원금이 커짐에 따라, 복귀 후 일정 기간 의무 근속을 해야 해서, 향후 이직이 그만큼 늦어지는 단점이 존재합니다.

5장

직장인 LEVEL: 시간과 경력 관리 싸움

미국으로 이직을 할 때 나는 한국 직장 11년 차였다. 더군다나 학부 때 군대를 꽉 채워 다녀오고 석사, 박사까지 한 상태였다. 그러니 이미 꽤 늦은 나이에 미국으로 이주한 셈이다. 미국에서 근무하면서 '1년이라도 일찍 왔다면 더 좋았겠다'고 자주 생각했다. 한 살이라도 젊었을 때 미국에서 커리어를 시작했다면 현지 적응, 가족 정착, 경력 계발, 연봉 측면에서 훨씬 유리했을 것이기 때문이다. 또한 한국의 대기업 경력이 있었다 해도, 적응 기간을 거치기 전에는 좀처럼 그 경력에 맞는 역량을 발휘하기도 쉽지 않았다. 그러니 한국 경력자가 미국 이직에 뜻이 있다면 하루라도 빨리 준비하고 시도하는 것이 현명하다.

6장에서 또 이야기하겠지만, 미국 이주를 시도하는 대부분의 한국인들은 직장인이다. 학부나 대학원 졸업 후 바로 미국에서 커리어를 시작하는 것은 쉽지 않다. 신분 문제가 크기 때문이고, 최근 들어 관심이 늘었다고는 하지만 정작 학생 신분일 때는 그 필요성을 크게 느끼지도 않는다. 막상 엔지니어 커리어를 시작해야 다양한 이유로 동기 부여가 되어 실리콘밸리로 눈길을 돌리게 되는 것이다.

이번 장에서는 글로벌 엔지니어 성장 로드맵의 직장인 단계를 이야기한다. 우선 미국 이직을 고려하는 직장인이라면 그 시점이 빠를수록 좋은 이유를 설명하고, 실리콘밸리 이직을 위한 바람직한 인재상과 이를 위해 어떻게 경력 관리를 해야 할지를 다뤄보고자 한다.

갈 거라면
빨리 가야 하는 이유

경력이 없는 신입 단계에 미국으로 이직을 하는 것은 쉽지 않다. 그리고 경력이 쌓이면서 그 가능성은 높아지고, 대리, 과장급일 때 정점을 찍는다. 하지만 직급이 부장급으로 넘어가면 가능성은 다시 낮아진다. 실제로 미국에서 만난 한국인들 중 나보다 오래된 경력자는 거의 보지 못했다. 부장급 인력의 이직 난도가 높은 것은 한국도 마찬가지지만 미국 이직은 사정이 조금 다르다. 그 이유를 알아보자.

관리자 직군의 스킬셋 불일치

한국에서 부장급이면 이미 관리자로 직군을 전환했을 가능성이 높다. 실무를 놓지 않은 상태로 관리자를 겸하고 있으면 큰 문제가 없다.* 하지만 프로젝트와 팀 관리만 하는 중간 관리자라면 이야기가 다르다. 미국 회사와 한국 회사는 조직 문화, 프로젝트나 팀 관리 방식이 상당히 다르기 때문에 관리자 직군 이직은 쉬운 일이 아니다. 또한 미국 회사의 '매니저'는 엔지니어들보다 의사소통을 훨씬 빈번하게 하기 때문에 영어를 원어민급으로 구사해야 한다. 따라서 거의 현지에서 채용하거나 직군을 변경한 사내 경력 엔지니어들이 맡는다. 그러

---

* 오히려 실무와 리더십 경험을 보여줄 수 있어 더 유리할 수도 있다.

므로 미국 진출을 시도하려면 다시 실무자로 돌아와야 하는데 관리 업무를 하는 동안 실무 경력에 공백이 있고, 보유 중인 스킬셋도 뒤처져 있을 가능성이 높다.

한국과 미국 회사 간 직급 불일치

한국에서 '부장'이면 직원들 중 가장 높은 직급이며 그만큼 평균 연봉도 높다. 연봉에 맞게 생활 수준은 올라가기 마련이다. 부장급 인력이 한국에서의 생활 수준에 맞게 미국에서 생활하려면 스태프 또는 프린시펄 엔지니어 직급을 받아야 한다. 하지만 미국에서도 스태프 엔지니어 이상은 단순히 스킬셋뿐 아니라 리더십, 사내 평판, 업계 영향력과 같은 다양한 지표들을 함께 본다. 비영어권 엔지니어가 영어 인터뷰를 통해 이러한 역량을 입증하는 것도 쉽지 않다. 이런 직급은 채용 공고도 상대적으로 적다. 주로 사내에서 검증을 거친 인력들로 채우기 때문이다. 따라서 미국 이직 시 직급을 낮춰 지원하기도, 역으로 지원한 회사로부터 경력 저평가lowballing를 당하기도 한다. 그 결과 한국에 있을 때 보다 오히려 생활 수준은 낮아질 수 있다.

언어의 장벽

공부로 새로운 언어를 습득하는 것에는 분명한 한계가 있다. 새로운 언어를 빠르게 체화하려면 나를 그 언어를 쓰는 환경으로 내모는 수밖에 없다. 수업을 듣거나, 업무를 보거나, 심지어 놀 때도 나를 제외한 모든 인간들이 영어를 쓰는 환경에 놓여야만 한다. 결국 영어가 모국어인 나라로 이주하는 것이 가장 빠른 길이다. 영어가 목적이 아닌 '수단'이 되려면 한 살이라도 어린 나이에 이러한 환경에 노출되어야 한다. 미국 보스턴대, MIT, 하버드대 공동연구팀이 2018년에 수행한 연구[10]에 따르면, 외국어를 모국어처럼 구사하기 위해서는 10세 전후, 제2 언어로서 문법과 문장 구조를 쉽게 습득하려면 늦어도 20대 후반부터 영어를 접해야 한다고 한다. 늦은 나이에 미국으로 오면 그만큼 언어 장벽을 극복하기 어려워진다는 말이다.

미국 이직을 결정했다면 그 시기를 빠르게 잡아야 하는 이유들을 좀 더 알아보자.

인맥 확장 가능성

미국은 학연, 지연으로 얽히고설킨 인맥 사회다. 우리나라보다 더하면 더했지 덜하진 않다. 인맥이라 하면 낙하산, 청탁, 불법채용 등 부정적인 뉘앙스가 강하다. 하지만 레퍼럴(추천) 문화가 일반화된 미국 사회에서는 인맥을 통한 채용이 상당히 보편적이다. 회사에서 새로운 인력을 충원할 때 기존 직원들로부터 후보를 우선 추천받는다. 피추천자를 겪은 추천자의 의견이 조직에서 존중되며 채용에 반영될 확률이 높다.* 누군가에게 레퍼럴 자체를 받을 수 있는 것도 정량화할 수 없는 개인 능력 중 하나로 보는 것이다.

미국에서는 입사 지원 시 직원의 레퍼럴을 받으면 인터뷰가 더욱 수월해진다. 업계에 진출해 맺은 인연이 또 다른 인연을 만들고, 이들이 언젠가 본인에게 큰 도움을 줄 수도 있다. 그래서 실리콘밸리의 엔지니어들은 틈틈이 네크워킹에 시간과 정성을 쏟는다. 미국 사회에서 단 한 명이라도 더 많은 인맥을 쌓는 것은 그만큼 자신의 경력 경로에서 더 많은 기회를 만날 확률을 높이는 길이다. 따라서 늦은 나이에

---

*피추천자가 인터뷰를 잘 통과하는 것이 우선 전제되어야 한다.

미국으로 이주를 하면 그만큼 미국 업계 네트워크로 진입하는 시기가 늦어져 불리하다.

기회의 문

테크 기업의 수가 한국보다 미국에 압도적으로 많기 때문에 기회 역시 더 다양하다. 스타트업, 성장세인 중견 기업, 대기업까지 이직할 수 있는 다양한 회사가 존재한다. 또한 성공 시 큰 보상이 따르는 창업이나 성장세의 스타트업에 참여할 기회도 많다. 따라서 이러한 기회는 미국에서 하루라도 먼저 커리어를 시작한 이들에게 더 주어진다. 또한 마인드의 문제도 크다. 나이가 들면 들수록, 지켜야 하는 것들이 많아지기 때문에 보수적으로 변한다. 이러한 경직성을 절대 무시할 수 없다. 늦은 나이에 경력직으로 이직하면, 회사에 적응하고 낯선 땅에 정착하기 위해 많은 에너지를 쏟아야 한다. 리스크를 감당하기는 더욱 어려워진다.

자산 증식과 주택 구매

매우 현실적인 이유다. 시점의 차이는 있지만 미국에 이주하는 한국 엔지니어들은 한동안 집을 렌트하여 생활하다가 결국 현지에서 구매한다. 의식주의 문제에서 자가에 대한 애착이 강한 한국인 고유의 특성이기도 하다. 하지만 인도나 중국 등 타국가에서 온 엔지니어들도 결국 일정 시점이 도래하면 다들 주택을 구매한다.

아파트나 주택을 빌려 렌트를 살 때 고정적으로 지출되는 렌트비(월세)는 수입에서 무시할 수 없는 비율을 차지한다. 또한 아파트의 경우 렌트비는 '해마다' 3~6%씩 예외 없이 오르기 때문에, 렌트를 갱신하는 시점이 도래할 때마다 큰 스트레스를 받는다. 이때 선택은 두 가지다. 렌트비가 더 싼 곳을 찾아 '새로 이사를 가거나', 울며 겨자 먹기로 '오른 렌트비를 내고 1년을 더 살거나'이다.

따라서 기회비용을 생각했을 때 고정적으로 무의미하게 렌트 비용을 지출하느니, 능력이 되는 시점에 차라리 은행 대출을 받더라도 주택을 구매하는 편을 선택한다. 렌트 비용이나 대출로 인한 월 상환 금액이 큰 차이가 없기 때문이다. 월 상환 금액은 지출이긴 하지만 결국 내가 구매한 주택가에 포함되는 것이므로 일종의 저축인 셈이다.[*]

문제는 한국과 마찬가지로 미국, 특히 실리콘밸리 지역의 부동산 가격도 가파르게 상승하고 있다는 것이다. 코로나 이후 인플레이션에 의한 경기 침체로 상승세가 주춤한 때가 있었지만 이후 다시 오르고 있다. 4인 가족이 살만한 산호세 지역 평균 주택 가격은 한국 돈으로 20~30억을 호가하고, 쿠퍼티노, 팰로앨토, 로스 알토스처럼 학군이 좋은 지역은 40억이 훌쩍 넘는다. 시기나 지역에 따라 다르지만 실리콘밸리 주택 가격은 평균적으로 1년에 3~6%씩은 오른다.

당연히 이런 비싼 집을 현금으로 일시에 구매하는 것은 극소수에 불과하다. 대부분 은행 모기지 대출을 받는다. 그런데 대출금 상한이 높지 않은 한국과 달리, 미국에서는 DTI(총부채 상환비율)이 대략 50%, 즉 수입에서 50%까지 대출금을 낼 능력만 보여줄 수 있다면 '이론상으로는' 구매하려는 주택가의 90~95%까지도 대출을 받아 집을 살 수가 있다. 예를 들어 20억짜리 집을 살 때 2억의 현금만 있으면, 나머지 18억은 은행 대출로 해결할 수 있는 것이다.[†] 따라서 대출

---

[*] 렌트와 자가에 대한 장단점이 있다. 일단 주택을 구매하면 보험, 관리에 들어가는 비용, 그리고 재산세 등 별도의 지출은 발생한다.

[†] 물론 미국은 주택 매매가 희망자들 간 경쟁 입찰 형식으로 이뤄지기 때문에, 낙찰을 받기 위해서는 이 현금 비중을 높여야 한다. 또한 현금 계약금이 주택 가격의 20% 미만일 때는 PMI(Private Mortgage Insuranc)라는 보험을 별도로 들어야 한다. 앞에서 '이론상'이라고 언급한 이유다.

의 도움을 받으면 수억 원선의 현금으로 실리콘밸리의 주택을 구매하는 것이 가능한 것이다.

그렇다고 해도 수억 원의 돈이 어디 마련하기 쉬운 돈인가? 그렇다면 미국 테크 기업에 입사한 사회 초년생들은 어떻게 이 종잣돈을 모아 집을 살 수 있을까? 여기서 미국 기업의 연봉 보상체계 중 하나로서 자사 주식을 부여하는 제도인 RSU(Restricted Stock Unit)가 위력을 발휘한다. 실리콘밸리에서 FAANG과 같이 괜찮은 빅테크 기업에 입사했다고 가정해 보자. 주니어 레벨에서 받는 연봉은 현재 15~20만 불 정도이며, 이 중 회사에서 받는 주식 비중이 20~30% 정도 된다. 물가가 높기로 악명 높은 실리콘밸리에 살면서 월급으로 저축은 쉽지 않다. 하지만 해마다 받는 주식을 잘 모아두면 목돈을 만드는 데 그리 오랜 시간이 걸리지 않는다.

몇 년에 걸쳐 두 번 정도 진급을 해 시니어 레벨에 도달하면 연봉은 30만 불을 훌쩍 넘기게 되고 이때 주식 비중도 증가하여 40~50%까지 된다. 즉 해마다 주식으로만 1억 정도씩 자산을 축적할 수 있는 것이다. 그리고 그 기간 동안 회사의 주식 가치가 오르면 추가적인 자산 상승효과도 거둘 수 있다. 따라서 연봉 중 현금으로 생활비를 충당하고, 해마다 지급되는 RSU를 잘 저축한다면 몇 년 새 수억 원을 모으는 것은 그리 어려운 일이 아니다.*

이렇듯 해마다 지급되는 RSU를 통해 해가 거듭될수록 직원들의 자산은 불어난다. 따라서 자산 증식과 부동산 가격 상승의 속도를 고려했을 때 1년이라도 미국에 먼저와 정착해야 한다. 하루라도 빨리 테크 기업에 입사해 RSU를 받기 시작하는 것이 종잣돈을 모아 주택을 구

---

*이는 FAANG과 같이 주식을 잘 주는 회사에 한정된 이야기다. 미국에서 대학, 대학원을 졸업해서 FAANG에 입사하는 것도 결코 쉽지 않은 일이다. 하지만 초반에 스타트업이나 작은 회사에서 경력을 시작하더라도, 몇 번의 이직을 시도해 FAANG에 안착하는 사례는 실제로도 많다.

매할 수 있는 현실적이고 빠른 방법이기 때문이다. 이외에도 미국 회사에만 있는 401K라고 불리는 개인연금도 불입 기간에 비례에 증식되기 때문에 빨리 가입할수록 좋다.

자녀 교육

많은 이들이 미국 이민의 이유로 자녀를 꼽곤 한다. 자녀를 치열한 한국의 경쟁 사회로 내몰고 싶지 않고, 선진국에서 양질의 교육을 받게 하고 싶어 한다. 자녀 삶 전체에 있어 보다 다양한 기회를 주고 싶은 마음이다. 무엇보다도 영어 원어민이 되는 것의 이점을 알기에 미국에서 학교를 보내고 싶어 한다.

미국 이주를 고민할 때 자녀 나이는 큰 변수이다. 자녀가 어릴수록 미국 이주 후 적응이 수월하다. 학교에서 새로운 친구들도 더 쉽게 사귀고 영어도 빠르게 습득한다. 미취학 자녀라면 이주 후 적응에 전혀 문제가 없고, 그 이상이라 해도 약 10세 정도까지는 큰 무리 없이 미국 학교 시스템에 적응할 수 있다. 오히려 이 나이대에 미국에 올 경우 한국어, 영어의 이중 언어 구사자로 성장하기에 좋다. 하지만 이를 넘어서면 미국 학교 적응에 대한 난도는 점차 나이에 비례하여 올라간다. 학생들이 전학을 좀처럼 하지 않는 미국에서는, 유치원 시절부터 사귄 교우관계가 초등학교, 중학교, 고등학교까지 이어지곤 한다. 중학생쯤 되면 아이들이 이미 무리를 지어 어울리곤 하는데, 영어가 아직 능숙하지 않은 자녀가 이런 환경에 전학을 가서 새로운 친구를 사귀는 것은 결코 쉽지 않다. 그때쯤이면 자녀에게는 자아가 형성되어 있고, 한국에서 이미 많은 교우 관계가 맺어졌기 때문에, 부모를 따라 이민 가는 것을 본인 의지로 거부하기도 한다.

한국 내 미국계 회사에 다니던 지인이 있었다. 좋은 기회로 미국 본사로 오게 되었는데, 미국에 온 지 석 달 만에 가족과 함께 다시 한국으로 돌아갔다. 고교생이었던 첫째 딸이 미국 학교 적응에 실패했기 때문이다. 한국에서는 성격도 밝아 교우관계도 좋고 항상 1등을 놓치지 않던 수재였던 딸이, 미국 학교로 전학 후 힘들어하는 모습을 도저히 견딜 수가 없었다고 한다.

따라서 미국 이주는 자녀가 어릴수록 수월하다. 한국어를 잊어버리는 것을 걱정할 필요는 없다. 물론 이민 2세 교포로 살면 영어가 제1언어가 되는 것을 피할 수는 없다. 하지만 부모와 한국어로 꾸준히 소통하거나, 한글학교에 다니면서 자녀가 한국어를 계속 쓰게 할 수 있는 방법은 미국에도 얼마든지 있다.

입사 후 수 년 내에 미국 이직을 하는 것도 쉽지 않다. 이직을 위한 경력을 쌓기 위해서는 업계에서 충분한 시간을 보내야 한다. 스폰서 없이 자력으로 신청 가능한 미국 영주권, EB-2 NIW의 최소 자격도 업계 경력 5년 이상(학사 기준)이다. 경력 초반에 가능성이 낮다고 말한 이유이다. 미국 이직을 위한 체류 신분, 즉 비자, 영주권에 대해서는 6장에서 자세히 다룬다.

따라서 한국에서의 연차와 미국 이직 이후 커리어로 봤을 때, 학사면 입사 5~10년 차, 석사면 3~7년 차, 박사면 5년 차 이내,[*] 나이로는 40 이전에 이직을 시도하는 것이 가장 적절하다. 개인적인 생각으로 마지노선은 40대 중반으로 본다. 그 이후라고 불가능하지 않지만 늦으면 늦을수록 이민 후 기회는 작아지고, 어려움은 커진다.

---

[*] 한국에서 회사를 다니다 미국 유학을 떠나는 경우도 있는데, 이 경우는 위의 연차 가이드라인과 무관하다. 미국 유학생은 전혀 다른 체류 신분(다른 비자)으로 미국으로 진입하게 되기 때문이다.

Q: 실리콘밸리 생활 물가가 그리 비싼가요?

A: 비싼 편입니다. 다만 전체 지출 중 몇 가지 항목 때문에 더 크게 체감하는 것 같습니다. 사실 식음료, 공산품, 유류비와 같은 경우 한국보다 저렴한 편이에요. 한국도 물가가 많이 올라서 이런 항목에 대해서는 큰 차이가 없습니다.

가장 심각하게 차이 나는 부분이 바로 자녀 교육비입니다. 한국은 미취학 아동에 대해 정부 지원이 잘되어 있습니다. 공립 유치원에 보낼 때 비용은 거의 발생하지 않지요. 이에 비해 한국의 유치원에 해당하는 미국의 데이케어daycare나 프리스쿨preschool은 모두 사립 시설입니다. 실리콘밸리 지역에서 아이 한 명을 프리스쿨에 보낼 때 월 2,000불(환율 1,350 선을 기준으로 할 때, 한화 약 270만 원) 정도는 생각해야 합니다. 이 비용이 매우 부담되기 때문에 매일이 아닌 주 3일, 전일이 아니라 오전만 보내는 식으로 타협을 하기도 하죠. 아이가 자라 취학 연령이 되어 공립 초등학교에 보내면 그나마 이 비용이 없어집니다. 대신 다양한 사교육을 병행하게 되죠. 캘리포니아주 공교육의 수준이 그리 좋지 않기 때문입니다. 다만 국영수에 집중하는 한국의 사교육과는 달리, 액티비티activity라 불리는 예체능에 집중하게 되죠. 그런데 이 액티비티 비용이 아이가 프리스쿨에 다닐 때 소요되는 비용과 맞먹습니다.

또 큰 지출 중 하나가 바로 주거비입니다. 렌트로 집을 빌릴 경우를 따져보면, 실리콘밸리 지역에서 자녀 없는 부부가 살 수 있는 1-Bed 아파트의 경우 렌트비가 3,000~3,500불(환율 1,350 선을 기준으로 이어서 제시하겠습니다. 한화 405만~473만 원), 1~2명의 어린 자녀와 함께 살 수 있는 2-Bed 아파트의 경우 3,500~4500불(한화 473만~608만 원) 정도선입니다. 자녀가 취학 연령인 경우 학군을 생각해야 하는데 학군이 좋은 지역은 아파트가 별로 없습니다. 따라서 싱글이나 타운홈 렌트를 고려해야 하는데, 학군지의 2-Bed 주택 렌트비만 4,500~5,500불(한화 608만~743만 원) 선이죠. 렌트를 살다 보면 이 비용이 너무 아깝게 느껴지게 됩니다. 하루빨리 종잣돈을 모아 집을 구매하게 되는 이유죠.

　캘리포니아주의 공교육 수준, 비싼 교육비와 주거비 때문에 실제로 다른 주로 이주하는 사람들도 부쩍 늘고 있습니다. 원격 근무가 자리 잡았기 때문에 반드시 본사에서 근무할 필요가 없기 때문이죠.

실리콘밸리가 원하는
인재의 제1조건

"저는 다양한 분야에 관심이 있습니다. 그래서 많은 것을 할 수 있어요."

　"우리 팀에 들어왔을 때 어떤 연구를 하고 싶나요?"라는 나의 질문에 인턴 지원자 T는 다소 경직된 모습으로 과장 섞인 대답을 했다. 마치 자신감을 연기하는 것 같았다. 인텔에서 재직하던 시절의 일이다. 지원자 T는 미국의 괜찮은 주립대 박사 과정이었고, 연구소의 담당 임원의 레퍼럴을 받았다. 임원이 이전 회사에 있을 때 인턴으로 고용한 적이 있던 친구였다. 이력서를 처음 받았을 때 T의 화려한 이력은 인상적이었다. 학위 과정 중 이미 많은 프로젝트를 수행했고, 해마다 실리콘밸리의 유명 빅테크 기업들에서 연구 인턴을 했기 때문이다. 일단 서류상으로는 좋은 점수를 주기에 충분했다.

　실리콘밸리 빅테크 연구팀에서 연구원이나 인턴을 채용할 때는 지원자는 1시간가량의 발표 시간을 갖는다. 정직원은 자신의 대표 논문 4~5개 정도를 요약하고, 인턴은 연구 경력이 짧기 때문에 자신의 논문 1~2편 정도면 충분하다. 이후 발표했던 내용을 바탕으로 면접관들과 다양한 질문에 응답하며 자신의 지식과 역량을 검증받는다.

T는 통상의 인터뷰 발표와는 사뭇 달랐다. 자신의 출판 논문 내용을 정리해 발표하는 것이 아니라, 그동안 참여했던 프로젝트들의 목록을 만들어 각각을 짧게 소개한 것이다. 박사 과정 중에 연구 프로젝트로 a, b, c를 해보았고, M 회사 재직 중에는 d, 다른 회사에서는 e라는 프로젝트를 했다는 식이었다. 구체적인 연구 내용보다 목록 위주로 언급하다 보니 예상보다 발표 시간은 짧았다. 구체적인 슬라이드를 준비하지 않았던 T는 추가 질문을 받자 부랴부랴 데모 프로그램을 띄워 기술적 설명을 이어갔다.

연구소 임원의 레퍼럴만 믿었던 건지 T의 인터뷰 준비는 확실히 부실했다. 면접관 입장에서도 난감했다. 뭔가 의아했던 나는 T의 이력서를 다시 살펴보고 그 이유를 찾을 수 있었다. T는 이미 박사 과정 5년 차였으나 아직 주 저자로 발표한 논문이 없었던 것이다. 다양한 학계, 업계의 프로젝트 경험은 있었으나, 그 아무것도 연구 결과로 마무리 짓지 못한 것이다. 그는 결국 인턴으로 선발되지 못했다.

T가 인턴으로 지원하기 몇 년 전, 또 다른 인턴 지원자 M이 있었다. 당시 M은 또 다른 주립대의 석사 과정이었고, 졸업 학기에 자신의 학위 논문을 잘 정리해 논문 선공개 사이트인 아카이브arXiv*에 업로드했다. 비록 동료 평가peer review를 받는 정식 콘퍼런스나 저널은 아니었지만, 아카이브를 통해 그의 논문이 업계와 학계에 노출될 수 있었다. 나는 우연히 온라인에서 M의 논문을 읽었다. 종래에 없던 완전히 새로운 시도라 매우 인상적이었다. 나는 M에게 직접 연락해 그해 여름 연구팀 인턴 지원을 권유했다.

인터뷰에서 M은 아이디어 도출, 구현, 실험 결과 분석과 같은 기술적 내용을 자세히 발표했다. M은 연구 프로젝트 경험이 단 한 건에

---

*https://arxiv.org/

불과했지만, 그 단 한 건의 연구를 처음부터 끝까지 온전히 해냈던 것이다. 3개월의 인턴을 마치고 그는 학교로 돌아갔고, M이 졸업 후 박사 과정에 진학한 뒤에도 팀에 재차 인턴으로 초대되기도 했다. M은 박사 졸업과 동시에 인텔의 정규직 '리서치 사이언티스트'가 되었다.

전문가가 되어야 하는 이유

T가 좋은 점수를 받을 수 없었던 이유는 그가 전문성을 온전히 드러내지 못했기 때문이다. 그는 다양한 분야에 관심이 많아 프로젝트 경험은 많았다. 하지만 어느 것 하나 깊이 있게 파고들지 못해 자신을 대표할 만한 전문성을 기르지 못했던 것이다. 이런 지원자는 실리콘밸리 채용의 문을 쉽게 넘지 못한다. 특히 경력직의 경우 한 분야의 전문성을 쌓았는지가 매우 중요한데, 바로 실리콘밸리가 전문가를 찾기 때문이다.

채용은 전문가로 구성된 팀에서 결원이 발생할 때 이뤄진다. 통상 회사에서 특정 직군의 채용 공고를 게시하면 공고마다 채용 기간이 설정되어 있다. 이 기간 동안 지원한 후보자들이 기준에 부합하지 못하면, 해당 직군을 공석으로 남겨두더라도 채용 절차를 끝낸다.* 결원을 보충하기 위해 기준에 조금 모자란 누군가를 채용하지 않는다. 이는 기존의 전문가를 대신할 수 있는 또 다른 전문가를 찾기 때문이다. 따라서 인터뷰 과정이 매우 까다롭고 심도 있는 것이다.

실리콘밸리의 기업들은 전문 분야에 따라 조직도를 꾸리고 이에 맞는 인력을 채용한다. 그리고 엔지니어들은 경력을 쌓으면 쌓을수록, 자신의 줄기 기술에서 가지를 뻗어 나가며 해당 분야의 전문가로 거

---

*미국에서는 이를 렉(Req: Requisition)이 사라진다고 한다.

듭나게 된다. 수시로 이직을 하기도 하지만, 자신의 전문 분야에서 크게 벗어나지 않는 직무를 계속 수행한다. 따라서 업계에서 보낸 연차가 고스란히 인정받는 경력이 되는 것이다.

경력을 분산하면 안 되는 이유

흔히들 바람직한 인재상으로, I자형을 넘어 깊이와 넓이를 더하는 T자형, 두 개의 전문성을 가지는 π(파이)형, 심지어 최근엔 문어발식으로 전문성을 넓히는 폴리매스polymath형[11]을 꼽고 있다. 한 가지만 잘하는 전문가의 시대는 지났다는 것이다. 그리고 직무에 대한 전문성을 바탕으로 다양한 분야에 대한 폭넓은 지식을 갖는 융합형 인간을 지향하라고 한다. 조직의 리더로 성장하기 위해서는 다른 영역과 잘 융합할 수 있는 넓은 시야, 응용력 그리고 타 분야 인사들과 원활하게 소통할 수 있는 확장성이 있어야 한다. 관리자로서 팀이나 조직을 이끌어 성과를 내고 그룹의 정점을 찍는 것을 목표로 한다면 이런 융합형 인재가 되는 것을 지향해야 한다. 하지만 이러한 융합형 인재가 되기 위한 선결조건은 우선 한 분야의 '전문가'가 되어야 한다는 것이다. 그리고 한 분야의 전문가가 되는 것조차도 어려운 일이다. 어떤 분야든 기술은 빠르게 변하고 스킬셋의 수명은 짧다. 과거의 학습과 경험은 몇 년만 지나도 쓸모가 없어진다. 한 우물만 파도 전문가가 되기 어려운 시대인 것이다.

그렇다면 우리는 어떻게 하면 전문가가 될 수 있을까? 말콤 글래드웰은 자신의 저서 『아웃라이어』를 통해 '1만 시간의 법칙'을 소개한 적이 있다.[12] 자신의 분야에서 성공한 사람들을 분석한 결과, 전문성을 쌓는 데 대략 1만 시간 정도를 보냈다는 것이다. 그것도 적절한 환경과 기회가 주어져야 한다는 가정까지 붙는다. 따라서 환경이 주어지지 않는다면 그보다 더 많은 시간이 들지도 모르는 일이다. 하지만 글래드웰은 '1만'이라는 절대 시간에 방점을 두지 않았다. 주변 환경이 따라줬을 때 성공의 영역에 도달할 즈음까지 자연스럽게 그 정도의 시간을 보내게 되었다는 것이다. 그래서 여기서 중요한 점은 반드시 1만 시간이 아니더라도, 몰입할 수 있는 한 가지 분야에 집중해야 한다는 데 있다. 우리가 자신이 투입하는 시간, 경력을 분산할수록 한 분야의 전문가로 거듭나기에 불리한 이유이다.

경력에도 서사가 필요하다

업계에서 경력이 만개하는 시기인 과장급, 시니어 엔지니어까지는 한 분야에 집중해야 한다. 시류와 유행에 따라, 많은 분야를 얕게 파게 되면 1만 시간이 아니라 10만 시간을 써도 전문가는 될 수 없다. 기술 트렌드를 무시하라는 이야기가 아니다. 자신만의 전문 분야를 잃지 말고 트렌드에 따라 확장해 나가야 한다는 의미이다.

나는 대학원에서 그래픽스 하드웨어, 아키텍처, 시뮬레이터, 디바이스 드라이버, 병렬 렌더링, 과학적 시각화scientific visualization 등의 주제로 연구를 진행했다. 연구실의 사정상 다양한 산학 프로젝트에 참여하다 보니 잡다한 주제를 조금씩 건드리게 된 것이다. 그러다 보니 졸업 즈음 박사 학위 논문을 정리하려 그동안 출판한 논문들을 엮었을 때, 그것들을 아우를 수 있는 하나의 제목을 도저히 만들 수 없었다. 어쩔 수 없이 크게 연관 없는 두 개의 줄기를 이어 붙여 제목을 지어야 했다.

문제는 진로를 모색할 때 발생했다. 졸업을 앞두고 미국에 박사 후 과정을 알아본 적이 있었다. 그런데 전공 분야가 분산되다 보니 이력에서 전문성을 보여주기가 힘들었다. 그래픽스 하드웨어, 아키텍처는 업계가 학계를 추월한 지 오래되었고, 과학적 시각화, 렌더링 분야의 학교 쪽으로 지원하기에는 내가 해온 연구 깊이가 너무 얕았다.

이후 입사한 뒤부터는 경력의 깊이를 만드는 데에 집중했다. 내 경력에서 시각화, 렌더링 분야는 과감히 버리고, 그래픽스 하드웨어를 줄기 기술로 시작해 그래픽스 특화 DSP 프로세서, 모바일 GPU 프로젝트들로 업계 경력을 쌓아갔다. 동시에 GPU, 그래픽스 기술 트렌드에도 항상 민감했다. 미국 학회의 기류를 읽고 광선 추적ray tracing이라는 새로운 가지를 뻗어냈다. 당시 업계 GPU에는 아직 포함되지 않은 기술이었다.

그렇게 11년 동안 많은 연구 프로젝트에 참여했지만 GPU라는 줄기 기술에서 벗어나지 않으려 했다. 크고 작은 조직 개편으로 부서는 가끔씩 바뀌었지만, 내가 하는 업은 끝까지 사수했다. 경로를 이탈하는 순간 내 전문성은 무너진다고 생각했기 때문이다.

전문 분야를 지키는 일은 그래서 중요하다. 현재까지 자신이 걸어온 업계에서의 궤적을 뒤돌아보았을 때 줄기 기술로 관통하는 '하나의 키워드'가 있는지를 살펴보자. 대학에서의 전공, 참여했던 프로젝트들, 진급, 이직 등으로 업계에서 보낸 경력을 통해 한 분야에서 꾸준히 성장해 온 것을 보여줄 수 있는가? 이력에서 자신이 스스로 수긍할 수 있는 서사가 없다면, 당신의 이력서를 보는 인사 담당자는 더욱 수긍하지 않는다.

융합형 인재의 중요성이 향후 점점 더 부각될 것은 분명하다. 하지만 우리에게 주어진 시간은 유한하고 우리가 증명해야 할 것은 전문성이다. 전문성 없는 잡다한 경험들은 결코 융합되지 않는다. 향후 5년, 10년 뒤 내가 전문가로 불리기 위기 위해서는 그동안의 경력 경로를 일관되게 지켜 나가야 한다. 그것이 글로벌 엔지니어가 되기 위해서 길고도 지난하지만, 반드시 해야 할 일이다.

"엔지니어가 경력을 완성하기 위해서는 한 가지 분야에 집중해야 한다. 나는 어떻게 하면 CPU와 GPU의 전력을 줄일 수 있는지를 고민하며 30년 넘는 시간을 업계에서 보내왔다. 그러한 치열한 고민이 지금의 나의 자리를 만들었다."

AMD에 입사하려 인터뷰를 볼 때 면접관 S가 내게 해 준 말이다. S는 한국으로 치면 전무급 정도의 임원이었다. 실무 엔지니어로서 특히 저전력 설계로 업계에 족적을 남겨 IEEE 펠로우에 선임된 인물이었다. S의 조언은 내가 회사에 입사한 이후 아직까지 가슴에 새기고 있는 말로 남아 있다.

Q: 국내 반도체 대기업 10년 차 엔지니어입니다. 10년 동안 다양한 프로젝트에 참여했지만 나를 대표할 만한 한 가지 기술이 없습니다. 프로젝트가 정리되거나, 몇 번의 조직개편 등으로 일관성 없는 일들만 해왔기 때문입니다. 이 경우 정말 미국 이직이 힘든가요?

A: 한국 대기업을 경험해 본 입장에서 충분히 이해합니다. 그래서 전문성을 지키는 것은 본인의 의지와 별개로 어느 정도 운도 따라줘야 하는 것 같아요. 프로젝트가 항상 성공하는 것도 아니고 조직개편은 우리 통제권 밖의 일이니까요.

경력이 분산된 경우 미국 진출 시 해볼 수 있는 것은 두 가지입니다. 첫째는 전문성을 특정 도메인이 아니라 '스킬셋'으로 전환하는 것이죠. 예를 들어보죠. 한동안 자신의 전공 분야인 '통신 칩 설계'를 했는데 조직이 정리되어 다른 사업부로 가게 되었습니다. 새로운 사업부에서는 '메모리 컨트롤러' 관련 직무를 하게 되었다고 해 봅시다. 이 경우 자신의 전공인 무선 통신의 전문성을 주장하기보다, 직무를 아우를 수 있는 '반도체 회로 설계'로 전문성을 선회하는 것이죠. 이때는 서로 성격이 달라 일관성이 없어 보였던 프로젝트들을 설계 엔지니어로서 담당해 온 응용 분야들로 포장할 수 있습니다. 나는 '반도체 설계' 자체에 전문성이 있다고 주장하고 "다양한 도메인에서 경험을 쌓으며 전문성을 강화했다"라고 서사를 만드는 것이죠.

두 번째 방법은 분산된 경력을 하나의 프로젝트 중심으로 연결하는 것입니다. 일단 현재까지 해오신 프로젝트들 중 가장 대표성이 있다고 생각되는 것을 하나 정하세요. 그리고 나머지 프로젝트들을 이 대표 프로젝트와의 '연관성'을 만드는 것입니다. 이때 연관성은 기술적인 부분보다 스토리를 만드는 데 집중해야 합니다. 예를 들어보겠습니다. 조직 내 프로젝트의 흥망성쇠에 따라 'GPU', 'AI 가속기', '메모리 시스템'같이 계속 새로운 프로젝트들에 참여했다고 해봅시다. 이 중 내가 가장 자신 있는 분야 또는 지원을 희망하는 산업 분야가 AI 가속기라면 이 프로젝트 중심으로 스토리를 구성하는 것입니다. "커리어 초반에 GPU 프로젝트를 수행하면서 프로세서 아키텍처, 효과적인 부동 소수점 연산기 설계에 대해 경험을 쌓았다. 이 경험을 확장하여 대규모 행렬 연산이 사용되는 인공지능 가속기 설계에 접목해 전문성을 키웠다. AI 가속기를 설계하면서 메모리 대역폭이 주요 병목이라는 것을 알게 되어 관련 프로젝트에 참여했다"라고 서사를 만드는 것이죠. 실제로 세 프로젝트에 참여할 때 부서 간 협업이나 직접적인 연관성이 없었더라도, 이렇게 이야기를 만들면 어느 정도 이력에 서사를 부여할 수 있습니다. 조직개편 때문에 다른 일을 할 수밖에 없었던 것이 아닌 주도적으로 업무 영역을 확장시켰다고 맥락을 만드는 것이죠. 이력서도 이러한 스토리에 맞게 구성해야 합니다.

도메인 전문성
VS 스킬셋 전문성

미국 기술 업계는 엔지니어의 전문성을 중요시한다고 했다. 그리고 이들이 중요시하는 전문성도 그 성격에 따라 둘로 나눌 수 있다. 왜냐하면 그 종류에 따른 직군들이 별도로 존재하기 때문이다.

첫 번째는 '도메인 전문성'이다. 특정 분야에 대해서 전문적인 지식이 있거나 해당 분야에서 오랜 업계 경험을 쌓아 전문가가 된 경우다. 흔히들 전문성이라고 말할 때 이 도메인 전문성을 의미한다. 특정 세부 전공 분야, 특정 산업군의 업무 영역을 주 전문분야로 삼아 숙련도를 키워온 경우다. 예를 들면 GPU, CPU 아키텍트, AI 모델, 컴파일러, 디바이스 드라이버, 보안, 네트워크, 게임 엔진, 비전, 공정 개발, 광학, 물성, 배터리, 화공 엔지니어와 같이 구체적인 한 분야에 전문성을 갖춘 이들이 바로 도메인 전문가들이다. 미국에서 이러한 엔지니어 직군을 채용할 때는 강도 높은 질의응답을 통해서 후보자의 전문성을 평가한다.

두 번째는 '스킬셋 전문성'이다. 분야를 가리지 않고 적용될 수 있는 실무 역량 그 자체가 쌓여 전문가가 된 경우다. 흔히들 스킬셋은 엔지니어에게 도구로 간주되어 전문성이 아니라 생각할 수 있다. 하지만 미국에서는 이러한 스킬셋 중심으로 업계 경력을 축적해도 충분히 전문가로 인정한다. 예를 들면 테스트, 검증, 품질 보증, 데이터 분석, 회로 설계, FPGA(Field Programmable Gate Array), 아키텍처 모델링, 소프트웨어 엔지니어와 같이 다양한 분야에 모두 적용될 수 있는 역량 그 자체의 전문성을 갖춘 이들이 바로 스킬셋 전문가들이다. 미국에서 이러한 엔지니어 직군을 채용할 때는 코딩 테스트와 같이 현장 실무 검증을 통해 후보자의 전문성을 평가한다.

도메인 전문가는 스킬셋을 말 그대로 도구로 본다. 자신의 분야에 종사하면서 전문 지식을 적용해 무언가를 개발하거나 분석할 때 꺼내 쓰는 용도다. 모른다면 공부해서 필요한 만큼만 습득하면 된다. 따라서 이들에게 도구 이상의 의미는 없다. 이에 비해 스킬셋 전문가에게 도메인은 자신의 역량이 십분 활용된 응용 분야다. 자신의 역량이 필요한 분야에서 그 전문성을 발휘하는 것이다. 따라서 이들에게는 도메인은 응용 이상의 큰 의미가 없다.

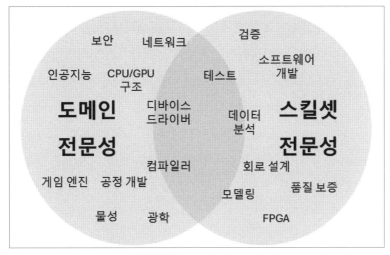

그림 5. 실리콘밸리 엔지니어 직군들을 구분하는 두 가지 중심 축과 예시들

두 종류의 전문가들은 종종 같은 팀에서 협업을 한다. 예를 들어보자. CPU를 설계하는 반도체 제조업체의 아키텍처 팀에는 CPU 도메인 전문성이 있는 아키텍트들과 모델링 스킬셋 전문성이 있는 모델링 엔지니어가 함께 협업을 한다. 아키텍트가 설계한 하드웨어 구조를 모델링 엔지니어가 모델로 구현한다. 아키텍트는 모델링 엔지니어가 구현한 시뮬레이터 모델을 통해 다양한 아키텍처 탐색을 할 수 있다. 아키텍트도 필요에 따라 모델링에 참여한다. 자신이 설계한 기능 블록에 대해서 가장 잘 알고 있기 때문이다. 다만 아키텍트는 모델링에 도구 이상의 의미를 두지 않는다. 반면 모델링 엔지니어에게 CPU 도메인은 자신의 모델링 역량이 적용된 응용 분야 이상의 의미는 없다. 아키텍트가 상세히 기술한 사양에 따라 모델을 빠르고 효과적으

로 구현하는 데에만 역점을 두고 아키텍처에는 크게 관여하지 않는다. 이들의 전문성은 범용적이기 때문에 다른 도메인 즉 GPU, AI 가속기, DSP 등을 개발하는 다른 도메인의 반도체 회사에도 충분히 이직할 수 있다.[*]

물론 두 전문성이 확연히 구분되는 것은 아니다. 보는 관점에 따라 달라질 수도 있기 때문이다. 컴파일러나 디바이스 드라이버와 같은 영역은 기술군 자체를 도메인으로 생각해 고도의 전문성이 있다고 생각하지만, 보기에 따라서는 스킬셋으로 분류할 수도 있다(그림 5). 다중 산업에 쓰일 수도 있기 때문이다. 반대로 테스트와 같은 스킬셋은 그 기술의 역사가 오래되어 대학원에서 세부 전공 학문으로 정착될 만큼 도메인 성격도 가지고 있다. 따라서 도메인 전문가라 해도 채용 시 스킬셋을 전혀 안 보는 것도 아니며, 스킬셋 전문가라 해서 채용 시 도메인 지식을 확인 안 하는 것도 아니다. 다만 채용 직군이 어느 쪽을 더 중심으로 보느냐, 또는 내가 어느 쪽을 더 어필하느냐에 따라 인터뷰 방향이 달라지는 것이다.

또한 엔지니어가 경력을 쌓으면서 이 두 전문성을 넘나들기도 한다. 예를 들어보자. 커리어 초반에 자신의 세부 전공 분야인 무선 통신 도메인 업무를 한 이가 있다. 회로 설계 스킬셋을 도구로 활용해 왔는데, 좋은 이직의 기회가 와서 DSP와 같이 다른 도메인으로 이동했다. 이후 계속 DSP 업계에서 오랜 경력을 쌓으면, 자신의 전공과는 다르지만 DSP 도메인 전문가로 거듭날 것이다. 반면 몇 년 뒤 회로 설계 스킬셋을 계속 활용해서 AI 가속기 업계로 또 이직을 하면, 점차 한 분야의 도메인 전문가라기보다는 회로 설계 스킬셋 전문가가 되어 갈 것이다. 반대의 예를 들어보자. 대학에서 컴퓨터 공학을 전공한 후

---

[*] 물론 도메인이 전혀 영향을 주지 않는 것은 아니다. 같은 업계로의 이직이 더 수월하긴 하다.

소프트웨어 개발 스킬로 GPU 업계의 모델링 엔지니어로 커리어를 시작한 이가 있다. 이 스킬셋 전문가가 아키텍처 팀에서 모델링 업무를 하면서도, 아키텍트들과의 협업하며 GPU 도메인 지식을 습득할 수 있다. 이 경력이 쌓이면 향후 GPU 아키텍트인 도메인 전문가로 변신할 수도 있는 것이다.

엔지니어가 특별히 도메인이나 직군 전환을 하지 않아도, 보유 기술의 시장 성숙도에 따라 전문성의 종류가 달라질 수도 있다. 기술이나 해당 전공이 발현되는 시점에는 그 희소성 때문에 도메인 전문성의 영역에 있게 된다. 하지만 그 기술이 시장에 널리 보급되고 다양한 분야로 확산되면 그 기술을 보유한 엔지니어는 스킬셋 전문가로 성격이 변한다. 4장에서 언급했던 데이터 사이언스가 대표적인 예다. 또한 기계학습machine learning의 경우도 점차 도메인에서 스킬셋 전문성으로 전환되고 있는 추세다. 과거에는 기계학습으로 석사 학위 정도만 받아도 인공지능 전문가로 인정해 주었지만, 현재 기술이 보편화, 자동화되면서 도메인 지식들이 점차 도구화되고 있기 때문이다. 이 경우 도메인 전문성을 지키려면 더 높은 학위를 받아야 한다.

미국 시장에서 도메인 전문가와 스킬셋 전문가는 각각 장단점이 있다. 도메인 전문가는 특정 분야에 국한되기 때문에 진출할 수 있는 산업군이 제한된다. 대신 한번 자리를 잡으면 상대적으로 직업 안정성을 유지할 수 있다. 시장에서 도메인 전문가를 쉽게 찾기 어렵기 때문에 정리해고layoff 시기에도 쉽게 해고되지 않기 때문이다. 이에 비해 스킬셋 전문가는 상대적으로 대체가 쉽기 때문에 직업 안정성이 떨어진다.* 하지만 범용성이 있어 다양한 산업군으로 진출할 수 있기 때문에 쉽게 이직과 재취업이 가능하다.

---

*최고 수준에 이른 스킬셋 전문가의 경우 역시 쉽게 대체되지 않는다.

두 전문성의 차이를 이해하는 것은 우리에게 중요하다. 왜냐하면 어느 전문성을 지향하느냐에 따라 미국 이직 가능성이 달라지기 때문이다. 앞서 말했듯 스킬셋 전문가는 범용성, 호환성이 크기 때문에 미국 시장에서 언제든 충분히 후보자를 찾을 수 있다. 따라서 스킬셋 전문성을 쌓은 한국의 엔지니어에게는 거의 기회가 돌아오지 않는다. 실리콘밸리 기술 업계에 가장 많은 직군이 바로 소프트웨어 엔지니어이지만, 한국에서 이 직군으로는 빅테크 이직이 쉽지 않다. 이 직군 역시 스킬셋 전문가이기 때문이다. 이에 비해 메모리, 파운드리, 공정 개발과 같은 반도체 엔지니어는 상대적으로 미국 시장에서 수요는 적지만 한국에서 이직을 종종 하곤 한다. 도메인 전문가이기 때문이다.

따라서 한국의 엔지니어가 미국 이직을 시도하려면 도메인 전문가가 유리하다. 미국 이직에 성공한 뒤 커리어를 이어가면서 스킬셋 전문가로 변신하더라도, 최소한 한국에서 미국으로 이주하는 시점에는 도메인 전문가가 되어야 한다. 그리고 해당하는 도메인이 희소가치가 있을수록 이직 가능성은 더 높아진다. 즉 미국 내 관련 산업이 성장하고 있지만, 자국 내 숙련된 인력이 많지 않은 경우라면 매우 유리한 것이다. 인터뷰 기회도 찾아오고 합격 시 회사는 기꺼이 비자와 이주 지원을 해서 한국에서 '모셔 갈' 것이다.

■─────────────────────────────────────

Q: 10년 차 백엔드 소프트웨어 엔지니어입니다. 커리어 기간 동안 데이터베이스 관리, 데이터 파이프라인과 서버 로직을 구현하면서 일관된 경력을 쌓았습니다. 제가 왜 도메인 전문가가 아닌가요?

A: 발끈하시는 마음 이해합니다. 다만 제가 여기서 도메인과 스킬셋으로 구분한 것은 엔지니어가 속한 산업군에 따른 것입니다. 통상 소프트웨어 엔지니어라고 하면 프런트엔드, 백엔드, 풀 스택, 모바일 엔지니어 등으로 구분할 수 있

습니다. 하지만 이런 엔지니어가 구현하는 서비스나 애플리케이션은 금융, 전자상거래, 헬스케어, 교육, 물류, 제조와 같은 다양한 산업, 즉 도메인에 적용될 수 있겠지요? 따라서 백엔드는 도메인이 아닌 것입니다. '금융'이나 '물류'가 도메인이죠. 아니면 특정 세부 기술군 자체를 볼 수도 있겠습니다. 데이터베이스나 데이터 파이프라인 구축을 오래 하셨다고 했는데, 아마도 SQL과 같은 언어로 작업하셨을 겁니다. 여전히 이런 기술 스택은 스킬셋 범주에 속합니다. 데이터베이스 엔지니어란 데이터베이스 자체가 도메인인 오라클, 구글 클라우드, 마이크로소프트 Azure와 같은 곳에서 DBMS를 다루는 엔지니어를 말하죠.

따라서 소프트웨어 엔지니어가 스킬셋 중심으로 커리어를 시작했더라도, 실리콘밸리로 진출하기 위해서는 분야를 확정해 이 도메인의 전문가로 거듭나야 합니다. '물류 소프트웨어 전문가', '금융 소프트웨어 전문가'처럼 말이죠. 프로그래밍 언어, API와 같은 기술 스택은 필요시 습득하는 것으로 생각해야 합니다.

게다가 스킬셋 전문가의 길은 매우 험난합니다. 스킬셋 자체가 주기가 매우 짧기 때문이죠. 새로운 기술이 나올 때마다 매번 공부해야 됩니다. 이에 비해 도메인 전문가는 자신의 전문성이 스킬셋이 아니기 때문에 한번 전문성을 확보하고 나면 비교적 유행에 민감하지 않게 오랫동안 업무에 임할 수 있습니다. 스킬셋도 필요할 때 필요한 만큼만 공부하면 되죠.

핵심은
경력 관리

앞서 도메인 전문성을 강화하는 방향으로 경력을 쌓아가는 것이 미국 이직에 유리하다고 하였다. 하지만 한국 기술 업계는 도메인 전문성을 쌓는 것이 어려운 구조다. 직군을 도메인보다는 스킬셋 위주로 세분화하기 때문이다. 따라서 계획 없이 커리어를 이어가다 보면 스킬셋 위주로만 전문성이 쌓이게 된다. 심지어 스킬셋조차 체계적으로 관리하기 힘든 경우가 빈번하다. 회사 사정에 따라 하드웨어를 개발하다가 소프트웨어까지 해야 하는 일도 있다.

이렇게 스킬셋이 분산될수록 도메인 전문성을 더 지켜야 한다. 하드웨어, 소프트웨어, 검증, 테스트와 같이 상이한 스킬셋을 이용한 업무를 무작위로 하더라도, 예를 들어 AI 가속기라는 한 분야를 정했으면 경력 내내 이 도메인을 고수해야 한다. 그렇다면 우리가 어떻게 경력을 관리해야 할지 그 방안을 살펴보자.

경력의 도메인 일관성

앞에서도 말했지만 가장 중요한 것은 '도메인 일관성'이다. 업계에서 경력을 쌓다 보면 다수의 프로젝트에 참여하게 될 것이다. 그 참여 프로젝트 이력, 쌓은 스킬셋이 결국 내 이력서의 한 줄 한 줄이 된다. 하지만 이 경력에서 일관성이 보이지 않으면 그 업계에서 보낸 시간 모두를 인정받기는 힘들다.

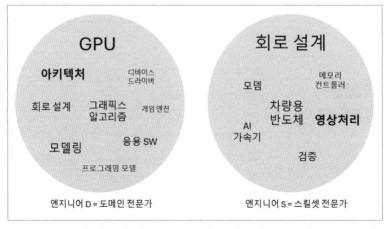

그림 6. 다른 성격의 전문성을 쌓은 두 엔지니어의 경력 포트폴리오

그림 6의 두 엔지니어의 예시를 보자. 두 엔지니어 모두 업계에서 경력을 쌓으면서 다양한 프로젝트를 경험했다. 하지만 두 경력의 성격은 판이하게 다르다. 엔지니어 D*는 아키텍처 설계 경험이 가장 두드러지고, 필요한 경우 반도체 회로 설계도 했다. 아키텍처 업무를 하다 보니 모델링 작업은 필수였으며, 경우에 따라 알고리즘, 디바이스 드라이버, 프로그래밍 모델 관련 일도 했고, 심지어 상위 수준의 응용 소프트웨어나 게임 엔진 코드들도 봐야 했다. 많은 스킬셋을 다뤄 각각에 대해 깊이가 없어 보일지 모른다. 하지만 엔지니어 D는 GPU라는 도메인에서 한 번도 벗어난 적이 없다. 이 경우 도메인 전문가로 인정받을 수 있다. 경험한 스킬셋이 잡다해 보일지 모르지만, 업계는 오히려 해당 분야에서 풍부한 경험을 쌓았다고 이해한다. 왜냐하면 상이한 스킬셋일지라도 GPU 도메인에서 보았을 때는 모두 깊은 연관성이 있기 때문이다.

엔지니어 S의 경우를 보자. S는 대기업에서 영상 처리 반도체 설계를 하면서 주된 경력을 쌓았다. 이후 프로젝트나 조직이 개편되어 AI 가속기를 설계하거나 검증하는 일로 전환하게 되었다. 또 다른 사업부에서는 메모리 컨트롤러나 모뎀 관련 일도 했으며, 이후 차량용 반도체를 하는 스타트업으로 이직해 경력을 이어갔다.

이 경력 경로의 경우 그동안 참가했던 프로젝트를 아우를 수 있는 하나의 도메인이 보이지 않는다. 따라서 자신이 몸담았던 모든 도메인을 아우르는 '회로 설계'라는 스킬셋을 전문성으로 내세울 수밖에 없게 된다. 엔지니어 S가 '영상처리 엔지니어' 직군으로 실리콘밸리 이직을 시도한다고 했을 때, 채용 측에서는 S의 이력서에 있는 AI 가속기, 모뎀, 메모리 컨트롤러, 차량용 반도체 경력은 눈길조차 주지

---

*눈치를 챘겠지만 엔지니어 D는 나의 경력 포트폴리오이다.

않을 것이다. 현재 채용을 진행하는 영상 처리 도메인과 관련성이 없기 때문이다.

실리콘밸리 빅테크 기업들은 조직의 목표를 달성하기 위해 필요한 일들을 세분화하고, 각 분야의 필요 인력들을 수시로 채용한다. 채용도 구체적인 직무를 중심으로 공고를 낸다. 애초부터 많은 도메인에서 얇은 경험을 했던 사람보다 한 도메인에 깊은 경험이 있는 사람을 선호한다. 경력자를 채용한다는 것은 현재 팀에서 당장 필요한 직무의 전문가를 수혈한다는 의미이기 때문이다. 따라서 자신의 모든 경력을 조금이라도 인정받기 위해서는 경험의 깊이를 더하는 것에 집중해야 한다.

물론 한국에서 이렇게 경력 관리를 하는 것도 쉽지 않다. 조직 개편으로 본인의 의사와 무관하게 전혀 새로운 일을 해야 하는 일도 발생하기 때문이다. 하지만 최소한 자신에게 선택권이 있는 경우, 자신의 경력에서 도메인 일관성을 확보할 수 있도록 노력해야 한다. 좋은 이직의 기회가 찾아왔을 때라도, 지금까지 쌓아온 도메인 일관성이 무너지지 않는지 다시 한번 확인해야 한다.

가시성 높은 경력

가능한 대기업이나 한국 내 외국계 기업에서 경력을 쌓는 것이 좋다. 아무래도 미국 회사에서 알만한 제품, 서비스 개발에 참여할 기회가 많기 때문이다. 회사 브랜드, 제품 인지도로 내 경력에 도움을 받을 수 있기 때문이다. 또한 대기업은 대부분 미국 법인이 있다. 해외 지사로 발령받는 기회를 얻기는 힘들어도, 해외 부서와 협업하는 기회는 자주 찾아온다. 이런 기회를 통해 해외 인력들과 커뮤니케이션하는 경험을 쌓을 수 있고, 미국 기업의 문화*도 간접적으로 체험할 수 있다. 때에 따라 실리콘밸리 법인 출장의 기회도 있다.

또한 대기업에 있으면 외부 활동을 할 수 있는 기회도 가질 수 있다. 회사가 자사의 기술력을 홍보하기 위해 엔지니어의 대외활동을 장려하기 때문이다. 물론 이때 철저히 사전에 사내 컴플라이언스 방침은 따라야 한다. 학회, 개발자 포럼, 표준화 컨소시엄, 오픈 소스 모임 등과 같이 기회가 왔을 때 적극적으로 참여하면 업계에서 본인의 노출도도 높이고 미국의 관련 업계 엔지니어들과 인맥도 형성할 수 있다. 이러한 국제 협력, 외부 활동의 이력은 모두 이력서에 남고 미국 시장에서의 가시성을 높인다.

실무자로 남기

연차가 쌓이고 직급이 과장, 부장급으로 도래했을 때 중대한 기로에 서게 된다. 회사의 요구나 본인의 경력 관리 차원에서, 관리자 직군으로 전환을 고려해야 하는 것이다. 한국에서는 연차가 쌓이면 팀장, 조직장과 같은 보직을 맡아야 조직에서의 위상을 지킬 수 있다. 그런데 이렇게 관리자로 전환하게 되면 자연스럽게 실무에서 멀어질 수밖에 없다. 그만큼 경영진, 유관부서와의 회의, 보고서와 자료를 작성하는 것으로 업무 시간이 채워지기 때문이다. 기술을 보는 시야가 넓어지고 경영 감각도 생기는 것은 장점이지만, 자연스레 핸즈온 스킬hands-on skill(실전 경험에 기반한 실무 능력)을 잃게 된다. 앞에서 말했지만 미국으로의 이직 경로는 실무자 경로밖에 없다고 봐야 한다. 따라서 미국 이직을 고려한다면 가능한 한국에서 관리자의 길에 들어서지 않

---

*미국에 거점을 둔 경우 한국 법인 회사이지만, 현장 엔지니어들이 해외 인력이기 때문에 엔지니어 문화는 미국식이다.

는 것이 좋다.

하지만 연차가 쌓일 만큼 쌓인 상태에서 실무자로 경력 경로를 유지하는 것도 쉽지 않다. 한국의 조직 문화상 보직 없는 높은 연차의 엔지니어는 설자리가 없기 때문이다. 한국도 조직 문화가 변모하고 있지만, 개별 기여자와 같은 경력 경로가 활성화되려면 아직은 시간이 더 필요할 것이다. 앞서 언급했듯 미국 이직을 고려한다면 부장급 이전에 시도해야 한다.

나는 한국에서 경력 마지막 5년 동안 실무형 관리자로 일했다. 팀 사정상 실무를 겸할 수밖에 없었지만, 동시에 스킬셋을 잃고 싶지 않기도 했다. 덕분에 두 배는 힘들었던 기억이 있다. 낮에는 많은 회의에 참석했고, 밤에는 코딩을 했으며, 주말에는 출근해 밀린 일을 하며 논문을 썼다. 절대로 추천하고 싶지 않은 방법이다. 미국 이직을 원하면 끝까지 실무자로 남아 전문성을 지켜 내거나, 이미 관리자가 되어 실무와 멀어졌다면, 과감하게 미국 이직을 포기하고 한국에서 승부를 보아야 한다.

스킬셋은 선택과 집중을

도메인 전문성에 집중해야 한다고 강조했지만 그렇다고 스킬셋 확보를 소홀히 할 수는 없다. 하지만 기술 발전은 언제나 빠르고 엔지니어는 새로운 기술에 대응하여 끊임없이 공부해야 한다. 그리고 개발 도구나 툴 등과 같이 쌓아야 할 스킬셋도 해마다 늘어난다. 이 모든 것을 다 공부할 수는 없다. 따라서 이런 스킬셋 습득도 미국 진출을 염두에 두어 선택과 집중을 하는 것이 좋다.

미국 이직 시장에서 요구되는 스킬셋을 알 수 있는 가장 쉬운 방법은 채용 공고를 직접 확인하는 것이다. 링크드인, 글라스도어Glassdoor,

인디드Indeed 등 여러 채용 사이트 중 하나만 봐도 된다.*

채용 중인 직무의 기술서JD: Job Description에는 해당 포지션 지원자가 갖춰야 할 기본적인 자격(학위 수준) 및 필요 연차, 그리고 스킬셋을 자세히 작성해 놓는다. 따라서 본인이 향후 미국 진출 시 지원하게 될, 또한 희망하는 직무에 대한 채용 공고들을 자주 검색해 보는 습관을 들이는 것이 좋다. 특정 직군에 대해서는 자주, 많이 등장하는 스킬셋이 보일 것이다. 공통적으로 발견되는 스킬셋은 향후 몇 년간 미국 테크 회사들이 해당 직군 지원자에게 요구할 핵심적인 항목들이다.

이들을 조기부터 파악해서 중점적으로 공부해야 할 항목으로 두고 자기 계발을 진행하면 된다. 채용 공고 검색은 이직을 시도하려는 시점에만 하는 것이 아닌 수시로 해보는 것이 좋다. 미리부터 미국 이직 시장의 트렌드를 분석하고 미국 테크 기업에서 요구하는 인재상을 파악할 수 있기 때문이다. 또한 이러한 스킬셋을 현업에서 자신의 업무에 적용할 수 있다면 적극적으로 건의하고 도입해서 접점을 만드는 것이 좋을 것이다. 자기 계발을 위해서 공부하려면 또 그만큼의 별도 시간이 요구된다. 자신의 업무와 공통분모를 많이 만들수록 시간을 절약할 수 있다. 업무가 곧 자기 계발이 되기 때문이다.

한국의 경력자라면 도메인 전문성을 갖추는 것이 우선이라고 했다. 하지만 현실적으로 한국에서 이 도메인 전문성을 쌓기가 쉽지 않은 경우가 많다. 그러한 경우 스킬셋 전문성으로 방향을 전환해 실무 능력 중심의 직군을 찾아야 한다. 이때는 한국에서 EB-2 NIW 미국 영주권을 획득해, 시도를 해야 한다. 때에 따라서는 미국에 랜딩하여 현지에서 구직활동을 해야 할 수도 있다. 스킬셋 전문가는 대부분 현지에서 채용하기 때문이다.

---

*미국 회사들이 채용 공고를 낼 때는, 자사 홈페이지 Career 페이지 및 외부 채용 사이트에 같은 직무기술서를 동일하게 업로드한다.

Q: 학사 졸업 후 스타트업에서 근무 중인 소프트웨어 엔지니어입니다. 회사에서 사용하는 개발 환경이 모두 한 세대 전 것들이라, 여기서 경력을 쌓으면 시대에 뒤처진 스킬셋만 배울 것 같아 불안합니다. 어떻게 해야 할까요?

A: 사내 개발 환경이 최신 기술이 아닌 경우, 새로운 기술을 도입하자고 회사에 건의해 볼 수도 있지만, 비용 문제로 회사가 이를 쉽게 받아들이지 못할 겁니다. 이 경우 유행에 민감한 개발 도구, 툴, 환경보다는 시간과 장소에 구애되지 않는 역량에 더 집중해 보세요. 즉 소프트웨어의 구조화된 설계, 속도와 메모리에 최적화된 구현, 효과적인 유지 보수와 같이 '개발 방법론'에 집중하는 것이죠.

사내의 경험 많은 선배 엔지니어들로부터 이런 공학적 역량을 배우려 노력하면 얻을 것이 많을 겁니다. 이런 방법론들은 개발 환경, 심지어 개발 언어가 달라져도 범용적으로 활용될 수 있죠. 이직해 다른 회사에서 다른 제품을 개발하더라도 본질적 방법론은 그대로 적용될 수 있지요. 커뮤니케이션, 발표, 영향력 같은 소프트 스킬도 마찬가지죠. 결국 엔지니어의 역량은 한두 가지의 스킬셋이 아니라 골고루 길러져야 해요.

또한 스타트업이면 대기업에서는 갖지 못할 기회들이 있을 겁니다. 개발자가 기획에 참여할 수도 있고 사업 전반적인 업무에 직접적으로 관여할 수도 있죠. 이런 경험들은 대기업이었다면 연차가 꽤 올라야만 할 수 있는 일입니다. 잘 익혀두면 향후 분명히 도움이 됩니다.

Q: 학부 졸업 후 대기업과 외국계 기업 두 곳 모두 합격했습니다. 어디로 갈지 고민하다가, 향후 미국 진출의 기회가 있을 것 같아 미국에 본사가 있는 외국계 기업을 택했습니다. 지금도 잘한 선택인지 확신이 안 듭니다. 외국계 기업에 정말 기회가 많을까요?

A: 저의 경험은 아니지만, 지인의 경우를 봤을 때 일반적으로 기회가 많은 것은

사실이라고 느낍니다. 예를 들어보죠.

사례 1. AI 반도체 제조사의 한국 지사에서 근무 중 미국 본사로 트랜스퍼 했습니다. 업무상 전근이 아니라, 본인이 미국 채용 공고를 보고 직접 지원했죠. 한국 지사 퇴사를 각오하고 말이죠. 그래서 똑같은 면접 절차를 보고 진행했다고 합니다. 다만 같은 회사였기 때문에 사내 프로세스에 익숙하니 면접에서 상당히 유리했다고 합니다.

사례 2. 반도체 기업의 한국 지사에서 근무하다가 미국 본사로 트랜스퍼 했습니다. 배우자가 국내 대기업을 그만두고 실리콘밸리의 스타트업으로 채용되어 배우자를 따라가야 할 상황이 되었지요. 사정을 듣게 된 한국 매니저가 특별히 신경 써줘서 미국으로 옮길 수 있게 되었습니다.

사례 3. 반도체 장비 회사의 한국 지사에서 근무 중 미국 지사로 트랜스퍼 했습니다. 이분은 미국 유학 이력이 있어서인지 미국 트랜스퍼 기회가 왔던 것 같더군요.

사례 4. 반도체 제조사의 한국 지사에서 연구 개발직으로 근무하다가 미국으로 오게 되었는데, 얼마 후 해당 조직이 다른 회사에 매각되면서 다른 회사 직원이 되었습니다.

이렇듯 외국계 기업에 근무하면 자국 기업보다 미국 진출의 기회가 조금이라도 더 있기는 합니다. 그렇다고 빈번하게 기회가 찾아오지는 않을 거예요. 본인이 기회를 적극적으로 찾아봐야 합니다. 영어를 준비하고 때를 기다리시면 기회가 꼭 올 것이라고 봅니다.

보통 외국계 기업의 조직 구조는 두 가지 형태가 있는데, 첫째는 한국인 디렉터 한 명이 조직을 전부 관리하는 경우입니다. 이때 미국 본사와의 소통은 디렉터가 주로 하게 되죠. 중간 관리자 매니저들도 다 로컬에 있는 한국인입니다. 이 경우 미국 인력들과 업무상 연결될 일은 있어도, 실권이 있는 관리자가 다 자국민이라 상대적으로 기회가 적긴 합니다. 두 번째는 매니저가 미국에 별도로 존재하고 실무진들은 로컬에 있는 한국인인 경우입니다. 이 경우는 매니저가 미국에 있어서 상대적으로 좀 쉬울 수도 있습니다. 미국에 있는 매니저에게 업무 평가를 잘 받으면 이주 가능성이 높아집니다.

또한 담당하는 업무의 성격에도 달려 있습니다. 업무가 미국 본사 프로젝트와 연계된 연구 개발 쪽이면 가능성이 높고, 본사 제품을 사용하는 한국 고객사들을 기술 지원하는 엔지니어라면 가능성이 낮아지죠. 업무가 한국에 국한되기 때문입니다.

Q: 실리콘밸리 빅테크에서도 조직 개편을 하나요?

A: 미국 빅테크 기업에서도 필요시 리오그REORG: Reorganization라 불리는 조직 개편을 합니다. 업무 효율을 높이거나, 기술 수요 감소, 영업 이익 축소 등으로 조직을 정리할 때 단행하죠. 하지만 주로 사업부의 큰 그룹 단위에서 일어납니다. A 그룹의 a 조직이 B 그룹으로 편입되는 식이죠. 그래서 하부 팀들의 해체는 대부분 일어나지 않습니다. 상위 그룹이 바뀔 수는 있어도 내가 속한 팀이 공중분해되어 인력이 흩어지는 일은 그다지 많지 않습니다. 차라리 해당 사업부를 다른 회사에서 매각하거나, 아니면 팀을 없애는 방법을 쓰죠. 그러니 정리해고를 당할 수는 있어도 강제로 직무를 바꿔서 다른 팀으로 가야 하는 일은 별로 없습니다. 한국 대기업이 조직 개편 시 인력 재배치를 하는 이유는 상대적으로 정리해고가 어렵기 때문이죠.

물론 일부 빅테크에서는 해고 없이 팀을 정리하는 경우가 있습니다. 이때 특이한 점이 있습니다. 회사가 팀원의 새로운 팀을 찾아주지 않는다는 것이죠. 본인 스스로가 자신이 갈 수 있는 다른 팀을 찾아야 해요. 그러니 평소에 사내 인맥을 잘 쌓아놓는 것도 매우 중요합니다. 자신을 받아줄 새로운 팀을 찾지 못하면 회사를 나가야 할 수도 있습니다. 말 그대로 각자도생인 셈인데, 이 경우 차라리 한국 회사처럼 강제로 팀 재배치를 당하는 편이 나을 지도 모릅니다. 실리콘밸리 빅테크의 가혹한 면이죠.

6장
이제
실리콘밸리로!

한국에 있을 때 미국 회사로부터 인터뷰 제의를 받았다. 평소 미국 진출에 뜻이 있었기 때문에 미련 없이 응했고, 이를 통과하자 미국 회사는 O-1 취업비자와 이주에 필요한 지원을 해줬다. 미국에서 나를 찾을 수 있었던 이유는 한국 회사 재직 중 논문 발표 및 학회 활동 등으로 해외 노출도를 높였기 때문이었다. 매우 드문 경우로 어느 정도 운도 따랐다고 볼 수 있다.

이는 미국으로 이직하거나 진출하는 여러 경로 중 한 가지 경우일 뿐이다. 이외에도 한국인들이 미국으로 건너오는 경로는 참 다양하다. 비자 지원을 받으며 이직을 한 경우, 한국에서 미국 영주권을 취득하고 미국으로 건너와 구직에 성공한 경우, 미국 유학을 경유한 경우, 미국에 법인 설립을 투자한 회사에 입사한 경우, 한국 내 해외 기업에서 전근한 경우, 한국 기업의 미국 주재원으로 왔다가 이직하는 방법 등이 있다.

따라서 실리콘밸리 진출을 목표로 충분한 전문성을 쌓았다면, 이제는 자신에게 적합한 경로를 찾아 체계적인 준비를 시작해야 한다. 그중 가장 중요한 것은 인터뷰를 통과할 영어 실력을 갖추고 미국 취업을 위한 신분 문제를 해결하는 것이다. 아무리 전문성이 있어도 한국의 엔지니어들이 번번이 고배를 마시는 것이 바로 이 언어와 신분 때문이다.

본 장에서는 본격적으로 실리콘밸리 진출을 위한 절차적인 부분과 이에 대한 준비 방안을 이야기한다. 우선 지금까지 이야기한 학부, 대학원, 직장인 단계에서 해야 할 일을 모두 정리하여 글로벌 엔지니어 성장 로드맵을 제시한다. 그리고 통상적인 실리콘밸리 엔지니어의 채용 과정, 미국 체류를 위한 합법적인 신분의 종류, 준비해야 할 영어 수준, 실리콘밸리 진출 경로를 총정리한 뒤 실리콘밸리 취업 시장의 동향을 살펴보고 전망할 것이다.

실리콘밸리로 향하는 경로 정리

5장까지 설명한 단계별 가이드라인을 정리해 보면 그림 7과 같이 일반화된 하나의 로드맵을 구성할 수 있다.

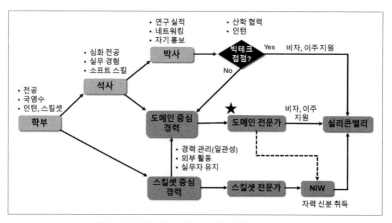

그림 7. 실리콘밸리(글로벌) 커리어를 위한 경력 개발 경로

여기서 핵심은 업계에서 도메인 중심의 경력을 쌓아 도메인 전문가로서 실리콘밸리로 진출하는 것이다. 처음 미국 이직을 고려할 때는 누구나 비자와 이주 지원을 받으며 진출하는 꿈을 꾼다. EB-2 NIW 영주권이라는 확실한 신분 해결 수단이 있다. 하지만 이에는 비용 문제도 발생하며 미국 랜딩 후 현지 구직이라는 부담이 존재한다. 이러한 위험부담을 피하기 위해서라도 반드시 도메인 전문가가 되어야 한다. 도메인 전문가가 된다고 진출이 보장되는 것은 아니지만 상대적으로 가능성이 높다.

경로를 하나씩 다시 한번 정리해 보자. 3장에서 학부 시기에 전공에 충실해야 한다고 했다. 그 이유가 이제 이해되는가? 바로 향후 도메인 전문가가 되기 위해서는 기초 전공 지식이 탄탄해야 하기 때문이다. 학부 졸업 후 바로 업계로 진출하면 일단 스킬셋 중심으로 경력을 시작하게 될 것이다. 경력 자체가 없기 때문이다. 이후 업계에서 실무자로 시간을 보내며 5장에서 말한 대로 일관성 있게 경력을 관리하고, 기회가 될 때마다 외부 활동을 통해 나의 가시성을 높이면서 점차 도메인 중심 경력으로 전환해야 한다.

만일 대학원에 진학하면 석사든 박사든 졸업 후 도메인 중심으로 커리어를 시작해야 한다. 4장에서 대학원 진학의 핵심 목적은 분야 선점이라고 했다. 명목상이든 실질적이든 나의 전문 분야를 반드시 갖추고 졸업해야 한다. 석사 학위만 받을지라도 전공을 심화하고, 실무 경험을 쌓으면서도 자신만의 도메인은 확보해야 하는 것이다. 이를 바탕으로 업계에서 바로 도메인 중심 경력을 시작해야 한다. 그게 아니라면 대학원 이상을 졸업할 때의 강점을 놓치는 것이다.

연구, 학술 활동에 적성이 있어 박사까지 진학한 경우는 4장에서 말했듯 우선 우수한 연구 실적을 도출하는 것에 역점을 둬야 한다. 그리고 논문을 발표하는 데 그치지 말고 네크워킹과 자기 홍보를 통해 본인 가시성을 꾸준히 높여야 한다. 그 과정에서 기회가 찾아와 빅테크와 접점이 생기면 졸업 후 비교적 쉽게 실리콘밸리로 진출할 수 있다. 그게 아니라면 한국 업계에서 도메인 전문가의 길을 걸으면 된다.

업계에서 도메인 전문가로 성장하지 못했다면, 차선책으로서 '스킬셋 전문가'로는 성장해야 한다. 차선책은 바로 EB-2 NIW 취득을 통해 자력으로 신분 문제를 해결한 뒤 스킬셋으로 미국 진출을 시도하는 것이다. 도메인 전문가들도 종종 이 '신분'의 벽에 가로막히곤 하는데, 일단 자격 요건이 갖춰지면 일찍부터 NIW 취득을 하는 것도 방법이다. 박사 졸업 후 한국 업계에 진출함과 동시에 바로 신청에 들어가는 것도 좋다. 영주권 신청에서 발급까지도 꽤 시간이 소요되기 때문이다. NIW를 통한 진출 경로에 대해서는 이번 장에서 자세히 논할 것이다.

■ Q: 박사 졸업 후 실리콘밸리 빅테크에 직접 지원하면 되지 않나요?

A: 지원 자체는 충분히 가능합니다. 다만 신분 문제, 가시성 부족 등으로 가능성이 낮을 뿐이죠. 한국에서 대학원 졸업 후 비자나 이주 지원을 받으며 실리콘밸리 빅테크로 취업하는 이들은 대부분 재학 중 빅테크 인턴 경력이 있습니다.

일단 재학 중에 빅테크와 어떠한 인연을 만들지 못한 상태라면, 공식적인 온라인 채널을 통해 입사 지원을 할 수 있습니다. 빅테크의 공식 홈페이지의 Career 채널을 통해서 이력서를 제출하는 것이죠. 그런데 만일 미국 체류 신분이 없는 상태라면 아무리 실적과 역량이 뛰어나도 인터뷰까지 이어지기 쉽지 않습니다. '비자 지원은 인터뷰 통과하면 회사에서 당연히 해 주는 것 아닌가?'라고 생각할 수도 있지만, 최근 빅테크들은 체류 신분이 해결되지 않은 지원서는 인터뷰 기회조차 주지 않는 추세입니다. 심지어 직원들 영주권 지원도 꺼리고 있고요. 즉 OPT와 같이 체류 신분이 단기간이라도 보장된 미국 대학 졸업자 위주로 인터뷰를 진행하죠.

이주, 비자 지원 비용까지 들여가면서 해외 인력을 데리고 오려면 그만한 이유가 있어야 합니다. 해당 분야의 전문가를 미국에서 좀처럼 찾기 힘든 경우와 같이 말이죠. 실무팀에서 평소 주목하던 인재라면 그들이 레퍼럴하여 인사팀에서 추진을 하기도 합니다. 재학 중 빅테크의 인턴을 하면 실무 엔지니어나 연구원들과 인맥이 형성되어 비교적 이런 기회를 얻기 쉽습니다.

인맥이 없는 상태에서 해볼 만한 시도는 기존 빅테크 직원에게 레퍼럴을 부탁해 보는 것입니다. 본인의 연구 분야와 가장 관련 있는 일을 하고 있는 빅테크 직원들을 링크드인을 통해 찾아보고 직접 연락을 취해보는 것이죠. 하지만 가능성은 낮습니다. 현지 엔지니어들은 본인이 직접 겪어보지 않은 사람에 대해 함부로 추천하지 않기 때문이죠. 그래서 친분을 평소에 맺어두는 것이 중요합니다.

따라서 재학 중 논문을 제출하고 발표하는 것으로 끝내면 안 됩니다. 다양한 방식으로 이를 적극적으로 홍보해서 어떻게든 빅테크 인사들과 인맥을 만들어야 해요. 그래야 졸업시점에 자연스럽게 레퍼럴을 받아 입사를 할 수 있습니다. 이미 이 시기를 놓쳤다면, 역시 정공법은 EB-2 NIW 영주권을 취득해서 신분 문제를 해결한 뒤 미국으로 건너와 현지에서 지원을 하는 것입니다. 체류 신분 문제가 없기 때문에 인터뷰를 볼 수 있는 가능성은 올라갑니다.

미국 테크 회사 채용 과정

미국에 온 뒤로도 꽤 많은 인터뷰를 봤다. 이직을 생각한 시점에는 인터뷰 기회가 오면 마다하지 않았다. 심지어 이직에 딱히 생각이 없는 회사의 요청에도 응했다. 동종업계의 임원, 디렉터들과 대화할 수 있는 기회였기 때문이다. 그들의 기술, 시장을 바라보는 지혜를 엿볼 수 있는 유의미한 시간이었다. 반대로 소속 회사에서 신규 인력을 채용할 때 면접관으로도 여러 차례 참여했다. 그 덕분에 긴장감을 이기지 못하는 주니어부터 전문성이 돋보이는 시니어까지 다양한 지원자들을 만났다. 미국에서의 커리어 7년 동안 인터뷰어, 인터뷰이라는 상반된 입장에서 미국 인터뷰를 꽤 많이 경험한 것이다.

미국 테크 회사는 지원하는 회사, 직군에 따라 그 절차가 다소 상이하지만 지원부터 입사까지 프로세스가 어느 정도 정형화되어 있다 (그림 8). 온라인상에 경험담들이 많기 때문에 검색을 통해 어느 정도 관련 정보를 접할 수 있다. 따라서 여기서는 그 절차를 간략히만 짚는다. 대신 구직자가 채용 과정에서 겪을 다양한 사례에 대해 이후 질의응답 형식으로 다루어 보도록 하겠다.

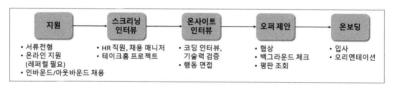

그림 8. 미국 테크 회사의 일반적인 채용 절차

서류전형

채용의 첫 단계는 서류 지원이다. 채용 공고가 뜬 각 회사 공식 홈페이지 또는 링크드인과 같은 구인 구직 사이트를 통해 할 수 있다. 인적, 경력 사항을 등록하고 이력서, 커버레터 등 필요서류를 업로드해 접수하게 된다. 온라인 접수도 크게 두 경우로 나뉜다.

인바운드 채용: 인바운드 채용inbound recruiting은 채용 공고를 낸 회사 측에서 인터뷰 후보자를 찾아 나선 경우다. 채용 회사의 HR 직원 또는 전문 리크루터가

후보자에게 직접 연락해 이직 의사를 묻고 인터뷰를 제안한다. 따라서 대부분 미국 현지 경력자를 대상으로 한다. 후보자가 관심이 있으면 이들과 메일로 소통을 개시하게 된다. 이 과정에서 HR 직원은 후보자에게 온라인 지원을 요청한다. 시스템을 통해 채용 과정을 기록, 추적하기 위해서이다.

아웃바운드 채용: 아웃바운드 채용outbound recruiting은 후보자가 먼저 입사를 희망하는 회사들을 찾아 나선 경우다. 회사 공식 홈페이지나 구인 구직 사이트에 게시된 채용 공고를 보고 온라인으로 접수를 한다. 이 경우 인터뷰 단계까지 가기 위해서는 '레퍼럴'이 필수에 가깝다. 레퍼럴을 받아 지원할 때는 직접 온라인 접수를 하지 않고 대신 추천인의 추천 과정이 선행되어야 한다. 채용 공고의 직무 번호Job ID와 이력서를 추천인에게 전달하면 추천인은 사내의 레퍼럴 시스템에 등록하여 접수를 하게 된다. 만일 레퍼럴이 없다면 후보자 본인이 직접 온라인으로 접수해야 한다. 이후 HR이 접수된 내용을 검토하고, 서류전형을 통과하면 이후 단계를 진행한다.

스크리닝

스크리닝screening은 많은 지원자 중에서 적합한 후보자를 가려내기 위해 실시되는 짧은 인터뷰다. 더 심도 있게 면접을 진행할 대상자를 사전에 선정하여, 시간과 비용을 절약하기 위해서다. 통상 채용 매니저가 지원자의 기본적인 자격, 경력, 동기 등을 확인하게 된다. 경우에 따라 온라인 코딩 테스트나 간략한 기술 면접을 할 수도 있다. 과거에는 전화로 이루어져 전화 인터뷰phone interview라고 불리곤 했으나, 코로나 이후 대부분 화상 통화로 진행하기 때문에 요즘은 스크리닝 인터뷰라고 불리고 있다. 경우에 따라서는 간단한 과제를 주는 테이크 홈 프로젝트take-home project로 스크리닝을 대체하기도 한다.

스크리닝 전에 그동안 메일로 소통하던 HR 직원과 한차례 전화 통화를 할 수도 있다. 몇 가지 인사적인 사항에 대해 확인하는 절차다. 예를 들어 현재의 신분 상태, 다른 회사와의 인터뷰를 동시 진행 중인지 등을 묻는다. 솔직히 대답하면 된다.

온사이트 인터뷰

가장 중요한 단계다. 스크리닝 단계를 통과한 후보자는 온사이트on-site 인터뷰에 초대받는다. 코로나 이전에는 온사이트라는 말에 맞게 후보자가 채용 회사에 방문했다.* 채용 매니저나 면접관들을 대면으로 만났던 것이다. 인터뷰가 하루 만에 진행되기 때문에 후보자는 하루 종일 5~6개의 세션을 소화하곤 했다. 코로나 이후부터는 온사이트 인터뷰도 모두 화상으로 진행하는 추세다. 덕분에 스케줄을 탄력적으로 운용할 수 있어서 세션을 며칠에 나눠서 진행하기도 한다.

직군에 따라 온사이트 인터뷰의 형식은 달라진다. 소프트웨어 엔지니어의 경우는 코딩, 시스템 설계 인터뷰가 많은 비중을 차지하고, 다른 직군은 기술력을 검증하는 다양한 지식 기반 질의응답이 주가 되기도 한다. 회사에 따라 행동 사건 면접BEI: Behavioral Event Interview을 세션에 포함하는 경우도 있다. 직업윤리, 가치관, 성실도 등 이력서나 기술면접을 통해 알 수 없는 덕목을 검증하기 위해서이다. 통상 지원자의 과거의 경험에 기반해 다양한 충돌 상황에 직면했을 때 어떻게 행동할지를 예측한다. 한국 회사의 인적성 면접에 해당한다.

---

*미국 내 타주, 해외에 거주 중인 지원자의 경우 항공권, 숙박비, 식비, 교통비 등을 모두 지원받았다.

오퍼 제안

온사이트 인터뷰가 끝나면 채용 측은 면접관들이 포함된 채용 위원회 hiring commitee를 꾸린다. 이 위원회가 내부 논의를 거쳐 최종 채용 결정을 내린다. 채용 결정이 내려지면 이를 후보자에게 알리고 오퍼 협상을 하게 된다. 회사 측이 제시하는 수준과 후보자가 원하는 수준에서 타협이 진행된다. 후보자가 최종적으로 오퍼를 수락하게 되면 채용 과정이 일단락된다. 오퍼 협상은 주로 구두로 진행되고, 최종 수락 이후 공식적으로 문서화된 오퍼에 서명하게 된다. 요즘은 대부분 모든 과정이 온라인으로 진행되기 때문에 디지털 서명이 일반화되어 있다.

공식적인 오퍼 서명 전(또는 후)에 마지막으로 진행되는 단계가 있다. 바로 백그라운드 체크다. 이력서상 학력, 경력에 허위가 없는지, 범죄 기록이 있는지를 확인하는 과정인데 주로 이를 전담하는 외주 업체들을 통한다. 경우에 따라 과거 동료들을 통한 레퍼런스 체크까지 하기도 한다. 백그라운드 체크를 통과하고 오퍼에 최종 서명하면 입사에 필요한 모든 절차가 공식적으로 완료된다. 후보자는 회사와 입사일을 조율한 뒤 해당일에 출근을 하게 된다.

이러한 절차가 실리콘밸리 테크 기업의 전형적인 채용 과정이다. 하지만 신분, 경력, 거주 지역과 같은 지원자의 사정, 구직 시장의 수요와 공급 상황에 따라 다양한 경우가 있을 수 있다. 위 채용 과정과 관련하여 지원자들에게 참고할 만한 내용들을 질문 형식으로 정리해 본다.

질의응답 모음

▶ **인바운드와 아웃바운드 채용 중 인터뷰로 이어질 확률이 높은 경우는?**

　인바운드 채용이다. HR 직원이 후보자를 '발굴'한 셈으로, 우선순위를 높여 후보자를 채용 매니저에게 전달하기 때문이다. 회사에서 후보자에게 연락을 한 시점에 이미 서류전형은 통과한 것이며 레퍼럴도 필요가 없다.* 따라서 미국 현지 엔지니어들도 이직을 시도할 때 아웃바운드 채용보다는 인바운드 형식을 선호한다. 만일 HR에게 연락을 받지 못한 상황이면, 네트워크를 활용해 지인들에게 이직 의사를 밝히고 채용 매니저, HR을 통해 연락을 받도록 유도한다.

▶ **채용 공고를 검색하다 내 전공과 적합도가 맞는 직무를 찾았다. 다만 해당 공고에 기술된 직무 기술서를 읽다 보니 필요 역량을 모두 충족하지는 못하는 것 같다. 스킬셋 부족으로 탈락하지 않을까 걱정된다. 지원해도 될까?**

　당연히 해도 된다. 실제로도 JD에 올라온 모든 요구사항을 모두 충족한 지원자는 거의 없다고 보면 된다. JD는 일종의 자격요건의 최대치다. 또한 JD는 과거 채용 공고를 그대로 가져와 항목을 추가하는 경우가 많기 때문에 실제 업무에서는 불필요한 항목이 포함되기도 한다. 면접 시에도 이를 일일이 확인하면서 검증하지 않는다. 스킬셋보다는 기술된 직무에 대한 설명을 중심으로 적합도를 가늠한 뒤 지원을 결정하면 된다.

---

*경우에 따라 후보자를 추천할 지인이 채용 회사에 있는지를 묻기도 한다.

▶ **NIW를 통한 영주권을 취득했다. 한국에서 온라인으로 지원 시 이력서에 영주권 및 비자 문제는 해결되었다고 명시하는 것이 좋은가?**

당연히 해야 한다. 미국 현지가 아닌 해외에서, 그것도 아웃바운드 채용 형식에 지원하면 HR 측에서 지원서를 거를 가능성이 높다. 해외 인력 채용 시 이주, 비자 지원에 시간과 비용이 들기 때문이다. 따라서 인터뷰 확률을 높이려면 '신분 문제가 해결되었음'을 강조해야 한다. 가능한 이력서 상단에 이를 기술하는 것이 좋다. 물론 온라인 지원 시 입력 양식에 별도로 신분에 관한 문항이 있다. '비자 지원 필요 없음'에 체크하면 된다.

▶ **신분이 해결되지 않은 상태다. 인터뷰를 통과해 능력을 입증하면 비자 지원을 해주지 않을까? 인터뷰라도 먼저 보고 싶은 마음에 온라인 지원 시 "비자 지원이 필요한가?" 묻는 항목에 "아니오"라고 했다. 인터뷰 이후 문제의 여지가 있을까?**

문제 소지가 있다. 만일 이를 속이고 인터뷰를 통과한 뒤 오퍼 협상 단계에서 "사실은 비자 지원이 필요하다"라고 할 시 허위 정보 기재의 사유로 합격이 취소되기도 한다. 비자 지원 유무는 회사의 규모, 시기, 채용 직무에 따라 달라진다. 따라서 지원 단계부터 지원자의 현 신분 상태를 확인하는 것이다. 유사한 경우로 한국에서 NIW 영주권을 받고 온라인 지원을 할 때, 확률을 높이고자 현재 미국에 거주 중인 '척'을 하기도 한다. 알고 있는 미국 지인의 주소 등을 기재하는 식이다. 같은 이유로 합격이 취소될 수 있다. 지원서 양식을 보면, 마지막 단계에서 지원자의 동의를 받는다. '제출한 자료에 거짓이 있으면 모든 불이익을 감수하겠다'는 내용의 문구다. 미국 회사는 '정직함'을 매우 중요하게 생각하기 때문에, 작은 거짓말이 발각되면 경력 전체를 의심받을 수 있다.

▶ **팀 매칭이 스크리닝, 인터뷰 이후에 진행되는지 아니면 HR에서 팀을 염두에 두고 인터뷰를 진행하는지 궁금하다.**

이것은 직군, 직급, 회사에 따라 다르다. 소프트웨어 엔지니어와 같은 스킬셋 전문가의 경우 인터뷰 후 팀을 연결하기도 한다. 도메인을 아우르는 스킬셋 범용성이 높기 때문에 팀이 결정되지 않은 상태에서 인터뷰를 시행할 수 있다. 반면 도메인 전문가 직군은 직무에 필요한 기술이 중요하기 때문에 범용적으로 인터뷰를 볼 수 없다. 따라서 채용 팀이 먼저 결정된 이후 해당 팀에서 인터뷰를 진행한다. 다만 도메인 전문가라도 기술력, 스킬셋이 중첩될 수도 있으므로 복수의 팀과 동시에 인터뷰를 진행하기도 한다. 이 경우 인바운드 채용의 경우가 많다. HR이 적극적으로 후보자를 채용으로 이끌기 때문에 여러 기회를 주려는 것이다.

▶ **인터뷰 전에 면접관 정보를 알 수 있는가?**

회사마다 다르다. 인터뷰 스케줄이 잡히면 그 내용을 전달받을 때 면접관의 이름을 알려주기도 한다. 이 때 링크드인을 활용해 해당 면접관의 과거 이력을 참고하면 좋다. 이 사람의 기술적 배경은 무엇인지를 사전에 숙지하고 이에 맞춰 면접 질문을 예상하는 것이다. 어떤 회사는 지원자의 이런 준비를 차단하기 위해 면접관 정보를 면접 당일, 바로 직전에 공개하기도 한다.

▶ **인터뷰 시 면접관에게 하는 질문도 중요하다고 들었다. 어떤 질문을 준비해야 하는가?**

좋은 질문이다. 각 세션은 45분~1시간가량 진행되는데 마지막 10~20분 정도는 역으로 질문을 받기도 한다. 이때 아무 생각 없이 "별다른 질문이 없다"라고 말하면 회사에 관심이 없다는 인상을 주기 쉽다. 소위 말하는 핏이라는 것은 회사가 후보자에게만 확인하는 것이 아니다. 후보자도 회사의 핏을 확인해야 한다. 문화, 팀 구성원, 분위기 등 조직이 본인과 핏이 맞는지 전반적인 질문을 할 수도 있다. 또는 채용사에게 개발 중인 제품, 기술에 대해 궁금한 내용을 직접 물어볼 수도 있다. 회사 기밀에 민감한 사항이면 면접관이 그 수준을 조절해 대답해 줄 것이다. 중요한 것은 질문을 통해 채용 직군에 대한 호기심, 흥미, 적극성을 드러내는 것이다.

▶ **면접을 봤던 유경험자에게 면접 시 받았던 질문을 들을 방법은 없는가?**

없다고 보면 된다. 일반적으로 인터뷰를 보기 전 후보자는 기밀 유지 협약서NDA: Non-Disclosure Agreement에 서명하게 되어있다. 인터뷰를 본 뒤 받았던 질문, 직간접적으로 알게 된 채용사 정보를 외부에 알리는 것은 금지된다.

▶ **인터뷰 일정이 잡혀 있다. 일정을 연기하면 안 좋은 인상을 줄 수도 있는가?**

경우에 따라 다르다. 인터뷰 일정을 확정하는 과정은 다음과 같다. 1) HR 직원의 요청으로 후보자가 자신이 인터뷰 가능한 날짜와 시간대를 전달한다. 2) HR 직원은 채용 매니저나 면접관들의 개인 일정을 확인해 잠정적인 인터뷰 스케줄을 결정해 후보자에게 알려준다. 3) 후보자가 일정을 최종 확정한다(이때 면접관에게 일정이 통보된다). 만일 내가 최종 확정하기 전이면 HR 직원에게 부탁해, 1) 단계부터 다시 진행해 수정할 수 있다. 3) 단계 확정된 상태에서 일정 변경을 시도하면 면접관에게도 재공지가 되어 좋지 않은 인상을 줄 수도 있다. 특히 채용 매니저와 하게 되는 스크리닝 인터뷰는 피치 못할 사정이 아니면 연기하지 않는 것이 좋다.

▶ 인터뷰 이후 2주가 지나도 연락이 없다. 불합격한 것인가?

경우에 따라 다르다. 인터뷰는 일반적으로 복수의 후보자들과 진행한다. 후보자 모두를 인터뷰하고 최종 결론을 내린다. 따라서 본인 인터뷰가 앞 순서에 배치된 경우면 통보를 받기까지 시간이 오래 걸릴 수 있다. 통상 빠르면 1주, 늦으면 2주 내로 연락을 받는데 경우에 따라서는 1개월이 걸리기도 하고, 극단적인 예로 1년 뒤에 갑자기 연락이 와서 여전히 입사 생각이 있는지 묻는 경우도 있다.

다양한 상황이 있기 때문이다. 예를 들어 1순위 후보자와 오퍼 협상을 하다가 결렬된 경우, 회사는 차선책으로 2순위 후보자에게 연락한다. 이 경우 2순위 후보자는 생각보다 늦게 연락을 받을 수도 있다. 연락을 일찍 받는 경우는 인터뷰 점수가 확실히 좋거나 확실히 나쁜 경우이다. 그러니 연락을 늦게 받는다고 조급할 필요는 없다(통상 2주를 넘어가면 회사는 내부 진행 사항을 공유하기 위해 연락을 해주기도 한다). 마음을 비우고 다음 회사 인터뷰에 집중하는 것이 낫다.

▶ 레퍼런스 체크와 백그라운드 체크는 통상 어떻게 이뤄지는가?

채용 회사가 전담 업체에 위임해 처리한다. 백그라운드 체크는 학위, 과거 경력을 검증하는 것이고, 레퍼런스 체크는 말 그대로 평판 조회다. 출신 학교 및 직전 5~7년간 고용되었던 회사 담당자를 채용회사 측에 알려주면 전담 업체가 전화를 걸어 확인한다. 한국 대기업의 경우 해외에서 백그라운드 체크를 위해 연락이 올 때 이를 확인해주는 인사부서와 담당자가 있다. 중소기업의 경우 과거 상사나 결재라인에 있던 사람의 정보를 기입하곤 한다. 필요시 영문 학위 증명서, 경력 증명서를 제출해야 할 수도 있다.

레퍼런스와 백그라운드 체크를 하는 시기는 조금씩 다르다. 레퍼런스 체크는 인터뷰 진행 중이나 완료 후, 심지어 입사가 결정된 뒤에도 할 수 있다. 백그라운드 체크는 인터뷰가 완료되고 최종 오퍼 단계 전후로 진행한다. 어느 시점이든 이직이 완료되기 전 단계면 이러한 체크 과정이 내게 영향을 줄 수 있다. 따라서 HR과 잘 협의해서 시기, 담당자를 조정할 수 있다. '현 직장엔 연락하지 말 것'과 같은 요청 사항을 반영한다. 경험상 백그라운드 체크는 필수, 레퍼런스 체크는 선택적으로 실시했다.

▶ 인터뷰 탈락 시 해당 회사에 다시 지원하는 것은 불가능한가? 가능하다면 어느 정도 기간 후에 하면 되는가?

가능하다. 한번 떨어진 후보자를 블랙리스트에 올리거나 하지 않는다. 서로 핏이 맞지 않았을 수도 있고, 일정 기간이 지난 뒤 후보자가 자신의 역량을 개선했을 수도 있다. 다만 회사마다 유예 기간을 둔다. 빅테크의 경우 통상 1년 정도다. 이후 재지원하면 된다. 한번 인터뷰를 본 지원자는 사내 DB에 저장이 된다. 따라서 시간이 흐른 후 새로운 채용이 공고되면 다른 팀 HR에서 다시 인터뷰 제안을 하곤 한다. 사내 DB에 저장된 인적사항은 HR 직원들 간에도 공유되기 때문이다.

체류 신분:
비자와 영주권 A-Z

한국에서 미국으로 이직하거나, 유학생들이 현지 취업을 할 때 가장 중요한 것이 바로 체류 신분이다. 어쩌면 영어나 개인 능력보다 선결되어야 할 문제라고도 할 수 있다. 미국 현지에서 경제 활동을 하기 위해서는 합법적인 신분이 있어야 하기 때문이다. 즉 스폰서가 있는 취업비자 또는 영주권을 반드시 발급받아야 한다. 코로나 이후 미국 취업을 희망하는 해외 인력들은 급격히 증가하고 있다. 따라서 시간이 갈수록 추첨 경쟁률도 높아지고, 발급 시간도 오래 걸리는 등 신분 해결이 한국 엔지니어, 유학생들에게 큰 장벽이 되었다.

미국 취업을 희망한다면 취업비자와 영주권에 대한 기본적인 이해가 필요하다. 다만 미국 이민청USCIS: U.S. Citizenship and Immigration Service 홈페이지나 온라인상으로 기본적인 정보를 검색할 수 있기 때문에 여기서는 미국 취업비자 및 영주권 종류, 자격 요건 등을 간략히 살펴본다. 대신 이후에 비자나 영주권에 관련해 구직자가 갖게 될 다양한 의문점들을 정리할 것이다. 단 학력, 경력 등 개인 상황 및 시기에 따른 미국 정부의 이민 정책, 이민법에 따라 편차가 크기 때문에, 정확한 정보 습득 및 본인의 자격 유무를 확인하기 위해서는 이민 변호사에게 자문을 받는 것을 추천한다.

비이민 취업비자

영주권이 없는 상태 즉 미국에 임시로 거주하며 경제 활동을 하기 위해서는 고용주(나를 채용할 회사)가 스폰서가 되어주는 취업비자를 발급받아야 한다. 엔지니어들이 발급받을 수 있는 주요 비자의 종류와 자격 요건은 다음과 같다.

H-1B 비자

미국 내 전문직specialty occupations을 대상으로 하는 가장 일반적인 취업비자로, 최소 자격 요건은 학사 학위다. 자격 요건이 까다롭지 않기 때문에 통상의 엔지니어, 학부 이상을 졸업한 유학생들이 스폰서를 통해 신청한다. 문제는 그만큼 많은 신청서가 접수되기 때문에 모두 심사되지 않고 사전 추첨 과정을 거친다는 것이다. 추첨은 2차에 걸쳐 진행된다. 1차에서 모든 신청서에 대해 추첨을 실시하고, 1차에 당첨되지 않은 '미국 석사 이상 학위자'에 대해서 추가 추첨을 한다. 따라서 미국 대학원 학위가 있는 사람은 조금 더 유리하다.

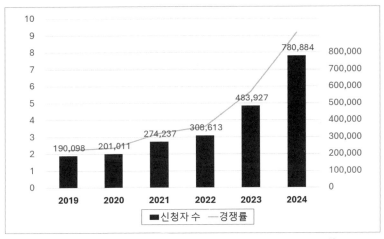

그림 9. 회계 연도별 미국 H-1B 신청자 수 및 경쟁률 추이(출처. 미국 노동청[13])

당첨률은 시간이 지날수록 낮아지고 있다. 1차 65,000명, 2차 20,000명 총 85,000명의 쿼터는 고정되어 있는데 그림 9의 그래프처럼 해마다 신청자가 증가하고 있기 때문이다. 2020년 초반만 해도 경쟁률이 2~3 대 1에 그쳤지만, 2023년 이후 급격히 늘어 최근 경쟁률은 이미 9 대 1일을 넘는다. H-1B 비자를 통한 미국 취업이 사실상 불가능에 가까워졌다.

통상 매해 3월에 H-1B 신청 접수를 받고, 등록이 완료되면 3월 말 또는 4월 초에 추첨 결과가 발표된다. 추첨에 당첨된 경우, 4~6월에 고용주가 이민청에 비자 청원서를 제출할 수 있다. 이민청은 4~9월에 청원서를 심사하고 승인, 기각의 응답을 해준다. 미국의 회계 연도가 시작되는 10월 1일에 비자 효력이 발생하기 때문에 이날부터 합법적으로 근무를 시작할 수 있다. H-1B 비자는 초기 유효 기간이 3년이며 이후 고용주의 필요에 따라 추가로 3년 더 연장할 수 있다.

신청 예시

- 스폰서가 되어줄 미국 회사의 인터뷰를 통과한 후, 비자 추첨에 당첨된 한국의 경력자
- 미국 현지 학부나 석사를 졸업 후, 뒤에 이야기할 OPT인 상태로 취업한 신입 엔지니어. 회사 지원으로 비자를 신청해 추첨에 당첨된 경우

L-1 비자

다국적 기업 즉 미국에 지사가 있는 해외 기업에서 직원을 전근 보낼 때 신청하는 비자이다. 고용주는 미국에서 상품 및 서비스를 지속적으로 제공하는 합법적 사업을 수행하고 있어야 하며, 신청자는 최소 1년간 해당 기업에서 근무한 경력이 있어야 한다. 통상 한국에서 미국에 주재원을 파견할 때 신청하기 때문에 '주재원 비자'라고도 부른다. 연간 쿼터나 추첨이 없기 때문에 정해진 일정은 없고 연중 아무 때나 접수 가능하다. 임원, 고위 관리자의 경우 L-1A, 직원의 경우 L-1B 비자로 신청한다. L-1A, L-1B 모두 최초 유효 기간은 3년이며, L-1A는 2년씩 2회 연장할 수 있어 최대 7년, L-1B는 2년 1회 연장이 가능해 최대 5년까지 체류가 가능하다.

신청 예시

- 주재원으로 선발되어 미국 지사로 가게 되는 한국 대기업의 경력자
- H-1B 발급 난도가 높아 비자 발급이 용이한 제3국 지사에서 1년을 보낸 뒤 미국으로 입국하려는 경우

O-1 비자

과학, 교육, 사업, 체육, 예술 등의 분야에서 탁월한 능력이나 성취를 보유한 개인에게 발급되는 비자다. 해당 분야에서 국내, 국제적으로 인정받는 업적을 증명할 수 있어야 한다. 1) 권위 있는 수상 실적, 2) 학술 협회 주요 업적, 3) 학문적 사업에 기여, 4) 전문 간행물 출판, 5) 학술 논문 출판 실적, 6) 명성 있는 조직에서 중요 직책을 맡은 경력. 위 조건에서 세 가지 이상을 충족해야 한다. 비자 신청 자격 요건에 고급 학위를 요구하지 않는다. 다만 이러한 학술적 업적은 대학원 과정에서 주로 달성할 수 있기 때문에, 박사 학위를 가진 신청자들이 많다.

마찬가지로 연간 쿼터, 추첨이 없고 아무 때나 접수 가능하다. 따라서 자격 요건이 갖춰진 이들이 가장 선호하는 비자. 초기 유효 기간은 3년이고 연장 주기는 1년으로 상대적으로 짧다. 다만 연장 횟수에는 제한이 없기 때문에 고용주가 지속적으로 연장을 요청할 수 있다. 이때 연장 신청 시마다 고용주가 새로운 증거를 제출하여 고용의 지속성과 필요성을 입증해야 한다.

신청 예시
- 대학원 재학 중 자격 요건을 갖추고, 졸업 시기에 스폰서인 미국 회사의 인터뷰를 통과한 한국 또는 미국의 박사
- 경력 기간 동안 전문성과 학술적 성취를 이룬 뒤, 스폰서인 미국 회사의 인터뷰를 통과한 한국의 경력자

E-2 직원 비자

해외에서 미국에 법인을 설립하여 상당한 금액을 투자하고 해당 법인에 직원을 파견할 때 신청하는 비자다. 투자를 실시한 고용주가 E-2 비자를 갖고 있는 상태에서, 직원이 E-2 직원 비자를 신청하게 된

다. 미국과 투자 협정을 맺은 국가에서만 신청 가능하고, 고용주와 직원은 반드시 같은 국적을 갖고 있어야 한다. L-1 비자와 같은 1년 근속 조건은 필요 없다. 초기 유효 기간은 2년이고, 연장은 2년마다 횟수에 제한 없이 할 수 있다. 마찬가지로 고용의 지속성과 필요성을 입증해야 한다.

신청 예시
- 한국 회사에서 투자 형식으로 미국에 새롭게 법인을 설립 시 파견직으로 선발된 사내 직원
- 설립된 미국 법인 근무를 조건으로 한국에서 신규 채용된 직원

선택적 실무 교육(OPT)

미국 대학에서 F-1 비자로 유학 중인 국제 학생이 재학 중 또는 졸업 후 취업해 실무 경험을 쌓고 싶을 때가 있다. 이를 위해서 학생은 이민청에서 노동 허가서EAD: Employment Authorization Document를 발급받아야 하는데, 이를 위한 프로그램이 바로 선택적 실무 교육OPT: Optional Practical Training이다. 통상 유효 기간은 1년이지만, STEM이라고 불리는 과학, 기술, 공학 및 수학 전공자들은 3년까지 연장할 수 있다. 유학생들이 졸업 후 바로 취업을 하지 못할 수도 있고, 취업한 회사에서 스폰서가 되어 주어도 H-1B 비자 추첨에 당첨되지 못할 수도 있다. 이때 체류 신분을 유지하기 위한 용도로 OPT가 이용된다.

영주권

미국에서 취업비자로 근무하다 일정 시간이 지나면 통상 영주권 신청을 하게 된다. 비이민 취업비자의 경우 앞에서 설명했듯 유효 기간

이 있고 연장 절차도 번거롭기 때문이다. 영주권 지원을 잘해주는 미국 회사의 경우, 직원 입사 직후 바로 신청 절차를 밟기도 한다. 또한 한국 거주 중인 상태에서 직접 미국 영주권을 신청할 수도 있다. 갈수록 미국의 테크 기업들은 해외 인력(심지어 미국 내 유학생)에 대해 비자 지원을 꺼리는 추세다. 인터뷰 기회도 좀처럼 찾아오지 않는다. 따라서 한국에서 자력으로 영주권을 신청해 신분을 해결하여 이러한 문턱을 낮추려는 것이다. 미국 영주권의 카테고리는 다양한데, 엔지니어가 주로 신청하게 되는 것은 EB(Employment-Based) 계열의 취업 이민 영주권이다. EB-1, EB-2, EB-3와 같이 뒤에 붙는 숫자는 우선순위(신청 시 우선 심사)를 의미하고 우선순위가 빠를수록 자격 요건이 까다롭다.

EB-1(취업 이민 1순위)

국제적으로 통용될 탁월한 능력을 입증한 사람에게 우선적으로 제공되는 영주권 카테고리다. EB-1은 세 가지 하위 카테고리로 나뉜다. 1) EB-1A: 과학, 예술, 교육, 체육 등에서 뛰어난 능력을 입증한 사람. 2) EB-1B: 뛰어난 교수나 연구원. 3) EB-1C: 다국적 기업의 임원이다. O-1 비자 소지자가 영주권을 신청할 때 흔히들 EB-1 카테고리를 선택한다. 애초에 O-1과 EB-1은 자격 요건이 유사하고, 영주권 신청 시 자격을 입증할 수 있는 경력이 더 많이 축적되어 유리하기 때문이다. 자격 조건이 충족되는 엔지니어, 연구원들이 많이 신청한다. 스폰서를 해줄 고용주가 필요 없어 자기 청원self-petition이 가능하고, 뒤에 이야기할 노동 인증labor certification(PERM 과정)이 면제되기 때문에 발급에 걸리는 기간이 단축되기 때문이다.

- 미국 테크 회사에서 O-1 비자로 근무 중인 직원(EB-1A 또는 EB-1B)
- 한국에서 미국 법인에 L-1A 비자를 발급받고 주재원으로 파견된 임원(EB-1C)

EB-2(취업 이민 2순위)

EB-1의 자격 요건이 충족되지 않는 경우 신청할 수 있는 카테고리다. EB-2의 최소 자격 요건은 석사 이상의 학위 또는 학사 이후 5년 이상의 경력이다. 쌓아온 경력을 다양한 증빙 자료를 활용해 입증해야 한다. 통상 논문, 특허, 대외 활동, 경력 사항 증빙 서류 등을 첨부한다. EB-2는 스폰서가 되어줄 고용주가 반드시 필요하며, PERM 단계를 밟아야 하기 때문에 EB-1보다는 승인받기까지 시간이 더 걸린다.

신청 예시

- 미국 테크 회사에서 H-1B 비자로 근무 중인 직원

EB-2 NIW

EB-2의 하위 카테고리 중 하나로, 일반 EB-2와 다른 점은 스폰서가 되어줄 고용주 확보와, PERM 단계가 면제된다는 것이다. 대신 신청자가 미국 국익에 기여할 수 있음을 증빙해야 한다. 스폰서가 필요 없기 때문에 자력으로 신분 문제를 해결할 수 있다.* 따라서 대부분의 한국 거주 중인 엔지니어들이 신청하는 영주권이다. 일반 EB-2와 자격 요건은 같다.

신청 예시

- 미국 이직을 목표로 사전에 신분을 해결하려는 한국 내 경력자
- 미국 회사에서 H-1B 비자로 근무 중인 직원이 회사 지원을 받아 신청하는 경우

---

*물론 스폰서가 있는 상태로 신청하는 것도 가능하다.

- 미국 주재 한국 회사에서 L-1B 비자로 근무 중인 주재원이 개인적으로 신청하는 경우

EB-3(취업 이민 3순위)

숙련 노동자, 학사 학위 소지자, 비숙련 노동자의 범주로 나뉘며 다양한 직업군에 해당한다. 간혹 미국 현지에 근무 중인 엔지니어도 신청하기도 한다. EB-1, EB-2 카테고리의 자격요건을 보유하지 못한 경우다. 스폰서 고용주와 PERM 절차가 필요하고 우선순위가 떨어져 발급에 오랜 대기 시간이 소요되기 때문에 한국 경력직 엔지니어에게는 그다지 추천하지 않는다.

신청 및 발급 절차

미국 영주권 취득 과정은 신청자의 상황에 따라 다르지만 일반적인 절차는 그림 10과 같다. 전체 소요 시간은 신청자의 비자 유형, 출신 국가, 케이스 복잡성에 따라 달라질 수 있다.

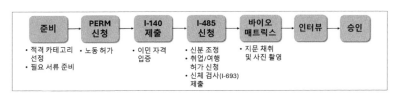

그림 10. 일반적인 영주권 신청 및 발급 절차

우선 이민 변호사와 상담해 본인의 적격 카테고리를 선정한 뒤 관련 서류를 준비한다. 이후 카테고리가 일반 EB-2 라면 PERM이라 불리는 노동 인증 과정을 밟아야 한다. 미국 내에서 해당 직무를 수행할 수 있는 적합한 미국인이 없다는 것을 증명하는 절차다. 자국민을 보호하려는 미국 정부 입장에서는 이 과정을 매우 중요시한다. 즉 신청자에게 영주권을 발급해 주어도, 미국 내 구직 시장에 영향을 주지 않는다는 것을 확인하는 것이다. 따라서 이에 대한 적절한 증빙이 필요

하다. 스폰서 회사는 영주권 신청자와 같은 직무로 실제 채용 공고를 내고 미국 내 적합한 인력을 찾지 못했음을 문서화해야 한다. EB-1, EB-2 NIW 카테고리는 이 PERM 과정을 면제해 준다.

다음으로 영주권 청원서petition를 작성해서 제출하게 된다. 이는 '내가 향후 영주권을 신청할 것이니 그 자격을 심사해 달라는' 의미다. I-140라 불리는 양식과 함께 자격 증명에 필요한 다양한 서류를 첨부한다. I-140이 접수되면 이민청은 우선순위에 따라 그 자격 여부를 심사하게 된다. 이때 우선순위 일자priority date라는 개념이 등장하는데, 일반 EB-2의 경우는 PERM 신청일, EB-1과 EB-2 NIW는 I-140을 접수한 날짜가 된다. 우선순위 일자가 중요하다. 바로 다음 단계인 '영주권 신청서 제출' 여부를 결정하기 때문이다.

이민청은 PERM 또는 I-140의 우선 일자가 기준일보다 앞선 건에 대해서만 영주권 신청을 받아 준다. 문호visa bulletin라 불리는 이 기준일을 미 국무부가 영주권 발급 상황에 따라 매월 갱신한다. 따라서 청원서 접수가 쌓여있을수록 문호 갱신이 더뎌질 수밖에 없다. 이는 연간 취업 영주권 발급을 140,000개로 제한하고 있기 때문이다. 또한 세부적으로는 신청자의 출신 국가별로도 영주권 발급 수를 제한한다. 한국은 상대적으로 인도, 중국에 비해서 청원수가 적기 때문에 일반적으로 문호가 일찍 열리는(문호 기준일이 우선순위 일자를 넘어서는) 편이다.

문호가 열리면 비로소 영주권 신청서를 제출할 수 있다. 미국 현지에서 취업비자 상태인 신청자는 I-485라 불리는 양식을 작성해 이민청에 접수한다.* 이는 '현재 내가 취업비자 상태인데 영주권 소지자로

---

*I-485는 I-140 승인 후에 신청할 수 있는 것은 아니다. I-140 접수 시점에 이미 문호가 열려있으면 I-485를 함께 접수할 수도 있다.

신분을 조정해 달라는' 의미다. 한국에서 EB-2 NIW로 진행 중인 신청자는 I-485 대신 DS-260이라 불리는 양식을 작성해 주한미국대사관에서 인터뷰 후 접수하게 된다.

I-485 접수 시 EAD 취업 허가 및 해외여행AP: Advance Parole 허가를 함께 신청할 수도 있다. EAD, AP는 통상 I-485 심사 중에 카드 형태로 발급된다. 일단 EAD와 AP가 발급되면 영주권 승인 전이라도 취업 및 자유로운 미국 출입이 가능해진다. 또한 I-485 접수와 동시, 또는 후에 지정 병원에서 신체검사를 받아 그 결과인 I-693 양식을 추가로 제출하고, 지문 채취와 사진 촬영을 하는 바이오매트릭스 단계를 밟는다. 미국에서 신청하는 경우 마지막 단계로 이민청 인터뷰를 보게 된다. 과거에는 인터뷰가 의무적인 단계였는데 코로나 이후부터 신청자의 신분이 명확하면 생략하는 추세다. 인터뷰를 성공적으로 마쳤을 때 추가 심사가 필요하지 않다면 최종적으로 영주권이 승인된다.

일반적으로 적격 카테고리 선정, 상담, 접수, 진행 사항 추적 등 제반 처리는 이를 전담하는 변호사를 통한다. 미국 현직자의 경우 소속된 회사와 계약 관계에 있는 로펌이, 한국에서 EB-2 NIW를 신청하는 경력자들은 개별로 이민 변호사를 고용해서 진행한다. 영주권 승인율을 높이는 것도 변호사의 역량에 달려있으니 평판을 잘 확인해서 선임해야 한다.

미국 취업에 필요한 비자, 영주권 등 체류 신분에 대해 살펴보았다. 하지만 상황에 따라 신청자들이 실제로 겪을 다양한 사례가 있다. 이를 질문 형식으로 정리해 보았다.

질의응답 모음

▶ 일반 EB-2와 EB-2 NIW의 차이가 스폰서 고용주와 PERM 신청 유무라 했다. 기타 자격 요건은 완전히 동일한 것인가?

주요한 차이는 NIW는 '미국 국익에 도움이 됨'을 실질적으로 입증해야 한다는 것이다. EB-2 NIW 신청 기준을 결정한 판례[14]에 따르면 세 가지 기준이 존재한다. 1) 신청자가 활동하는 직업이나 분야가 미국의 경제, 사회, 교육, 보건, 과학 기술 등 국가적으로 중요한 분야여야 한다. 2) 신청자가 해당 분야에서 독특하고 중요한 능력을 갖추었음을 입증해야 한다. 3) PERM를 면제하는 것이 오히려 미국의 이익에 더 부합해야 한다. 이민 변호사들은 이러한 기준에 부합하도록 최대한 포장해 청원서를 작성하고, 신청인의 경력, 업적, 연구 성과, 수상 경력 등 이를 뒷받침할 다양한 증빙 서류를 첨부한다.

▶ 한국에서 EB-2 NIW를 신청하려고 한다. 미국 국익에 도움이 된다는 것을 어떻게 증명하는가?

사실 이는 어느 정도 심사관 주관의 영역이기 때문에 정답은 없다. O-1 비자부터, EB-1, EB-2, EB-2 NIW 영주권 카테고리 모두 자신의 경력과 연관된 서류를 총동원한다. 재직 증명서, 기관장 경진대회 및 학술대회 수상 이력, 저널 또는 콘퍼런스 논문 이력, 특허 실적, 표준화 활동, 조교 및 연구 지도 교육 활동, 학회 운영위원 경력, 미디어 노출 등이다. 심지어 미국 회사 HR로부터 인터뷰 제안을 받은 메일까지 첨부하기도 한다. 이만큼 '미국에서 나를 원하고 있음'을 어필하기 위해서다.

여기서 하나 중요한 서류가 독립 추천서independent recommendation letter 이다. 독립의 의미는 '자신과 이해관계가 없는 인사'로부터 받아야 한다는 것이다. 추천에 대한 객관성을 담보해야 하기 때문이다. 따라서 전 직장 동료, 지인, 지도 교수는 해당될 수 없다. 자신과 접점이 없으면서 자신의 경력을 잘 알고 있는 사람을 찾아야 하는데, 대외 활동을 활발하게 해서 업계 인지도가 높지 않은 이상 쉽지 않다. 석사 이상 학위자의 경우 자신의 논문을 인용한 저자에게 부탁하기도 한다. 일단 나와는 이해관계가 없고, 내 논문을 인용했다는 것은 나의 연구 배경을 잘 알고 있다는 것이기 때문이다.

▶ 한국에서 EB-2 NIW 카테고리로 신청해 영주권이 승인되었다. 6개월 내 미국에 입국해야 그 효력을 상실하지 않는다고 들었다. 사실인가?

맞다. 한국에서 영주권을 신청해 승인을 받으면, 미국 대사관에서 임시로 이민 비자를 발급받는다. 이 이민 비자의 유효 기간이 6개월이다. 이 기간 내에 미국에 입국해야 하고, 입국 시 영주권 실물 카드를 발급받는다. 그리고 정확히는 대사관 인터뷰 시 제출해야 하는 '건강검진 일'로부터 6개월 내 입국이다. 건강검진을 받고 2개월 뒤 대사관 인터뷰를 했다면, 대사관 인터뷰 기준으로는 4개월 안에 첫 랜딩을 해야 한다. 6개월 내 입국을 요구하는 것은 건강검진 결과의 유효기간을 6개월로 상정하기 때문이다.

만일 이 기간 내에 랜딩을 하지 못한다면 대사관에 사유서를 제출한 뒤 건강검진을 다시 받고 대사관에 제출한 후 입국할 수 있다. 업무상, 건강상의 이유, 긴급한 개인 사정 등 정당한 사유가 있어야 한다. 하지만 이 또한 무제한이 아니며, 1~2회에 한정된다. 연장을 자주 하면 정착에 대한 의도를 의심한다. 그래서 가급적 6개월 내에 랜딩을 시도해야 한다.

유사하게 재입국 허가서Reentry Permit라는 것이 있는데, 이미 영주권을 발급받은 사람이 6개월 이상 장기 해외 체류를 할 때 신청한다. 재입국 허가서는 최대 2년까지 체류가 가능하다. 다만 이때 미국 내에 영구 거주할 의도를 유지하는 것이 중요하다. 가령 미국 내 주소, 자산, 계좌 등을 유지하면서 연결 고리를 남겨 두어야 한다. 따라서 일단 랜딩을 해서 이민 비자에서 영주권으로 전환한 뒤, 곧바로 재입국 허가서를 신청해 다시 한국으로 돌아올 수는 있다. 한국에서 NIW로 영주권 승인을 받은 상태에서, 미국 이주에 대한 부담 때문에 취할 수도 있는 방법이지만 이 또한 결코 쉽지 않다. 미국으로 입국해 영주권 전환, 재입국 허가 신청 등의 일련의 과정을 휴가 기간 중에 처리하는 것이 만만치 않기 때문이다.

▶ 영주권 승인 후 미국 랜딩 시 한국 직장은 퇴사 후 가게 되는가? 취업이 된다는 보장도 없고, 구직할 때까지 체류에 필요한 비용 부담도 있어서 걱정된다.

경우에 따라 다르긴 하지만, 대부분 한국에서 퇴사 후 신변을 정리하고 미국으로 이주한다. 만일 6개월 동안 한국에서 지원하여 취업에 성공했다면, 홀가분한 마음으로 퇴사 후 이주 지원을 받으며 이민을 떠난다. 만일 그 기간 동안 한국에서 미국 취업을 하지 못했다면, 이민 비자가 만료되기 전에 미국에 랜딩해야 한다. 이 경우 미국 현지에서 구직 활동을 하게 되므로 한국에서 할 때보다 유리하다. 회사들도 이주 지원 부담이 없어 지원자에게 인터뷰 기회를 더 주기 때문이다.

무직의 상태에서 가족 동반으로 이민하는 것에 당연히 부담을 느낄 수 있다. 실제로 랜딩 후 오랜 기간 취업을 하지 못해 빠르게 생활비를 소진하는 경우도 종종 있다. 이민 비자 기간 동안 한국에서 부지런히 지원해 보고, 기간 내 취업을 못했다면 현지에 랜딩하여 구직활동을 이어갈 수밖에 없다.

▶ STEM OPT 기간에 인터뷰를 통과해 회사에 입사했다. 회사가 입사 시 H-1B 비자 지원을 약속했다. 하지만 H-1B는 추첨을 한다. 일종의 운의 영역인데 STEM OPT가 만료되는 3년 동안 세 번의 기회에서 모두 당첨되지 못하면 어떻게 되는가?

회사의 규모, 정책에 따라 다르지만 이에 따른 대비책을 갖고 있다. 가장 흔한 방법은 제3국을 통해 우회하는 것이다. 만일 회사가 비자 발급이 용이한 제3국(예를 들어 캐나다)에 지사가 있다면, 해당 국가의 지사로 전근을 보낸다. 제3국에서 1년을 근무하게 되면 미국 주재원 비자 신청 자격이 주어지기 때문이다. L-1 비자를 발급받아 미국에 다시 재입국하는 것이다. 통상 이렇게 L-1비자로 재입국을 하고 나면 바로 영주권 신청 절차를 밟는다. 주로 예산의 여유가 있는 빅테크들에 이런 프로세스가 잘 정착되어 있다.

추세에 비춰보았을 때 회사가 H-1B 비자 지원을 해주는 것도 관대한 편이라고 봐야 한다. 최근엔 많은 회사들이 비자 및 영주권 지원도 중단하고 있기 때문이다. 만일 이런 대비책을 갖고 있지 않거나, 비자 지원을 받아도 추첨에 당첨되지 못한다면 본국으로 돌아갈 수밖에 없다.

▶ OPT 기간 동안 취직했다. F-1 학생 비자 상태로 영주권을 신청할 수 없는가?

매우 드물다. 만일 학부만 졸업한 상태에서 EB-1, EB-2 자격 요건을 갖출 수 있다면 이론상으로 가능하다. 하지만 F-1 비자는 이중 의도dual intent가 허용되지 않는 비자다. 이중 의도란 내가 미국에 영구적으로 거주하거나, 일시 거주 후 본국으로 돌아가는 계획을 모두 인정한다는 말이다. H-1B, O-1, L-1 등이 이에 해당한다. 학생 비자는 최초에 '영주 의도'가 없음을 확인하고 발급해 준 것이다. 따라서 만일 학생 비자 상태에서 영주권 청원, 신청이 거절되는 경우 F-1 체류 신분에 영향을 줄 수도 있다. 이런 위험 부담이 존재하기 때문에 회사들도 OPT 기간 중인 직원들에게 바로 영주권 지원을 하지 않는다. OPT는 임시적인 신분이니 H-1B와 같은 좀 더 확실한 체류 비자를 우선 신청하고, 이후 영주권 절차로 넘어가는 것이다.

▶ PERM 또는 I-140 최초 접수 후 영주권을 발급받는 데 얼마나 소요되는가?

시기별 영주권 카테고리별로 다르다. EB-1, EB-2, EB-3 순으로 자격 요건이 완화되지만 우선순위가 떨어지고 그만큼 대기 시간은 오래 걸린다. 게다가 코로나 이후부터 전 세계적으로 영주권 신청자가 급증해 문호가 열리는 주기가 훨씬 더디다. 즉 대부분 I-485 단계에서 장시간 대기해야 한다. 그나마 EB-1이 영주권 문호 대기열이 없이 바로 처리 가능한 유일한 카테고리다. EB-1은 모든 단계를 고려했을 때 1~2년가량 소요된다.

EB-2의 경우 PERM을 끝내는 데만 2년 안팎이 걸린다. PERM에 오랜 시간이 걸리는 이유는 임금 결정, 구인 활동, 신청서 제출 등 시간이 필요한 절차가 포함되기 때문이다. 기다림 끝에 PERM이 승인되어 I-140 청원서를 제출해도, 문호가 열리기를 기다리며 대기하는 데만 또 최소 1년이 걸린다. 문호가 열려 I-485를 접수해도 심사 과정에서 또 1년 이상이 소요된다. 따라서 PERM이 필요한 일반 EB-2의 경우 최소 4년, PERM이 필요 없는 EB-2 NIW의 경우 최소 2년은 생각해야 한다. 물론 이러한 소요 기간은 시기, 케이스, 정책에 따라 달라지지만 코로나와 같은 천재지변이 또 발생하지 않는 한 신청자 수가 줄지 않을 것이기 때문에 계속 늦어질 것으로 봐야 한다.

▶ 빅테크는 실제로 영주권 지원을 잘해주는가? 코로나 이후 영주권 지원에 보수적이 되었다고 하는데 그 이유는 무엇인가?

일반적으로 그렇다. 다만 시장 상황에 따라 회사 정책이 달라지곤 한다. 특히 크게 정리해고를 한 경우 영주권 지원에 보수적이 된다. 영주권 지원의 첫 단계인 PERM은 미국 노동 시장에 영향을 주는지를 확인하는 과정이라고 했다. 그런데 정리해고 자체가 노동 시장에 큰 영향을 주기 때문에 PERM과 밀접한 관계가 있다. PERM을 신청하기 위해서는 고용주는 사전에 해당 직군에 대해 미국 내 근로자를 대상으로 고용 노력을 실제로 해야 한다. 공고, 모집 및 면접 등 실제 채용 프로세스. 이렇게 했음에도 적합자가 없었다는 것이 입증되어야 비로소 PERM이 승인된다.

만일 PERM 신청을 접수한 상태에서 6개월 이내에 정리해고를 단행하면, 고용주는 추가적인 노력을 해야 한다.[15] 만일 PERM을 신청하는 직군과 정리해고를 했던 직원의 직군과 같다면, 해고자에게도 이런 채용 공고를 고지할 의무가 있다. 이때 해고자가 실제로 "회사로 돌아가는 것에 관심이 있다"라고 하면, 애초 PERM 신청 대상이었던 직원과 중첩되어 PERM 신청이 기각된다. 따라서 정리해고를 단행한 빅테크들이 이런 상황을 피하기 위해 기존에 신청했던 PERM을 철회하는 것이다. 그 뒤로도 몇 년간 영주권 지원을 하지 않게 된다. 이러한 분위기는 곧 다른 중소 테크 기업들에도 전파되어, 산업 전반적으로 영주권 지원에 대하여 보수적으로 변하는 데에 영향을 준다. 물론 여전히 영주권 지원을 해주는 회사들도 많이 있다. 입사 지원 시 이를 꼼꼼히 확인하는 것이 필요할 것이다.

▶ 미국에서 영주권 신청 기간 동안 해외여행을 자제해야 한다고 들었다. 소지 중인 취업비자로 한국에 방문할 수는 없는가?

여러 의견이 있는데 이민 변호사들은 대부분 자제를 권고한다. I-485로 신분 조정 절차 중인 경우, 미국을 떠났다가 다시 입국하는 것이 영주권 심사에 부정적인 영향을 미칠 수 있기 때문이다. 합법적으로 체류하며 신분을 조정하는 과도기 상태이므로, 이 시기에 해외로 나가면 신분 조정이 종료되고 I-485 신청이 기각될 위험이 있다. 다만 I-485와 함께 신청한 여행 허가서가 발급되면 이를 소지하고 여행할 수 있다. 미국 외부로 여행했다가 재입국할 때, 이 허가서를 제시해 영주권 심사 중임을 증명하면 된다. 다만 여행 허가서로 재입국 시 공항에서 2차 심사실에서 추가 조사를 받는 경우가 많다. 여행 허가서 검증, 이민 의도 재확인 등의 목적이다. 이때를 대비해 I-485 신청 확인서, 출입국 기록, 현재 신분 문서 등 추가 관련 서류를 소지하고 있어야 한다.

엄밀히 말해 소지 중인 취업비자의 이중 의도가 인정되면 여행은 가능하다. 심지어 여행 허가서도 필요 없다. 실제로 문제없이 여행을 다녀왔다는 사례들도 많다. 다만 I-485 승인까지 취업비자가 만료되지 않아야 하고, 각 비자마다 그 유효성을 입증하기 위한 조건들(예를 들어 고용주와 고용관계가 유지되어야 하는)이 있으므로 세심한 주의가 필요하다. 특히 이중 의도가 인정되지 않는 유학생(F-1), 인턴(J-1) 비자의 경우 영주권 신청 기간에 여행을 하면 미국 재입국 시 입국이 거부될 수도 있다. 이민 의도가 명시적으로 드러나기 때문이다.

결국 미국 현지에서 영주권 신청 중(특히 I-485 접수 이후)에는 해외여행을 자제하는 편이 낫다. 아무리 자문을 받았다고 해도 본인이 생각하지 못하는 여러 가지 변수가 있기 때문이다. 이럴 때는 보수적으로 접근해 여행을 자제해야 한다. 현지에서도 많은 이들이 여행을 허가서가 발급된 이후에 안전하게 다녀온다.

▶ 미국 회사에서 영주권을 진행 중이다. 영주권 심사 기간 중에 이직을 할 수 있는가?

불가능하지는 않지만 권장하지 않는다. 특히 PERM이 필수인 EB-2 인 경우는 문제 될 소지가 있다. PERM 신청은 고용주에 의존하기 때문에 고용주가 바뀌면 해당 PERM 신청이 취소된다. 만일 PERM, I-140 단계를 통과한 뒤, I-485 접수 후 EAD 노동 허가서를 받았다면 가능할 수도 있다. 2000년에 제정된, 21세기 미국 경쟁력 법American Competitiveness in the 21 Century Act[16]에 따르면 I-485 신분 조정 신청자는 180일 이상 대기 중인 경우, 유사 직무라면 새 고용주로 직업을 변경할 수 있다고 명시되어 있다. 하지만 여전히 주의가 필요하다. 애초에 미국 회사가 직원을 위해 스폰서가 되어 영주권을 신청할 때, 왜 이 직원이 우리에게 필요한지 근거를 담는다. 그런데 영주권 신청 과정에서 이직을 해버리면 그 '필요'가 사라지기 때문에 I-485 신청의 의미가 없어진다.

이에 대해서도 변호사마다 의견이 나뉜다. 가장 안전한 방법은 영주권 발급을 완료하고 현 직장에서 일정 기간 근무 후 이직을 하는 것이다. 영주권 발급 직후에 바로 이직하는 것도 자제하는 것이 좋다. 영주권 지원을 해준 현 직장에 대한 도의상의 문제 때문이다. 본인의 업계 평판을 위해서라도 영주권 취득 후 최소 1~2년을 근무 후 이직하는 것이 바람직하다.

지금까지 이야기한 내용은 미국 현지에서 근무하면서 변호사와의 상담 및 직간접적으로 겪은 경험에 기반한 것이다. 케이스마다 상황이 다르기 때문에 위 내용에 약간씩 오차가 있을 수 있다. 앞에서 말했듯 정확한 내용 확인을 위해서는 직접 이민 변호사 자문을 받아야 할 것이다. 한국에서 영주권 신청을 고려한다면 우선 본인이 신청 자격이 되는지 궁금할 것이다. 대부분의 이민 변호사들은 가능성 유무를 판단해 주는 '무료 평가'를 해준다. 복수의 변호사들로부터 평가를 받아본 후 이들의 평판과 요구 비용을 잘 따져 결정해야 할 것이다.

영어는 어느 정도로 준비해야 할까?

"미국 빅테크 기업에 입사하기 위해서는 어느 정도의 영어 수준이 필요한가요?"

이따금씩 한국에 있는 분들에게 받는 질문이다. 그때마다 "원어민 수준까지 준비하세요"라고 대답하곤 한다. 감히 아직 나조차 도달하지 못한 수준인데 말이다. '그 정도까지는 아닐 텐데' 싶은 듯 대부분 의아하다는 반응이다. 물론 다소 과장이 섞인 대답이지만 내가 하려는 말의 의도에서 크게 벗어나지 않는다.

사실 질문자 기준대로 미국 회사 입사만을 위해서라면 당연히 원어민 수준까지 필요 없다. 스크리닝, 온사이트 인터뷰, 코딩 테스트를 통과할 수 있을 정도, 인터뷰어와의 언어 장벽을 가까스로라도 넘을 수 있으면 된다. 하지만 나는 입사가 아닌 조금 더 멀리 바라본다. 미국 회사에서 안정적으로 커리어를 성장시켜 나가는 방향 말이다. 그래서 원어민 수준까지 준비하라고 한 것은 영어를 잘하면 잘할수록 좋다는 막연한 이유 때문이 아니다. 한국에서 미국 이직을 알아볼 때는 입사 자체만이 목표가 된다. '인터뷰를 통과하고 오퍼를 받는 것이 가장 중요하고, 외국인들과 함께 일하다 보면 필요한 영어는 함께 늘 것'이라고 생각한다. 일단 문을 열고 들어가는 것이 중요하지, 이후의 일은 들어가서 생각해도 늦지 않다고 가정한다.

하지만 어쩌면 늦을 수 있다. 무슨 말일까? 실리콘밸리 빅테크 기업에 엔지니어로 입사했다고 가정해 보자. 직급이 주니어든 시니어든 마찬가지다. 미국 빅테크 기업에서 안정적으로 일을 하려면(즉 정리해고를 안 당하려면) 연차가 쌓이면 쌓일수록 필요한 시기에 진급을 해야 한다. 연차가 쌓인 만큼 책임과 권한이 큰 일을 맡아야 회사에 내 쓸모를 계속 보여줄 수 있는 것이다.

과거에는 터미널 레벨terminal level(일정 노력으로 도달할 수 있는 직급, 더 이상의 진급은 많은 경쟁과 노력이 필요한 단계)까지 오르면, 회사도 직원에게 더 이상 진급을 강제하지 않곤 했다. 그래서 직원도 이후엔 더 이상의 진급을 포기하고, Vest and Rest* 즉, 더 이상 일에 욕심을 부리지 않고, 그동안 받은 주식과 오른 연봉을 누리는 방식으로 근무해도 큰 문제가 없었다. 하지만 코로나 이후 빅테크 기업이 앞다퉈 정리해고를 단행하면서 점차 이런 식의 회사 생활은 거의 불가능해지고 있다.

사실 빅테크 기업에서 정리해고를 할 때 기준은 천차만별이다. 저성과자 일수도, 고연봉자 일수도, 저연차일 수도 있다. 하지만 어떤 기준이든 존재감이 있는 직원은 살아남는다. 그리고 이 존재감을 높이는 길은, 필요할 때 늦지 않게 진급을 해야 하는 것이고, 진급을 위

---

*Vest: 회사에서 주식을 해마다 부여받는 것을 의미한다. Rest: 말그대로 쉬엄쉬엄 일한다는 말이다. 비슷한 발음을 갖는 두 단어를 사용한 일종의 언어유희다.

해서는 일정 수준 이상의 성과를 지속적으로 내야 한다. 그리고 진급을 하면 할수록 요구되는 덕목도 늘어난다. 주어진 일을 잘하는 것을 넘어 점차 소유권ownership을 가질 수 있는 내 일을 만들어내야 한다.

이를 위해선 조직 내에서 내 입지가 가장 중요하다. 프로젝트를 만들고 함께 할 사람을 끌어들이기 위해서는 그에 걸맞은 영향력을 갖춰야 하기 때문이다. 그리고 이 기술적 영향력은 결국 사람의 '말'에서 나온다. 팀원들과 업무를 조율하고, 회의에서 자신의 경험과 지식을 설파하며, 상사와 이해관계자들을 설득하기 위해서는 논리적인 언변이 절대적이기 때문이다. 그리고 당연하게도 미국 회사에서 말을 잘 하려면 영어를 잘해야 한다. 그것도 원어민 수준으로 해야 한다. 원어민인 동료들에게 영향력을 끼쳐야 하기 때문이다.

미국 회사에서 원어민들과 함께 일한다고 절대로 영어가 자연스럽게 늘지 않는다. 엔지니어나 연구원으로 근무하면서 사내에서 실제로 영어를 발화하는 시간은 20%가 채 되지 않는다. 회의에서는 좋은 청취인일 뿐이고, 동료들과 영어로 사담을 나누는 때는 점심시간뿐이다. 퇴근하면 소중한 가족들과 너무나도 익숙한 한국어로 대화한다. 아이들을 재운 뒤 찾아보는 것은 한국 미디어, 영화, 드라마이고, 막간의 시간에 찾아보는 것은 고국의 뉴스들이다. 주말이면 타향살이의 애환을 나누려 다른 한국 가족들과 어울리거나, 한인 커뮤니티, 종교 활동을 한다.

"그건 현지화 노력을 게을리해서 그런 거 아닙니까?"

혹시 이민을 계획 중인 여러분이 이렇게 물으신다면 반문하겠다. "당신은 한국인인가? 미국인인가?" 당신이 이주하여 이민 1세대가 된다면 이 질문을 자주 마주하게 될 것이다. 몸은 미국에 있지만, 마음은 여전히 한국에 남아 있다. 태어나고 자란 문화와 정체성은 쉽게 바꿀 수 없는 것이다. 미국에서도 여전히 한국 음식을 찾고, 한국 콘텐츠와 소식에 시선을 두게 된다. 이러한 이유로 특별히 의식적으로 노력하지 않는 한, 미국 생활이 영어 노출을 극적으로 높여주지는 않는다. 결국 미국에 처음 도착했을 때의 본인 영어 실력에서 크게 벗어나지 않은 채 은퇴할 때까지 근무하게 되는 경우가 많다. 무엇보다도 절박함이 부족하다. 오랜 꿈이었던 미국 이직을 이루고 나면 본인도 모르게 현실에 안주하기 쉽다. 그렇게 영어 노출도 예상만큼 크지 않게 되어, 기대했던 차이를 느끼지 못하는 경우가 많다.

역설적으로 한국에 있을 때 영어 실력을 높이기 가장 좋다. 미국 이주라는 절대적인 목표를 갖고 있는 시점, 그 절박함이 영어에 대한 강력한 동기를 부여하기 때문이다. 퇴근 전후로 영어 학원을 다닌다. 청취력을 높이려 미국 드라마 스크립트를 챙긴다. 회사에 점수를 제출하려 주기적으로 오픽 시험을 본다. 그 모든 시간이 어쩌면 인생에서 갖게 될 마지막 영어 몰입 시기다. 그래서 어쩌면 다시 돌아오지 않을 이 황금과 같은 시간에 영어 실력을 최대로 끌어올려야 한다.

원어민들이 구사하는 영어로 진행되는 회의에서, 한국에서 온 이직자들은 적극적으로 토론에 참여하기는커녕 내용을 따라가기도 급급하다. 따라서 미국 회사에서 일하려면 말하기보다 듣기가 더 강해야 한다. 말하기가 서툴러도 대화는 되지만, 대화가 되려면 일단 상대방의 영어를 무조건 알아들어야 하기 때문이다.

듣기와 더불어 중요한 것이 바로 영어로 '생각하기'다. 대화를 막힘 없이 이어가기 위해서는 떠오르는 생각을 즉시 영어로 이야기해야 하기 때문이다. 면접 시 많은 직군에서 실시하는 코딩 인터뷰에서 이러한 영어 사고력이 특히 필요하다.

영어로 듣기와 생각하기를 연습하는 데 있어 한국과 미국은 거의 같은 조건이다. 영어 사고력을 높이기 위해서는 한국에서 영어 문장을 많이 접하면 된다. 미국에서도 청취력을 높이려면 똑같이 미국 드라마, 뉴스로 공부해야 한다. 그래서 한국에서 공부하는 영어가 입시용이라고, 미국이 아니기에 살아있는 공부가 아니라고 포기할 필요가 전혀 없다. 어떻게, 어떤 방식으로 공부한 것이든 결국 내 영어의 일부가 되어준다.

미국에 오기 전 영어 1:1 회화반을 끊고 1년간 새벽을 깨웠다. 그리고 꿈에도 그리던 오픽 AL 등급을 받은 날 기쁜 마음으로 회사 내 인트라넷에 영어점수를 입력했다. 회사는 AL 등급자에게 더 이상 점수 입력을 요구하지 않았다. 거기서 영어에 대한 내 노력은 멈추었고 그것이 곧 내 실력의 상한선이 되었다. 그리고 미국에 와서는 절박감이 사라졌다는 핑계로 그 노력을 재개하지 않은 채, 애매한 수준의 영어 능력자로 긴장감만 넘치는 회사 생활을 하고 있다.

이것이 미국 이직을 고민할 때, 인터뷰를 통과할 수준이 아닌 원어민 수준의 영어를 목표해야 하는 이유이다. "원어민 수준까지 준비하고 오세요"라는 말이 영어 때문에 고군분투하고 계실 한국 분들에게 빈정거림이 아닌 진심으로 와닿길 바랄 뿐이다.

■──────────────────────────────────

Q: 코딩 인터뷰에서 '영어로 생각하기'가 중요한 이유가 무엇인가요?

A: 코딩 인터뷰가 단순히 문제 풀이 시험이 아니기 때문이죠. 답을 찾아나가는 과정에서 면접관과 효과적으로 소통하는지가 더욱 중요합니다. 향후 같은 팀원으로서 커뮤니케이션이 용이한 사람인지도 함께 평가하지요.

영어식 코딩 인터뷰에 익숙하지 않은 한국인들이 고전하는 이유가 있습니다. 문제를 받으면 해답을 찾느라 혼자 생각에 빠지기 때문이죠. 면접관이 추가 질문을 하더라도 "아 잠시만. 조금만 더 생각하고요…"라는 식으로 반응합니다. 덕분에 인터뷰 시간은 어색한 침묵으로 채워지죠. 손으로는 코딩을 하면서 머릿속에서는 열심히 한국어로 알고리즘을 생각합니다. 그런데 면접관은 이 과정을 볼 수가 없으니 계속 영어로 말을 시켜요. 이렇게 '코딩', '한국어 사고', 그리고 '영어 소통' 단계가 수시로 전환되어야 하니 미칠 노릇입니다.

하지만 이 세 과정이 일체화되어야 코딩 인터뷰를 제대로 치를 수가 있습니다. 코딩을 이어가는 순간순간마다 내가 생각하는 것을 바로 입으로 쏟아내야 합니다. 그리고 면접관과 아이디어를 주고받으며 열띤 토론까지 이끌어 내야 하죠. 영어로 생각하기와 말하기가 실시간으로 이뤄져야 가능한 것입니다.

생각보다 쉽지 않아요. 코딩 인터뷰를 준비하기 위해서 연습 문제만 많이 푼다고 되는 것이 아닙니다. 실제 상황을 가정해 많은 연습이 필요하죠. 실제 미국에서 취업을 준비하는 대학생, 이직자들이 코딩 인터뷰를 위해 가상의 면접관과 모의mock 테스트 훈련을 많이 하는 이유입니다.

미국 이주 경로와
시기 총정리

5장에서도 말했지만 미국 이주를 결심했다면 그 실행은 빨라야 한다. 그렇다고 마음대로 되는 일도 아니다. 미국 취업을 위한 경력, 전문성, 신분, 영어와 같은 제반 여건을 갖추는 데에는 시간이 필요하기 때문이다. 그렇다면 엔지니어 생애 경력 경로상 최적의 미국 이주 시점이 있을까? 사람마다 처한 상황이 다르기 때문에 하나의 정답지는 없다. 나의 직간접적인 경험을 바탕으로 미국 이주를 시도하는 몇몇 시기들을 이야기해 보고자 한다. 내가 미국에 오기까지 거쳐온 경로와 단계별 소요 시간을 간략히 정리한 타임라인은 그림 11과 같다.

그림 11. 나의 경력 경로 타임라인과 미국 이주 시점

중장기 목표와 계획을 세운 뒤 체계적으로 실행했다면 좀 더 일찍 올 수 있지 않았을까 생각한다. 그 가정에 기초하여 이 타임라인을 수정해 볼 것이다. 물론 과거를 바꿀 수 없으므로 내게는 무의미한 일이다. 하지만 미국 이주를 고려 중인 한국의 공학도, 현직자들에게 참고가 될 수 있을 것이다.

1. 학사 졸업 → 미국 취업

그림 12. 학사 졸업 후 바로 미국에서 취업했을 경우의 타임라인

한국에서 학사를 마치고 바로 미국에서 취업했을 경우다(그림 12). 결론적으로 말해 매우 어렵다. 학부 졸업생이 H-1B 비자와 이주 지원을 받으며 미국 빅테크에 채용되려면, 학부 시절 국제적으로 인정받을만한 탁월한 업적을 남겨야 한다. 가령 'ACM 프로그래밍 경진대회 우승' 정도의 이력이다.

하지만 만일 스타트업이나 중소기업이라면 이 정도 실적이 없더라도 간혹 기회가 열리기도 한다. 이 경우 통상 인맥을 통해 미국 회사를 소개받는다. 나의 동기 A가 이 경우였다. 그는 학부 시절부터 파트타임 직업을 갖고 있었다. 어린 시절부터 코딩을 했고 몇몇 스타트업에서 임베디드 시스템 실무 경력을 쌓았다. A는 회사를 통해 알게 된지인을 통해 졸업 후 미국으로 이주했다.

이런 기회를 잡으려면 졸업 전 이미 현업 실무자에 준하는 실력을 갖춰야 한다. 학부 수업에 충실하는 것을 넘어 오픈 소스 활동으로 인맥도 쌓고, 글로벌 회사 인턴십으로 미국 회사에서 인정할 만한 경력이 있어야 한다.

내가 만일 이 경로를 통해 미국에 진출했다면 25년이라는 어마어마한 실리콘밸리 엔지니어 경력을 쌓았을 것이다. 주식 자산은 축적되었을 것이며 벌써 은퇴 시점을 고민하고 있을지 모른다. 하지만 거의 일어나지 않았을 일이다.

2. 석사 유학 → 미국 취업

그림 13. 한국에서 학사 졸업 후 미국 석사 유학을 떠났을 때의 타임라인

한국 학사 후 바로 미국 취업은 사실상 불가능하다. 따라서 도중 미국 석사를 디딤돌로 삼을 수 있다(그림 13). 2년의 석사 과정 동안 영어 실력도 끌어올리고, 현지 인턴을 통해 인맥도 쌓을 수 있다. 무엇보다 이력서에 미국 대학 학위를 포함하면 유리하다. 채용 회사 측에서 알만한 학교이기 때문이다. 석사 2년(빠르면 1년 반)의 시간과 비용을 투자하여 미국 취업의 확률을 꽤 높일 수 있다. 따라서 미국 유학을 바로 떠날 수 있는 재정적인 여유가 있다면 보편적으로 시도할 수 있는 방법이다.

4 장에서 언급했듯 미국 대학원 석사 과정은 통상 학술석사와 전문석사로 나뉜다. 전문석사는 실무 중심적인 코스웍, 산학 연계 프로그램 등으로 구성되고 졸업 후 취업을 목표로 한다. 미국 취업과 정착이

라는 선명한 목적이 있는 만큼 가능한 전문석사 과정을 선택하는 것이 유리하다. 전문석사는 이수 학점을 몰아서 신청하면 3학기 만에 졸업도 가능하다. 유학 경비도 아낄 수 있다.

유학 기간 중 F-1 학생 비자, STEM OPT로 취업, 취업 후 H-1B 비자로 전환, 영주권 취득 과정을 거쳐 자연스럽게 미국 신분 문제를 해결할 수 있다. 다만 영주권, 시민권이 없는 유학생들이 OPT로 취업을 하는 것도 그리 쉬운 일은 아니다. 시기에 따라 신분 문제가 두드러지는 경향이 있기 때문이다. 산업체 전반적으로 공격적인 채용을 하는 시기에는 OPT로도 비교적 쉽게 취업이 가능하다. 반대로 고용 시장이 불안한 시기엔 OPT를 가진 유학생들에게도 좀처럼 인터뷰 기회를 주지 않는다.

만일 이 경로로 미국에 왔다면 나는 앞의 경로와 유사하게 23년의 실리콘밸리 경력을 쌓았을 것이다. 하지만 유학 비용을 지원받을 만한 상황이 아니었으므로 실행 가능성은 아주 낮았을 것이다.

3. 석사, 박사 유학 → 미국 취업

그림 14. 미국 석사 유학 후 박사 진학을 했을 때의 타임라인

미국 석사 후 박사까지 학위과정을 이어가는 경우다(그림 14). 본인에게 연구 적성이 있고 향후 리서치 사이언티스트 커리어를 고려한다면 충분히 해볼 만한 시도다. 하지만 연구직은 미국 전역에 걸쳐 채용 공고가 흔하지 않다. 생각보다 난도가 높다. 박사 졸업 후에도 일반 엔지니어 직군으로 취업을 많이 하는 이유이다.

그렇다면 미국에서 엔지니어로 커리어를 시작할 때 미국 박사 학위가 있으면 도움이 될까? 직군에 따라 다르다. 자신의 박사 세부 전공이 필수적으로 필요한 도메인 직군이면 차별화도 꾀할 수 있다. 하지만 스킬셋 중심의 직군이면 박사 학위가 반드시 도움이 되는 것도 아니다. 인터뷰 시 논문과 같은 학술적 성취들에 대해서 면접관들도 크게 관심을 두지 않는다. 따라서 이 경우 기회비용 측면에서 석사 후 일찍 취업하는 것이 나을 수도 있다.

석사와 달리 박사는 소속 랩에서 재정적인 지원을 받는다. 연구 프로젝트 참여, 조교 등을 통한 펀딩을 받을 기회가 많기 때문이다. 초반에 괜찮은 연구 실적을 내면 여름 방학 동안 기업체 인턴을 할 수도 있다. 다만 박사는 학위 기간도 길고 불확실성*이 높기 때문에 사실상 4~5년 내내 펀딩을 받으며 졸업하는 것도 쉽지는 않다.

학위 과정 중 인턴십으로 2~3개의 회사들과 인연을 맺으면 졸업 후 취업에 큰 문제는 없는 편이다. 박사 졸업 후 신분 해결은 석사와 유사하다. 일단 OPT로 입사 후 회사를 스폰서로 해서 H-1B를 신청할 수도 있고, 자격이 되면 O-1을 신청하기도 한다.

내가 만일 이 경로로 미국에 왔다면, 지금의 난 18년의 실리콘밸리 경력을 쌓았을 것이다. 다만 마찬가지로 유학 여건이 주어지지 않았을 테니 그 실행 가능성은 낮았을 것이다. 또한 용케 석사 유학을 왔더라도 박사까지 진학하지는 않았을 것 같다. 한국에서 박사를 진학한 이유는 석사 과정에서 비전문적인 일로 많은 시간을 보냈기 때문이다. 석사 유학을 통해 전문성을 확보하고 성취감을 맛봤다면 바로 취업의 길로 들어섰을 것이다.

---

*펀딩을 받고 있는 프로젝트가 지속될지 유무, 박사 자격 시험 통과 여부 등 변수가 많다.

4. 한국 취업 → 석사 유학 → 미국 취업

그림 15. 한국 회사 재직 중 석사 유학을 떠났을 때의 타임라인.

학부 졸업과 동시에 유학을 떠나는 것도 쉬운 일이 아니다. 학비, 생활비 등으로 많은 비용이 발생하기 때문이다. 재정적 여유가 없다면 불가능하다. 따라서 일단 취업 후 자력으로 비용을 마련한 뒤 유학을 떠나는 것도 현실적인 대안이 될 수 있다(그림 15). 실제로 미국에서 만난 많은 한국인 엔지니어들이 이러한 배경을 갖고 있었다.

짧지만 한국에서 직장 생활을 한 것이 유학을 준비하는 데 도움이 될 수도 있다. 동료나 상사 등 추천서를 써줄 사람을 구할 수 있고, 산업체 경력을 미국 대학원에서 높이 살 수도 있기 때문이다. 따라서 향후 유학을 계획 중이라면 한국에서 분야를 잘 선택해 취업해야 한다.

한국에서 일정 기간 직장 생활을 하는 만큼 미국 이주 시점은 늦어진다. 하지만 생애 경력 경로를 봤을 때 그 몇 년이 주는 영향은 작다. 다만 그 기간은 결혼, 출산 등 인생에서 중요한 일들이 일어날 시기이다. 부양해야 할 가족이 생기면서 현실적인 문제 때문에 애초에 가졌던 유학 의지가 점차 약해질 수 있다. 반대로 한국에서 경험한 조직 생활에 회의감을 느껴 오히려 유학에 대한 의지를 더 불태울 수도 있다. 취업을 위한 신분, 취업 가능성 등은 앞의 '석사 유학 후 미국 취업'의 경로와 동일하다.

내가 만일 이 경로로 미국에 왔다면, 지금의 난 20년의 실리콘밸리 경력을 쌓았을 것이다. 이 방법은 현실적으로 충분히 가능했을 것 같다. 한국에서 회사를 다니면서 경비를 마련하면 자력으로 유학 준비를 할 수 있기 때문이다.

5. 한국 석사 → 박사 유학 → 미국 취업

그림 16. 한국에서 석사 후 박사 유학을 떠났을 때의 타임라인

한국에서 석사를 마치고 진학을 하지 않고 유학을 떠날 수도 있었다(그림 16). 박사 유학을 잠시 고민했던 것은 한국에서 석사를 마치는 시점에 여러모로 아쉬운 점이 많았기 때문이다. 미국 대학이 학교, 랩, 지도 교수, 연구 환경 등이 좀 더 나을 것이라 기대한 것이다. 박사 학위를 위해 미국 유학을 떠날 정도면 최종 목표는 교수 또는 연구직이다. 최소한 유학을 떠나는 시점에는 그렇다.

박사 유학을 계획한다면 석사 2년 차부터 준비를 시작해야 한다. 희망하는 미국 대학교수에게 사전에 연락하고, TOEFL, GRE 점수 획득, 학업 계획서SOP: Statement of Purpose, 개인 이력PHS: Personal History Statement, 추천서, 원서 제출, 인터뷰, 비자 준비까지 꼼꼼히 진행해야 한다. 입학 허가 확률을 높이기 위해서 석사 기간에 의미 있는 연구 업적도 거둬야 한다.

석사부터 유학을 떠나는 것과의 차이점은 한국에 석사 지도 교수가 있다는 것이다. 이것이 장점이자 단점이 될 수 있다. 만일 지도 교수가 제자의 유학을 응원한다면 추천서를 쉽게 받을 수 있고, 때로는 교수의 인맥을 통해 검증된 학교와 랩들도 소개받을 수 있다. 반대로 지도 교수가 유학을 말리기도 한다. 교수 본인이 험난한 유학 생활을 했기 때문에 제자를 걱정하는 마음일 수도 있고, 현재 랩에서 박사 진학을 하지 않는 것에 서운한 마음일 수도 있다. 교수가 인정할 만한 좋은 학교들을 지원하면서, 본인의 계획을 잘 설명해 교수를 설득해야 한다. 결국 지도 교수가 써준 추천서가 필요하기 때문이다.

졸업 후 진로, 신분 해결 방법은 앞의 '석사, 박사 유학 후 미국 취업'의 경로와 동일하다. 다만 미국 이주와 동시에 박사 과정을 시작하기 때문에 빠르게 현지에 적응하고, 영어 실력을 향상시켜야 한다.

내가 만일 이 경로로 미국에 왔다면 지금의 난 18년의 실리콘밸리 경력을 쌓았을 것이다. 실제로 진지하게 고민했던 진로였던 만큼 본격적으로 준비했다면 실행 가능성도 높았을 것 같다. 다만 한국 지도 교수와의 관계 설정이 쉽지는 않았을 것 같다.

6. 한국 박사 → (미국 포닥) → 미국 취업

그림 17. 한국에서 박사 졸업 후 포닥으로 미국에 진출한 경우의 타임라인

한국에서 박사를 마치고 미국으로 이주하는 경우, 두 가지 경로로 나누어 볼 수 있다.

한국 박사 후 미국 회사

한국 박사 졸업 후 미국 취업도 가능하다. 4장에서 이야기한 것처럼, 학위 과정 시 미국 빅테크 인턴, 협력 과제를 통해 인연을 맺으면 졸업 후 취업의 가능성은 높아진다. 이러한 인턴, 인맥이 없을 시 졸업 후 공식 홈페이지를 통해 직접 지원을 할 수도 있다. 직무 적합도가 높은 경우 인터뷰 기회가 찾아오기도 한다. 하지만 미국 현지 후보자들에 비해 우선순위에서 떨어지므로 가능성은 낮다. 만일 기회가 찾아오고 인터뷰를 통과하게 되면 비자, 이주 지원을 받아 미국으로 진출하게 된다.

한국 박사 후 미국 대학 포닥

짧게 '포닥'이라고 부르는 박사 후 과정Postdoc: Postdoctoral Researcher을 경유할 수도 있다(그림 17). 이는 대학의 공식 학제는 아니다. 대학 연구실이 자체적으로 고용하는 일종의 비정규직, 계약직 연구원이다. 교수가 눈코 뜰 새 없이 바빠서 자신의 일정 업무를 일임하기 위해, 실적이 좋은 신임 박사들을 외부에서 채용한다. 제안서 작성, 연구실 구성원들에 대한 연구 지도, 연구 과제 관리 등을 맡는다.

한국 박사 졸업 후 미국 포닥을 가는 경우 주목적이 미국 경력을 자신의 이력에 추가하기 위해서다. 자신의 이력이 줄곧 한국에서만 이뤄졌기 때문이다. 한국에서 학계나 업계 커리어를 시작하기 전, 미국 연구 기관의 경험을 쌓아두는 것이다. 특히 한국에서 교수직을 목표로 하는 한국 박사의 경우 해외 박사와 경쟁하기 위해 관례적으로 미국 포닥을 선택하곤 한다. 따라서 대부분 포닥을 마치고 한국으로 돌아가는 것을 전제한다. 그 이유 때문인지 미국에서 만난 한국인 엔지니어들 중 이 배경을 가진 사람들은 그리 많지 않았다.

미국에서 포닥을 하면서 생각이 바뀌어 취업을 시도할 수 있다. 연구 실적도 우수하고 포닥 기간을 알차게 보냈다면 불가능한 일도 아니다. 하지만 상대적으로 미국 경험이 짧아 영어 실력이나 인맥이 부족하기 때문에 현지 연구직 취업이 쉽지 않다. 석사, 박사, 박사 후 과정까지 오랜 기간 학계에서 리서치 위주로 실적을 쌓았기 때문에, 엔지니어 직군에는 필요한 스킬셋이 부족할 수도 있다. 속칭 '가방끈이 너무 긴 상황'인 것이다.

또한 신분 문제도 걸림돌로 작용한다. 통상 포닥은 국제 인턴과 마찬가지로 J-1 비자를 받아 미국 입국을 한다. 그런데 J-1 비자는 승인된 기간이 완료되면 '본국으로 돌아가 2년을 거주Two-Year Home Residency Requirement'해야 할 의무조항이 있다. 이 의무를 면제받기 위해서는 미국 국무부, 이민국에 웨이버waiver 신청을 해야 한다. 웨이버 승인 이후에 H-1B, O-1와 같은 취업비자, 또는 EB-2 NIW 영주권을 신청할 수가 있다.

한국 복귀를 전제하기 때문에 통상 포닥 기간 중 연구에만 매진하고 신분 전환에는 큰 관심을 두지 않곤 한다. 만일 미국 정착에 뜻이 있다면 가능한 이른 시기부터 신분 전환을 준비해야 한다. J-1과 같은 경우는 신청한 방문 교환 프로그램에 따라 본국 거주 의무가 없는 경우도 있고, 대학 교수직의 경우 추첨 없이 H-1B를 신청할 수도 있다. 이런 변수가 많으므로 이민 변호사의 도움을 받아 꼼꼼히 따져보아야 한다.

개인적으로 한국에서 박사 졸업이 결정된 시점에 실제로 미국 진출을 시도했다. 포닥과 회사 취업 두 경로 모두였다. 결과는 신통치 않았다. 영어, 연구 실적, 인턴 경력 어떤 것도 제대로 준비되지 않았기 때문이다. 무엇보다도 절박함이 없었다. 내 손에는 이미 한국 대기업에서 받은 오퍼가 있었기 때문이다. 당시 내가 가졌던 '되면 좋고, 안 돼도 그만'의 마음가짐으로는 미국 문턱을 절대 넘을 수 없었다.

내가 만일 이 경로로 미국에 왔다면, 지금의 난 17년의 실리콘밸리 경력을 쌓았을 것이다. 지금 돌아보면 가장 후회하는 지점이다. 석사든 박사든 미국 유학은 생각처럼 쉽지 않았을 것이다. 따라서 가장 빠르게 미국 이주를 할 수 있는 마지막 기회였다. 당시 최선을 다해 더 적극적으로 시도해 보지 않았던 것을 가장 후회하고 있다.

7. 한국 취업 → 미국 이직

그림 18. 한국에서 박사 졸업 후 회사 경력을 쌓고 미국으로 이직했을 때의 타임라인

한국 박사 졸업 후 미국으로 취업하지 못했다면, 회사에 취업해 부족한 실적이나 경력을 쌓으면 된다(그림 18). 석박사를 하지 않았다면 그만큼 업계에서 보낸 커리어를 잘 관리하면 될 것이다. 5장에서 이야기한 것처럼 도메인 중심적으로 경력을 관리하면 비자, 이주 지원을 받으며 미국 이직을 할 수 있는 가능성은 높아진다. 이 기회가 찾아오지 않는다면, EB-2 NIW 신청을 통해 자력으로 신분을 해결해야 한다.

NIW 승인 후 랜딩 전에 미국 취업이 확정되면 다행이다. 하지만 그렇지 않다면 '현지 랜딩 후 구직 활동' 외에는 방법이 없다. 이직처가 확정되지 않은 채 다니던 직장을 퇴사하고 무직 상태에서 미국 이주를 감행하는 것은 모험이다. 부양하는 가족이 있으면 더욱 주저할 수밖에 없다. 낯선 환경에 적응하며, 자녀를 학교에 보내고, 비싼 렌트비를 감당하면서 계속 인터뷰를 보러 다니는 것은 결코 쉽지만은 않은 일이다.

하지만 그럼에도 불구하고 주변에서 현지 구직에 성공한 사례들을 많이 보았다. 이주 초반에는 다소 고생스러운 기간을 겪기도 한다. 한 지인은 이주한 후 취업이 되지 않아 가족을 다시 한국으로 돌려보내기도 했다. 코로나 시기에 이주한 한 지인은 학교가 문을 닫아 자녀가 한동안 학교를 다니지 못했다. 하지만 그들은 결국 그 시기를 잘 버텨내고 어떻게든 취업에 성공해 지금은 가족과 함께 잘 살고 있다. 이 외에도 이민 관련 커뮤니티를 보면 꽤 많은 성공 사례들이 공유되고 있음을 알 수 있다.

만일 박사 학위가 있다면 구직 기간 동안 인근 대학 연구실에 연락해 임시로 방문 연구원 자리를 얻는 것도 괜찮은 방법이다. 계약에 의거한 포닥과 달리, 방문 연구원은 인건비 지급 의무가 없기 때문에 교수들도 큰 부담을 갖지 않는다. 연구실에 책상 하나만 빌리는 수준이다. 무엇보다도 이력서상 공백기를 두지 않아 좋고 필요시 교수의 인맥을 활용할 수도 있다. 온라인으로 알게 된 지인의 사례다.

개인적으로는 한국에서 직장 생활을 한 뒤 5~6년 차부터 조금씩 미국으로 눈을 돌리기 시작했다. 하지만 당시만 해도 미국 취업 시 비자와 신분 문제가 중요하다는 것은 생각하지도 못했다. 그저 가끔씩 온라인을 통해 미국 회사에 지원해 보곤 했는데 답장은 전혀 오지 않았다. 내가 만일 이 경로로 미국에 왔다면, 지금의 난 13년의 실리콘밸리 경력을 쌓았을 것이다. 신분 문제가 중요하다는 것을 일찍 알았다면 NIW를 신청했을 것 같다. 하지만 퇴사 후 가족을 데리고 미국 이주를 감행할 만한 용기가 있었을까에 대해서는 지금의 나 역시 확신이 없다. 그만큼 쉽지 않은 결정이다.

대학원 학위과정에서 충분한 실적 등을 쌓지 못했기에 졸업 후 바로 미국 취업을 할 수도 없었고, 입사 후 5년 차까지도 사정은 그리 다르지 않았다. 당시까지도 NIW를 통해 미국 이주를 감행하는 방법을 알지 못했다. 결국 회사 외부에서도 인정받을 경력을 만들기 위해 6년 차 즈음부터 논문을 다시 쓰기 시작했다. 결국 6~9년 차에 집중적으로 쓰고 발표한 논문들이 미국 연구원의 눈에 띄어 인터뷰 기회를 갖게 되었다. 그리고 그림 11과 같이 11년 차에 미국 회사의 지원을 받아 O-1 비자로 이직을 하였다. 그것이 결국 내가 택할 수 있었던 경로다.

미국 이주에 대한 생각을 가지기 시작한 것은 박사를 졸업할 즈음이다. 하지만 생각 단계에만 머물고 적극적으로 실행으로 옮기지는 못했다. 큰 동기 부여가 없기도 했고 현실에 안주했던 것일 수도 있다. 그래서인지 나의 미국 이주 시점이 꽤나 늦었던 것이 우연만은 아니다. 후회가 되기도 하지만 한편으로는 늦게라도 기회가 찾아온 것에 감사한 마음뿐이다. 지금까지 설명한 7가지 케이스를 참고하여 자신만의 최적의 이주 시점을 찾기를 바란다.

■——— **Q: 그렇다면 가장 추천하시는 미국 이주 시점 경로는 어떤 것인가요?**

A: 유학 여건이 된다면 한국에서 학부를 마친 시점입니다. 졸업 후 미국으로 바로 석사 유학을 떠날 수 있으면 가장 좋습니다. 하지만 대부분 경우 유학을 바로 떠날 환경을 갖추지 못하죠. 따라서 위 7가지 경로에서, '한국 취업 → 석사 유학 → 미국 취업'이 현실적으로 가장 좋은 대안입니다. 유학 자금이 마련되는 즉시 떠나는 것입니다.

사실 학부를 졸업하고 사회생활을 막 시작한 20대에는 미국 이주에 대한 필요성을 크게 느끼지 못합니다. 하지만 이때가 가장 적기입니다. 석사 유학, F-1 비자 → OPT → 미국 취업 → H-1B 비자 → 영주권으로 이어지는 신분 변경 과정의 시작점이기 때문이죠. 아직 책임질 부양가족이 없기 때문에 현실적인 문제도 적습니다.

하지만 안타깝게도 미국 이주에 대한 강한 동기 부여를 느끼는 시점은 통상 뒤늦게 찾아오곤 합니다. 직장 생활을 꽤 하다가 여러 이유로 한 번씩 좌절을 맛본 뒤이죠. 이때는 좀 늦은 감이 있습니다. 그간 경력은 쌓였겠지만 체계적으로 관리하지 않았다면 경력을 인정받기 쉽지 않지요. 인맥이 없어서 레퍼럴을 받기도 어렵습니다. 게다가 이때쯤이면 부양할 가족도 있습니다. 미국 이주와 같은 중차대한 결정을 내리는 것은 더 이상 혼자만의 문제가 아니게 되지요. 가장 큰 문제는 이 시기 미국 이주를 준비한다면 EB-2 NIW 영주권 외에는 신분 문제를 해결할 방법이 없다는 것입니다.

만일 이미 그 시기를 놓쳤다면 5장의 경력 관리 방법, 본장에서 설명했던 신분 관련한 사항들을 잘 참고해서 각 시기에 맞는 대안을 찾아보시기 바랍니다.

데이터로 보는
실리콘밸리 진출 경로

실리콘밸리의 한국인들은 어떤 과정을 거쳐 미국 엔지니어 또는 연구원이 되었을까? 실제 사례를 살펴볼 차례다. 그들이 지나온 경로와 각각의 분포를 분석하면 우리가 어떤 과정을 밟아야 할지, 보다 현실적으로 가늠할 수 있을 것이다.

이를 위해 실리콘밸리에서 근무 중인 100인의 한국인 이력을 분석하였다. 사회관계망 서비스를 바탕으로 하여 지인 30인과 무작위로 추출한 70인에 근거하였다. 지인 30인을 뽑은 이유는 이들의 구체적인 배경을 알고 있기 때문이다. 다만 이들만으로 표본을 구성하면 아무래도 내가 속한 업계에 편향될 가능성이 높을 것이다. 이를 보정하기 위해 70인을 무작위로 추출했다. 참고로 이하 기술되는 내용은 전체적인 경향만을 다루고, 개인을 특정할 수 있는 어떠한 구체적인 정보는 노출하지 않는다.

표본 100인의 직군, 경력 수준, 회사 규모의 분포는 다음과 같다.

- 직군: 하드웨어 44%, 소프트웨어 43%, 리서치 13%
- 경력: 주니어 18%, 시니어 53%, 프린시펄 29%
- 회사: 빅테크 73%, 중소기업 또는 스타트업 26%

하드웨어, 소프트웨어 직군 비중이 유사하고 리서치 비중은 예상대로 낮다. 연구직은 실제로도 실리콘밸리에서 소수이기 때문이다. 경력 분포를 보면 주니어 비중이 다소 낮은데 그 이유가 있다. 첫째, 학사를 한국에서 졸업한 경우만 고려했기 때문이다. 조기 유학으로 학사(또는 이전)부터 미국에 이주한 경우는 한국의 공학도, 현직자가 참고할 케이스가 아니다. 둘째, 유학 또는 이직으로 실리콘밸리에 진출했으므로 고학력자이거나 경력자가 대부분이기 때문이다. 회사 규모에 대한 분포를 보면 빅테크 직원이 더 많이 보인다. 이는 실제로도 빅테크에 직원수가 훨씬 많고, 스타트업에서 커리어를 시작했더라도 대부분 이직을 통해 빅테크로 이동했기 때문이다.

한국에서 미국까지 도달한 모든 경로를 표현하면 그림 19와 같다. 앞으로 이를 기초로 설명할 것이다. 출발은 한국 학사이며 최종 목표는 미국 엔지니어 또는 연구원이므로 방향 있는 비순환 그래프directed acyclic graph가 된다. 대학원 석사, 박사, 한국 회사는 경유하는 중간 노드가 될 것이며 각 노드를 연결하는 여러 가지 경로가 발생한다. 참고로 몇몇 경로들은 누락되었을 수 있다. 실제 사례가 없었거나 또는 생략된 경우다. 예를 들면 미국 대학원 졸업 후 한국에 취업했다가 다시 미국으로 돌아간 경우다. 결국 최종 종착지가 미국이므로 이들의 한국 회사 단계는 생략하였다. 비중은 1~2%로 매우 드문 사례다.

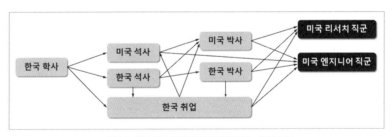

그림 19. 한국인이 실리콘밸리에 진출하는 모든 경로

국내파 vs 유학파

우선 크게 두 그룹으로 나눌 수 있다. 국내파는 미국 회사에 입사하기까지 미국 교육기관에 한 번도 적을 둔 적이 없는 이들이다. 이들은 한국에서 학사나 대학원을 졸업한 뒤 바로 입사했거나 또는 경력직으

로 이직을 했다. 반면 유학파는 미국 대학원을 경유해 미국 업계로 진출한 이들이다. 한국에서 학사 또는 대학원을 졸업하고 바로 또는 한국 회사를 거쳐서 미국 유학을 떠났다. 미국에서 석사, 박사뿐 아니라 포닥을 한 경우까지 포함한다.

국내파는 41%, 유학파는 59%로 집계되었다. 미국 현지에서 체감하는 것과 달리 유학파의 비중이 압도적으로 높지는 않았다. 즉 순수한 국내 학위와 경력으로도 충분히 미국 진출이 가능하다고 조심스럽게 해석할 수 있다. 다만 대부분 국내파는 충분한 업계 경력이 필요하므로 그 진출 시기가 늦을 수밖에 없다. 빠른 정착과 진출 가능성을 높이기 위해서라면 '가능하다면' 유학을 떠나는 것이 효율적이다. 유학파가 18% 더 많은 것이 간접적인 증거다.

국내파의 진출 경로

국내파에 대해 좀 더 세부적으로 살펴보자. 이들도 크게 세 그룹으로 나뉜다.

학사 + 경력

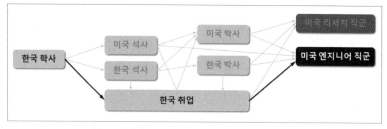

그림 20. 학사 후 업계 경력을 쌓고 미국으로 이직하는 경로

한국에서 학사 졸업 후 업계 경력만으로 미국에 진출한 경우다(그림 20). 이들은 상대적으로 오랜 기간 한 업계에 종사하여 도메인 전

문성을 쌓았다. 한국에서의 평균 근속 연수만 11.4년이었다. 아무래도 학사 졸업자이다 보니 중소기업 근무 이력을 가진 이들도 많았다. 이들은 자신의 분야와 적합도가 높은 직군이 미국에서 발견되어 이직을 할 수 있었다. 지인 A가 이 경우다. A의 전문분야는 인기 직종은 아니었다. 하지만 미국에서도 전문가를 찾기 어려운 분야였다. 지인의 소개로 한 빅테크의 채용 매니저와 연락이 닿았고 비교적 쉽게 이직할 수 있었다.

박사 졸업

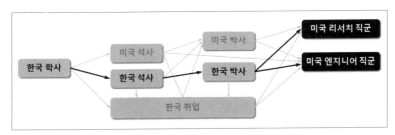

그림 21. 한국 박사 졸업 후 바로 미국으로 취업하는 경로

한국에서 박사를 졸업하며 바로 미국에 진출한 경우다(그림 21). 인턴 경력의 중요성은 이미 4장에서 설명했다. 실제로 이들의 78%가 학위 과정 시 미국 회사 특히 빅테크 인턴 경험이 있었다. 발표한 논문이 빅테크의 눈에 띄거나, 협력 과제를 하면서 인연을 만들었거나, 지도 교수의 소개 등이 있었다. 지인 B가 이 경우다. B는 학위과정 중 미국 진출에 대한 꿈을 갖게 되었다. 아웃바운드 형식으로 빅테크에 계속 온라인 지원을 하던 중, 지도 교수가 실리콘밸리의 한 스타트업 인턴을 소개했다. 결국 이 인연을 통해 졸업 후 스타트업에 합류하였고 몇 년 뒤 빅테크로 이직을 했다.

석사 또는 박사 졸업 + 경력

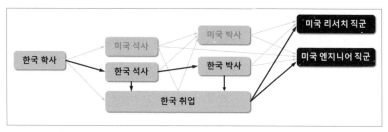

그림 22. 한국에서 대학원을 졸업한 후 업계 경력으로 미국 이직하는 경로

한국에서 석사 또는 박사를 졸업 후 업계 경력을 바탕으로 미국으로 진출한 경우다(그림 22). 박사 졸업자들은 대부분 대기업에서(평균 근속 8.5년), 석사 졸업자들은 중소 및 대기업(평균 근속 12.8년)에서 경력을 쌓았다. 주목할 만한 점은 석사 출신들이 더 일찍 업계로 진출하지만 평균 근속은 더 길었다는 것이다. 이는 상대적으로 박사보다 연구 기간이 짧아 그만큼 업계에서 전문성을 갖추는 데 시간이 오래 걸린 탓이다.

박사 출신들의 경우 자신의 세부 전공을 업계까지 계속 이어갔을 때 상대적으로 빠른 시기(3~6년 차)에 이직을 했다. 반면 커리어 도중 도메인, 업종, 직군을 바꾼 경우는 미국 이직까지 그만큼 더 오래 걸린(9~15년 차) 경향이 있었다. 하나의 전문성을 유지하는 것이 이직에 유리한 것이다. 물론 이러한 분석은 결과론일 수도 있다. 전문분야에 대한 미국의 수요 같은 시기적인 측면과 미국 진출에 대한 개인의 의지 같은 정성적인 요인도 반영되기 때문이다.

전 직장 동료 C, D가 이 경로로 미국에 진출했다. C는 박사 졸업 후 회사에서 연구소, 사업부의 여러 프로젝트에 참여한 경력이 있었다. 각각 도메인은 달랐지만 10년간 쌓은 스킬셋 전문성을 바탕으로 미국의 한 스타트업으로 이직했다. D는 석사 졸업 후 참여한 프로젝트들이 비교적 같은 도메인이었다. 연차를 쌓으며 점차 상위 수준 도메인 지식까지 확보했다. 덕분에 체계적으로 전문성을 쌓을 수 있었다. 14년 차에 미국의 스타트업으로 이직했고 1년도 되지 않아 빅테크로 이직했다. C는 개인적으로 진행한 EB-2 NIW로, D는 회사 지원 O-1 비자로 미국에 입국했다.

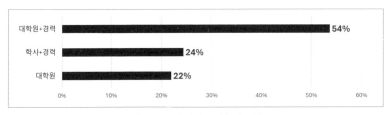

그림 23. 국내파의 미국 진출 경로 분포

그림 23의 그래프를 보면 '한국 대학원 + 경력'의 경우가 나머지 경우보다 2배 이상 많다는 것을 알 수 있다. '학사 + 경력'의 경우 업계 경력이 있다고 하더라도 학사 학위만으로는 도메인 전문성을 쌓는 것에는 한계가 있다. 반면 대학원을 졸업해 전문 분야가 생겨도 실무 경력이 없다면 곧바로 미국으로 취업하는 것은 쉽지 않았다. 이를 보완하기 위해서 미국 인턴십 경력이 필요한데 이는 높은 학술적 성취가 있어야 한다. 가장 낮은 비중이 그 높은 난도를 설명한다. 따라서 대학원에서 연구 활동을 하며 전문분야를 확보하고, 한국 업계에서 실무 경험을 쌓은 케이스가 가장 많았다.

이 데이터는 대학원 진학이 궁극적으로는 미국 진출에 유리하다는 사실도 보여준다. 국내파 중 학사 학위자는 24%인 반면 석박사 학위자는 76%에 달했다. 영어, 신분의 장벽을 극복하려면 그만큼 더 높은 전문성을 쌓아야 한다. 대학원에서 자신만의 전문분야를 확보한 이들의 비중이 높을 수밖에 없다.

국내파의 미국 진출이 충분히 가능하다는 것도 알 수 있다. 데이터만 보자면 그 비율이 유학파에 못지않다. 하지만 앞에서 말했듯 많은 경우 그만큼 업계 경력을 쌓는 데 시간이 필요하다는 것을 알 수 있다. 한국 평균 근속 연수가 10.9년이었다. 이는 학사 이후라면 35세 전후, 석박사 이후라면 40세 전후다. 군필 남자라면 이보다 더 늦을 수도 있다. 5장에서 미국에 빠르게 진출해야 하는 다양한 이유를 설명했다. '가능하다면' 유학을 떠나는 것이 유리하다고 본 까닭이다.

유학파의 진출 경로

유학파의 경우도 세부적으로 살펴보자. 유학을 떠난 시기를 기준으로 세 그룹으로 분류할 수 있다.

졸업 후 직행 유학

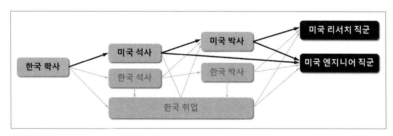

그림 24. 미국 석사 유학 후 현지 취업하는 경로

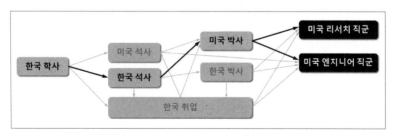

그림 25. 미국 박사 유학 후 현지 취업하는 경로

자비든 장학금 지원이든 여건이 되어 졸업 후 바로 미국 유학을 떠난 경우다. 학사 이후라면 석사 유학(그림 24), 석사 이후라면 박사 유학(그림 25)이다. 석사 유학생들 중 60%가 박사 진학을, 40%는 바로 취업을 했다. 이들의 72.8%가 학위 중 인턴십 경험이 있었고, 88%의 첫 직장이 빅테크였다. 빅테크 취업률이 높은 이유는 미국 현지에서 공부를 하기 때문에 취업 정보 습득도 용이하고, 영어나 인맥 측면에서도 유리하기 때문이다. 또한 최단 경로로 미국 업계에 진출하므로 커리어 시작 시점의 평균 연령도 가장 낮다.

회사 재직 중 유학

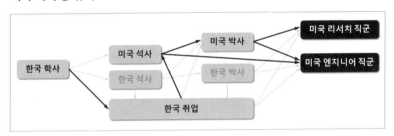

그림 26. 한국 회사 재직 중 석사 유학의 경로

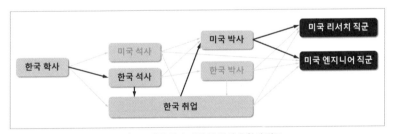

그림 27. 한국 회사 재직 중 박사 유학의 경로

비용 마련, 뒤늦은 결심 등의 이유로 직장 생활 중 유학을 떠난 경우다. 마찬가지로 학사 졸업자면 석사 유학(그림 26), 석사 졸업자면 박사 유학(그림 27)이 된다. 유학 시기만이 다를 뿐 직행 유학과의 이후 경로는 동일하므로 박사 진학률, 인턴십, 빅테크 근무율에 대한 통계는 유사하다. 미국 커리어 시작 시의 평균 연령이 좀 높을 뿐이다. 이들의 한국 회사 평균 재직기간은 5.6년이었고, 대부분이 대기업 출신들이었다.

너무 늦어지면 나이 때문에 유학을 떠나는 것도 부담이 된다. 따라서 이들은 가능한 한 빨리 유학을 떠나려는 경향이 있고 따라서 한국 재직기간이 짧다. 전 직장 동료 E가 이 경우다. E는 연구소 근무 중 자신의 매니저의 출신 학교 랩으로 유학을 떠났다. 덕분에 매니저의 추천서도 쉽게 받을 수 있었다. 박사 졸업 후 빅테크에 리서치 사이언티스트로 취업했으며, 이후 좋은 대우를 받고 가파르게 성장하는 스타트업으로 이직했다.

포닥

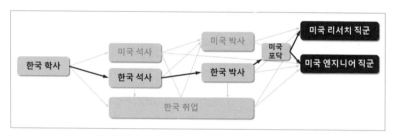

그림 28. 한국 석박사 이후 포닥을 통해 현지 취업하는 경로

한국에서 석사, 박사를 마치고 미국에 포닥을 온 경우다(그림 28). 이들의 평균 포닥 기간이 2.7년이다. 일반적인 경우보다 포닥 기간이 길었다. 구직을 위한 신분 전환 등 행정적인 절차에 시간이 소요되었을 것이기 때문이다. 이 경로로 미국에 정착한 경우가 지인 중에서는 없었지만, 데이터 상으로는 생각보다 꽤 존재했다.

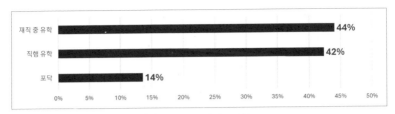

그림 29. 유학파 각 경로의 분포

그림 29은 유학파 세 그룹의 분포 결과다. '한국 회사 재직 중 유학'
은 44%, '직행 유학'은 42%로 그 비율이 유사하다. 특히 재직 중 유
학이 적지 않았는데, 5.6년의 평균 한국 재직기간을 고려했을 때 석사
유학이면 20대 중후반, 박사 유학이면 30대 초중반 일 것이다. 빠르
면 부양가족까지 있을 나이다. 이들은 이런 현실적인 문제를 안고 자
력으로 비용을 해결해서라도 미국 유학을 떠났다. 그만큼 미국 진출
의 의지가 높다는 뜻으로 보인다.

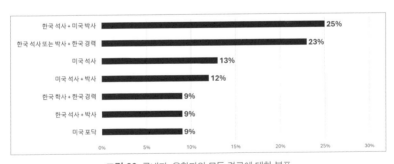

그림 30. 국내파, 유학파의 모든 경로에 대한 분포

그림 30의 그래프는 지금까지 설명한 모든 경로를 집계한 결과다.
미국에서 커리어를 시작하는 시점까지의 학위 및 경력 수준이다. 유
학파의 경우 한국에서의 재직 유무는 구분하지 않았다.* 결과를 보면
'박사 유학'이 가장 많고(25%), '한국 대학원 + 경력'이 유사한 비율

---

* 이때의 경력은 상대적으로 기간도 짧고 궁극적으로 미국 첫 취업에 큰 도움을 주지도 않기 때문이다.

(23%)을 차지한다. 이후 '미국 석사 졸업(13%)', '미국 석사 유학 후 박사 진학(12%)'이 뒤를 따른다. 결론적으로 유학을 통해 미국 박사 학위를 취득하는 것이 가장 가능성이 높다(25+12=37%). 만일 국내파라면 한국에서 대학원을 마치고 충분한 실무 경력을 쌓는 것이 차선책이다(23%). 한국 학사 후 경력, 한국 대학원 졸업 후 미국 취업은 그 경우의 수가 많지 않았다(9%).

지금까지 설명하지 않은 기타의 경우로 미국계 한국 지사에서 미국 본사로 전근오는 경로가 있다. 5장의 질의응답에서 이야기했듯 이에 대한 가능성은 해당 직군에 달려있다. 한국 지사에 인력은 고객 기술 지원, 현지 마케팅과 같은 업무가 대부분이다. 이 경우 미국으로의 전근 기회는 희박하다. 직군 성격상 한국에서 해야 의미 있는 일이기 때문이다. 만일 한국 지사에 연구 개발팀이 있어 엔지니어 직군으로 채용된 것이라면 기회가 찾아올 수도 있다. 하지만 이 경우도 쉽지는 않다. 미국이 인건비가 비싸기 때문에, 본사에서도 한국 지사에서 원격으로 일을 시키는 것을 선호하기 때문이다. 한국에서 외국계 기업에 취업한다고 해도 본사 전근의 기회가 생각보다 주어지지 않는다는 뜻이다. 70인의 무작위 표본에서도 단 1명만이 이 경우에 해당했다.

다른 기타 경로로 한국 대기업에서 실리콘밸리에 주재원으로 파견됐다가 미국에 남는 경우가 있다. 대부분의 경우 개인적으로 영주권을 신청해 발급받고 한국으로 귀임 전 이직을 시도한다. 사례는 많지 않다. 주재원은 많은 경우가 인사, 마케팅, 전략 기획, 투자 및 VC 직군이며 연구 개발직군은 소수다. 기술직이 아니면 미국 현지 회사 이직은 쉽지 않다. 간혹 기술 주재원으로 온 경우 자력으로 신분을 해결하고 이직을 하곤 한다. 이 경우 한국에 있는 본사와 갈등을 빚게 된다. 주재원 파견 시 '복귀 의무'에 대한 서약서를 작성하게 되기 때문이다. 경우에 따라 주재원 기간 동안 지원받은 금액을 모두 배상해야 할 수도 있다. 따라서 주재원 파견, 현지 이직은 그다지 추천하지 않는 경로다. 한국에 귀임 후 의무 근로 기간을 채운 뒤 정상적으로 미국 이직을 추진해야 할 것이다.

지금까지 기술한 내용은 현지 한국인들 사례를 통해 대략적으로 그 가능성 순위를 점쳐본 것이다. 사례들과 그 분포만으로 실리콘밸리 진출 가능성을 예단하기는 어려울 것이다. 유학을 떠난다고 실리콘밸리 취업이 보장되는 것도 아니며, 국내 대학원 졸업 후 곧바로 미국에 취업할 수도 있다. 게다가 실리콘밸리의 고용 시장은 시기, 직군, 기술 트렌드에 따라 영향을 많이 받는다. 무엇보다 분야에 따라 편차가 있을 수 있다. 따라서 본인의 분야, 직군에 종사하는 한국인들을 사회관계망 서비스 등에서 직접 검색해 보는 것을 추천한다. 그들의 이력을 살펴보면 향후 자신이 택해야 할 경로를 가늠할 때 도움이 될 것이다.

■──────────────────────────────

Q: 미국 빅테크에서 리서치 사이언티스트로 근무하는 것을 희망하고 있습니다. 어떤 경로로 준비해야 할까요?

A: 본문 서두에서 이야기했듯 실리콘밸리에서도 연구직의 분포는 낮습니다. 채용 자체가 적기 때문이죠. 본문에서 분석한 표본 데이터를 보았을 때 13%만이 연구직에 종사했습니다. 이 13%의 연구직만을 별도로 분석하였을 때, 국내파든 유학파든 박사 학위를 받은 후 바로 미국 회사로 취업한 경우(그림 21, 그림 24, 그림 25)가 81.8%로 가장 많았습니다(나머지 18.2%는 국내 박사 학위를 받고 한국의 대기업 연구소에서 경력을 쌓고 미국 회사로 이직, 그림 22). 국내파, 유학파의 비중을 따지면 50 대 50으로 동률이었죠. 바꿔 말해 미국 박사가 더 유리한 것도 아니라는 말이죠. 국내파가 영어 및 신분 문제에서 열세인 면을 감안하면 실력 면에서 더 뛰어나다고 볼 수도 있습니다. 물론 표본이 적기 때문

에 오차가 있을 수는 있습니다.

결론적으로 연구직은 커리어 시작 시점에 진입하지 못하면 기회가 없습니다. 학계에 있을 때의 학술적 성취로 평가받기 때문입니다. 일단 엔지니어 커리어를 시작하면 연구, 논문 저술, 학회 경력 등과 같은 학술 활동을 하기 어려워 연구직으로의 이직은 사실상 불가능합니다. 따라서 대학원 박사 과정 중에 좋은 연구 실적을 쌓아 학계 노출도를 높이는 것이 가장 중요합니다. 자세한 준비 방법은 4장을 참고하시기 바랍니다.

실리콘밸리
취업 시장 동향 및 전망

"좋은 결과가 없어서 내려놓고 싶습니다."

자주 가는 커뮤니티에 어느 날 글이 하나 올라왔다. 미국의 한 명문 주립대에서 컴퓨터 과학을 전공 중인 학생 K가 쓴 글이었다. 곧 졸업을 앞두고 있지만 아직 취업을 하지 못해서 고민 중이라고 했다. 실패가 반복되니 미국에서의 취업 도전을 포기하고 싶다는 말이었다. K가 현실에 안주하고 싶어 했던 이유는 바로 그의 손에 한국 대기업 오퍼가 있었기 때문이다. 내 경험담을 이야기하며 '미래의 나에게 최선을 다하지 않은 것을 후회하게 만들지 마시길 바란다'고 댓글을 달아주었다.

K의 사례는 2024년 당시 실리콘밸리 취업시장의 단면을 보여준다. 이처럼 미국 현지 취업 시장에서 고전 중인 한국 유학생들이 해마다 점차 늘어나고 있다. 영주권자, 시민권자가 아니면 더 이상 인터뷰 기

회조차 주어지지 않기 때문이다. STEM 계열 유학생이 갖는 F-1 비자의 OPT 신분으로는 더 이상 취업이 쉽지 않은 시대가 된 것이다. 비단 신입 채용에만 국한되지 않았다. 2022년 말부터 실리콘밸리 전체에 연쇄적으로 발생한 대규모 정리해고로 시장에 경력자들이 쏟아지기 시작했다. 2024년 회복 국면에 들어서며 많은 이들이 재취업에 성공했지만 시장은 여전히 고용주에게 유리한 Employers' Market이었다. AI 붐을 맞아 다시 채용을 늘리고는 있었지만, 또 한편으로는 여전히 산발적인 정리해고를 단행하고 있었기 때문이다.

일종의 학습 효과 때문이었다. 경제 불확실성에 따른 위기를 극복하고, 효율성을 추구하기 위해 빅테크들이 대규모 인력을 감축했지만 막상 회사 경영에는 전혀 차질이 없었던 것이다. 코로나 시기에 전면 원격 근무로 전환했음에도 큰 문제가 없었던 것을 깨닫게 된 것처럼 말이다. 한번 그 효과를 학습한 회사는 다음 목표를 찾기 시작했다. 수익성 없는 사업부, AI로 자동화할 수 있는 직군들을 찾아 정리하기 시작했다. 회사의 실적이 복구되고 주가는 상한가를 달려도 회사가 직원을 내보내는 것을 멈추지 않았던 이유였다.

2024년 고용 시장은 혼란의 연속이었다. 신수종 사업으로 각광받기 시작한 AI 분야는 채용이 증가했으나 대체되기 쉬운 직군, 수익성 낮은 부서의 인력은 해고당했다. 이직을 준비 중인 엔지니어들은 이러한 분위기를 가장 직접적으로 체감했다고 했다. 예전보다 직무적합성을 더 따졌고, 인터뷰 질문은 더 까다로웠으며, 기준은 더 높아졌다고 한다. 여전히 일자리에 비해 구직자가 많아 회사들이 더 많은 선택권을 가졌던 것이다. 연봉 협상 시에도 회사가 늘 우위를 점했다.

앞으로 실리콘밸리의 고용 시장의 사정은 어떻게 될까? 경제, 취업 전문가는 아니라 예단할 수는 없지만, 언제까지 얼어붙어 있지는 않을 것이다. 2015년, 2018년, 2020년에 나스닥 대폭락이 있었고, 이때마다 미국에서는 경기 침체, 고용 한파가 온다고 부르짖곤 했다. 하지만 그때마다 언제 그랬냐는 듯 이듬해면 시장은 돌아왔고 주가는 신고가를 갱신했다. 급기야 2021년에 기록적인 호황기가 찾아와 구직자에게 유리한 Employees' Market이 도래했다. 기술직 특히 소프트웨어 엔지니어들은 여러 회사로부터 복수의 오퍼를 받았고 회사로부터 역사적 평균을 훨씬 뛰어넘는 주식, 현금, 보너스를 챙겼다.

실리콘밸리의 일자리는 기술 트렌드와 연동되어 왔다. 덕분에 한 직군의 문이 닫히면 새로운 직군의 문이 열리곤 했다. 2010년 초중반에는 소셜 미디어, 모바일 기술이 인기몰이를 하자 빅테크, 스타트업에서 관련 분야 소프트웨어 개발자의 수요가 높았다. 2010년 중후반 AI 기술이 태동하고, 클라우드, 자율주행 기술이 등장하며 관련 엔지니어 직종이 생겨났으며, 2020년 코로나 시기 전자상거래, 원격 근무 도구, 클라우드 서비스 기술 수요가 급증하면서 많은 기업들이 관련 인력을 대거 채용했다. 그리고 2020년 중반 ChatGPT를 위시한 인공지능의 시대가 도래하며 새로운 전환기를 맞았다. 덕분에 전통적인 소프트웨어 엔지니어의 수요는 점차 줄어들고 AI 엔지니어가 각광받고 있다.

앞으로도 향후 몇 년간 AI 중심으로 고용 시장의 수요가 증가할 것으로 보인다. AI 모델을 최적화하는 연구원, 인공지능 알고리즘 개발자, 특정 도메인에 AI를 접목하는 엔지니어, AI 하드웨어 아키텍트/엔지니어, AI 라이브러리/컴파일러 엔지니어 등이다. 그렇다면 우리는 AI로 달려가야 할까? 주의가 필요하다. 앞으로 AI가 유망할 것이라 생각해 관련 대학원에 진학하거나, 세부 전공으로 삼는 것에는 큰 위험요소가 따른다. 이미 몇 년 뒤엔 인공지능이 모든 산업에 전방위적으로 적용되어 보편화될 것이기 때문이다. 모든 분야의 엔지니어가 AI를 도구로 사용하는 시대에 AI 전문가가 차별화를 꾀하기는 어려울 것이다. AI가 도메인 지식이 아니라 스킬셋으로 변화할 것이라는 관점이다.

지금 시장에서 AI 엔지니어가 각광을 받지만 언제까지 이어질지 미지수이다. 2020년대 초반까지 실리콘밸리에서 소프트웨어 엔지니어의 인기는 하늘을 찔렀다. 대학 입시에서도 컴퓨터 과학과는 경쟁이 치열했다. 부의 보증수표로 여겨졌기 때문이다. 덕분에 대학은 정원을 꾸준히 늘렸다. 하지만 2024년 소프트웨어 엔지니어 채용이 30%나 감소하였고, 초과 공급된 학생들은 졸업 후 갈 곳을 잃었다. 경력직도 마찬가지다. 풀 스택, 프런트엔드, 백엔드 엔지니어와 같이 스킬셋 위주로 커리어를 쌓은 경력자들은 늘 해고의 위험에 노출되고 이직하기도 어려운 시대가 되었다. AI 전문가의 미래가 이러지 않으리라는 보장이 없다. 11장에서 다시 자세히 이야기하겠지만, 자신만의 도메인을 명확히 설정하고 AI는 스킬셋으로 접근하는 것이 향후 고용 시장 변화에 대처하는 바른 방법일 것이다.

소프트웨어 엔지니어의 수요가 주춤하는 사이 하드웨어 엔지니어의 수요는 꾸준히 늘었다. AI 반도체의 중요성이 부각되면서 기존의 팹리스 반도체 강자들이 제품개발에 뛰어들었고, 하드웨어 스타트업들도 생겨났다. NPU(Neural Processing Unit)라 불리는 AI 가속기가 주요 화두가 된 것이다. 새로운 시장이 열리고 하드웨어 인력 수요가 급증하자 기존 GPU, CPU 회사의 아키텍트, 설계, 검증, 공정 관련 엔지니어들이 경쟁사, 스타트업들로부터 많은 연락을 받았다.

당분간 이러한 기조는 계속될 것이다. 다만 이 추세도 언제까지 이어질지 예단할 수 없다. 기술은 리서치, 소프트웨어, 하드웨어 순으로 변화하는 특성이 있다. 새로운 이론이 리서치, 학계에서 발현되면, 기술은 소프트웨어 산업으로 이동하여 응용 서비스로 발전한다. 서비스에 필요한 연산 수준이 종래의 CPU, GPU의 연산력을 넘어서면, 업계는 전용 하드웨어 개발에 착수한다. 바로 AI 기술이 이 '하드웨어' 단계에 진입해 있는 것이다. 새로운 기술이 출현하면 또다시 이런 산업 순환 사이클이 반복될 것이다.

이렇게 산업이 빠르게 변화하는 시기일수록 '기본'으로 돌아가야 한다. 공학도라면 유행보다 근본foundation이 있는 학문을 전공하고, 현직자라면 기술 트렌드에는 민감하되, 도메인 중심의 경력을 쌓아야 한다. 그것이 엔지니어로서 자신의 가치를 오랫동안 지켜내는 길이다.

3부

세상이 엔지니어에게
원하는 것

7장

엔지니어는
읽고 쓰고
생각하는 사람

연구원과 엔지니어로 커리어를 보내면서 코딩만큼이나 많이 했던 활동은 '읽기'와 '쓰기'이다. 최신 연구 동향을 좇기 위해 논문을 읽었고, 자사 제품의 구조를 이해하려 스펙을 읽었다. 경쟁사 제품의 구조, 업계 표준을 파악하기 위해서 공개된 보고서나 표준 스펙을 정독했다. 게다가 팀원과 소통 역시 텍스트를 통해 이루어진다. 보고서, 발표 자료는 읽어야 할 기본 문서이며, 메일, 팀즈나 슬랙 같은 협업 플랫폼에 올라오는 메시지들, 컨플루언스Confluence 같은 위키, 깃허브 같은 코드 저장소에 작성된 주석들은 업무에 있어 빠뜨릴 수 없는 요소이다. 그리고 이러한 넓은 범주의 읽기 활동은 그대로 나의 쓰기 활동으로 이어진다. 논문, 스펙, 직무발명(특허) 신고서, 보고서, 발표 자료, 메일, 메시지, 주석 작성은 내 업무에서 코딩만큼이나 중요했다. 이렇게 읽고, 쓰는 일은 엔지니어의 업무에서 많은 부분을 차지한다.

텍스트로 존재하는 도메인 지식을 습득하기 위해서는 이를 바르게 읽을 줄 알아야 한다. 반대로 쓰기 행위는 내가 도출해낸 공학적 결과물을 텍스트로 생산하는 것이다. 상사, 고객, 팀원 등 이를 읽는 이가 만족할 수 있도록 쓰는 것이 중요하다. 그리고 이들은 모두 고도의 사고력을 요구한다.

이번 장에서는 엔지니어의 독서에 관하여 논하고, 엔지니어의 올바른 글쓰기 원칙에 대해 설명할 것이다. 이후 엔지니어가 작성하는 대표적 문서인 보고서, 논문, 직무발명 신고서 작성 요령을 안내하고, 각각이 엔지니어 개인에게 어떤 의미인지를 알아볼 것이다.

책 읽는 엔지니어가
결국 살아남는다

엔지니어는 무언가를 설계하거나, 코딩을 하거나, 도면을 그리거나, 스펙을 쓰거나, 발표 자료를 작성한다. 그런데 이러한 일련의 작업은 모두 사고의 결과물이다. 따라서 좋은 엔지니어가 되기 위해서는 사고의 폭을 넓히는 것이 무엇보다 중요하다. 이러한 사고의 폭에 포함되는 능력에는 무엇이 있을까? 이들은 대부분 복합적으로 작용하기 때문에, 딱 떨어지게 구분하는 것은 어렵겠지만 다음과 같이 정리해볼 수 있을 것 같다.

첫째는 논리적 사고이다. 구글은 한때 "스쿨버스에 골프공이 몇 개 들어갈까요?"와 같이 황당한 질문들을 통해 지원자의 사고력을 평가했다.* 지원자가 문제를 효과적으로 세분화하고, 자신만의 가설을 세워 수식화할 수 있는지 그리고 이를 얼마나 논리적으로 설명하는지를 확인하려는 의도였다. 논리적 사고logical thinking란 '명확한 이유와 근거를 통해 증명하고 결론을 도출하는 생각의 방식'이다. 이러한 사고 습관은 실무에도 직접적으로 적용된다. 소프트웨어나 하드웨어 엔지니

---

*물론 이런 수수께끼 성격의 질문은 더 이상 실리콘밸리 빅테크 인터뷰에서 등장하지 않는다. 문제 은행식으로 자리 잡아 암기해 오는 지원자들이 많아졌기 때문이다.

어로 예를 들어보자. 대부분의 소프트웨어와 하드웨어는 입력, 처리, 출력을 갖는 모듈의 집합이다. 각 모듈은 입력(이유, 근거) → 처리(증명) → 출력(결론)과 같이 귀납적으로 동작한다. 따라서 엔지니어가 잘 구조화된 좋은 시스템을 설계하기 위해서는 우선 논리적으로 생각할 줄 알아야 한다.

　엔지니어는 숫자를 자주 다루기 때문에 분석적인 사고analytic thinking 도 필요하다. 엔지니어는 지연 시간, 처리량, 성능, 효율, 소비 전력, 비용 등과 같은 숫자로 주어지는 주요 지표들을 통해 시스템이 어떻게 동작하는지 머릿속에 떠올리며 감을 잡는다. 설계 의도대로 동작하는지, 내 아이디어가 효과적이라고 볼 수 있는지, 경쟁사 제품보다 우세한지 열세한지 모두 숫자로 파악한다. 개발, 검증 단계에서는 가능한 많은 숫자를 출력하도록 시스템 곳곳에 성능 카운터performance counter들을 이식하고, 수시로 지표들을 확인하면서 설계를 수정하거나 오류를 바로잡는다. 숫자 이면에 담긴 현상을 추론하고 이를 통해 올바른 정보를 도출할 수 있어야 하는 것이다. 새로운 아이디어나 가설을 제시할 때도 숫자를 제시하여 상대방을 설득해야 한다. 경험이나 주관에 의존하면 설득력이 떨어진다. '소비 전력 면에서 효율적이다'라는 두루뭉술한 표현보다는 '1.7배 소비 전력이 절감되었다'라고 명확한 숫자에 근거한 주장이 설득력을 갖는다.

　마지막으로 엔지니어에게 가장 중요한 것이 바로 추론적, 추상적 사고abstract thinking이다. 이는 개별적인 현상과 사례에서 하나의 개념이나 원리를 도출하는 생각의 방식이다. 직접적인 경험이나 증거가 없이도 눈앞에 펼쳐진 현상들을 보고 인과관계와 원리를 떠올리는 것이다. 이러한 추상적 사고는 엔지니어 실제 업무에서 광범위하게 사용된다. 예를 들어 내가 구현한 시스템이 오동작을 할 때 오류가 발생한 결과와 잠재적인 원인들 간의 연관성을 바탕으로 근본적인 원인을 찾아야 한다. 엔지니어가 가진 추론 능력에 따라 문제 해결까지 걸리는 시간은 극적으로 달라진다.

연차가 높아지면서 기획 업무를 하게 되는데, 이때 추상적 사고가 더욱 중요하다. 엔지니어는 경쟁사 제품을 리버스 엔지니어링reverse engineering하고, 그들이 공개한 제한된 정보로부터 동작 방식을 추론한다. 또한 과거와 현재의 기술 트렌드를 분석해 미래 시장을 예측하기도 한다. 새로운 아이디어를 떠올리거나 당사의 올바른 기술 전략을 수립할 때, 심지어 장황한 보고서 내용을 압축해 핵심만 뽑아내는 과정 그 모두에서 추상적 사고가 발휘된다. 리더급에 오를수록 제한된 정보로부터 원리를 추론해 낼 수 있는 능력, 즉 '통찰력'이 필요한 것이다. 결국 엔지니어가 실무를 잘하기 위해서는 논리적, 분석적 사고가 필요하지만 경력이 성장함에 따라 추상적 사고력이 함께 중요해진다.

엔지니어라면 은퇴할 때까지 책을 가까이해야 하는 이유가 여기에 있다. 엔지니어의 핵심 역량이 사고력이고, 이를 키우기 위해서 독서만큼 좋은 것은 없기 때문이다. 인공지능은 깊은 신경망neural network으로 되어 있는데, 그 신경망을 학습시킬 때 많은 데이터를 공급해야 한다. 그리고 신경망의 추론 능력은 학습에 사용된 데이터의 품질과 풍부함에 달려 있다. 여기서 신경망은 인간의 뇌를 개념적으로 모사한 것뿐이다. 이러한 원리는 우리의 두뇌에도 적용된다. 인지, 사고, 추론 능력을 발휘하기 위해서는 인간의 뇌도 마찬가지로 지적 자극을 반복적으로 공급받아야 한다. 그것이 바로 '독서'이다. 인공지능 용어로 말하자면 독서는 곧 비지도 학습unsupervised learning인 셈이다. 정답label이 없는 데이터를 받아 신경망이 스스로 패턴을 찾아내듯이, 꾸준한 독서를 통해 우리의 뇌가 점진적으로 사고력을 높이는 것이다. 실제로 뇌과학, 인지과학 분야의 다양한 연구에서 꾸준한 독서는 뇌의 신경 섬유의 밀도를 높이고, 뇌의 각 영역 간의 연결성을 강화하여 언어 처리와 인지 능력, 추상적 사고력을 증진시킨다고 보고하고 있다.[17][18]

미국의 철학자 모티머 제롬 애들러는 『생각을 넓혀주는 독서법』에서 "눈 앞에 보이는 활자들을 실마리로 하여 자신의 지력으로만 책을 읽으며 해석할 때 '이해가 부족한 상태에서 더 나은 이해 상태로' 점차 자신을 끌어올리게 된다"라고 했다.[19] 우리는 텍스트를 읽으며 뇌를 활성화하고, 독서를 통해 생각하는 힘을 길러 사고의 폭을 넓힌다. 따라서 우리의 지식수준보다 조금 높은 책, 자신이 잘 모르는 분야의 책을 읽어야 한다. 그런 의미에서 엔지니어는 인문학을 가까이할 필요가 있다. 문학, 철학, 사회학, 역사서를 읽으며 사고방식을 유연화하기 위해서이다.

디지털 기술이 발전하면서 우리는 텍스트를 읽어 내는 데 필요한 집중력을 상실하고 있다. 빠른 시간 내에 원하는 정보만을 취사선택하기 위해 검색과 인공지능을 활용한다. 지식을 흡수하기 위해 글보다는 그림을, 그림보다는 비디오를 선호한다. 우리는 스스로 생각하는 일에 게을러지고, 상상력과 추상화 능력을 발휘할 수 있는 기회를 스스로 제한한다. 엔지니어인 우리가 역량을 발휘하려면 타인이 만든 이미지를 소비하는 것이 아니라, 텍스트를 이미지로 직접 형상화해 '생산'해 낼 수 있어야 한다.

재미있는 것은 똑같이 디지털 기기의 사용이 증가해도, 미국은 여전히 독서율이 높다는 점이다. 학교 교육 과정에서부터 독서를 중요하게 다루고 있고, 독서 과제나 독서 목록이 정기적으로 주어진다. 또한 독서 클럽, 북 페스티벌 등 독서에 관련한 사회적 활동이 활발하기 때문에 성인이 될 때까지 자연스럽게 독서 습관이 길러진다. 특히 실리콘밸리에 근무 중인 현지 엔지니어들은 자녀들이 어린 시기부터 독서에 친숙해지도록 다양한 노력을 기울인다. 자녀가 미취학 시기부터 인근 도서관에 함께 방문해 시간을 보내고, 자녀가 읽을 책을 도서관에서 주기적으로 대여해 오곤 한다.

흥미로운 것은 실리콘밸리의 엔지니어들이 자녀들의 디지털 기기 사용을 제한하는 경향이 있다는 것이다. 기술의 장점과 단점을 잘 알고 있기 때문에 오히려 자녀들이 기기 사용에 과도히 의존하지 않도록 신경을 쓴다. 이런 자녀들은 초등학교에서 친구들과 경쟁적으로 책을 읽고, 중고교에 진학하면 고전 문학을 탐독하며 에세이를 쓰는 것이 일상이 된다. 이렇게 어린 시절부터 많은 독서에 노출된 미국 자녀들이 성장해 명문 대학에 진학하는 것은 우연이 아니다.

독서를 하라는 말이 비주얼, 인공지능 시대에 역행하는 메시지일지도 모른다. 하지만 엔지니어에게 책은 영원히 함께 해야 할 동반자이다. 교양과 지적 허세를 위해서가 아니라, 엔지니어 본연의 역량 강화를 위해서다. 엔지니어라면 인공지능이 요약해 준 텍스트에 길들여져 의존하는 것이 아니라, 자신만의 방식으로 정보를 추상화하고 텍스트를 생산할 수 있어야 한다. 우리는 기술을 소비하는 사람이기 이전에 창조하는 사람이라는 것을 명심하자.

육체적 능력이 단기간에 좋아지지 않듯이, 사고력 역시 하루아침에 좋아지지 않는다. 20~30대부터 다독多讀과 다상량多商量에 힘쓰면 힘쓸수록, 40~50대 시니어 엔지니어가 되었을 때 그 열매를 맺게 된다. 기억력과 같이 쇠락해 가는 정신 능력을 최대한 유지하기 위해 시니어 엔지니어가 되어도 독서를 멈추지 않아야 한다. 그것이 엔지니어가 은퇴할 때까지 책을 놓지 말아야 하는 이유다.

Q: 저는 논문, 인터넷에 있는 글을 많이 읽는데요. 굳이 책을 읽어야 할까요?

A: 책에는 다양한 목적이 있습니다. 정보 제공, 흥미를 위해 읽는 책도 존재합니다. 예를 들어 실용서나 자기 계발서의 경우 정보 제공의 역할이 큽니다. 그리고 픽션과 에세이 등의 경우 흥미를 위해 읽는 경우가 많죠. 하지만 제 생각에 우리의 사고력을 키워주는 데 가장 큰 도움이 되는 독서는 '이해'를 위한 독서입니다. 특정 분야에서 깊은 이해도와 통찰력을 가진 저자의 관점을 이해하기 위해 읽는 것이죠. 이런 책들은 우리의 기존 지식수준을 넘어서기 때문에 읽는 과정에서 이해하려는 노력이 필요합니다. 때로는 반복해서 읽어야 하기도 하죠. 이러한 과정을 통해 우리의 사고력은 점차 향상됩니다.

논문도 이해를 위한 읽기의 성격이 있습니다. 논문을 읽으며 저자가 제시하는 새로운 이론을 이해하는 과정이 발생하기 때문입니다. 다만 업무에 필요한 논문을 읽는 경우 대부분 자신의 전문 분야와 관련된 내용이기 때문에, 자신에게 낯선 새로운 분야의 글을 이해하며 경험하는 사고의 확장은 비교적 적을 수 있어요.

인터넷 기사나 칼럼에서도 고품질의 글을 많이 찾을 수 있습니다. 하지만 동시에 인터넷에는 진위 여부가 확인되지 않은 글들도 많습니다. 쉽게 작성되고 게시되기 때문이죠. 독서가 우리의 두뇌 신경망을 훈련하는 과정이라고 본다면, 이는 일종의 노이즈가 될 수 있습니다. 반면, 책은 저자가 오랜 시간 고민하고 자체 검증을 거쳐 저술하고 출판하기 때문에 비교적 이런 위험 요소가 적습니다.

결론적으로 사고력을 높이기 위해서는 깊이 있는 이해를 요구하는 책을 읽는 것이 필요합니다. 저자가 오랜 시간 동안 쌓은 지식을 우리의 것으로 만드는 과정을 통해 사고력을 기를 수 있기 때문입니다.

글쓰기
3원칙

1998년 12월, 미국 나사는 화성의 대기와 기후를 연구하기 위해 궤도선을 발사했다. 궤도선은 약 10개월 동안 지구와 화성 사이를 이동했고, 1999년 9월 화성 궤도에 진입을 시도했다. 안정적으로 궤도에 안착하기 위해 화성을 중심으로 여러 차례 공전을 해야 했다. 큰 타원형으로 돌다가 점차 거리를 좁히며 원형 궤도로 접근하는 과정이었다. 첫 공전 시도에서 궤도선은 주 엔진을 연소하여 화성의 뒷면으로 진입했고, 이로 인해 통신이 잠시 끊겼다. 예정대로라면 약 11분 후에 다시 시야에 나타나야 했으나, 궤도선은 끝내 나타나지 않았다.

나사는 임무 실패를 인정하고 조사 위원회를 꾸렸다. 한 달 반 동안의 분석 끝에 밝힌 원인은 예상외로 단순했다. 궤도 진입 시 로켓 분사의 총 운동량 변화를 계산하는데, 록히드 마틴Lockheed Martin사와 나사NASA의 소프트웨어가 서로 다른 단위를 사용한 것이었다.* 이 때문에 잘못된 값이 나사의 소프트웨어에 입력되어, 궤도선을 예상보다 가까운 거리에서 화성에 진입시켜 버린 것이다. 대기권의 저항과 마찰로 궤도선이 불타, 유실되어 버렸다. 이 사건으로 인해 손실된 비용은 3억 2,760만 달러, 당시 환율 한화로도 약 3,700억에 달했다.[20]

이는 두 조직 간의 부정확한 의사소통이 불러온 결과였다. 록히드 마틴에 의해 계산된 값이 나사로 전달되는 동안에 한 번도 이 문제를 확인하지 않은 것이다. 물론 록히드 마틴의 잘못으로만 치부할 수는 없다. 프로젝트를 시작하면서 명확한 기준을 세우지 않은 것도 문제

---

*록히드 마틴은 '파운드/초', 나사는 '킬로그램/초' 단위를 사용했다.

였다. 그러나 록히드 마틴의 엔지니어가 최종 결과 문서를 작성할 때 누군가 이 문제를 한 번이라도 의심했다면 이러한 사태를 미연에 막을 수 있었을 것이다.

나는 아키텍트로서 스펙을 쓰는 것이 주 업무이다. 설계한 하드웨어 블록의 동작 원리를 표현하는 도면과 함께 그 구조, 블록 간 전달하는 데이터의 종류, 크기, 알고리즘을 설명하는 프로그램 의사 코드 pseudocode를 상세히 기록한다. 이 스펙을 읽고 실제 하드웨어를 구현하는 엔지니어를 위해서이다. 스펙의 한 문장 한 문장을 쓰면서도 오류가 있는지, 모호한 표현은 없는지 몇 번에 걸쳐 검수를 한다. 물론 설계 과정에서 소수의 구현 담당자들과 수시로 소통을 하지만, 향후 구현팀의 많은 엔지니어들이 참고할 문서가 결국 이 스펙이기 때문이다. 특히 스펙에 기술된 의사 코드에 버그라도 있다면, 이를 기준으로 구현된 제품에서 치명적인 문제가 발생할 수도 있다. 최악의 경우 제품 전량을 회수해야 하고 천문학적인 비용을 초래할 수도 있다. 물론 그 상황을 방지하기 위해 반도체를 엄격하게 검증하고 테스트하는 별도의 조직이 있다. 하지만 아키텍처 설계 단계부터 완벽을 기할수록 구현, 테스트를 진행하는 엔지니어의 수고는 훨씬 줄어든다.

엔지니어는 직군에 따라 다양한 목적의 문서를 생산한다. 아이디어를 보호하기 위해 직무발명 신고서를 작성하여 특허를 출원하며, 설계한 모듈을 설명하기 위해 스펙을 쓴다. 제품 출시가 가까워지면 매뉴얼, 설명서, 릴리즈 노트를 기술하며, 자사 제품의 새로운 기능을 홍보하려 홈페이지나 소셜 미디어에 기사를 작성하기도 한다. 회사를 대표해 표준화 활동을 하는 경우 스펙 제안서를 쓰고, 연구직인 경우 논문을 쓴다. 또한 엔지니어는 수시로 짧은 글을 쓴다. 일의 진행 상황을 요약하는 보고서, 발표를 위한 자료, 업무 메일을 쓰며, 심지어 코딩을 할 때도 코드의 의미를 설명하는 주석을 단다.

엔지니어가 생산하는 모든 글에는 이를 '읽는 이', 혹은 '독자'가 있다. 엔지니어는 이러한 독자가 만족할 수 있는 글을 써야 한다. 이를 위해서는 엔지니어의 글은 무엇보다 '정확'해야 한다. 그렇지 않으면 읽는 이에게 혼란만 줄 뿐이고, 조직 간 누적된 혼란은 앞의 예시인 '궤도선의 비극'까지 초래하게 된다. 엔지니어가 정확하게 글을 쓰기 위하여 반드시 명심해야 할 세 가지 원칙을 알아보자.

원칙 1. 분명한 문장을 써야 한다

엔지니어가 쓰는 문장에는 오해의 여지가 없어야 한다. 기술 문서 작성 시 문장의 명료함을 헤치는 글쓰기 습관들이 몇 가지 있다. 이러한 글쓰기 습관을 가지고 있다면 반드시 고치는 것이 좋다.

우선 대명사를 남용하는 것은 문장을 모호하게 만든다. 명확하게 대상을 지칭하지 않고 대명사를 남발하면 독자에게 혼란을 주게 된다. 특히 영문 문서를 쓸 때 자주 발생한다. 한국어의 경우 문맥에 따라 주어나 목적어를 생략하는 경우가 많지만, 영어 문장에서는 주어, 목적어, 소유격 등을 대명사로 자주 표현하기 때문이다. 아래 문장을 보자.

"This system processes data through it, and it is designed to meet **their** requirements. Using it will maximize its performance. When installing it, carefully choose its location. If it is not set up properly, it may not function as expected. To resolve **this**, refer to its manual."

이 영문을 그대로 직역하면 다음과 같이 매우 어색한 문장이 만들어진다.

"이 시스템은 **그것**을 통해 데이터를 처리하며, **그것**은 **그들**의 요구를 충족시키기 위해 설계되었다. **이**를 사용하면, **그것**의 성능을 최대화할 수 있다. **그것**을 설치할 때, **그것**의 위치를 주의 깊게 선택하라. **그것**을 제대로 설정하지 않으면, **그것**이 예상대로 작동하지 않을 수 있다. **이**를 해결하려면, **그것**의 매뉴얼을 참조하기 바란다."

극단적인 예문이긴 하지만 이 문장에서 11번의 대명사가 사용되었다. 앞에서 나온 대상을 간결하게 지칭하기 위해 대명사를 사용했지만 기술 문서에서는 최대한 이러한 표현은 피해야 한다. 대명사 남발은 지칭하는 대상을 모호하게 해, 독자가 문맥을 통해 '추론'하는 수고를 해야 한다. 따라서 불필요한 대명사 주어들을 통합하고 가능한한 지칭하는 단어를 직접 사용해야 한다. 올바르게 수정된 문장은 다음과 같다.

"This data processing **system** is designed to meet **user** requirements. Using the **system** will maximize **data processing** performance. When installing **the system**, carefully choose the installation location. If **the system** is not set up properly, it may not function as expected. To resolve any **issues**, refer to the **system** manual."

어떤 의역 없이 국문으로 번역해도 훨씬 자연스러운 문장이 만들어진다.

"이 데이터 처리 **시스템**은 **사용자** 요구를 충족시키기 위해 설계되었다. 이 **시스템**을 사용하면, **데이터 처리 성능**을 최대화할 수 있다. **시스템**을 설치할 때, 설치 위치를 주의 깊게 선택하라. **시스템** 설치를 제대로 설정하지 않으면, 시스템이 예상대로 작동하지 않을 수 있다. 이 **문제**를 해결하려면, **시스템** 매뉴얼을 참조하기 바란다."

한국어의 경우 대명사가 아니어도 포괄적인 의미를 담는 명사들이 있다. '~부분', '~측'과 같이 해석의 여지를 남기는 명사를 남용하게 되면 지칭하는 바의 구체성이 떨어지고 독자에게 혼란을 야기한다. 나아가 저자의 전문성마저 의심받는다. 아래 문장을 보자.

"이 소프트웨어는 데이터 처리 측면에서 다양한 기능을 제공하며, 각 **부분**은 특정 요구 사항을 충족하기 위해 설계된 **부분**이다."

앞의 '측면'이라는 말은 뒤에 나오는 '기능'을 수식하기 위해 사용했다. 하지만 이는 '데이터 처리'라는 말의 의미를 희석한다. 그리고 뒤 구절에서 '부분'이라는 말을 반복해 그 의미의 모호성을 키웠다. '측'을 제거하고 '부분'을 정확한 용어로 바꿔 수정한 문장이다.

"이 소프트웨어는 다양한 데이터 처리 **기능**을 제공하며, 각 **기능**은 특정 요구 사항을 충족하기 위해 **설계되었다.**"

엔지니어가 기술 문서를 쓰면서 흔히 하게 되는 또 하나의 실수가 같은 대상에 대한 명칭을 여러 용어들로 섞어 쓰는 것이다. 아래 예를 보자.

"제안하는 시스템은 기업용 **데이터베이스 관리 시스템(DBMS)**을 사용하여 데이터를 처리한다. **DBMS**를 통해 우리는 다양한 데이터 저장 기능을 제공할 수 있다. 또한 **데이터 엔진**은 데이터 무결성을 유지하도록 하고, **데이터 소프트웨어**는 대용량 데이터를 효율적으로 관리하며, **데이터 프로그램**을 통해 다양한 쿼리 언어를 지원한다."

여기서 DBMS, 데이터 엔진, 데이터 소프트웨어, 데이터 프로그램은 사실, 모두 같은 대상인 데이터베이스 관리 시스템을 가리키는 말이다. 이러한 명칭을 혼용하여 문장을 혼란스럽게 만들었다.

"제안하는 시스템은 기업용 데이터베이스 관리 시스템(DBMS)을 사용하여 데이터를 처리한다. 이 DBMS를 통해 우리는 다양한 데이터 저장 기능을 제공하며, 데이터 무결성을 유지한다. 또한 DBMS는 대용량 데이터를 효율적으로 관리하고, 다양한 쿼리 언어를 지원한다."

특히 명칭 혼용은 같은 문장이 아니라 문서 전체에 걸쳐 더 자주 발생한다. 엔지니어가 시간차를 두고 문단, 장을 기술하면서 앞에서 사용한 용어를 잊기 때문이다. 따라서 문서를 작성할 때 앞에서 기술한 문장에서 이러한 용어의 불일치가 없는지 수시로 확인해야 한다.

수동태를 자주 쓰는 것도 문제가 된다. 엔지니어가 논문이나 스펙 등 영어 기술 문서들을 많이 읽으면 영미권 문장에 익숙해진다. 따라서 국문 기술문서를 작성하면서 자신도 모르게 수동태를 남발하는 경우가 있다.* 수동태는 불필요하게 문장을 복잡하게 한다. 또한 have, make, let과 같은 사역 동사로 된 문장에도 익숙하다 보니 국문을 쓰면서도 어색한 번역체로 작성하기도 한다. 다음의 예를 보자.

"데이터는 서버에 의해 처리되고 요청은 클라이언트에 의해 보내진다. 요청이 시스템에 의해 받아들여지는 순간 즉시 응답된다. 데이터는 네트워크에 의해 전송되고 서버에 의해 저장된다. 이 과정에서 프로세스는 서버로 하여금 데이터를 복호화하게 만든다."

원래대로라면 '데이터', '요청', '역할'과 같이 동사의 목적어가 되어야 할 대상을 주어로 쓰면서, 다소 억지스럽게 수동태 문장으로 작성하였다. 또한 마지막 문장의 사동 표현 때문에 문장이 부자연스럽다. 이를 능동태로 수정하고 사동 표현을 제거하면 다음과 같다.

"서버는 데이터를 처리하고 클라이언트는 요청을 보낸다. 시스템은 요청을 받는 순간 즉시 응답한다. 네트워크는 데이터를 전송하고 서버는 데이터를 저장한다. 이 과정에서 프로세스는 서버에게 데이터를 복호화하도록 한다."

---

*요즘은 미국에서도 기술 문서 작성 시 능동태를 많이 쓴다.

사실 이러한 문장은 영어를 국문으로 번역하면서 자주 나타나는 번역체다. 하지만 애초에 국문 기술문서를 작성하면서도 영미권 문장에 익숙해져 자신도 모르게 이런 번역체 문장을 사용하는 것이다. 의식적으로 능동태를 사용하여 보다 간명한 문장을 작성해야 혼선을 없앨 수 있다.

약어(줄임말) 남발도 문제다. 미국 회사에서 신입 사원이나 이직자가 업무 파악을 위해 문서를 읽을 때, 혼란스러움을 느끼는 경우가 있다. 스펙 문서나 발표 자료의 문장에서 상당히 많은 약어를 발견할 때이다. 축약된 용어 때문에 의미 파악이 잘 안되기 때문이다. 엔지니어들은 효율과 경제성을 따지면서 일하는 것이 습관이 되어 있어서, 메일과 메시지로 소통할 때 약어를 즐겨 쓴다. 같은 기술 배경을 갖는 엔지니어들 간에는 약어로도 의미 전달이 충분하다. 하지만 문서를 소비하는 독자가 다른 배경을 갖는 엔지니어, 외부 고객, 일반 사용자라면 이처럼 문제가 된다. 가능한 본딧말 용어(본래 용어)를 사용하고, 문장의 간결함을 추구하기 위해 어쩔 수 없다면, 반드시 문서의 서두에 약어집glossary을 첨부해야 한다. 약어집에는 해당 문서에 사용하는 모든 약어의 본딧말을 빠짐없이 포함시켜야 한다.

위에서 설명한 글쓰기 습관, 글쓰기 방식의 문제 외에도 엔지니어가 불분명한 문장을 작성하는 다른 이유들이 있다. 하나는, 자신의 생각이나 지식을 정확한 문장으로 표현할 어휘력이 부족하기 때문이다. 이러한 경우 어휘력을 기르는 수밖에 없다. 일상적 소통 수준에서의 어휘에만 노출된다면 어휘력을 기를 수 없다. 한국어 표준국어대사전의 단어 수는 약 42만여 개이다. 그런데 그중 일상생활에서 많이 사용하는 단어는 1,000여 개에 불과하다고 한다.[21] 그리고 말은 입 밖으로 나오는 순간 휘발되어 버린다. 보다 다양한 단어를 휘발되지 않게 머릿속에 담아내는 방법, 즉 독서가 어휘력을 키우고 나아가 좋은 글을 쓰는 원동력이 된다.

또 하나는, 자신이 전달하려는 정보에 확신이 없기 때문이다. 작성하는 글의 근거가 부족하거나 결과가 불완전하기 때문이다. 하지만 이러한 경우 '알아서 해석하라'는 식으로 무책임하게 글을 쓸 바엔, 해당 문단을 비워두고 'TBD(To Be Determined)'를 남기는 것이 차라리 낫다. 추후 근거나 결과를 보강한 뒤 글을 갱신하는 것이 읽는 이의 오해를 줄이는 길이다.

원칙 2. 주관과 감정은 배제해야 한다.

논문 리뷰어로 활동하는 한 학회에서 나에게 몇 년 전 논문 리뷰를 부탁한 일이 있었다. 논문을 읽는데 처음부터 '탁'하고 막히는 문구가 있었다.

"We first present several methods with **good performance**."

이 논문의 저자는 자신의 방법이 '좋은 성능'을 보장한다는 것을 말하고자 했다. 하지만 과학 기술 논문에서 이런 주관적인 표현은 눈살을 찌푸리게 한다. 해당 논문의 저자는 단순히 좋은 성능이라고 할 것이 아니라 그것이 왜 좋은 성능인지를 객관적인 숫자로 표현해야만 했다.

엔지니어가 글에서 아직 입증되지 않은 것을 주장한다면 구체적인 논리로 무장해야 하고, 객관적이고 보편타당한 사실에 근거하여야 한다. 특히 논문이나 발명 신고서와 같은 글에서 주관이 들어간 문장이 보이는 순간 그 글은 힘을 잃는다. 따라서 엔지니어는 글을 쓰면서,

지금 내가 주관적인 논리에 빠지고 있지는 않은지 계속 의심해야 한다. 엔지니어가 주관에 의지할 경우 편향에 빠지기 쉽다. 나아가 이러한 태도가 심화되면, 극단적인 경우 데이터 조작과 같은 직업윤리를 훼손하는 일까지 저지를 수 있다.

엔지니어가 쓰는 글은 남다른 감수성이나, 휘황찬란한 표현이 필요하지 않다. 불필요한 부분은 최대한 걷어 내어 명료하게 쓰고, 논리를 희석하는 형용사, 부사들은 배제하는 것이 좋다.

원칙 3. 주장에는 근거가 따라야 한다.

논문이나 직무발명 신고서와 같이 엔지니어가 쓰는 설득의 글에는 쓰는 이의 주장이 담긴다. 그리고 주장이 설득력을 얻기 위해서는 반드시 근거가 있어야 한다. 간혹 사실과 주장을 혼동하곤 하는데 사실은 이미 증명되어 누구나 인정하는 진리이며 주장은 아직 입증되지 않은 본인만의 생각이다. 사실에는 근거가 필요하지 않다.

엔지니어가 쉽게 범하기 쉬운 실수가 주장을 사실이라 착각하며 글을 쓰는 것이다. 자신의 주장을 남들도 당연히 인정할 것이라 생각하는 것이다. 이런 오류에 빠지지 않기 위해서는 글을 쓸 때 스스로에게 '왜?'라는 질문을 끊임없이 던져야 한다. 글의 내용은 이러한 질문에 대한 답을 제시하는 과정이어야 한다. 그래서 논문에서는 참고 문헌을 인용하고, 수학적 증명, 실험 결과 등을 첨부한다. 직무발명 신고서의 경우 이미 존재했던 기술과의 차별점을 입증한다. 제안서에서는 제안하는 기술이 고객에게 필요한 이유를 설명하려 시장 동향, 전망 리포트, 통계 등의 자료를 적극 활용한다.

엔지니어가 자신의 주장을 입증하는 가장 보편적인 방법은 바로 실험이다. 실험 조건에 따라 결과의 신뢰도는 달라질 수 있지만, 일단 실험 데이터가 있다면 주장을 뒷받침할 최소한의 근거가 되어준다. 숫자로 말하고 소통하는 것이 일상인 엔지니어들에게는 데이터가 곧 논리이기 때문이다. 실험을 하기 어려운 상황이라면 수학 모델을 활용하거나 통계 분석 결과라도 활용해야 한다.

Q: 저는 주니어 엔지니어입니다. 다른 업무를 할 때는 열정적으로 임하게 되는데, 글을 써야 할 때는 도저히 동기 부여가 안됩니다. 주간 보고서나, 프로젝트 종료 시 완료 보고서를 써야 할 때가 있습니다. 이것들을 왜 써야 하는지, 글쓰기가 저의 경력에 무슨 도움이 되는지 와닿지 않습니다.

A: 이해합니다. 때때로 직장에서 필요한 어떤 글쓰기는 매우 비실용적으로 느껴질 수도 있습니다. 이 문제는 두 가지 관점에서 생각해 볼 필요가 있겠습니다.

첫 번째는 '내가 작성해야 할 문서를 누가, 왜 읽는 것일까?'입니다. 관료적인 성격이 큰 조직 문화일 경우, 보고할 내용도 많고 내용보다 형식을 강조하기도 합니다. 시스템을 통해 조직을 관리하기 때문에 매뉴얼이 많은 것입니다. 그리고 매뉴얼은 곧 문서화를 의미하죠. 심지어 문서 자체가 프로세스의 일부로 존재하는 경우 해당하는 글을 읽는 주체가 불분명합니다. 엔지니어의 시간은 한정적이기 때문에, 이 경우에는 직장에서 행해지는 '모든' 글쓰기에 몰입할 필요는 없다고 봅니다. 업무적으로 중요한 문서를 쓸 때만 집중하는 것이 좋습니다.

두 번째는 '직장에서의 글쓰기는 우리의 경력에 어떤 도움이 되는가?'입니다. 글을 읽는 사람이 명확히 있다고 해도, 인사 고과나 경력 차원에서 내게 무슨 도움이 될지 와닿지 않는다는 말이 이해가 갑니다. 하지만 엔지니어로서 좋은 글쓰기를 하면 얻을 수 있는 것은 고과와 같은 가시적인 보상이 아닌, 좋은 '평판'입니다. 명확한 문장을 사용해 메일로 소통하고, 습득한 정보와 지식을 문서로 잘 정리해 동료와 공유하며, 보고서를 자세하고 구체적으로 작성해 유관부서 엔지니어들에게 유익함을 주었다면, 작성자의 사내 평판과 영향력은 자연스레 올라갑니다. 문서를 통해 내 전문성이 드러나기 때문이죠.

제가 미국에 올 수 있었던 것은 한국에 있을 때 출장 보고서에 많은 공을 들였기 때문입니다. 상사에게 좋은 평가를 받아 지속적인 출장 기회를 얻었고 이러한 경험은 미국 이직에 도움이 되었지요. 그러니 엔지니어의 글쓰기는 곧 평판으로 이어지고, 좋은 평판은 경력에서 중요한 요소라는 점에 집중하면 어떨까요.

작지만 큰 차이를 만드는 보고서 작성 팁

보고서는 업무상 가장 흔히 쓰게 되는 문서다. 특히 위계가 중요한 조직일수록 보고 문화가 일상이다. 그리고 문서는 발표나 구두 보고와 함께 중요한 보고의 수단이다. 보고서는 통상 업무 진척 사항을 상사나 고객과 같은, 읽는 이에게 알리기 위해 쓴다. 주간, 월간, 분기 등 주기별로 쓰기도 하며, 프로젝트 중간, 완료 등 특정 시점에 쓰기도 한다.

그중 가장 자주 쓰는 문서는 주간 보고서다. 말 그대로 매주 한 번씩 쓰기 때문이다. 회사마다 양식이 다르긴 하지만 통상 주간 보고서에는 금주 진행 업무를 요약정리하고 차주 계획을 간략히 덧붙이게 된다. 그런데 보고서 작성 시 단순히 사실을 나열해서는 곤란하다. 보고서 작성의 두 가지 핵심 포인트는 '독자 지향'과 '일관성'이다.

독자 지향

여기 보고서 예시가 있다. 회사마다 양식이 다르지만 들어가는 내용은 아주 크게 다르지 않을 것이다. 참고의 예시로 작성한 내용일 뿐

특정 회사의 기술을 포함하는 것은 아니다.

22주차 주간 보고서

작성자: 홍길동

소속: XXX 전자 반도체 연구개발팀

기간: 2024년 5월 27일~5월 31일

1. 주간 업무 요약

　1) 차세대 메모리 칩 개발

　　• AAA, BBB 유닛 회로 설계 완료

　　• 시뮬레이션 테스트 실시, 초기 결과 양호. CCC 테스트 벤치에서 오류 발생. 로그 분석을 통해 원인 파악 중

　　• 설계 수정 사항 반영 및 최종 검토 진행 중

　2) 기존 제품 성능 및 전력 소모 개선

　　• 성능 테스트 완료.

　　• 게이트 레벨 시뮬레이션을 통해 블록별 소모 전력 프로파일링 실시

　　• 구조 개선을 통해 이전 구조 대비 소비 전력 32% 감소

　　• 발표 자료 및 보고서 작성 중

2. 차주 계획

　1) 차세대 메모리 칩 개발

　　• AAA, BBB 유닛 오류 해결 및 최종 설계 검토 완료

　　• 설계 승인 후 제작 단계로 진행

　2) 기존 제품 성능 및 전력 소모 개선

　　• 최종 테스트 완료 및 개선 사항 제품 반영

3. 기타

　1) 교육: 반도체 최신 기술 세미나 참석(5/25)

　2) 회의: 전력 소모 분석, 검증 팀과의 협업 타진(5/26)

금주 진행된 업무와, 차주 계획, 기타 사항을 정리한 전형적인 주간 보고이다. 매주 작성하는 문서이기 때문에 엔지니어라면 이미 익숙한 형식일 것이다. 하지만 우리는 여기서 한 단계 더 나아가야 한다.

우리는 보고서를 쓸 때 1차적으로 읽는 사람의 입장을 철저히 고려해야 한다. 이는 대개 피보고자인 상사다. 그런데 상사는 당신의 보고서를 단순히 읽고 끝내지 않는다. 다른 구성원의 보고서들과 함께 취합, 요약, 수정 후 자신의 상사에게 다시 보고한다. 이렇게 조직의 계층을 타고 올라가면서 보고서의 내용은 단계별로 축약된다.

실무진에서 쓴 보고서는 몇 단계를 거쳐 임원에게 도달한다. 그 내용이 중요하다면 임원 역시 관련 내용을 보고서로 읽을 것이고, 그렇지 않은 내용은 보고 과정에서 축약되어 생략된다. 그 과정에서 구체적인 내용은 중요도에 따라 걸러지는 반면, 내용에 '의미'가 담긴다. 그리고 임원 보고서에는 총괄 요약executive summary과 '최종 의미'가 담긴다. 임원이 의사 결정을 할 수 있는 수준으로 정리되는 것이다.

따라서 실무 엔지니어가 보고서를 쓸 때는 내 글을 읽는 1차 독자가, 2차 독자에게 보고하기 용이하도록 작성해야 한다. 예를 들어 내 상사에게 보고서를 쓴다면, 상사가 자신의 보고서를 쓸 때 편집 없이 내 보고서를 그대로 '복사, 붙여넣기'를 해도 된다면, 잘 쓴 보고서이다. 여기서 핵심은 요약 및 강조에 있다. 독자가 보고서를 요약할 것이라는 점을 고려하여 요약된 내용을 담고, 그가 놓칠 수도 있는 강조점을 짚어주는 것이다.

그 방법은 실무 단계에서 나만의 총괄 요약을 서두에 기술하는 것이다. 일단 자신이 금주 동안 진행한 내용을 중요도 순으로 나열하고, 만일 수치로 도출된 결과가 있으면 첨부한다. 1차 정리가 완료되었으면 다음으로 요약 및 강조 작업을 진행한다. 이때 버릴 것은 버리고 살릴 것은 살린다.

살아남는 항목들은 간결하지만 중요한 지점은 모두 내포할 수 있도록 기술한다. 숫자를 포함한 중요한 지점은 눈에 띄게 강조한다. 그리고 아울러 내 결과물이 조직에 어떤 의미가 있는지를 함께 추가하면 좋다. 이러한 원칙에 따라 위 예시 보고서를 수정하면 다음과 같다.

22주차 주간 보고서

작성자: 홍길동

소속: XXX 전자 반도체 연구개발팀

기간: 2024년 5월 27일~5월 31일

0. 총괄 요약

- 기존 제품의 전력 소모가 심한 블록 구조 재설계 후 **32% 소비 전력 감소**. 제품의 전력 대비 성능비가 **경쟁사 대비 1.4배 우월**하여 향후 시장에서 **유리한 위치를 선점**할 수 있을 것으로 예상
- 차세대 메모리 칩 개발을 위해 주요 블록 설계 및 검증 진행 중

1. 주간 업무 요약

  1) 차세대 메모리 칩 개발

  - ..

  (이하 위의 예시와 동일)

새로 작성된 보고서에는 서두에 총괄 요약이 추가되어 있다. 홍길동 엔지니어는 두 프로젝트에 참여 중이었고 각각에 대해 진행사항이 존재한다. '차세대 메모리 칩 개발'에서는 주로 설계와 검증이 주된 업무였고, '기존 제품 성능 및 전력 소모 개선'에서 숫자로 이야기할 수 있는 가시적인 성과가 도출되었다. 따라서 원래대로라면 상사는 홍길동 및 다른 팀원들의 주간 보고를 읽고 취합해 자신이 요약하는 과정을 거쳐 이 내용을 팀의 주간 보고서에 담았을 것이다.

홍길동 엔지니어는 '상사'라는 독자의 입장을 고려해 자신의 보고서 단계에서 이미 추상화 및 의미 부여를 수행하였다. 'A 블록', '게이트 레벨 시뮬레이션', '프로파일링'과 같이 자세한 기술적 내용은 과감히 생략하고, 가장 중요한 '재설계를 통한 32% 소비 전력 감소'만 남기는 방식으로 내용을 축약했다. 또한 '경쟁사 대비 1.4배 우월하다'는 추가적인 정보를 제공함으로써, 이 성과가 조직에 어떤 의미가 있는지를 자신만의 의견을 추가하여 상사 및 차상위 상사의 이해를 돕도록 기술한 것이다. 상사가 이렇게 작성된 총괄 요약이 마음에 들면 그대로 재활용할 것이다.

"보고서 요약, 편집은 상사가 해야 할 일 아니냐"라고 반문할 수 있다. 그러나 이렇게 보고서를 쓰는 이유는 단순 '상사의 편의' 때문이 아니다. 진정한 목적은 바로 조직 내에서 내 업무의 가시성을 높이는 것이다. 최종 목표는 실무자인 내 일의 결과가 의사 결정권자의 책상에까지 도달하는 것이다. 보고 단계를 거치면서 내용이 생략될 수도 있다. 하지만 나의 업무 성과가 최대한 높은 보고 체계까지 도달해야 내 업무, 나아가 나라는 존재가 조직에서 부각될 수 있다. 그리고 이를 시도해 볼 수 있는 길 중 하나가 내가 쓰는 보고서에서 내 업적을 스스로 강조하는 것이다.

일관성

엔지니어가 보고서를 쓰면서 간과하기 쉬운 것이 바로 일관성이다. 보고서는 주기별로 쓰기 때문에 매주, 매월 기록으로 남는다. 주기별로 보고서를 작성하는 과정에서 1차 독자와 나에게는 콘텍스트context, 즉 맥락이 생긴다. 상사는 보고서를 통해 팀원들의 업무 진행 사항, 애로점, 요구사항, 단기 계획 등을 파악한다. 이것이 시간을 걸쳐 쌓아 온 두 개인 간의 맥락이다. 그리고 상사는 또 다른 팀원 및 자신의 상사와도 맥락을 쌓는다. 그래서 조직은 거대한 맥락들로 구성된 네트워크라 볼 수 있다.

그런데 보고서에서 한번 맥락이 어긋나면 이 네트워크에 균열이 생긴다. 이는 개인 심하면 조직의 신뢰도에 영향을 끼친다. 정보의 흐름이 차단되고 일정 차질까지 빚어지기 때문이다. 여기서 맥락을 단절시키는 흔한 실수는 바로 보고서에서 항목을 누락하는 일이다. 지난주에는 있던 항목이 금주에 사라졌거나, 지난주에 차주 계획이라며 밝힌 항목에 대해 금주엔 전혀 언급이 없다면, 1차 독자와 나와의 맥락은 바로 끊어진다. 홍길동 씨의 주간 보고를 다시 한번 살펴보자.

22주차 주간 보고서

작성자: 홍길동

소속: XXX 전자 반도체 연구개발팀

기간: 2024년 5월 27일~5월 31일

...

...

2. 차주 계획

  1) 차세대 메모리 칩 개발

   • AAA, BBB 유닛 오류 해결 및 최종 설계 검토 완료

   • 설계 승인 후 제작 단계로 진행

  2) 기존 제품 성능 및 전력 소모 개선

   • 최종 테스트 완료 및 개선 사항 제품 반영

...

23주차 주간 보고서

작성자: 홍길동

소속: XXX 전자 반도체 연구개발팀

기간: 2024년 6월 4일~6월 8일

1. 주간 업무 요약

   1) 차세대 메모리 칩 개발

      • CCC 유닛 설계 착수 및 테스트 진행 중

   2) 기존 제품 성능 및 전력 소모 개선

      • 최종 테스트 완료 및 개선 사항 제품 반영

   3) 차기 연구 주제 탐색

      • 프로세서-메모리 통합 구조 관련 문헌 조사

      • 경쟁사 동향 분석

   …

22주차 보고서의 차주 계획과 23주차 보고서의 주간 업무 요약이 불일치한다. 22주차 보고서상으로는 23주차에 'AAA, BBB 유닛 오류 해결 및 최종 설계 검토 완료'를 하겠다고 계획했지만, 정작 23주차 보고서에는 이 항목에 대한 내용이 사라지고 22주차에 전혀 언급이 없었던 'CCC 유닛 설계 착수 및 테스트 진행'이 기술된 것이다. 그리고 새로운 프로젝트인 '차기 연구 주제 탐색'을 하게 되었는데, 이에 대한 특별한 언급 없이 관련 항목들이 추가되었다.

엔지니어는 여러 업무를 동시 진행할 수 있기 때문에, 특정 업무에 대해서는 진행사항이 없을 수 있다. 우선순위가 떨어지거나, 더 급한 업무를 하느라 또는 다른 이의 업무 결과를 기다려야 하는 등의 이유 때문이다. 그렇다 하더라도 그 이유와 함께 'No Progress/Update, 보류 중'과 같이 현재 상태를 있는 그대로 기술해야 한다. 반대로 새롭게 추가된 업무, 프로젝트가 있다면 'New Project, 신규 업무'와 같이 말머리를 달아 독자에게 바르게 인지시켜야 한다. 올바르게 작성된 23주차 주간 보고서는 다음과 같다.

23주차 주간 보고서

작성자: 홍길동

소속: XXX 전자 반도체 연구개발팀

기간: 2024년 6월 4일~6월 8일

1. 주간 업무 요약
   1) 차세대 메모리 칩 개발
      - CCC 유닛 설계 착수 및 테스트 진행 중
      - AAA, BBB 유닛 오류 해결 및 최종 설계 검토(보류 중)
      - 설계 승인 후 제작(보류 중)
   2) 기존 제품 성능 및 전력 소모 개선
      - 최종 테스트 완료 및 개선 사항 제품 반영
   3) [신규 프로젝트] 차기 연구 주제 탐색
      - 프로세서-메모리 통합 구조 관련 문헌 조사
      - 경쟁사 동향 분석

…

계획과 실행과의 맥락 관계는 더 중요하다. 엔지니어가 보고서에 일단 계획을 기입하면, 1차 독자는 차주에 그 일이 실행될 것이라 예상한다. 다른 팀원의 계획들과 정합하여 나름대로의 주간 팀 계획을 수립하고 자신의 보고서에도 기술한다. 그런데 그 실행 여부를 떠나 계획되었던 항목의 내용 자체가 누락되면, 팀원의 보고를 믿고 일 처리를 한 상사를 기만하게 되는 것이다. 앞의 경우와 마찬가지로, 진행 사항이 없어도 그 이유와 함께 현재 상태를 가감 없이 남겨야 한다.

보고서에 항목을 누락하는 원인은 기억력에 의존해 금주에 진행한 내용만 담거나, 진행사항이 없다는 것을 드러내는 것에 부담을 느껴서이다. 하지만 보고서를 읽는 상사의 기억력은 흐릿할지 몰라도, 보고서에 남은 기록은 선명하다. 어떤 경우든 이렇게 보고서를 작성하면, 반드시 지적이 들어오게 된다. 이는 피보고자의 시간을 불필요하게 소모시키는 것이다. 끊어진 맥락을 다시 잇는 과정이 반복되면 보고자의 평판은 나빠진다. 따라서 보고서를 쓸 때는 반드시 일관성을 유지해야 한다.

보고서는 경영진부터 실무진까지 전 직원이 쓰는 유일한 문서라 할 수 있다. 비단 엔지니어뿐 아니라 모든 직장인들이 쓰는 가장 기초적인 문서다. 직장인 글쓰기의 기본인 보고서부터 원칙 있는 글쓰기를 할 수 있어야, 발표 자료, 논문, 직무발명 신고서, 스펙 등 더 복잡하고 다양한 문서들까지 바르게 쓸 수 있다. 철저히 읽는 사람의 입장을 고려하고, 일관성을 유지하는 보고서 작성은 글로벌 '일잘러' 엔지니어로 나아가는 데 있어 주춧돌이 되어 준다.

■━━━━━━━━━━━━━━━━━━━━━━━━━━━━━━━━━━━━

Q: 실리콘밸리의 빅테크 기업에서도 엔지니어들이 주간 보고를 쓰나요?

A: 미국 회사와 같은 역할 조직의 경우 이런 보고 문화가 상대적으로 덜 정형화되어 있습니다. 형식화된 보고서 문화는 없거나 있다 해도 그 주기가 상대적으로 깁니다(월간이나 분기). 대신 주간 회의와 같은 스탠드업 미팅standup meeting을 통해 매니저, 팀원들은 업무 진행사항을 공유하죠. 개인별로 1~2분간 간략히 구술하고 가벼운 질의응답이 오가게 됩니다.

하지만 이 정도 수준으로는 매니저가 팀 내 업무 진척사항을 정확히 파악할 수는 없죠. 따라서 매니저가 팀원 개개인과 별도의 일대일 미팅을 매주 진행합니다. 따라서 문서보다는 구술로 정보가 흐르게 되는 경우가 많습니다. 그렇다고 문서 작성이 없는 것이 아닙니다. 보고서만 없는 것이지, 실무자들은 메일, 스펙, 매뉴얼, 계획, 스케줄 등 정보 공유를 위해 온라인으로 다양한 문서를 쓰죠.

앞에서 다룬 보고서 작성 요령은 매니저와 일대일 미팅에서 그대로 적용될 수 있습니다. 단순히 내가 한 일을 말하는 것을 넘어서, 매주 진행 상황을 일관성 있게, 매니저 입장에서 생각해 구술하는 것이죠. 이를 위해서라도 스스로 매주 안건을 간략히 메모하고 관리할 필요가 있습니다.

논문은
서론이 99%

엔지니어 경력 관리 차원에서 본인에게 가장 도움되는 글쓰기는 무엇일까? 답은 논문과 직무발명 신고서(특허 출원)다. 논문과 출원된 특허문서는 읽는 이가 불특정 다수의 외부인이다. 그것은 '출판'이라는 형식으로 회사 외부에 공개되기 때문이다. 또한 학회, 저널, 특허청의 1차 리뷰 과정을 거치기 때문에 일단 출판이 된다면 리뷰를 통과했음을 의미하므로 문서에 나름대로의 권위가 부여된다.

논문이나 직무발명 신고서는 쓰면 쓸수록 그리고 지도 교수, 선배, 상사에게 첨삭 지도를 받으면 작성 요령이 늘기 마련이다. 여기서 그 정도의 첨삭 지도를 할 수는 없지만, 논문의 가장 중요한 서론 작성 방법과 몇 가지 핵심을 다룬다.

테크 회사에서 논문을 왜 발표하는가?

회사가 논문을 발표하는 이유는 무엇일까? 바로 기술 선점을 위해서다. 논문은 독창성originality의 싸움이다. 지금까지 아무도 발표하지 않앞던 이론, 기술을 제시하고 그 이득을 입증할 수 있어야 비로소 논문으로 인정받는다. 아무리 아이디어가 탁월해도 남들보다 늦으면 논문이 될 수 없다. 따라서 기업들은 자신들의 독창적인 연구가 발표할 수 있는 수준에 도달하면 신속하게 논문을 쓴다. 같은 주제나 아이디어를 연구하는 회사나 기관이 존재할 수 있기 때문이다. 논문으로 발표해 "이 기술은 우리가 최초로 개발했고 그 소유권은 우리에게 있다"라고 주장하며 동종 업계에 일종의 선전 포고를 하는 것이다.

법적인 소유권을 확보하려면 특허를 출원하고 등록해야 하며, 논문이 법적인 소유권과 재산권을 보장하지는 않는다. 그 대신 기술을 관련 학계나 업계에 가장 먼저 노출시켜 시기적인 원천성을 확보하려는 것이다. 그러나 논문은 통상 학회, 저널의 리뷰 과정을 거치기 때문에 작성, 제출, 리뷰, 출판(발표)에 걸리는 시간이 6개월~1년 정도로 꽤 걸리는 편이다. 그 시간 동안 타인이 같은 아이디어로 논문을 발표하면, 자신의 논문의 신규성을 상실하게 된다. 그래서 요즘은 아카이브와 같은 사이트에 리뷰, 출판 전 논문을 선공개하는 추세다.

기업은 논문을 통해 업계의 반응을 살피기도 한다. 연구 결과를 논문으로 발표해 기술을 선점한 뒤, 다양한 방식으로 관련 업계에 홍보한다. 발표회나 오픈 소스 형식으로 기술을 배포하여 관련 업계 개발자들에게 피드백을 수집하기도 한다. 사내 기술 이전이나 표준화 활동 시 해당 기술이 제품에, 또는 표준에 들어가야 함을 입증하는 주요한 근거로 사용하기 위해서다. 따라서 직원의 입장에서는 자신의 경력을 위해서, 회사 입장에서는 기술 선점, 홍보, 업계 피드백 수집의 목적으로 논문을 발표한다. 개인과 조직이 상생하는 방식인 것이다.

논문 작성의 핵심은 서론

대학원 특히 박사를 마치고 업계에 진출한 엔지니어의 경우 논문 작성이 이미 익숙하다. 학위 과정 내내 했던 일이 연구이기 때문이다. 지도 교수나 선배에게 첨삭 지도를 받으며 자연스럽게 작성 방법에 대한 훈련을 받는다. 따라서 오랫동안 논문을 써본 경험이 있다면 이미 자신만의 작성 스타일이 정립된다. 자신을 지도했던 지도 교수의 것일 수도, 경험을 통해 스스로 터득한 것일 수도 있다.

하지만 가끔씩 리뷰어로서 학회에 제출된 논문들을 읽다 보면, 여전히 기본적 구성도 제대로 갖춰져 있지 않은 것들을 발견하곤 한다. 박사 학위를 받고 대학원을 졸업해도 논문 작성에 어려움을 느끼는 이들도 많다. 그래서 논문 작성 시 가장 중요한 핵심 포인트를 다루어 보고자 한다.

논문은 말 그대로 '논論하는 글'이다. 설득을 위한 대표적인 글로서, 가장 완벽하게 논리적인 글이어야 한다. 따라서 이전 글에서 다뤘던 엔지니어의 글쓰기 원칙이 모두 적용된다. 여기서 논문 작성의 핵심은 바로 '서론'이다. 논문의 구성은 전형적으로 초록-서론-관련 연구-본론-실험 결과-결론으로 이뤄진다. 여기서 논문 제출 시 당락 유무의 90% 이상이 서론에 있다고 해도 과언이 아니다. 리뷰어들이 서론을 읽다가 저자의 논리에 조금이라도 의구심을 발견하면 이후 섹션들은 제대로 읽지 않는다. 전제, 가정, 문제 제기, 해결 방법을 제시하는 서론에 모순이 있다면, 본론 이후의 내용이 의미가 없기 때문이다.

서론은 독자를 상대로 프레임을 짜는 곳이다. 리뷰어가 서론을 읽으며 저자의 논리에 설득을 당하면 긍정적인 심리 상태로 이후 섹션을 읽는다. 본론에서 문제를 발견해도 이를 어떻게 개선할지 조언하는 입장에서 리뷰 의견을 남긴다. 이에 반해 서론의 논리가 허술한 논문을 읽는다면 리뷰어들은 일단 논문에 부정적인 입장이 된다. 이 경우 리뷰어가 나머지 섹션들을 읽는 유일한 이유는 논문을 탈락시킬 명분을 찾기 위해서다. 따라서 서론에서 기술하는 논리 전개에 가장 많은 신경을 써야 한다.

서론의 단락 기술 순서는 나름대로 정형화되어 있다. 배경, 문제 제기, 해법 제안, 섹션 개괄의 순으로 작성한다. 따라서 통상 서론은 4~5 단락들로 이뤄진다.

배경: 1~2 단락을 이용하여 본 '논문에서 풀려고 하는 문제'가 도출된 배경을 설명한다. 논문이 제기하는 문제가 P라면, P가 속한 분야의 기술 T가 해당하는 업계, 학계에서의 추세와 상황을 우선 기술하고, P라는 문제가 나오기까지의 과정을 담아낸다. 또한 달성하고자 하는 목표 G의 당위를 기술한다.

문제 제기: 본격적으로 문제 P를 제기한다. 목표 G를 달성하기 위해서 풀리지 않은 P라는 문제가 있다는 것을 근거와 함께 기술한다. 만일 동일한 문제 P를 해결하려 했던 선행 연구가 있다면, 해당 연구의 한계점을 문제 P에 포함시킨다. 이 단락에서는 선행 연구들을 모두 기술할 필요는 없다. 별도의 관련 연구 섹션에서 기술할 것이다. 목표 G를 달성하기 위해 해결해야 할 문제가 여러 개라면, '첫째, XXX. 둘째, YYY'와 같이 항목화해서 기술하면 독자가 훨씬 읽기 편하다.

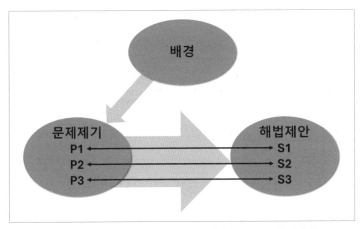

그림 31. 해법들(S)이 제안 시 제기된 문제들(P)과 일대일로 상응해야 함

해법 제안: 앞 단락에서 제기한 문제를 풀기 위해 본 논문에서 제안하는 아이디어를 기술한다. '본 논문에서는 AAA와 BBB라는 방법을 사용하여 문제 P를 해결하는 새로운 방법을 제안한다'와 같은 문장으로 시작하면 된다. 방법의 구체적인 내용은 본론에서 담고, 서론에서는 방법론만 제시한다. 여기서 중요한 것은, 앞 단락에서 제기한 문제들과 1:1로 대응해야 한다는 것이다(그림 31). 복수의 문제 P1, P2를 제기했다면 각각에 대한 해법 S1, S2가 별도로 존재해야 한다. 하나의 방법으로 모든 문제가 해결될 수는 없다. 설사 해법 S가 P1, P2 모두를 해결한다 해도, S가 어떻게 P1, P2를 풀어내는지를 별도로 기술해야 한다. 이는 일관성을 지키는 논문 작성의 기본이다. 문제와 마찬가지로 해법도 항목화해서 기술한다.

해법을 제안했으면 같은 단락에서 근거를 간략히 기술한다. 제안하는 방법을 적용한 실험 결과, 지표상으로 개선된 정도를 제시하여 목표로 했던 문제가 해결되었다는 사실을 요약한다.

섹션 개괄: 이후 섹션들이 어떤 내용을 다룰지를 개괄한다. 가령 섹션 2에서는 관련 연구를 살펴보고, 섹션 3에서는 제안하는 기법의 알고리즘을 설명하며, 섹션 4에서는 구현 방안을 기술하고, 섹션 5에서 실험 결과를 보이며, 섹션 6에

서 결론을 맺는다는 식이다. 반드시 필요한 단락은 아니다. 과거에는 관습적으로 이 단락을 기술하곤 했는데 최근 논문들은 해당 단락을 많이 생략하고 있다.

연구 개시 시점에 서론 작성에 착수할 것

서론에서 '배경'과 '문제 제기' 단락이 가장 중요하다. 이 논문을 제출한 이유에 대한 논리를 세우는 곳이기 때문이다. 이 두 단락이 논문 전체의 논조, 주제를 결정한다. 리뷰어가 가장 집중하며 읽는 곳이다. 따라서 문제를 제기하기까지 배경 설명에서 반론의 여지가 없는지, 예외 경우가 없는지, 가정이 타당한지를 반복적으로 확인해야 한다.

논문을 연구가 끝난 시점에서 작성할 것이 아니라, 연구를 시작함과 동시에 진행해야 하는 이유가 여기에 있다. 논문의 서론 작성을 위해 논리를 설계하다 보면, 미처 생각하지 못했던 연구 방향이 잡히기 때문이다. 왜 제안하는 방법이 필요한지, 왜 제기한 문제가 반드시 풀려야 하는지를 명확히 한다면, 연구의 당위성이 더 분명해진다. 방향이 설정되면 아이디어의 우선순위도 명확해지고, 막연했던 문제의 본질도 드러난다.

하지만 대부분의 경우 이미 연구를 어느 정도 진행한 뒤에 논문 작성을 시작하곤 한다. 실험 결과를 통해 아이디어가 나름대로 검증되었다 판단할 수 있을 때, 비로소 작성하는 것이다. 이 경우 서론에서 논리를 세우는 과정이 다소 억지스러워질 위험이 있다. 이미 내려진 결론을 정당화하기 위해, 꿰어 맞추듯 논리를 전개하기 때문이다.

이 과정에서 자기모순에 빠질 수도 있고, 뒤늦게 가정과 전제에서 허점을 발견하기도 한다. 최악의 경우 연구를 처음부터 다시 해야 할 수도 있다. 어떻게든 계획대로 학회에 논문을 제출해야 하는 상황에 처한다면, 문제의 범위를 축소시켜 논문의 기여도contribution를 떨어트리는 수밖에 없다.

관련 연구에는 서사를 담을 것

통상 두 번째 섹션에서 다루는 관련 연구는 서론만큼이나 중요하다. 하지만 흔히들 그 중요성을 쉽게 간과한다. 단순히 제안하는 방법과 관련 있는 몇 가지 기술군을 분류하여, 각 기술군별로 선행 논문을 나열식으로 기술한다. 'A라는 논문에서 a를 제안했고, B 논문에서 b를 제안했으며, C 논문에서 c를 제안했었다'라는 식으로 많은 논문을 인용해 레퍼런스 섹션을 채울 뿐이다. 심지어 각 논문의 장단점조차 기술하지 않는다.

그러나 관련 연구는 단순히 인용이 충분한지를 보여주는 곳이 아니다. 서론에서 지면 관계상 담지 못했던 연구 배경을 보강해 논리를 더 단단히 만들어주는 곳이다. 따라서 각 논문이 내 논문에 인용된 의미가 담겨야 한다. 이를 위해서는 장단점과 함께 내 논문과의 연관성을 보여줘야 할 필요가 있다. 단순히 선행 논문을 나열하는 것은 의미가 없다.

관련 연구의 의미를 드러내기 위한 효과적인 기술 방법은 기술군이 아닌 시계열로 작성하는 것이다. 내가 연구하는 주제의 역사를 담는 것이다. 그리고 그 역사의 마지막에는 내 논문이 존재해야 한다. 일단 수집한 선행 논문들을 출판(발표)된 시간순으로 배열하면, 연구의 흐름이 보이게 된다. 예를 들면, 최초 논문에서 문제 P1을 제기하며, 이를 해결하기 위해 해법 S1을 제시하고, 같은 문제를 놓고 또 다른 논문은 개선된 방법 S2를 제안하기도 한다. 이후 논문에서는 이전에 해결하지 못했던 새로운 문제 P2를 제기하며, 이를 또 해결하기 위한 새로운 방법 S3을 제시한다.

이때 각 논문에 대해 장단점을 함께 기술하면서 시간순으로 어떻게 발전이 이뤄졌는지 흐름을 구성해야 한다. 이를 통해 지금 내 논문이 제기하는 문제가 어떤 맥락에서 도출되었는지를 말하는 것이다. 이렇게 관련 연구가 '서사'를 입을 때 리뷰어는 논리에 빠져든다. 다시 말하지만 논문은 말 그대로 논하는 글이다. 사실을 맥락 없이 늘어놓는 글이 아니다.

논문은 완벽하게 계층적인 글

논문 작성에 또한 중요한 것은 '일관성'이다. 서론에서 문제와 해법들이 제기되었으면 본론에서 반드시 그 방법론을 구체화해 다뤄야 한다. 실험 섹션은 철저히 제안된 방법에만 집중해 검증하는 지면으로 활용해야 한다. 서론에서 무언가를 제시했으면 본론과 실험에서는 명시적으로 다뤄야 하고, 반대로 본론과 실험에서 어떠한 결과를 보이고 싶으면 반드시 그 의미를 담아 서론에서 언급해야 한다. 주제에서 벗어난 사실을 무분별하게 끌어들이면 논점이 희석되어 리뷰어에게 부정적인 감정만 불러일으킨다.

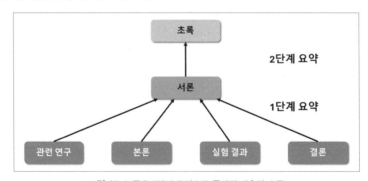

그림 32. 논문은 2단계 요약으로 구성된 계층적인 글

내 논문이 일관성을 유지했는지를 확인하는 방법은, 계층적 구성이 잘 되었는지를 돌아보는 것이다. 초록-서론-관련 연구-본론-실험 결

과-결론의 논문 순서에서, 서론 섹션이 '관련 연구-본론-실험 결과-결론'을 함축적으로 잘 요약했는지를 확인한다. 또한 초록은 또다시 서론 섹션을 함축하고 잘 요약했는지를 확인한다. 이런 두 단계의 요약 과정이 잘 되었다고 판단되면 주제에서 벗어나지 않고 논문을 일관성 있게 작성한 것이다(그림 32). 2단계 요약이 잘 된 논문의 경우, 서론 섹션은 다른 분야의 엔지니어나 연구원이 보아도 어떤 논문인지 대략적으로 이해할 수 있고, 같은 분야의 엔지니어나 연구원은 초록 섹션만 읽어도 논문 내용을 파악할 수 있게 된다.

마지막으로 영문 논문 작성에 대하여 간단히 이야기하려 한다. 나는 영문으로 논문을 작성하는 경우 1차적으로 국문으로 작성 후 영문으로 바꿔 쓰는 방법을 선호하는 편이다. 영어가 모국어가 아닌 사람은 국문을 통해 사고할 수밖에 없다. 치열하게 논리 전개를 설계하는 것도 어려운데 영작문까지 동시에 하려면 오히려 한 가지 일에도 집중하기 어렵다. 완벽한 국문본을 작성하려 할 필요는 없다. 단락별로 논리 전개에 필요한 내용을 최소한의 개괄식 국문으로 작성해 두고, 영문본 작성 시 완전한 텍스트를 작성하면 된다.

논문 출판과 특허 출원이 엔지니어의 경력에 직접적으로 도움이 되는 이유는 이들을 이력서에 명시할 수 있기 때문이다. 물론 이력서에 기술하는 경력, 스킬셋, 학력 등 여타 항목들이 더 중요할 수도 있다. 하지만 논문, 특허 이력은 경력의 '증빙'이 되어준다는 점에서 특별한 의미가 있다. 이력서에 프로젝트 경력, 스킬셋 등을 아무리 화려하게 기술해 봤자, 사실 이를 입증할 방법은 없다.* 물론 재직증명서를 첨부하기도 하지만 이는 면접 통과 후 백그라운드 체크나 평판 조회용이

---

*이를 검증하기 위해 회사는 인터뷰를 본다. 하지만 인터뷰 단계까지 가지 못하면 아무런 의미가 없다.

며, 말 그대로 전 직장에서의 재직 여부만 확인해 줄 뿐이다. 이력서상에 기술된 프로젝트 이력에 대해서는 어떠한 증명도 하지 않는다.

이에 비해 출판 실적이 첨부되어 있다면 이력서 수신처에서 해당 문서에 직접 접근해 볼 수 있다. 출판물이 지원자의 과거 프로젝트 결과라면 경력 내용을 더 자세하게 볼 수 있고, 지원자의 도메인 지식이나 스킬셋 파악에도 도움이 된다. 또한 학회, 저널과 같은 논문 게재처의 저명도에 따라 지원자의 역량을 미리 점쳐볼 수도 있다. 따라서 출판 이력이 있는 지원자는 경력 사항과 함께, 자신의 출판 결과물을 읽어볼 수 있도록 인터넷 링크를 함께 쓰기도 한다.

확실한 출판 이력이 명시된 이력서는 지원자에 대한 신뢰도를 높여 줘 인터뷰로 이어질 가능성을 높인다. 따라서 엔지니어는 실무를 하면서도 여건이 주어지면 틈틈이 논문을 작성하고 특허를 출원해야 한다. 모두 내 경력을 뒷받침하는 증빙이 되기 때문이다. 특히 글로벌 엔지니어를 지향한다면 향후 미국 회사 지원 시 도움이 될만한 해외 학회, 저널, 미국 특허를 꾸준히 실적으로 쌓는 것이 좋다.

■━━━━━━━━━━━━━━━━━━━━━━━━━━━━━━━━

Q: 실리콘밸리의 엔지니어들은 논문을 써서 발표하는 일이 많은가요?

A: 논문은 원래 연구가 본업인 대학원생, 연구소 연구원들이 주로 쓰는 학술적인 문서죠. 이들을 제외한 일반 엔지니어가 논문을 쓸 일은 사실 그렇게 많지는 않습니다. 연구의 성격이 아닌 경우 업무상 해온 결과물을 주제로 삼기엔 신규성이 떨어지기 때문이죠. 본업과 병행하며 논문을 쓸 시간도 주어지지 않습니다.

하지만 연구원이 아니어도 논문을 쓰는 엔지니어 직군들이 있습니다. 연구와 개발을 겸업하는 리서치 엔지니어, 선행 기술 개발 부서의 엔지니어, 기술 홍보와 고객 지원을 주로 하는 데브테크DevTech: Development Technician와 같은 직군들은 필요시 논문을 작성해 외부에 발표하기도 하죠. 실리콘밸리의 빅테크 기업들에서는 논문을 기술 선점의 의미로 봅니다. 가능한 경쟁사보다 먼저 개발한 기술이 있으면 다양한 방법으로 이를 외부에 알리려 하죠. 그 과정에서 특허로 법적 장치를 마련하고, 이후에는 업계의 유명한 학회나 포럼 등에서 엔지니어들이 자사 기술을 발표하는 것을 장려하는 편입니다. 따라서 관련 엔지니어들은 필요시 논문을 쓰곤 하죠.

전문성의
또 다른 증명: 특허

테크 기업에서 엔지니어로 일하다 보면 직무발명 신고서를 작성할 일이 많다. 논문은 주로 연구직에 한정되는 반면, 특허는 거의 모든 엔지니어 직종에서 권장된다. 기업의 특허 보유는 양적, 질적으로 그 기업의 경쟁력을 나타낸다. 따라서 직원들에게 직무발명 신고서 작성을 통한 특허 출원을 적극적으로 요구하는 것이다. 한국에서는 연초 목표 설정 시 출원할 특허 수를 명시하고, 이를 고과에 반영하기도 한다. 또한 특허를 출원하면 회사로부터 소정의 보상금을 지급받아 동기부여가 되기도 한다.

테크 회사에게 특허란 어떤 의미인가

지적 재산권, 특히 특허는 기술 기업에게 매우 중요한 무형 자산이다. '발명'을 통해 자사 기술의 독점 소유권과 사용권을 법적으로 확보하여 타사의 무단 도용을 방지하고, 라이선스 협약 등을 통해 경제적 이익까지 도모할 수 있기 때문이다. 미디어에서 종종 빅테크 기업 간의 특허 소송 뉴스를 접할 수 있다. 예를 들어 2011년과 2012년에 걸친 애플과 삼성 간의 소송, 2012년의 야후-페이스북 소송, 2014년의 엔비디아-삼성 소송 등이 있다. 현재에도 미국 여러 주에서 이런 분쟁이 지속되고 있다.

특허 분쟁은 주로 타사가 자사의 기술이나 디자인을 도용한 것이 의심될 때 시작된다. 회사는 변호사들과 논의해 고소장을 작성하고 연방 법원에 제출한다. 고소장에는 침해 주장, 요구 손해 배상 종류와 금액, 침해 행위에 대한 세부 내용이 담긴다. 소송을 당한 회사는 침해 사실을 부인하고 원고 측 특허의 무효성을 주장하며 법적 대응에 나선다. 이미 존재하거나 공개된 유사 기술을 찾아내 원고 측 권리를 무력화하는 것이다. 이 방법이 어려울 경우, 원고가 피고의 기술을 침해한 사례를 찾아 맞고소하기도 한다. 다른 기술 건으로 피고가 원고를 상대로 맞고소하여 상호 고소 취하를 이끌어 내는 전략이다.

특허가 중요한 이유는 분쟁이 발생했을 때 강력한 공격 및 방어 수단이 되기 때문이다. 고소 취하나 교차 라이선스 체결 등으로 원만하게 해결되면 문제가 없지만, 특허 분쟁에서 패소할 경우 피고 회사는 원고 측에 막대한 배상금을 물어야 한다. 이는 침해자가 특허를 무단으로 이용해 얻은 이익을 특허 소유자에게 돌려줘야 하기 때문이다. 배상금이 큰 이유는 피고 측의 매출을 기준으로 책정되기 때문이다.[*] 제품 출시 전이라 매출이 없더라도 피해는 크다. 제품 출시 자체가 금지되기 때문이다.

2011년 애플이 삼성의 스마트폰 UI 디자인 도용을 고소한 사례에서, 삼성은 7년에 걸친 소송 끝에 6,000~7,000억 원의 배상금을 물고 합의했다. 이 과정에서 삼성은 애플이 자사의 통신 특허를 침해했

---

[*] 손해 배상금을 책정하는 것은 법리적으로 쉽지 않다. 분쟁 특허가 해당 제품에 얼마큼 기여했는지를 산정하는 것이 까다롭고 제품의 성격에 따라 매우 다르기 때문이다.

다고 맞고소하거나, 소송을 9개국으로 확대하는 전략을 펼쳤다. 결과적으로 미국을 제외한 9개국 소송 취하에 합의할 수 있었던 이유는 삼성이 보유한 통신 특허 덕분이었다.

2014년 엔비디아가 삼성과 퀄컴을 상대로 GPU 특허 소송을 제기했을 때, 구체적 합의 사항은 알려지지 않았으나, 삼성은 배상금 지불 없이 합의를 이끌어 냈다. 이는 삼성이 가진 메모리 특허를 무기로 맞고소 전략을 펼친 덕분이다. 이 두 소송전에서 삼성은 통신과 메모리 분야의 핵심 특허를 보유하고 있었기 때문에 방어에 성공할 수 있었다. 실제로 삼성은 2023년 한 해 동안 9,036건의 미국 특허를 출원하며 세계 연간 특허 출원율 1위를 기록했다.[22]

따라서 기업은 자사 기술의 보호와 소송 대비를 위해 특허 확보에 총력을 기울인다. 테크 기업이라면 특허의 중요성을 잘 알고 있기 때문에, 직원들에게 특허 출원을 장려하며 변리사들로 구성된 전담 조직을 운영한다.

특허 출원 절차와 시기

아이디어가 발굴되어 그 신규성과 원천성을 보장할 수 있으면 특허 출원을 시도할 수 있다. 논문처럼 구체적인 실험 결과가 필요한 것도 아니다. 따라서 엔지니어가 직무발명 신고서를 작성하는 기간은 따로 정해져 있지 않다. 연구 개발 중 특허성 아이디어가 도출되면 언제든지 특허부서와 협의해 작성을 시작한다.

회사마다 자체적인 직무 발명 신고부터 특허 출원까지의 프로세스가 마련되어 있다. 일반적으로 특허를 특허청에 출원하기까지의 절차는 '직무발명 신고서 작성 → 동료 리뷰 → 변리사 면담 → 특허 출원서 작성 → 특허청 출원'의 순서로 진행된다. 엔지니어는 발명 신고서 작성부터 변리사 면담 단계까지만 참여한다.

엔지니어는 회사의 표준 양식에 따라 직무발명 신고서를 작성하고, 신고가 완료되면 사내에서 검증 과정을 거친다. 이는 논문 제출 시 학계 인사들의 리뷰를 받는 것과 유사하다. 사내 직원들로 구성된 특허위원회의 평가를 받는다. 회사마다 리뷰 절차는 다르지만, 발명자가 직접 위원들 앞에서 발표하거나, 위원회가 문서만 검토하여 평가하기도 한다.

특허 리뷰 과정을 통과해 출원이 결정되면, 해당 발명에 대해 외부 로펌의 전담 변리사가 배정된다. 엔지니어는 변리사에게 발명에 대한 아이디어를 상세히 설명하고 이해시킨다. 출원서 전문을 작성하는 것은 변리사의 역할이기 때문이다. 변리사는 출원서를 작성한 후 발명자의 최종 검토를 받아 이를 특허청에 출원한다.

특허가 특허청에 출원되면, 특허청 심사부서는 출원된 특허의 신규성을 평가한다. 특히, 특허 출원서에서 주장하는 권리 범위(청구항)를 면밀히 분석한다. 권리 범위가 너무 광범위해 기존 특허의 권리와 충돌할 경우, 검토 의견과 함께 반려될 수 있다. 이때 변리사는 발명자인 엔지니어와 협의하여 범위를 재조정하고 수정된 출원서를 다시 제출한다. 이러한 특허청과 변리사 간의 몇 차례의 조정 과정이 끝나고 심사가 완료되면, 최종적으로 특허로 등록된다. 출원부터 등록까지는 일반적으로 1~2년이 소요된다.

엔지니어뿐만 아니라 연구원들도 직무발명 신고서를 작성한다. 차이점은 작성 시점이 보다 명확하다는 점이다. 연구원은 논문을 발표하기 전에 논문 내용을 특허로 출원해야 할 의무가 있다. 특히 논문으로 출판 또는 발표하려는 내용에 신규성과 원천성이 있다면 반드시 특허 출원이 선행되어야 한다. 논문이라고 반드시 신규성과 원천성이 있는 것은 아니다. 이미 존재하는 기술을 조합하거나 다른 분야에 적용하는 경우, 신규성은 없지만 논문으로 인정받을 수 있다. 이런 경우에는 논문 제출 시 특허 출원을 할 필요가 없다. 또한 특허는 주로 '방법 및 장치method and apparatus'를 다루기 때문에, 하드웨어로 구현되기 어려운 소프트웨어 알고리즘의 경우 특허 출원에 제약이 따를 수 있다.

앞 장에서 언급했듯, 논문 발표의 목적은 기술 선점을 위해서다. 하지만 논문 발표 자체로 법적인 권리가 보장되지는 않는다. 기술이 특허로 출원되지 않은 상태에서 논문으로 발표되면, 누구나 사용할 수 있는 공개 기술, 즉 오픈 소스와 동일하게 취급된다. 따라서 논문이 외부에 공개되기 전, 반드시 특허로 출원하여 소유권을 확보해야 한다. 또한 회사는 논문 제출 시 관련 특허가 제대로 출원되었는지 엄격하게 관리한다. 이는 특허에 명시되지 않은 기술이 논문을 통해 유출되지 않도록 하기 위해서다.

직무발명 신고서 작성 요령

엔지니어가 특허를 출원하는 과정에서 최초에 직접 작성하는 문서는 '직무발명 신고서'*다. 이것도 일종의 설득을 위한 글이기 때문에 논리를 체계적으로 세워 잘 전개해야 한다. 특허가 논문과 다른 점은 청구항claim을 통해 '권리 범위'를 명시한다는 점이다. 특허의 핵심은 바로 이 청구항에 있으며, 발명의 원천성과 권리 범위를 어디까지 주장할 것인지에 따라 특허의 가치가 결정된다.

직무발명 신고서는 회사마다 표준 양식이 있기 때문에, 양식의 항목을 잘 채워 넣으면 된다. 출원서 전문이 아니라 신고서이기 때문에

---

* 미국 회사에서는 이를 IDF(Invention Disclosure Form)라고 부른다.

분량도 많지 않다. 보통 A4용지 3~4페이지 정도면 충분하며, 논문 작성처럼 많은 시간이 소요되지 않는다. 중요한 점은 신고서의 주요 독자는 '사내 특허 위원회'와 '변리사'라는 것이다. 이들은 발명에 대한 전문 지식을 가지고 있기 때문에 배경 설명에 지나치게 많은 지면을 할애할 필요가 없다. 회사마다 양식은 다를 수 있지만, 일반적으로 신경 써서 작성해야 할 항목은 유사하다.

종래의 문제점

논문과 마찬가지로 문제를 잘 설정해야 한다. 어떠한 문제를 해결하기 위해 어떤 발명이 이뤄졌는지 구체적이고 명시적으로 기술한다. 문제를 기술하는 과정에서 배경 설명을 장황하게 늘어놓으면 초점이 흐려지기 때문에 문제의 핵심 사항만 간명하게 기술한다.

선행 기술

발명의 아이디어와 연관된 이전 기술에 대해 기술한다. 이는 논문의 '관련 연구 섹션'과 유사하다. 같은 문제를 놓고 다른 해결책을 제시했던 기술들을 항목별로 짧게 장단점을 논한다. 그러나 논문을 작성할 때 수준의 서사가 필요한 것은 아니다.

발명자는 이미 논문, 스펙과 같은 공개된 타사 기술을 인지하고, 이와 다른 독창적이라는 판단 아래 직무발명 신고서를 작성한다. 그러나 발명자가 기존에 출원된 모든 특허를 알지는 못하기 때문에, 신고서가 접수되면 변리사(또는 전문 업체)가 별도의 선행 기술prior arts 조사를 착수한다. 이 과정에서 관련된 선행 기술이 추가될 수 있다. 동일한 아이디어가 발견되지 않으면 다음 단계로 진행된다.

미국에서는 발명자인 엔지니어가 선행 특허나 경쟁사 특허를 읽는 것을 철저히 삼간다. 아이디어가 오염될 가능성이 있고, 만약 타사로부터 특허 침해 소송을 당했을 때 원고 측 특허를 인지한 상태였는지 가 재판 결과에 결정적 영향을 미치기 때문이다. 이는 미국 회사로 이 직 시 반드시 유념해야 하는 사항이다. 팀원 간 타사 특허에 대해 언 급하는 것조차 삼가야 한다. 엔지니어가 알면 안 되는 정보를 알게 만 드는 행위가 되기 때문이다.

공개된 특허 저장소의 문서를 여는 순간, 내 IP 주소가 기록될 수 있 다. 이 IP 주소가 회사의 IP 범위 내에 있다는 것이 드러나면, 직원이 경쟁사 특허의 존재를 이미 인지하고 있었다는 증거로 삼을 수 있다. 이는 의도적인 침해로 해석되어 배상금이 크게 늘어날 수 있다. 따라 서 미국 회사들은 특허 분석이나 선행 기술 조사를 철저히 특허팀 내 에서만 수행한다. 엔지니어는 논문, 스펙, 기사와 같은 공개된 기술 문서에만 접근해 선행 기술을 파악하고 출원하려는 발명이 기존 특허 와 충돌할 경우 특허 팀이 법무적으로 해결한다.

발명의 원리

도면과 함께 발명의 구체적인 원리를 기술한다. 이는 논문의 '본문 섹션'에 해당한다. 여기서 중요한 점은 도면이 구체적이면서도 추상 적이어야 한다는 것이다. 이 말이 모순적으로 들릴 수 있지만, 특허의 핵심은 권리 범위를 최대한 넓게 잡는 것이다. 장치 도면을 너무 세세 하게 그리면 권리 범위가 좁아져 특허의 의미가 퇴색될 수 있다. 반면 '입력부 → 처리부 → 출력부'처럼 너무 추상적으로 묘사하면 권리를 너무 광범위하게 주장해 특허 등록 자체가 어려워진다.

따라서 발명 장치는 구체성을 가지면서도 동분야 기술군에 널리 적 용될 수 있도록 일반화되어야 한다. 이는 변리사의 전문 분야로, 변리 사가 출원서를 작성할 때 적절한 수준으로 도면을 수정하고 보완해 준다.

실시예

권리 범위를 넓게 잡는 또 하나의 방법은 가능한 많은 '실시예embodiment'를 추가하는 것이다. 실시예란, 발명이 어떻게 구체적으로 사용될수 있는지를 실제 예시로 보여주는 것이다(그림 33). 예를 들어 A라는발명 아이디어가 있다면, A가 적용된 구체적인 사례로 A1, A2, A3, A4등을 제시할 수 있다. 이는 최종 제품의 형태나 도면의 변형이 될 수도있다. 여러 실시예 사이에서는 장치 구성의 블록 순서나 종류가 달라질 수 있고, 블록 간 연결 방식에서도 변형이 있을 수 있다.

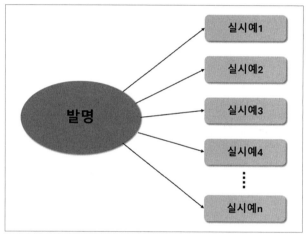

그림 33. 발명이 적용된 다양한 실시예를 포함할수록 특허성은 높아짐

실시예가 많을수록 발명의 유효성이 강화된다는 점이 중요하다. 실시예가 구체적이고 구현 방법이 명확할수록, 특허의 권리를 주장하기가 더 용이해진다. 특히 특허 소송 시 침해 여부를 판단하는 데 중요한 근거로 활용될 수 있다. 범위와 구현 방법이 명확하게 기술되어 있기 때문에, 침해한 정황이 이 실시예에 포함된다면 침해 사실을 더 강력하게 주장할 수 있다. 따라서 발명자는 신고서를 작성할 때 가능한많은 실시예를 생각해 추가해야 한다.

청구항

직무발명 신고서 작성 시 가장 중요한 항목은 '청구항'이다. 청구항은 특허의 권리 범위를 직접 기술하는 곳이기 때문이다. 따라서 변리사가 출원서 전문을 작성할 때 가장 신경을 쓰는 부분이기도 하다. 특히 미국 특허의 경우 청구항의 수에 따라 출원 비용이 달라지기 때문에 고려할 사항이 많다. 따라서 엔지니어가 직무발명 신고서를 작성할 때는 청구항의 상세 내용을 기술할 필요가 없다. 발명에서 권리로 주장하고 싶은 '방법들'과 '장치 구성'을 권리 범위로 정의하여 리스트로 기술하면, 변리사가 이를 바탕으로 청구항을 구체화한다.

하지만 엔지니어는 특허 청구항의 의미를 해석하는 방법, 특히 독립항과 종속항의 차이를 알아두는 것이 좋다. 독립항과 종속항은 일종의 청구항을 계층적으로 구성한 것이다. 독립항은 가장 상위 수준의 청구항으로서 그 자체로 발명의 기술 구성을 모두 갖고 있는 항이다. 반면 종속항은 말 그대로 특정 독립항에 종속된다. 즉 자신이 종속한 독립항의 기술 구성의 범위 내에서 좀 더 구체화된 내용을 담는다. 앞에서 설명한 실시 예와 같은 내용들이 이 종속항에 기술된다. 따라서 권리 범위를 직접적으로 명시하기 때문에 가장 중요한 것은 바로 독립항이다.

독립항과 종속항의 차이를 알아야 하는 이유는 변리사가 설계한 발명의 청구항을 검토할 수 있어야 하기 때문이다. 또한 특허청에서 반려 의견이 도착했을 때, 권리 범위를 재조정하기 위해 변리사와 논의할 때 청구항 해석 능력이 필요하다. 통상 최초 특허 출원 시 약간 넓은 권리 범위로 청구항을 작성하는 것이 관례다. 특허청에서 1차 출원을 그대로 인정하면 가장 좋지만, 그렇지 않더라도 반려 의견을 반영해 재출원하면 된다.

엔지니어 개인에게 특허의 의미

엔지니어 개인의 입장에서 직무발명 신고서를 작성하여 특허를 많이 출원하면 어떤 이점이 있을까? 앞서 언급했듯이 엔지니어가 업무상 작성한 특허의 권리는 회사에 귀속된다.* 따라서 라이선스와 같이 특허권을 통한 직접적인 경제적 이득을 얻지는 못한다. 회사마다 정책은 다르지만, 권리 위임에 대한 소정의 보상은 주어진다. 다만 보상 금액은 상대적으로 적은 편이다. 그러나 작성한 특허 기술이 회사 제품에 직접 적용되어 큰 매출을 일으키는 경우에는 별도의 큰 보상이 따르기도 한다.

또한 직무발명 신고서를 작성하면 할수록 지적 재산권에 대한 전반적인 이해도가 높아진다. 변리사와 특허 부서와의 소통을 통해 특허를 분석하는 방법을 터득하고, 변리사에 준하는 법률적 지식도 쌓을 수 있다. 경력이 쌓인 엔지니어 중에는 자신의 적성을 발견하여 특허 부서로 전직하는 경우도 있다. 실제로 전 직장 동료 중 몇 명은 특허청으로 이직하기도 했다.

하지만 엔지니어가 특허 실적을 보유하는 것의 가장 큰 강점은 자신의 역량과 전문성을 나타내는 지표가 된다는 점이다. 실적이 많을수록 특정 분야에서 얼마나 깊이 있게 일했는지를 보여주며, 창의성과 문제 해결 능력까지 간접적으로 나타낼 수 있다. 특허는 결국 새로운 아이디어나 기술적 문제에 대한 해결책을 찾는 과정의 산물이기 때문이다.

특허 종류가 다양하다면 엔지니어가 다양한 기술 분야에서 풍부한 경험을 쌓았다는 증거가 된다. 이는 많은 프로젝트 참여 경험과 기술

---

*이를 위해 별도의 위임장에 서명한다.

도메인에 대한 이해를 보여주는 것이다. 특히 직무발명 신고서 작성은 공저자와 함께 이루어지기 때문에, 커뮤니케이션과 협업 능력도 간접적으로 드러낼 수 있다. 따라서 엔지니어는 기회가 될 때마다 직무 발명 신고를 통해 특허를 부지런히 출원해 두어야 한다. 이는 도메인 전문가로 성장하기 위한 하나의 과정이다. 특히 향후 미국 진출을 위해, 스폰서 없는 NIW 영주권이나 O-1 비자를 신청할 때 특허 실적은 승인을 위해 절대적으로 필요한 증빙 서류다. 신청자가 이민국에 영주권이나 비자를 신청할 때 미국 국익에 도움이 될 전문성을 보유하고 있다는 것을 드러낼 수 있는 정량적 지표가 되기 때문이다.

미국 전 직장에서 근무할 때의 일이다. M사에 근무하던 연구원 C가 이직을 타진했고 인터뷰를 하게 되었다. 보통 연구원 인터뷰 시에는 전 직장이나 학교에서 발표한 논문을 중심으로 발표를 진행한다. 그러나 전 직장 근무 경력이 짧았던 C는 참여했던 연구 프로젝트가 많지 않았다. 또한 모든 프로젝트 결과를 논문으로 발표한 상황도 아니었다. C는 중요한 프로젝트에 참여했던 이력을 드러내고 싶었지만 그 프로젝트 결과가 논문으로 발표되지 않아 인터뷰에서 그 내용을 자세히 설명할 수 없었다.

결국 C가 우리에게 보여준 것은 출원 번호와 출원일이 명시된 '특허 제목'이었다. 논문을 작성하지는 못했지만, 대신 프로젝트를 진행하며 출원한 특허를 보여주며 자신의 기술 전문성을 어필한 것이다. 매우 기발한 시도였고 덕분에 인터뷰에 참여했던 팀원들은 C에게 높은 점수를 주었다. 그를 채용하려 했던 결정적 이유는 아니었지만, 그만큼 특허가 전문성을 드러내는 데에 활용될 수 있음을 보여주는 좋은 예라고 할 수 있다.

Q: 특허 출원에 있어서 미국 기업과 한국 기업의 차이가 있는지요?

A: 경험상 한국 대기업이 제가 겪어본 미국 회사들보다 특허 관리를 더 철저히 했고 시스템도 잘 정착되어 있었습니다. 직무발명 신고서 작성, 변리사 미팅, 등록까지의 진행 과정 추적 등 일련의 과정이 보다 체계적이고 시스템도 잘 갖춰져 있기 때문에 연구원 입장에서도 수고를 확실히 줄일 수 있었던 것 같습니다. 또한 한국에서는 특허 출원이 고과에도 일정 부분 영향을 미치곤 합니다. 연초에 당해 연도 업무 목표를 세울 때 목표 특허 수를 정하고 달성 여부를 확인하는 것이죠.

그런 면에서 미국 회사는 오히려 특허 관리가 좀 느슨한 편입니다. 발명자가 써야 할 초안도 한국보다 훨씬 구체적으로 작성해야 하기에 수고로울 때도 있죠. 또한 특허는 회사마다 다를 수 있지만 직원을 평가하는 데에도 거의 영향을 주지 않습니다. 개인의 경력에만 도움을 주는 정도이죠.

8장

커리어가
상승하는
소프트 스킬

엔지니어가 커리어를 쌓다 보면 점차 성장에 대한 의지를 갖게 된다. 주니어 엔지니어는 하루라도 빨리 스킬셋을 쌓아 시니어 엔지니어가 되길 원하고, 시니어 엔지니어는 소프트 스킬을 기르고 좀 더 가시적인 성과를 달성해 프린시펄 엔지니어가 되길 바란다. 프린시펄 엔지니어는 리더십을 발휘하고 회사 경영에 공헌해 다음 단계로의 진출을 꿈꾼다. 성장은 곧 더 높은 성취감으로 연결되고 큰 기여에 대한 보상으로 이어지기 때문이다. 그만큼 엔지니어에게 성장만큼 큰 동기 부여가 되는 것도 없다.

시니어 엔지니어 단계부터는 커리어 성장을 위해 함께 길러야 할 역량이 조금씩 다변화된다. 연차가 쌓일수록 소프트 스킬의 중요성이 높아지고, 이를 통해 형성되는 것이 바로 사내 '영향력'이다. 한국에서는 관리자가 되어 팀을 관리하고 이끄는 일을 하다 보면 소프트 스킬이 길러지는데 반해, 미국에서는 애초에 이러한 역량이 있는 실무자에게만이 팀을 이끄는 역할이 주어진다. 따라서 엔지니어가 자신의 영역을 확장하고 커리어의 성장을 이루기 위해서는 실무자 시절부터 관련 역량을 길러야 한다.

본장에서는 주니어 단계를 벗어난 엔지니어가 조직에서 본격적으로 성장하기 위한 역량들을 살펴볼 것이다. 사내 외 네트워킹, 평판, 커뮤니케이션, 자기 홍보, 리더십, 기획력에 대해 살펴보고 실리콘밸리의 엔지니어들은 어떻게 이를 쌓는지를 알아볼 것이다.

당신은
'함께 일하기 좋은 사람'입니까?

사회인이라면 인맥의 중요성을 모두 이해하고 있을 것이다. 인맥을 활용하면 새로운 직장, 사업과 같은 기회를 얻기에 용이하고, 업계 동향과 정보를 빠르게 파악할 수 있다. 전문가들과 교류하는 과정에서 새로운 지식을 습득하기도 하며, 이를 통해 더 빠르게 학습하고 성장할 수 있다. 일은 결국 '사람'이 하며, 사람이라는 것이 혼자인 경우는 없다. 모든 일에는 사람과 사람 사이의 '관계'가 어떻게든 엮이기 마련이다. 그 정도가 심해지면 정치질이 될 수 있겠지만 말이다.

이는 한국만의 특성이 아니다. 미국은 관계를 통해 해결되는 일들이 유독 많다. 특히 레퍼럴 문화가 매우 발달해 있다. 입시, 진학, 취업, 비자, 영주권 신청 시 누군가의 추천서가 필요하고, 이직이 확정되었을 때 전 직장의 레퍼런스를 요구하곤 한다. 하다못해 사소한 집 수리를 위해 수리공을 부르더라도 레퍼런스를 따진다. 그래서 미국 현지인들은 평소 인맥에 많은 신경을 쓴다. 직장 상사, 동료, 지인, 동창, 이웃 등 자신의 관계망에 연결된 모든 사람들과 관계를 잘 유지하려 노력한다. 온라인과 오프라인을 불문하고 졸업생 모임, 동종 업계의 협회나 학회, 지역사회 모임에도 꾸준히 참석한다.

이들이 이렇게 네트워킹에 신경 쓰는 것은 인맥에 기반한 레퍼럴이 실제로 꽤 힘을 발휘하기 때문이다. 이는 채용 시장에서 더 두드러지는데, 회사는 사람을 뽑을 때 직원들에게 우선 레퍼럴을 받는다. 아무리 견고하고, 면밀하다 해도 인터뷰로 그 사람의 모든 것을 파악할 수는 없다. 능력이 출중하여 채용했는데, 알고 보니 태도나 인성, 팀워크, 근태에 결함이 있다면, 팀 생산성에 악영향을 끼치고 회사는 그만큼의 비용을 지출해야 한다. 빅테크 기업들이 인터뷰에서 행동 사건 면접을 강화하거나, 즉시 채용보다 인턴십을 통한 검증 기간을 두는 것도 같은 맥락이다.

레퍼럴 자체도 가볍게 하지 않는다. 누군가가 레퍼럴을 부탁하더라도 내가 겪어보지 못한 사람이라면 정중히 거절한다. 단순히 지인의 부탁이라고 모르는 이를 추천하지 않는다. 일단 누군가를 레퍼럴한다는 것은 내 이름을 걸고 피추천인을 보증한다는 의미이기 때문이다. 피추천인이 문제를 일으키거나, 생각보다 기대에 부응하지 못한 경우, 화살은 결국 추천인에게 돌아간다. 게다가 이런 일이 반복된다면 추천인의 판단력, 조직에 대한 헌신마저 의심받는다.

따라서 이러한 문화에서 인맥의 핵심은 누군가 나를 추천할 수 있는 사람이 되는 것이다. 업계에 100명의 지인이 있어도, 우선 내가 레퍼럴하기에 적합하지 않은 사람이라면 그 지인은 없는 것과 마찬가지다. 누군가를 추천할 때는 그 사람의 능력만 보지 않는다. 아무리 능력이 출중해도 '함께 일하기 좋은 사람'이라는 확신이 없으면 레퍼럴을 하지 않는다.

스스로를 나 정도면 함께 일하기 좋은 사람이라 쉽게 생각하지 않는가? 하지만 함께 일하기 좋은 사람이라는 표현은 의외로 많은 것을 담고 있다. 우리는 조직에서 사람과 함께 일할 때 다양한 상황을 직면한다. 실수를 하기도, 예상치 못한 어려움에 직면하기도, 갈등이 생기기도, 새로운 지식을 배워야 할 수도 있다. 그리고 이때 그 사람의 진면목이 드러난다. 동료와의 소통은 어떻게 하는지, 마감과 같은 시간적 압박 속에서 어떻게 일하는지, 스트레스는 어떻게 관리하는지, 목표 설정 및 달성을 효과적으로 할 수 있는지 등을 알 수 있기 때문이다. 내적, 외적 갈등 상황에서 현명한 결정을 내릴 때, 우리는 비로소 함께 일하기 좋은 사람으로 기억된다.

인맥 관리의 가장 우선이 되어야 하는 것은 지금 현재의 동료에게 함께 일하기 좋은 사람으로 기억되는 것이다. 이는 조직 내에서, 나아가 업계에서의 내 '평판'이 된다. 같은 업계에 남아있는 한 지금의 동료는 언젠가 다른 곳에서 또 만난다. 그에게 나의 기억이 좋게 각인되어 있다면 그는 후일 반드시 나를 위해 힘써줄 것이다.

그리고 사내에서 역량을 발휘하고 영향력을 키우면 자연스럽게 네트워크는 확장된다. 내게 기술적 자문을 구하는 사람이 늘어나고, 상사는 당신에게 임원 앞에서 발표를 시킬 것이며, 사내에서 당신을 기억하는 사람이 늘어날 것이다. 가장 우선적으로 평판, 그리고 자신의 일에 더 집중해야 하는 이유가 여기에 있다.

급조된 추천인은 무용지물

"X사에 관심 있고 레퍼럴이 필요하면 DM으로 연락해."

실리콘밸리 직장인 익명 커뮤니티에서는 빅테크 현직자들이 의견 교환을 활발하게 주고받는다. 이 커뮤니티 안에서는 회원들이 자신의 신상을 공개하지 않고 추적당할 염려도 없기 때문에 소속 회사의 장단점을 가감 없이 말한다. 이외에도 개인 커리어에 대한 고민 상담도 올라오고, 레이오프 소식 등 다양한 정보도 빠르게 공유된다. 특히 정리해고를 당했거나 이직을 고민하고 있다는 글에는 레퍼럴을 해주겠다는 댓글이 자주 달리게 된다.

이렇게 일면식도 없는 사람을 레퍼럴하는 것은 어찌 보면 전통적인 미국식 추천 문화와 상반된다고 볼 수 있다. 애초에 레퍼럴 문화라는 것에는 추천인이 피추천인을 보증한다는 의미가 있기 때문이다. 이는 실리콘밸리 빅테크의 독특한 레퍼럴 프로세스 때문이다. 통상 실리콘밸리의 빅테크들은 사내 온라인 시스템을 통해 인재 추천을 받는다. 직원이면 누구나 이 시스템을 통해 회사가 현재 채용 중인 직군에 대해 후보자를 레퍼럴할 수 있다. 추천인 입장에서는 절박한 누군가에게 도움을 주겠다는 선한 의도도 있겠지만, 어차피 시스템에 후보자 한 명 등록하는 것은 별다른 수고가 따르지 않는다. 게다가 피추천인이 인터뷰를 통과해 입사가 확정이라도 되면 별도의 보너스도 지급받기 때문에 밑져야 본전이라는 생각으로 가볍게 레퍼럴할 수 있다.

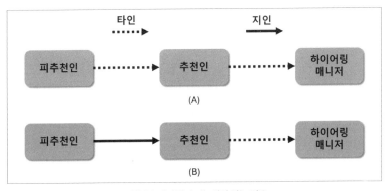

그림 34. 레퍼럴이 기능하지 않는 경우

그런데 의외로 이 시스템 등록을 통한 레퍼럴은 잘 작동하지 않는다. 레퍼럴 시스템에는 후보자의 인적 사항, 이력서를 등록하고, 가장 중요한 항목인 피추천자와의 관계와 추천 사유를 입력하게 되어있다. 그런데 일면식이 없는 누군가를 레퍼럴하는 경우, 허위 정보를 기입하지 않는 이상 이 항목은 허술해진다. 추천자가 피추천자를 겪어보지 않은 상태에서 추천 사유를 상세히 기술할 수 없기 때문이다(그림 34(A)). 심지어 추천인이 피추천자의 지인이라 할지라도, 추천인이 자신의 팀이 아닌 타 팀에 레퍼럴하는 경우라면 마찬가지로 레퍼럴은 잘 기능하지 않는다. 추천인과 채용 매니저가 일면식이 없기 때문이다(그림 34(B)). 채용 매니저가 추천인과 관계가 설정되어 있지 않다면 레퍼럴 자체에 신뢰를 두지 않는 것이다. 그리고 채용을 하는 팀의 팀원들이 자체적으로 이미 후보자들을 추천하고 있기 때문에 이들보다 우선순위에서 밀리게 된다.

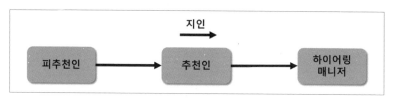

그림 35. 레퍼럴이 잘 기능하는 경우

레퍼럴이 잘 기능하는 경우는 추천인이 본인의 매니저 또는 이미 잘 알고 있는 타 팀의 매니저에게 자신의 지인을 소개할 때다(그림 35). 이때는 통상 추천인이 구두나 메일을 통해 피추천인의 상세한 정보를 사전에 채용 매니저에게 전달하게 된다. 매니저도 피추천인에 대한 자세한 정보를 추천인을 통해 직접 확인한다. 추천 시스템에 후보자를 등록하는 것은 이러한 물밑 과정이 다 끝난 뒤 마지막 단계에서 형식상 이뤄지는 것이다. 이 경우 높은 확률로 피추천인에 대한 인터뷰 절차가 진행된다.

미국에 온 뒤 지인들을 레퍼럴한 적이 있다. 그중 단 두 번만이 실제 인터뷰를 거쳐 채용으로 이어졌는데 모두 내가 속한 팀에서 사람을 뽑는 경우였다. 한 명은 오래전 학회에서 만나 교류하던 일본 현지 연구원이었다. 그가 발표해 왔던 학술적인 이력이 출중해 내가 매니저에게 별다른 부연 설명을 할 필요가 없었다. 나머지 한 명은 내가 한국 회사를 다니던 시절 미국 법인에서 근무하던 인도인 엔지니어였다. 그의 역량을 익히 알고 있던 나는 현재 매니저에게 이를 적극 어필해 인터뷰를 성사시켰다. 그 외에 내가 레퍼럴했던 다른 지인의 경우는 과거에 나와 같은 그룹에 있긴 했지만 다른 팀이었거나, 다른 세부 전공을 공부했던 대학원 연구실 후배였다. 따라서 그들이 지원하는 직무는 나와 관련이 없는 팀에서 공고를 낸 것이었고, 내가 그들을 위해 할 수 있는 것은 온라인 레퍼럴 시스템에 그들을 등록해 주는 것뿐이었다. 채용 매니저가 누구인지도 모르기 때문에 개별 연락을 할 수도 없었다. 결국 그들에게는 회사에서 아무런 연락이 가지 않았다.

따라서 단순히 인터뷰 가능성을 높이기 위해 모르는 이에게 레퍼럴을 부탁했다면 큰 기대를 하지 않는 것이 좋다. 물론 이렇게라도 '약한 추천'을 받는 것이 받지 않는 경우보다 1%라도 더 가능성이 있다. 하지만 혹여나 인터뷰 기회가 오더라도 피추천인-추천인-채용 매니저의 연결고리를 통한 '강한 추천'보다 채용 가능성은 현저히 떨어진다.

네트워킹을 통한 채용이 빛을 발하기 위해서는 이직을 시도하는 시점이 아니라 평소에 인맥을 구축해 둬야 한다. 그리고 이 인맥은 자신과 같은 분야의 인사들로 채워야 한다. 논문, 오픈 소스, 해외 학회, 표준화, 개발자 포럼과 같은 대외 활동을 활발히 하면서 자신의 업계 노출도를 높이고, 다양한 외부 행사에서 미국의 인사들과 교류하면서 자신의 경력을 인지시키는 것이 가장 확률이 높다. 그렇다면 그들이 자신의 팀에서 신규 인력을 뽑을 때 자연스럽게 우리를 떠올리고 자신의 매니저에게 추천을 하게 된다. 그리고 이 추천은 자신과 같은 분야의 인사에 의해 이뤄지기 때문에 그만큼 더 분명하고 확실하다. 내가 인텔로 이직한 방법이다.

하지만 한국에서 교육받고, 경력을 보냈으며 대외 활동도 하지 못한 경우 이러한 미국 인맥을 평소에 쌓는 것은 쉽지 않다. NIW로 어렵게 미국 영주권을 확보하고 온라인으로 미국 회사에 입사 지원을 하면서 레퍼럴을 해줄 수 있는 사람 한 명 알지 못한다는 것에 자괴감을 느낄 수 있다. 그래서 링크드인을 떠돌면서 실리콘밸리에 근무 중인 현직자들에게 무작정 연락해 레퍼럴을 아쉽게 부탁하곤 한다. 하지만 인터뷰를 위한 급조된 인맥은 전혀 힘을 발휘하지 않는다. 앞에서 말했듯 나를 전혀 알지 못하는 이가 강한 추천을 해줄 수 없기 때문이다.

따라서 인맥을 쌓기 위해 링크드인으로 연결을 시도한다면, 자신과 같은 분야, 향후 자신이 지원하고자 하는 직무의 현직 엔지니어에게 해야 한다. 외국인일지라도 말이다. 그리고 이때 레퍼럴을 받기 위해 그를 '이용'하는 것이 아니라, 멘토를 구한다는 입장으로 다가가야 한다. 실리콘밸리에 입사 지원 시점에 임박해서가 아닌, 일찍부터 같은 분야의 빅테크 전문가들과 업계 동료, 선배의 인맥을 쌓는 것이다.

예를 들어 어느 주니어 엔지니어가 5년 뒤에 미국의 한 반도체 회사로 이직을 계획한다고 하자. 현재 직급은 대리이며 회로 설계 엔지니어다. 링크드인으로 자신과 같은 분야에서 근무 중인 미국 반도체 업계의 인사들에게 1촌 신청을 한다. 메시지를 통해 자신에 대한 간략한 소개와 연결 고리를 만들어 교류하고 싶다는 의사를 전달한다. 만일 상대방이 대외 활동으로 업계 인지도가 높은 사람이라면 "당신의 업계 명성은 잘 알고 있다", "당신이 쓴 논문을 내 현업에 응용해 많은 개선을 보았다. 기술을 공개해 줘서 고맙다" 등과 같은 인사말을 전할 수도 있고, 그의 엔지니어 이력을 보고 "당신의 엔지니어로서의 역량과 경력을 닮고 싶다"라는 의사를 전달해도 좋다. 단 상대방으로 하여금 자신을 이용하려 한다는 인상을 심어주면 안 된다. 영업, 홍보, 청탁의 인상을 주면 그들은 반응하지 않는다.

네트워크가 형성되면 일회성에서 그치지 말고, 6개월 간격으로 먼저 연락해서 안부를 전한다. 내가 회사에서 성과를 내서 과장으로 진급했다든지, 그동안 연구 개발한 내용에 대한 논문을 발표하게 되었다든지, 조직에서 주니어들을 이끌게 되었다든지, 자신이 업계에서 어떻게 성장하고 있는지를 인지시키는 것이다. 상대방은 자신과 연결된 한국의 한 엔지니어가 본인의 커리어 성장을 꾸준히 도모하고 있다는 것을 자연스럽게 알게 될 것이다.

자신의 분야에서 이러한 실리콘밸리 멘토 5명만 만들 수 있다면 그 인맥은 분명히 빛을 발하게 될 것이다. 설사 후일 그들이 직접적으로 힘을 써주지 않을지라도, 자신의 또 다른 네트워크 중 누군가에게 자연스럽게 추천할 것이다. 그리고 내가 신분 문제를 해결하고 성숙한 경력으로 무장해 미국 진출에 대한 준비가 끝났을 때, 그 멘토들은 든든한 아군이 되어 줄 것이다.

Q: 실리콘밸리 빅테크에 입사 지원을 하려면 레퍼럴은 필수인가요?

A: 네 그렇습니다. 미국의 레퍼럴 문화가 가장 잘 운용되고 있는 곳이 실리콘밸리라 할 수 있습니다. 신규 인력 채용 시 인터뷰에 초대되는 경우는 팀 내에서 누군가 추천한 후보자(강한 추천), HR 직원이 타사에서 발굴해 온 후보자입니다. 이 후보자들 중에서 높은 확률로 선발되고, 그래도 적합한 사람을 뽑지 못하

면 사내 레퍼럴 시스템에 레퍼럴된 지원자(약한 추천)들까지 보게 됩니다. 레퍼럴을 받지 못하고 공식 홈페이지 Career 채널을 통해 직접 지원한 경우는 가장 후순위가 되죠. 그래서 레퍼럴은 입사를 지원했을 때 인터뷰 단계까지 갈 수 있는 최소한의 기본 요건이라고 보시면 됩니다.

일반적으로 1명 채용 공고가 나가면 5배수 정도를 선정합니다. 강한 추천을 받은 후보자와 HR 직원이 실리콘밸리의 경쟁사로부터 발굴한 후보자로 충분하기 때문에, 약한 추천을 받은 후보자나 레퍼럴이 없는 후보자에게까지 기회가 좀처럼 돌아가지 않습니다. 여기에 신분 문제가 해결되지 않는 상태라면 더욱 기회는 오지 않습니다.

세련된
자기 홍보 기술

"네가 한 일을 좀 더 주변에 먼저 알리는 것이 어때? 물론 네가 마케팅 직원은 아니지만 연구원에게도 홍보력은 어느 정도 필요해…"

미국으로 이직하고 얼마 안 되었을 때 매니저와 면담시간에 들은 피드백이었다. 신입도 아니고 한국에서 중간 관리자까지 경험한 내가 이런 소리를 들었다는 사실에 나는 충격을 받았다. 한국에서 쌓은 11년의 경력이란 언어 장벽과 조직 문화의 차이 앞에서 한없이 무기력할 뿐이었다. 이후 나는 미국 회사에서 스스로를 드러내는 방식으로 변하기 위해, 알을 깨는 것과 같은 노력을 해야만 했다.

흔히들 미국 회사에서는 자기 홍보self-promotion에 능해야 한다고 한다. 스스로가 자신이 한 일을 세일즈하지 않으면 아무도 알아주지 않는다는 것이다. 그래서 미국 이직자들은 미국행 비행기에 올라탈 때부터 "미국 문화에 맞게 이제부터는 나도 좀 나서 보자"라고 굳게 결심한다. 하지만 막상 현장에서 잘 안되는 것이 바로 '자기 홍보'다. 스스로를 홍보하라니 왠지 그래도 되나 싶어 주저하게 된다. 오랜 기간 위계적 조직 생활과 유교 문화에 익숙해진 탓에 성격 변화가 쉽지 않다.

위계 조직에는 여러 장점이 있다. 상하 관계가 명확하고 중앙 집권적인 의사 결정 방식이 조직을 일사불란하게 움직이게 한다. 각 계층의 구성원들은 명확한 역할과 권한을 갖추어, 조직 내 혼란과 불확실성을 줄인다. 그러나 단점도 뚜렷하다. 위계 조직에서는 개인에 대한 통제가 강하고 자율성이 제한되기 쉬워, 그로 인해 혁신과 창의성이 저하되고 직급 간 갈등이 심화된다. 가장 큰 문제는 직원들이 점점 보수적으로 변한다는 점이다. 자신의 의견이 위에서 내려온 지시에 의해 반복적으로 묵살되면, 열정적으로 임하던 직원들도 결국 수동적으로 변하고 만다. 어차피 바뀌지 않는다는 생각에 점차 입을 닫게 되고, 결국 주어진 일만을 하게 되며, 심하면 스스로 생각하려는 노력조차 포기하게 된다. 방어 기제가 작동하여 자신을 드러내지 않으려 하게 되는 것이다.

그런데 이렇게 스스로를 소극적으로 만드는 태도는 엔지니어 본인의 경력에 독이다. 조직 문화에 도전할 필요는 없다. 조직 내에서 자신의 반경을 넓히는 것을 포기만 하지 않으면 된다. 특히 '스스로 생각하는 과정'을 생략하는 것이 습관이 되면 논리적 사고력과 커뮤니케이션 능력마저 퇴보한다. 글로벌 엔지니어를 목표로 한다면 자기 홍보는 선택이 아닌 필수이다.

겸손, 겸양, 중용의 유교 문화에서 스스로를 내세우는 것은 미덕이 아니다. '모난 돌이 정 맞는다'는 속담처럼, 자기를 드러내는 태도가 불이익으로 돌아올 것이라고 무의식적으로 생각하는 경향이 있다. 조직보다는 개인을 앞세우는 사람으로 비칠까 걱정하기도 한다. 그렇다면 '이기주의자'라는 시선을 받지 않으면서도 스스로를 홍보할 마땅한 방법이 없을까? 지금부터 소개할 것들은 실제로 실리콘밸리 빅테크에서 엔지니어들이 자주 쓰는 방법이며, 한국 회사에서도 충분히 적용할 수 있다.

성과와 업적은 '먼저' 공유할 것

지시를 받은 일이든 스스로 찾아서 한 일이든 결과가 나오면 무조건 팀과 먼저 공유해야 한다. 여기서 중요한 것은 그 결과의 중요도가 아니라 공유하는 '시기'에 있다. 정기적으로 갖는 주간 회의 때 의례적으로 하는 보고는 기본이다. 1주일이라는 주기 동안 팀 구성원 누구나 자신의 일에 진척사항이 존재한다. 이를 같은 시기에 같은 모습으로 언급하는 것에는 어떠한 특별함도 없다.

그보다 짧은 간격이라도 '먼저' 팀과 자신의 결과를 공유할 때 그것이 특별한 성과가 된다. 이는 튀는 행동이 아니라 적극적이고 주도적인 모습이다. 특히 좋은 결과가 나왔을 때 자신이 개선한 점을 부각함으로써 자신의 역량과 성과를 더욱 각인시킬 수 있다. 또한 짧은 간격으로 성과를 공유하면 팀 구성원들이 내 일을 더 잘 이해할 수 있다. 주간 보고 시 소통도 용이하다. 또한 자주 업무 공유를 하면 팀원, 상사의 피드백을 더 빨리 받아볼 수 있고, 일의 방향이 잘못되었을 때도 조기에 바로잡을 수도 있다.

이를 반드시 입으로 말할 필요는 없다. 결과가 도출될 때마다 텍스트로 정리해 팀 전체 메일로 보내거나, 협업 툴, 게시판 등을 이용하여 내용의 링크를 공유하면 된다. 실험 결과라면 데이터나 그래프와 함께 본인의 의견을 공유하면, 관심이 있는 팀원들은 답장을 보내기 마련이다. 의견을 주고받다 보면, 해당 주제가 토론으로 이어지기도 하고 자연스럽게 본인의 조직 내 존재감도 높아진다.

2~3일의 짧은 간격으로는 결과가 나오지 않을 수 있다. 이때는 어떤 일을 하고 있는 중이라고 일의 진행 상황을 짧게 정리해 상사에게만 메일로 보내면 된다. 팀장은 묻기 전에 진행 사항을 알려주는 팀원에게 고마움을 느낀다. 본인이 미처 챙기지 못한 것을 먼저 알려주기 때문이다. 그리고 그 일에 대한 피드백이 있으면 건설적인 메일로 답장할 것이다. 다시 강조하자면, 결과의 중요도가 핵심이 아니다. 커뮤니케이션을 본인이 먼저 시도한다는 점이 중요하다.

발표는 홍보의 기회

메일을 통해 자신의 성과를 공유하는 것보다 자신의 반경을 넓힐 수 있는 것이 바로 발표다. 자신의 전문성과 역량을 시연할 수 있기 때문이다. 발표는 발표자 스스로에게도 유익하다. 발표를 통해 청중으로부터 건설적인 피드백을 수집할 수 있고 이를 통해 발표자의 업무, 연구를 개선할 수 있기 때문이다. 그래서 가능하면 발표 시 자신에게 도움을 줄 수 있는 전문가들을 청중으로 초대해야 한다.

가장 좋지 않은 발표의 이유는 이를 일종의 의무로 생각하는 것이다. 세미나 발표 순번이 돌아와서, 지도 교수나 상사가 시켜서 하더라도 이를 의무감에 하면 앞서 말했던 그 순기능은 사라진다. 다시 말하지만 엔지니어에게 발표는 기회다. 발표를 통해 청중에게 나를 각인시키고, 내 프로젝트를 홍보할 수 있다. 발표를 듣고 누군가는 내 아이디어를 자신의 업무에 적용할 수도 있고, 협업 프로젝트나 새로운 자리를 제안할 수도 있다. 따라서 발표력도 엔지니어 커리어 성장을 위해서 빼놓을 수 없는 역량이다. 발표가 조직 내에서는 내 가시성을 높여 기술 영향력을 키우는 제일 확실한 방법이기 때문이다.

발표 자료 작성에는 시간이 필요하다. 기존 업무 외에 추가적인 시간을 소비하기 때문에 부담스럽게 느껴질 수 있다. 이러한 비정기적인 발표 때문에 기존 일의 스케줄을 늦춰주지는 않는다. 따라서 자료 작성에 무조건 너무 많은 시간을 쏟기보다 그 중요도에 따라 분량을 조정할 필요는 있다. 중요한 것은 적은 노력을 들이되 자주 발표 기회를 갖는 것이다.

목표와 성장 의지를 드러낼 것

스스로의 커리어 성장을 '사내에서의 승급'으로 제한할 필요는 없다. 엔지니어로서의 커리어 성장, 글로벌 엔지니어로 성장하기 위한 단계별 로드맵 등을 항상 염두에 두어야 한다. 내가 현재 가진 역량을 바탕으로 단계적인 목표를 설정하고 이를 현재 조직에서의 목표로 치환해 보라.

그리고 이러한 단계적 목표를 바탕으로, 자신의 성장 의지를 평소 조직에 드러낼 필요가 있다. 상사와의 면담, 연초 목표 설정 시기, 커리어에 관해 팀원들과 말할 때, 이를 적극적으로 공유하라. 동료들의 피드백을 통해 자신의 발전 방향을 검토하는 기회가 될 수도 있다. 경쟁자, 팀원들의 견제가 두렵다고 숨길 필요는 없다. 견제는 그 의지가 정치적인 성격일 때 나타난다. 기술, 스킬셋, 커뮤니케이션 능력을 습득하고자 하는 의지, 배우려는 자세 등은 누구나 환영할 일이다.

계획대로 목표를 달성하지 못했다고 실망할 필요도 없다. 중요한 것은 내가 이 조직에서 성장하고자 하는 의지를 보이는 것에 있다. 해외 출장, 기술 주재원 등 커리어 향상을 위한 새로운 경험의 기회는, 평소 성장 의지를 드러내는 자에게 한 번이라도 더 간다.

포기하지 말고 기록하라

나의 의견을 개진하려면 일단 나의 생각이 있어야 한다. 나의 관점을 지켜야 한다. 조직의 성격상 마음껏 의견을 개진할 수는 없어도 내 생각까지 제한할 수는 없다. 나의 생각을 지키기 위해서 짧은 분량이라도 생각을 자주 기록하라. 사내 개인 블로그, 팀 페이지, 연구 노트 어느 것이든 상관없다. 저장소에 차곡차곡 아이디어나 생각을 쌓아 놓으면 언젠가 다시 꺼내 쓸 수 있다.

나의 의견이 기술적, 논리적 근거가 타당하다 해도, 조직의 우선순위, 시의성, 임원과 상사의 의지에 밀려 반려될 수도 있다. 하지만 시장 트렌드의 변화, 경쟁사의 새로운 제품 발표, 조직 개편 등에 따라 언제든 상황은 변할 수 있다. 나의 경험과 논리에 비춰 정당하다고 판단한 아이디어라면 시간이 흘러 언젠가 다시 빛을 볼 수 있다.

또한 생각을 정리해 기록하는 과정 자체만으로도 의미가 있다. 미국 회사에서는 자신의 생각을 가감 없이 표출하는 것에 모두 익숙하다. 향후 글로벌 엔지니어가 되어 이런 조직 문화에 노출되었을 때, 마음껏 나의 의견을 개진하기 위해서라도 나의 생각을 가지는 연습을 멈추면 안 된다.

Q: 실리콘밸리에서 성장하기 위해 사내 영향력이 중요한 이유가 무엇인가요?

A: 미국 회사에서는 엔지니어의 승진 심사를 할 때 후보자의 성과와 함께 영향력도 중요하게 보기 때문입니다. 그런데 이 영향력이라는 것이 정확히 계량할 수 없는 척도이죠. 함께 일하는 동료, 상사, 유관 부서의 엔지니어들이 후보자에 대해 주관적으로 느끼는 인상이니까요. 일종의 평판, 인지도, 조직 내 위상과 같은 의미입니다.

이런 영향력은 시간을 걸쳐 쌓이기 때문에 평상시에 사소한 것부터 다각도로 노력해야 합니다. 회의 시에는 적극적으로 의견을 개진하고, 업무는 주도적으로 처리하고, 스스로 아이디어를 도출해 공유하고, 팀원에게 자신의 지식이나 기술을 전파하는 것들이죠. 필요시 유관 부서 엔지니어와 커뮤니케이션도 개시하면서 인지도를 쌓아야 해요.

본문에서 말한 자기 홍보와 함께 이러한 노력들이 계속되면 조금씩 사내 영향력이 생깁니다. 영향력이 축적되면 자연스럽게 엔지니어에게 권위가 부여되면서 좀 더 범위가 큰 프로젝트를 맡거나 리더십을 행사하는 역할을 제안받게 되죠.

특히 고위직 승진 시 이러한 사내 영향력이 더 큰 평가 기준이 됩니다. 프린시펄 엔지니어 승진은 통상 매니저 추천 이후 사내 커미티의 심사를 거치게 되죠. 커미티 위원들은 여러 부서의 디렉터, 임원들로 구성됩니다. 이때 후보자의 이름이 심사 위원에게 이미 각인되어 있어야 해요. 그동안 사내에서 보여줬던 후보자의 영향력이 크다면 매니저가 추천 사유를 열심히 설명하지 않아도 되죠.

유관부서의 디렉터, 임원들에게 알려질 만큼 인지도를 높이기 위해서는 팀의 대표성을 가질 수 있는 프로젝트를 맡아서 진행해야 합니다. 이런 대표성은 팀 내 영향력이 있을 때 획득할 수 있죠. 주니어 시절엔 팀 내 영향력을 키워야 시니어 엔지니어가 될 수 있고, 시니어 엔지니어는 팀을 넘어 조직을 아우르는 영향력이 있어야 프린시펄 엔지니어가 될 수 있습니다.

커뮤니케이션의
본질

한국 회사에 근무 중일 때의 일이다. 미국 법인에 출장을 다녀온 동료 A에게 흥미로운 이야기를 들었다. A는 현지 법인에서 업무의 진척 사항을 파악하고자 실무자 미팅에 참석했다. 해당 미팅은 중요한 설계 결정을 내려야 하는 자리였다.

현지 엔지니어들 간의 토론이 시작되었는데 여러 의견이 오가던 중 분위기가 점차 과열되기 시작했다. 두 명의 미국 엔지니어 B와 C 간에 의견 충돌이 있었던 것이다. 둘 다 자신의 의견을 굽히지 않았고, 급기야 고성이 오갔다. 두 엔지니어 모두 얼굴이 벌겋게 상기되었다. A는 급하게 상황을 수습했다. 결론 내리는 것을 잠시 미루자고 제안하며 분위기를 가라앉힌 것이다.

재미있는 일은 그다음에 벌어졌다. 곧바로 점심시간이 되었는데, B와 C는 자리에서 일어나며 가벼운 잡담을 하기 시작한 것이다. 일행과 함께 식당으로 향하는 B와 C는 농담까지 나누며 킬킬대기까지 했다. 좀 전까지 싸움에 가까운 논쟁을 벌이던 사람들이 맞나 싶어서 A는 어이가 없었다고 한다.

미국 회사에서 미팅 중 의견이 충돌하는 일은 흔하다. 물론 고성이 오갈 정도까지는 아니다. 단지 B와 C가 전형적인 성향의 미국 현지 엔지니어였을 뿐이다. 좋게 말하면 책임감이 강하고, 나쁘게 말하면 고집이 너무 세다. 그 정도가 심했던 둘이 만났던 것이다.

그런데 B와 C가 회의에서 격론을 펼치고도 언제 그랬냐는 듯 웃으며 식사를 함께할 수 있었던 이유는, 그들이 순수하게 기술적인 문제에 집중해 논쟁했기 때문이다. 만일 이들이 인신공격이나 조롱을 섞었다면 다시 웃으며 지내기는 어려웠을 것이다. 이렇듯 미국에서 엔지니어가 논쟁할 때는 오직 실무에만 초점을 맞춘다. B와 C는 서로 나이, 경력, 직급에 차이가 있었지만 이러한 요소들은 미국 테크 회사의 회의에서 아무런 의미가 없다. 그들은 엔지니어로서 동등한 위치에 선 토론자일 뿐이다.

이러한 수평적인 조직 문화에서 위계에 의해 영향력을 행사하는 일은 벌어질 수 없다. 하급자에게는 정보를 제한하는 일이나 비논리적인 권력 행사가 일어나기 힘든 조직 문화이다. 특히 프로젝트를 관리하는 매니저와, 기술적 리더십을 발휘하는 테크 리드의 역할이 분리되어 있어* 인사고과를 무기로 팀원을 통제하지 않는다. 평가권이 있는 매니저는 엔지니어의 결과물로만 판단하고, 테크 리드는 자신의 뛰어난 전문성만으로 팀을 이끌게 된다.

이러한 환경에서 엔지니어 간에 이루어지는 소통의 본질은 바로 '논리적 말하기'다. 앞에서 말했듯 역할 조직에서의 엔지니어 간 대화는 기술적 정합성, 논리, 근거 외에 그 어느 것도 영향을 주지 않기 때문이다. 지식과 정보를 명확하게 전달하고, 의견을 합리적 근거와 함께 피력하는 것만이 유일한 의사소통 방식이다. 팀원을 설득하고 자신의 의지를 관철하는 데 필요한 것은 무거운 위계도, 뜨거운 감정도 아닌 차가운 이성과 논리인 것이다.

엔지니어는 직군에 따라 다른 엔지니어뿐만 아니라 비엔지니어, 고객과도 소통해야 하므로, 원활한 커뮤니케이션을 위해 상대방의 생각과 언어(배경과 용어)를 이해하고 공감하는 자세도 필요하다. 또한 직급이 높아질수록 팀원 간 업무 조율과 경영진과의 소통이 중요하므로 커뮤니케이션 능력은 더욱 다양한 측면에서 중요성을 갖는다.

그러나 역시 실무 엔지니어들이 가장 많이 소통하는 대상은 주로 팀원, 유관부서 엔지니어, 그리고 자신의 매니저다. 비엔지니어 고객을 상대하는 일은 마케팅 엔지니어나 프로덕트 매니저가 주로 맡고, 엔지니어 고객을 상대하는 일은 데브테크나, 필드 애플리케이션 엔지니어가 담당한다. 한국같이 기획자라는 직군이 있는 것도 아니어서 비엔지니어들과 자주 소통하는 일은 많지 않다. 따라서 일반적인 개발팀의 실무 엔지니어들은 주로 동일한 배경을 가진, 같은 엔지니어

---

*경우에 따라서는 겸직을 하기도 한다.

언어를 사용하는 이들과 소통하게 되며, 이러한 소통에서는 결국 순수하게 '논리'만이 중심이 된다.

엔지니어가 논리적으로 말하기 위해서는 먼저 논리적인 글쓰기 능력을 길러야 한다. 논리적으로 글을 쓰려면 논리적 사고력이 필요하며, 이 사고력을 키우기 위해서는 논리적인 글을 많이 읽는 것이 가장 효과적이다. 앞 장에서 읽기, 쓰기, 생각하기를 지속적으로 강조한 이유가 여기에 있다.

글로벌 엔지니어가 되기 위한 필요 역량들은 씨줄과 날줄처럼 서로 엮여 있다. 사고력이 곧 커뮤니케이션의 기본이며, 커뮤니케이션은 곧 자기 홍보의 도구가 된다. 지속적인 자기 홍보와 커뮤니케이션을 통해 자신의 전문성을 드러내면, 이는 곧 기술 리더십으로 이어지게 된다.

기술 리더십이란
무엇인가

한국에서 근무할 당시 내 마지막 직급은 수석(부장)으로, 보직은 AL(Activity Leader)이었다. AL은 그룹 내 특정 파트를 책임지는 '파트장' 정도에 해당한다. 그러나 직급과 보직이 반드시 연동되는 것은 아니다. 직급은 일정 연차 동안 적정 고과를 받으면 승급되지만, 보직은 팀 상황에 따라 다양한 방식으로 주어지기 때문이다. 따라서 그룹 구성원의 평균 연령이나 직급 비율에 따라 부장급 엔지니어가 실무를 맡기도 하고, 과장급 엔지니어가 팀장이 될 수도 있다.

한국 대기업에서 팀이나 그룹을 책임지는 리더 역할, 즉 보직을 맡게 되면 어떤 장점이 있을까? 가장 큰 장점은 보직을 통해 조직 내 영향력을 강화할 수 있다는 점이다. 한 계단 위로 올라감으로써 접할 수 있는 정보와 사내 인맥이 확대되고, 팀원에 대한 평가권도 갖게 된다. 관리자로서 팀을 성공적으로 이끌고 성과를 낼수록 보직의 수준이 높아지며, 임원에 가까워질 기회도 많아진다. 결국 직원이 최종 목표로 삼는 임원직에 도달하기 위해서는 보직을 통해 리더십을 발휘하는 위치로 진출해야 한다. 연차가 쌓일수록 이에 걸맞은 보직을 맡아야 조직 내 위상을 유지할 수 있다는 뜻이다. 이는 관리자와 실무자에게 필요한 역량이 분명히 다름에도, 연차가 쌓이면 관리자가 될 것을 암묵적으로 요구하는 위계 조직의 독특한 문화에서 비롯된 것이다.

하지만 한국 대기업에서 리더가 된다는 것은 '관리자의 길'로 들어선다는 말과 같다. 사람, 프로젝트, 스케줄 관리, 경영진과 소통하는 일보다 문제 해결, 연구 개발, 설계, 구현과 같이 기술, 실무 지향적인 일에 더 적성이 맞는 이들은 관리자 업무에 스트레스를 받기도 한다. 또한 일단 관리자의 길로 들어서면 보고서, 발표 자료 작성, 온갖 회의로 많은 시간을 보내게 되기 때문에, 더 이상 핸즈온 스킬(실무 능력)을 갈고닦을 여유가 없어진다.

언제까지 팀원일 것 같은 내게도 팀장이 될 기회는 우연히 찾아왔다. 팀원이었던 시절, 나는 팀을 대표해 학계와 업계 동향을 파악하기 위해 해외 학회 출장을 꾸준히 다녔다. 처음 출장을 다녀온 후, 나는 책임감을 느끼며 보고서 작성과 발표에 많은 노력을 기울였다. 내 출장 보고에 깊은 인상을 받은 그룹장은 이듬해부터 나를 같은 학회에 출장 보냈다. 학회에 지속적으로 같은 사람이 참석해야 네트워킹을 원활히 하고, 나아가 학회에 영향력도 미칠 수 있다고 판단했기 때문이다. 이전에는 팀원들이 돌아가며 출장을 다녀오며 단순히 '동향 파악' 역할만 했었다.

 나는 의미 있는 결과를 가져오고 싶었기에 출장지에서 바쁘게 뛰어다녔다. 현지에서 익숙하지 않은 영어로 업계 인사들과 교류했고 마치 인터뷰하듯 집요하게 그들의 생각과 관련 정보를 수집했다. 그렇게 학회장에서 담아 온 정보를 정리해 그룹원들에게 발표하는 일을 몇 년을 하다 보니, 차츰 기술 흐름을 읽는 안목이 생기기 시작했다. 그리고 어느 해, 가까운 미래에 주류가 될 것으로 보이는 한 기술이 눈에 들어왔다. 이를 출장 보고에 담았고 우리가 왜 이 기술을 준비해야 하는지 그 논리를 체계적으로 정리해, 전체 그룹 앞에서 발표했다.

 내 보고에서 좋은 인상을 받았던 그룹장은 얼마 후 해당 기술을 준비할 프로젝트 연구팀을 가동하기 시작했다. 내가 속한 팀에서 분화된 팀이었는데, 기술 필요성을 제안한 내게 팀장 자리가 돌아왔다. 실험적 성격의 파일럿 팀이었기에 그룹장은 최소한의 인원으로 팀을 꾸려주었다. 새 프로젝트 제안을 준비하면서 '내 팀'에 대한 기대가 없었던 것은 아니었지만, 막상 팀장 자리를 맡게 되자 약간의 걱정이 앞섰다. 이미 연차가 충분히 찬 상태였지만, 여전히 관리보다는 실무가 좋았다. 앞으로 프로젝트 관리만 하다 핸즈온 스킬을 잃을까 두렵기도 했다. 하지만 과장 말년 차였던 나는 이 기회를 놓치면 향후 보직 없는 부장으로 남아 조직에서 위치가 위축될 수 있겠다는 생각이 들었다. 그래서 어떻게든 해내야 했다.

 그 후, 팀장으로서 내부 프로젝트를 기안하고, 발표용 로드맵을 그렸고, 외부 대학과 협력을 맺는 등 프로젝트 착수에 많은 시간을 보냈다. 팀원을 가이드하는 일도 내 몫이었다. 새로 합류한 팀원들은 이미 충분한 경력자들이었지만, 각자 다른 팀에서 자신만의 전문성을 갖고 연구해온 사람들이었다. 다행히 이들 모두 똑똑했고, 필요한 지식과 기술을 빠르게 습득해 나갔다.

관리자가 되어 핸즈온 스킬을 잃을지도 모른다는 생각은 기우였다. 팀에서 해야 할 일이 산적했기에 나까지 실무를 겸해야 했기 때문이다. 낮에는 관리자로 자료 작성과 회의로 시간을 보냈고, 저녁이 되면 실무자로 밀린 코딩을 했다. 덕분에 심지어 스킬셋이 늘기도 했다. 그동안 컴퓨터 전공자로 소프트웨어 개발만 했던 내가 프로젝트에 필요한 하드웨어 RTL 설계까지 해야 했기 때문이다. 교육을 받으러 외출을 다녔고 협력 관계에 있던 외부 자문 교수에게 지도까지 받았다.

그렇게 조직된 내 팀을 5년 동안 이끌었다. 그 사이 파일럿 팀이었던 우리는 조직 개편과 함께 정식 팀이 되었고, 연구를 많이 진행하여 사내 기술 전시, 사업부에 기술 이전까지 할 수 있었다. 연구 결과들이 도출될 때마다 나는 팀원들과 논문으로 출판해 부지런히 외부에 발표했다. 업계와 학계 노출도가 높아진 덕분에 한 국내 대학에 초대받아 강연도 했다. 특히 내가 계속 출장을 다녔던 학회에서 우리 팀의 연구 결과를 논문으로 직접 발표하는 기쁨을 누리기도 했다.

하지만 5년을 기점으로 내 팀은 정리 단계에 들어갔다. 내가 예측한 시장이 끝내 열리지 않았기 때문이다. 시장의 부재로 인해 사업부로 이전된 기술도 사업화에 이르지 못했다. 사실 연구소에서 실험적 과제를 5년간 이어온 것만으로도 대단한 성과였다. 연구소에서는 프로젝트가 생겼다 사라지는 일이 일상이었기 때문이다. 이는 모두 뛰어난 팀원들 덕분이었다. 우리는 마지막 날 "우리 프로젝트는 실패하지 않았다. 너무 시장보다 앞서 나갔을 뿐이다"라고 서로를 위로했다.

돌이켜보면 내가 팀을 맡아 이끌었던 그 5년이 내 커리어의 정점이었다. 스스로 아이템을 발굴하고 과제를 제안하며 팀을 꾸렸고, 사업부에 기술 홍보하며 팀원들과 치열하게 문제를 해결하던 그 시간이 어쩌면 오늘의 나를 있게 한 것인지 모른다. 몸은 힘들었지만, 실무를 겸하면서 핸즈온 스킬을 유지할 수 있었고, 바쁜 와중에도 팀원들과 논문을 꾸준히 쓴 덕에 그 실적으로 미국으로 이직할 수 있었다.

미국으로 이직하면서 나는 '은퇴할 때까지 실무자로 남겠다'라고 결심했다. 한국에서 실무형 관리자로 커리어를 마무리했지만, 돌아보면 역시 관리자 업무는 내 성향에 맞지 않았다. 다만 기술을 바라보는 넓은 시야, 시장을 전망하고 큰 그림을 그리는 능력, 복잡한 정보들을 압축해 핵심을 도출하는 방법, 경영진들과 소통하는 스킬 등 중간 관리자로서 쌓은 역량과 경험은 매우 값졌고, 현재도 큰 도움이 되고 있다.

그러나 팀장이라는 이유로 참석해야 했던 비생산적인 회의들, 쌓여 있는 문서 작업, 임원의 발표 자료 준비를 위해 밤새 마라톤 미팅을 했던 시간을 내 앞으로의 커리어에서 다시 겪고 싶지 않았다. 이러한 업무를 자신의 성장에 필요한 과정으로 받아들이며 스트레스 없이 해내는 관리자들도 있었지만, 적어도 나는 아니었다. 연구 개발에 집중할 때가 가장 행복한, 천상 실무 엔지니어였기 때문이다.

미국에 와서 이들의 조직 문화를 경험하며 차츰 생각이 바뀌기도 했다. 내가 경험한 회사들에서는 문서 작업이 많지 않았고, 이 점은 관리자였던 내 매니저들에게도 마찬가지였다. 관련 회의는 많았지만 모두 실무와 관련된 것들이었다. 발표 자료는 발표자가 직접 준비했다. 이런 경험을 통해 한국 기업의 관리자 생활을 되돌아보게 되었다.

엔지니어링 매니저와 테크 리드

미국의 테크 기업은 '관리 리더'와 '기술 리더'의 역할이 명확히 분리되어 있다. 한국에서의 팀장은 리더십이라는 이름 하에 두 영역을 모두 잘 해내야 한다. 하지만, 관리력과 기술력은 명백히 다른 리더십이다. 뛰어난 실무 엔지니어가 무능한 관리자가 되기도 하고, 실무 능력은 부족했으나 유능하게 팀을 관리하는 매니저가 되기도 한다.

미국 회사에서 관리를 전담하는 리더를 '엔지니어링 매니저engineering manager'라고 부르며, 기술 리더십을 발휘하는 리더를 '테크 리드tech lead'라고 부른다. 엔지니어링 매니저가 하는 일은 한국의 팀장이 하는 일 중 관리 측면의 일과 유사하다. 프로젝트, 스케줄, 생산성 관리, 팀 빌딩, 팀원 코칭을 담당하며, 때로는 주요 기술적 의사 결정에도 참여한다. 테크 리드는 한국의 팀장의 임무 중 관리를 제외한, 순수한 기술적 측면의 일을 전담하는 리더다. 팀 전체에서 벌어지는 기술적 문제에 관여하고, 중요 의사 결정을 내리고, 팀의 기술 포트폴리오를 관리하면서, 팀원들을 기술적으로 이끄는 역할이다.

하는 일과 역할 외에도 이 둘에게는 중요한 차이가 있다. 엔지니어링 매니저는 공식적인 보직이며 팀원의 평가권을 갖는다. 매니저가 평소 팀원의 생산성을 관리하기 때문에 직접 팀원들을 평가하는 것이 맞다. 이에 비해 테크 리드는 비공식적인 보직*이며, 팀원에 대한 평가권이 있는 것도 아니다. 따라서 팀원을 이끄는 동력은 고과와 같은 어떠한 외부적 수단이 아니라 온전히 자신의 기술적 역량뿐이다.

테크 리드는 스스로 도달하는 자리

그렇다면 공식적인 직함도 아닌 테크 리드는 누가, 어떤 과정을 통해 되는 것일까? 결론적으로 말해서 테크 리드는 스스로 쟁취하는 자리다. 엔지니어링 매니저는 통상 관리자 역량이 돋보이는 실무자들 중에서 세워지거나, 경력자 신규 채용을 통해 선발된다. 실무자에서 엔

---

*물론 회사나 조직마다 차이가 있을 수 있다.

지니어링 매니저가 되면 자신의 경력 경로가 관리자 트랙으로 완전히 달라지게 되는 것이다. 팀의 초창기 소수의 실무 엔지니어들로 구성되었을 때, 통상 엔지니어링 매니저가 테크 리드를 겸하기도 한다.*

흥미로운 점은 테크 리드가 공식적인 절차에 따라 임명되는 것이 아니라는 것이다. 수평적인 조직 문화 속에서 실무 엔지니어들이 상호 영향력을 주고받으며 협업하는 과정에서 자연스럽게 테크 리드가 생겨난다. 더 많은 전문 지식을 갖추고, 동료의 문제를 해결하거나 새로운 방향을 제시하면서 시간이 흐름에 따라 기술적 영향력을 발휘하게 되면, 동료들로부터 팔로워십을 얻고 자연스럽게 테크 리드라는 비공식적인 위치에 오르게 되는 것이다.

영어에서 'Go-to Guy' 또는 'Go-to Man'이라는 표현이 있다. '해결사'로 의역할 수 있는데, 문제가 발생했을 때 제일 먼저 찾는 사람을 뜻한다. 팀 내에서 모두에게 인정받는 해결사로 인식될 때 바로 테크 리드가 된다. 즉, 테크 리드는 팀에서 발생하는 기술적 문제를 높은 확률로 해결할 수 있는 사람이다. 그런 의미에서 테크 리드는 스스로 쟁취하는 자리다. 누군가에 의해 임명되거나 채용되는 것이 아니라, 팀 내에서 자신의 역량을 증명하며 자연스럽게 도달하는 위치이기 때문이다.

기술 리더십의 본질

그렇다면 테크 리드가 되기 위해서 필요한 역량은 무엇일까? 일단 자신의 일뿐만 아니라 팀에서 진행되는 프로젝트 전반에 대한 포괄적인 이해가 필요하다. 또한 자신의 전문성과 경험을 바탕으로 동료의 프

---

*이를 테크 리드 매니저라 부르곤 한다.

로젝트를 간파할 수 있는 안목이 있어야 하며, 이러한 통찰력을 바탕으로 동료들에게 선한 영향력을 끼칠 수 있어야 한다.

그 영향력은 바로 엔지니어의 말language에서 나온다. 자신의 생각과 지식을 전달하고, 타인의 업무에 기여하는 것은 모두 엔지니어의 '말'에서 출발하기 때문이다. 다시 말해 동료들과 업무 중 소통하거나, 팀원들과 기술 회의를 하거나, 청중 앞에서 발표를 할 때, 우리의 입에서 나오는 말을 가능한 많이 그리고 잘해야 한다. 그렇다고 근거 없이 고집을 피우거나, 장광설을 늘어놓는 것이 능사가 아니다. 필요한 의견을 필요한 시점에서 논리적으로 전달함으로써 동료의 일을 돕고, 나아가 전체 프로젝트에 기여하는 것이다.

이렇게 말에서 시작한 테크 리드의 영향력은 권력관계와는 무관하다. 수평적 관계에서 말로써 팀원을 기술적으로 돕는 것이다.* 팀원이 난제에 빠졌을 때 말로써 길을 찾아주고, 팀원이 짠 코드를 리뷰한 뒤 말로써 피드백을 주는 등 자신의 시간을 잘게 쪼개서 많은 팀원들에게 폭넓게 도움을 주는 것이다.

테크 리드가 이러한 '돕는 리더'여야 하는 이유는 실리콘밸리의 엔지니어들의 강한 전문성과 자부심 때문이다. 아무리 좋은 의도라도 부적절하게 동료의 프로젝트에 개입하거나 평가하면, 동료가 자칫 '자신의 영역을 침해하려는 것'으로 오해할 수 있다. 따라서 테크 리드는 지식과 경험을 나누며 돕는 형식으로 접근해야 한다. 이를 통해 동료들은 기꺼이 마음을 열고 경청하며, 기술적 우위와 배울 점이 많은 사람이라는 인식을 하게 된다. 이러한 테크 리드는 나이, 성별, 직급에 관계없이 팀원들의 지지를 받는다.

결국 엔지니어링 매니저, 테크 리드 모두 팀원을 돕는 역할이다. 매

---

*팀원 실무를 대신해주는 것이 아니다.

니저는 팀원의 커리어 성장을 돕고, 테크 리드는 프로젝트의 기술적 성장을 돕는다. 이러한 팀원을 돕는 리더십이 살아있는 팀은 빠르게 성장하고 더 많은 성과를 창출한다. 팀원의 동기 부여와 자발성을 이끌어 내기 때문이다. 미국에서 두 회사를 경험하며 나는 훌륭한 매니저와 테크 리드들과 함께 일할 수 있었고, 그 경험은 내 결심을 구체화했다. 실무자로 은퇴하겠다는 결심은 유효하지만, 이제는 '선한 영향력을 끼칠 수 있는 테크 리드 실무자'로 은퇴하겠다는 목표를 가지게 되었다.

기획자
마인드

앞에서도 말했듯, 내가 한국 회사에서 팀장을 맡게 된 계기는 새로운 연구 과제를 발굴해 차상위 상사에게 제안했기 때문이다. 그리고 나는 이를 위해 체계적으로 준비했다. 우선 평소 눈여겨보던 미국의 빅테크 업체들의 연구 동향을 몇 년간 지속적으로 관찰했다. 각 기업체 연구소에서 해마다 발표한 주요 논문들을 읽고 기술군들을 묶어서 정리해 두었다. 그리고 해마다 학회 출장을 다닐 때, 참가자들을 만나서 많은 정보를 수집하려 했다. 학회장에서 기업체 연구원, 대학의 교수들과 의견을 나누며 정보를 교환하는 기회를 자주 가졌다.

기업체 연구원들은 자신의 회사 내부 사정이나 계획을 쉽게 공유하지 않는다. 당연히 보안이 생명이기 때문이다. 나 역시 마찬가지였다. 그런데 대화는 일방적으로 흐르지 않는다. 어느 정도 내 이야기를 해야 상대방도 이야기를 꺼내기 마련이다. 그래서 공통 관심사인 '기술 그 자체'나 보안에 저촉되지 않는 범위 내에서 내 이야기를 공유하고 그들의 이야기도 들었다. 이렇게 모은 그들의 기술, 해당 분야에 대한 견해 등을 최대한 취합했고, 잊지 않기 위해 밤에 호텔로 돌아가면 바로 기록해 두었다.

대학교수들은 좀 더 대화에 열려 있다. 이들은 자신이 학계에 발표한 기술이 업계에 사용되는 것을 매우 바라는 입장이다. 한국과 마찬가지로 해외 대학교수들도 연구비 펀딩에 언제나 목마르고, 이를 위해 호시탐탐 업계와 파트너십 기회를 찾는다. 따라서 기업에서 온 연구원이나 엔지니어에 대해서는 매우 호의적이며 자신의 기술을 적극적으로 홍보한다. 이들의 이런 필요를 자극하면 대화에 유리하다. 공동 산학 연구에 대한 가능성을 제시하면 교수들은 반색하며 다양한 의견들을 주었다.

기술 흐름을 파악하기 위해서 내가 또 한 일은 빅테크 기업 연구자들, 개발자들, 해외 대학교수들의 소셜 미디어를 지속적으로 추적하는 것이었다. 이들은 자신의 커리어 브랜딩을 위해 트위터나 링크드인과 같은 소셜 미디어를 적극 활용한다. 이들은 글을 올릴 때 'Opinions are my own(여기 올리는 의견들은 개인적인 견해임)'과 같은 면책 조항을 달아 회사의 공식 입장이 아닌 철저히 개인적 의견임을 밝힌다. 비록 소속 기관의 전략이나 계획까지는 알 수 없지만, 이들의 포스팅을 통해서 업계의 큰 기술 흐름 정도는 파악할 수 있었다.

또한 경쟁사의 현재 기술을 분석하는 것도 중요하다. 미래를 예측하려면 우선 현재를 정확히 파악해야 하기 때문이다. 현재 기술 정보는 비교적 추적하기 쉬운데, 많은 자료가 공개되어 있기 때문이다. 각 회사들은 자사 웹사이트에서 제품 사양 스펙, 백서, 매뉴얼, 홍보용 기사 등을 게시하고, 신제품이 출시될 때는 전문 리뷰 사이트들에 분석 기사들이 올라온다. 해외 IT 블로거들의 리뷰도 참고가 된다.

출장지에서 수집한 정보와 자료를 분석한 결과, 내가 연구해 온 분야에서 새로운 미래 기술 하나가 눈에 들어오기 시작했다. 학계 논문을 통해 미국 반도체 빅테크 두 회사가 이 기술에 대해 공격적으로 연구 중임을 알게 되었다. 이 기술은 기존 방법보다 훨씬 높은 품질을 출력할 수 있었지만, 이론 자체는 이미 70년대 후반에 제시된 것으로 특별할 것은 없었다. 다만, 방대한 계산을 요구하는 알고리즘으로 인해 오랫동안 상용화되지 못했던 기술이었다.

반도체 연산력이 해마다 빠르게 발전하면서 빅테크 연구자들이나 학계에서 해당 기술을 연구에 적용해 보기 시작한 것이다. 학계는 그 가능성을 논문을 통해 발표했고, 빅테크 연구자들은 자사의 기존 반도체에서 실험해 보기 시작했다. 하지만 당시에도 간단한 테스트에 대해서는 실시간 처리가 가능했지만, 아직 상용화에 이르기는 어려운 수준이었다. 또한 오랜 기간 동안 반도체가 다른 기술을 기반으로 계속 발전해 왔기 때문에, 이 기술의 상용화를 위해서는 결국 기존 반도체의 본격적인 재설계가 필요했다.

경쟁사들에서 최근 몇 년간 해당 기술에 대한 연구 논문을 발표해 왔지만, 그들에게서 상용화에 필요한 반도체 즉 하드웨어 재설계에 대한 움직임은 관측되지 않았다. 나는 이들이 시장이 무르익을 때까지 기다리고 있을 것이라 생각했다. 그 기술의 파급력과 학계의 연구 트렌드를 보았을 때, 시기의 문제일 뿐 결국 해당 기술이 가까운 미래에 시장을 지배할 것으로 판단했기 때문이다. 적당한 시기가 되면 경쟁사들은 빠르게 반도체 재설계에 착수해 상용화에 나설 것으로 본 것이다.

나는 그 시기를 점치기 시작했다. 두 빅테크 업체가 현재 가진 반도체의 최대 연산력 수치와 해당 기술을 상용화하기 위해 필요한 성능 요구 수치를 계산했다. 그리고 이들이 반도체 재설계를 통해 해마다 개선할 수 있는 예상 수치의 누적을 통해, 그 간극을 매울 수 있을 때까지의 필요 시간을 추산했다. 그 결과 대략 4~5년 후면 이들이 자사 반도체에 해당 기술을 탑재할 것으로 예상했다.

이후부터는 이 기술이 왜 당사에 필요한지 논리를 만들기 시작했다. 해당 기술이 아직 시장에 나오기 전이라, 컨슈머 리포트와 같은 공식적인 시장 전망 자료는 전무했다. 최대한의 추론 능력을 동원해 적용될 응용 분야들을 상정하고, 예상되는 시장 규모, 당사가 얻을 매출 이익 등을 산정했다. 이를 다양한 그래프와 표로 일목요연하게 정리했다.

그렇게 학계의 연구 동향, 분석한 경쟁사의 현재와 미래, 그리고 준비한 다양한 근거들을 모두 포함하여, 왜 우리가 4~5년 내 상용화를 목표로 해당 기술의 연구 개발을 지금 시작해야 하는지에 대한 제안서를 작성했다. 이를 출장 보고 발표 자료에 포함해 발표하자, 오랜 기간 체계적으로 준비한 결과로 그룹장의 승인을 받게 되었고, 소속 팀 내에서 새로운 파일럿 연구과제를 시작할 수 있었다.

당시 나는 인지하지 못했지만, 내가 준비했던 일련의 과정은 한마디로 말해 '기획'이라고 할 수 있다. 물론 나는 한국에서 흔히 말하는 기획자가 아닌 평범한 연구원이었을 뿐이다. 새로운 프로젝트를 제안하기 위해 준비했던 일이 자연스럽게 기획자가 하는 업무가 된 것이다. 물론 이는 단순히 제안이었을 뿐 정식 과제 기획은 아니었기에, 프로젝트 범위, 목표 설정, 로드맵, 연구 개발 계획, 필요 연구 인력과 스케줄 등 구체적인 실행 계획은 포함되어 있지 않았다. 이후 정식으로 과제 착수가 승인되었을 때, 실행 계획을 보강해 더 구체적인 기획 과정을 진행했다.

통상 한국의 대기업의 연구소나, 사업부에는 전업 기획자들이 따로 존재한다. 그들은 중장기 연구 전략을 짜거나, 상품과 제품을 기획하는 별도의 전략, 기획 부서에서 일을 한다. 하지만 엔지니어나 연구원들도 본인이 성장하기 위해서는 단기적인 미래 기술을 전망하는 최소한의 기획 능력이 있어야 한다. 리더가 되면 현재를 관리하는 것뿐만 아니라 미래를 늘 준비하고 있어야 하기 때문이다. 그리고 관리자로서 단계가 높아질수록 점차 프로젝트를 기획하는 일이 자신의 중요한 본업이 된다.

  기획력은 짧은 기간 동안 습득되지 않는다. 특히 그 주기가 짧고, 트렌드가 자주 변하는 기술 분야에 대해서는 그만큼 미래를 전망하기가 더 어렵다. 평소부터 학계, 업계 기술 동향과 트렌드를 민감하게 관찰하고, 과거 데이터를 축적해 흐름을 추적하고 있어야 한다. 특히 미래 기술은 데이터 자체가 없기 때문에, 현재 데이터를 기반해 미래를 예측할 수 있는 추론 능력도 필요하다. 이는 해당 분야의 실무 지식을 바탕으로, 연역적으로 결론을 도출할 수 있는 능력을 필요로 한다.

  앞서 내가 경쟁사의 제품 출시 시점을 추론했던 과정이 좋은 예가 될 수 있다. 경쟁사의 신제품이 출시될 때마다 개선된 연산력 향상 비율은 '과거 데이터'로, 제품 설명서에서 확인한 현재의 연산력 수치는 '현재 데이터'로 활용했다. 향후 미래의 응용이 원활히 서비스되기 위한 필요한 최소 연산력 요구량은 '미래를 산정한 데이터'로 삼았다. 특히 미래 데이터를 계산하기 위해서는 예상된 미래 시점의 파라미터를 적용하거나 필요한 경우 실험을 통해 도출해야 한다. 이러한 과거와 현재 데이터를 조합해 미래 시점을 예측해 내는 것이다. 이외에도 현재 및 미래의 시장 전망에 대한 다양한 정성적, 정량적인 분석이 함께 이뤄져야 한다.

이러한 아이디어와 프로젝트를 기획하는 능력은 실리콘밸리 빅테크의 실무 엔지니어들에게 더욱 두드러진다. 향후 엔지니어링 매니저로 전향하려는 실무 엔지니어들은 종종 MBA 과정을 이수한다. MBA는 이력서에 한 줄 추가할 수 있는 '자격증'일 수도 있지만, 마케팅, 인사, 재무, 전략, 기획 등 경영 전반에 대한 지식을 습득하는 것이 향후 자신의 커리어에 도움이 된다고 생각하기 때문이다.

기획력은 엔지니어링 매니저뿐 아니라 실무 엔지니어들에게도 중요하다. 수평적인 조직 문화에서는 실무자 누구나 새로운 아이디어를 제안할 수 있어, 실무자 시절부터 자신의 사이드 프로젝트를 기획할 기회가 많다. 기획안이 혁신적일수록 협업자들을 모으기 쉽고, 사이드 팀을 꾸려 자신만의 프로젝트를 본격화할 수 있다. 대표적인 예로, 구글의 80/20 문화가 있다. 정규 근무시간의 80%는 본업에, 20%은 창의적인 프로젝트에 투자하는 것으로, 이 과정을 통해 Gmail, 애드센스, Google Talk 등이 출시되었다.

실리콘밸리는 벤처 기업의 성지로, 빅테크 엔지니어들이 퇴사 후 자신만의 아이디어를 갖고 창업해 성공하는 일들이 쉽게 벌어지는 곳이다. 투자자들을 설득해 투자를 받기 위해 창업자에게 필요한 능력은 당연히 기획력이다. 구글 출신 CEO가 많은 것도 이들이 이미 80/20 문화에서 아이디어를 발전시키고 설득하는 경험을 쌓았기 때문이다.

기획은 '왜?'라는 질문에 대한 대답을 찾아가는 과정이다. '왜 이 기술이 유망한가?', '왜 경쟁사는 이 기술을 하지 않았는가?', '왜 당사가 이 기술을 준비해야 하는가?'와 같은 질문에 대한 답을 데이터와 논리를 통해 도출하는 것이다. 기획은 다음 프로젝트에서부터, 연구소나 사업부의 중장기 연구와 사업 계획을 수립, 나아가 회사의 미래 방향을 결정하는 중차대한 역할로 이어진다. 엔지니어는 이 기획 과정에서 '왜'라는 질문에 대한 답을 통해 의사 결정권자들을 설득해야 한다.

따라서 엔지니어는 스스로 질문하고 답하는 사고를 익혀야 한다. 내가 지금 하는 연구 개발이 '왜' 필요한지, '왜' 이 방법이 최선인지, 경쟁사가 '왜' 신기술을 출시했는지를 고민하는 습관이 기획력으로 이어진다. 엔지니어가 반드시 기획자가 될 필요는 없지만, 기획력까지 갖춘 엔지니어가 성장에 절대적으로 유리하다. 따라서 기술을 보는 시야를 넓히고 큰 그림을 그리는 리더가 되려면 실무자 시절부터 조금씩 기획 능력을 쌓아야 한다.

9장

성장하거나 후회하거나, 엔지니어의 이직

미국 이직에 성공하면 이후 진로에 대한 고민이 사라질 것이라 생각하기 쉽다. 미국은 한국보다 더 다양한 산업과 기업이 있어 커리어 선택지가 많지만, 오히려 이 폭넓은 선택지가 또 다른 고민을 만들어 낸다. 수많은 경로 중 내가 걷고 있는 길이 맞는 방향인지 끊임없이 고민하게 된다. 그래서 회사에 딱히 큰 불만이 없어도 일정 시간이 지나면 이직을 해야 할 것 같은 기분이 든다. 그만큼 미국에서 이직은 빈번한 일이다.

나는 18년의 커리어 기간 동안 이직을 단 두 번 했다. 한국에서 미국으로의 첫 이직, 그리고 미국에서 한 번 더였다. 한국 내 외국계 기업이나 해외 기업에 지원을 해보기도 했으나 직무 적합도나 신분 문제로 결과는 좋지 않았다. 인맥을 통해 이력서를 전달해 보기도 했으나 답을 얻지 못했고, 실망과 좌절감만 커졌다. 할 수 있는 것은 업무에 집중하는 것뿐이었다. 성과가 나오면 논문으로 작성해 외부에 발표하고 대외 활동을 통해 커리어 노출도를 높였다. 그러다 수많은 '우연'이 겹치며 길이 열렸고 내 커리어 첫 이직을 미국으로 하게 되었다.

미국 이직 후 5년을 한 회사에서 근무했다. 갈망하던 실리콘밸리 직장 생활이었지만 시간이 흐르며 새로운 고민이 시작되었다. 미국으로 이직하면서 협상을 거의 하지 못했기 때문에, 경력에 비해 적은 연봉이었다. 높은 물가에 생활은 빠듯했다. 결국 명분과 실리를 고려해, 미국에서 그리고 내 커리어에서의 두 번째 이직을 했다.

엔지니어의 커리어 성장에는 '조직 내 승진'과 함께 '다른 조직으로 이직'이 있다. 이번 장에서는 엔지니어가 성장하기 위한 이직에 대해 이야기한다. 실리콘밸리 엔지니어가 왜 이직을 하는지 그 이유를 알아보고, 또한 이직이 후회될 때 대처법과 한국에서 미국으로 이직 시 유의사항을 안내할 것이다.

그들이 이직하는 이유

미국에서 두 회사를 다니면서 상당히 많은 이직자들을 보았다. 그들은 같거나 다른 업계, 스타트업 등 다양한 회사로 이직을 했다. 나보다 먼저 회사에 입사했던 이들뿐만 아니라, 나중에 들어온 동료들도 이직을 택했다. 이들의 빈자리는 같은 업계의 경력자들, 대학원을 졸업한 신규 박사들, 그리고 인턴들로 채워졌다. 평균 근속 연수가 3년이 채 안 되는 실리콘밸리이기에 어찌 보면 당연한 일이었다.

미국 회사에 입사가 확정되면 근로 계약서에 서명을 하게 되는데, 계약서에는 'At-Will'이라는 유명한 문구가 포함되어 있다. 직역하면 '마음대로'쯤 되겠는데, 고용주는 불법적인 경우를 제외하고 법적 책임 없이 어떤 이유로든 직원을 해고할 수 있다는 의미다. 회사가 임의로 직원을 해고할 수 없도록 법으로 보호하고 있는 한국의 근로환경을 생각하면 상당히 무시무시하게 들린다. 반면 능력 있는 개인들에게는 그만큼 자유가 주어진다. 직원 역시 불리한 법적 결과 없이 언제든지 이유를 불문하고 자유롭게 직장을 떠날 수 있기 때문이다. 심지어 캘리포니아주에서는 경쟁사로의 이직조차 자유롭다.

직원들은 좋은 기회가 찾아오면 아무런 미련 없이 회사를 떠난다. 언제든 떠날 수 있도록 평소에 준비를 해둔다. 선배 동료들에게 기술이나 노하우를 배우고, 프로젝트의 성과가 타사에서도 높게 인정받을 수 있도록 이력을 체계적으로 관리한다. 이는 기회가 왔을 때 즉시 이직할 수 있도록 하기 위해서다. 기업 입장에서는 이러한 직원들의 태도가 못마땅할 수도 있겠지만, 실리콘밸리 기업들은 이러한 노동 유연성을 철저하게 고수한다. 직원들에게 스스로 일하고 싶은 동기를 부여할 때 조직 생산성이 극대화된다고 믿기 때문이다.

실리콘밸리의 엔지니어들은 연봉, 경력 성장, 조직 문화, 출퇴근 거리, 인간관계, 회사 평판, 워라밸 등 다양한 이유로 이직을 한다. 이러한 이유들은 흔히들 생각할 수 있는 개인적 사유들이다. 하지만 여기서 좀 더 근본적인 이유를 찾는다면 실리콘밸리에 이들이 쉽게 이직할 수 있는 환경이 만들어졌기 때문이다. 시기마다 다르지만 실리콘밸리의 회사들은 언제나 뛰어난 인재를 찾고 있다. HR 직원들은 링크드인을 통해 능력 있는 경쟁사 인력들을 주시하고 이직 의사를 묻는 경우가 많다.

"당신의 **훌륭한** 이력이 마음에 든다. 당신에게 맞는 멋진 일이 우리에게 있다. 한번 지원해 보겠는가?"

이런 타사 HR 직원의 칭찬이 형식적인 말이라는 것을 알지만, 최소 10~30% 연봉 상승과 흥미로운 도전 기회를 마다할 이유는 없다. 그래서 팀원이 회사를 떠난다고 할 때 특별히 그 이유를 묻지 않는다. 대부분 더 좋은 조건을 찾아 떠나기 때문이다. 한 회사에서 머물던 기간이 지나치게 짧은(예를 들어 한 회사에서의 근속이 1년 미만인 경우가 반복되는) 경우가 아니라면 이직이 잦다고 '조직 부적응자'라는 색안경을 끼고 보지 않는다. 오히려 이직을 잘 하는 것을 자신의 가치를 능동적으로 높이는 능력으로 인식한다. 이직은 자신의 가치를 가장 가시적으로 높일 수 있는 방법으로 알려져 있기 때문이다. 물론 실리콘밸리에서도 정리해고가 일상이 되어가면서 비자발적 이직도 흔히 일어나고 있다. 미국이라고 해서 엔지니어에게 '영원한 낙원'은 아니다. 이에 대해서는 11장에서 논의할 것이다.

한국의 대기업에서 근무하던 시절에도 많은 동료들이 회사를 떠나는 모습을 보았다. 전 직장에서 11년간 근무했으니 사람과의 만남과 헤어짐을 겪을 기회가 많았던 것이다. 다만 차이점이 있다면, 동종 업계 이직 방지 조항에 따라 경쟁사로 바로 이직하는 경우는 드물었다. 전공을 살짝 바꾸어 타 분야 대기업이나 국내 외국계 회사로 이직하거나, 일부는 좋은 조건으로 스타트업으로 합류하기도 했다. 학계로 돌아가 교수로 임용되거나, 유학을 떠나는 경우도 있었고, 의학 전문 대학원이나 로스쿨을 거쳐 완전히 새로운 직업을 시작하는 이들도 있었다. 미국, 영국, 캐나다 등 해외 기업으로 이직하는 동료들도 자주 보았다. 더 이상 한국의 인력들을 한국에만 붙잡아 두기 어려운 시대가 된 것이다.

Q: 실리콘밸리 빅테크의 퇴사 절차는 한국과 많이 다른가요?

A: 한국 회사의 퇴사 절차와 유사한 면도 있지만, 미국에서는 절차가 비교적 단순한 편입니다. 'At-Will'이라는 임의 고용 시스템 덕분에 회사가 직원을 자유로이 해고할 수 있는 것처럼, 직원도 회사를 자유롭게 떠날 수 있기 때문이지요.

관례상 퇴사 예정일 2주 전에만 통보하면 됩니다. 행정 절차 처리에 이 정도 시간이 필요하기 때문이죠. 한국에서 "2주 후에 퇴사하겠습니다"라고 말한다면 폭탄선언처럼 들릴 겁니다. "이리 갑작스럽게 이야기하면 어떡해!"라며 비난 듣기 딱 좋죠.

이직 등의 이유로 퇴사를 하게 될 때, 통상 매니저나 인사부서에 구두로 그 의사를 전달합니다. 이때 회사는 퇴사자를 붙잡기 위해 소위 '카운터 오퍼'를 제시하며 협상을 시도하는데, 이 과정은 매니저나 차상위 상사와의 면담을 통해 진행됩니다. 퇴사 이유나 협상의 여지를 파악하기 위해서죠. 이러한 카운터 오퍼를 역으로 활용하기도 합니다. 이직할 마음이 없는 회사에서 오퍼를 받아와 현 회사에 카운터 오퍼를 요구하는 것이죠. 흥미로운 점은 어떤 실리콘밸리 회사는 먼저 직원들에게 구직 시장에서 오퍼를 받아오라고 장려하기도 한다는 것입니다. 최고의 직원은 늘 최고의 대우를 하겠다는 생각이죠. 워낙 카운터 오퍼를 제시하는 것이 흔하기 때문에 다양한 사례가 있는 것입니다. 그래서 미국에서 이 문제만큼은 개인의 선택이라고 생각해요.

퇴사 인터뷰가 끝나면 행정적인 일들은 한국과 유사합니다. 퇴사 통지를 기록으로 남기기 위해 일종의 레터를 써서 매니저에게 메일로 송부하면 절차가 시작됩니다. 인수인계, 자산 반납, 급여 및 복리후생 정산, NDA 서명 등의 과정이 있습니다. 이직하려는 회사가 요청하는 경우 현 회사의 동료나 매니저에게 레퍼런스를 부탁할 수도 있습니다. 남은 휴가는 퇴사 전에 사용하게 됩니다.

그 밖에 다소 독특한 점이 있다면 이직을 하는 과정에 공백기가 거의 없다는 것입니다. 한국에서는 짧게는 1~2주, 길게는 몇 개월 정도의 휴식기를 갖곤 하지요. 하지만 실리콘밸리에서는 회사에서 소진하지 못한 휴가를 쓰는 것 외에는 공백기를 가지지 않습니다. 이번 주 금요일에 퇴사를 하면 다음 주 월요일부터 새로운 회사에서 근무를 시작하는 식이죠.

이는 공백기 동안 고정 수입이 없어지면 생활비와 대출 상환 등 경제적 부분에서 부담이 발생하기 때문입니다. 미국에서는 퇴직금 제도가 없기 때문에 퇴사 후 공백기를 두면 쓸 자금이 없습니다. 이직처에서 받는 사이닝 보너스는 입사 후 수령합니다. 게다가 미국에서는 고용주를 통해 의료 보험을 제공받는데, 공백기가 생기면 건강 보험 혜택이 중단될 수도 있습니다. 국민 건강 보험이 제공되는 한국과 큰 차이죠.

또한 본인의 커리어 측면에서도 좋지 않습니다. 미국에서는 공백기를 두지 않고 이직을 하는 것이 관례이기 때문에, 이력서에 단 몇 개월이라도 공백기가 있으면 향후 이직 시 채용 과정에서 의문을 표시할 수 있습니다. 저도 한국에서 미국으로 이직을 할 때 이민 준비를 위해 2개월 정도 공백기를 두었는데, 미국에서 이직을 하려 할 때 이 기간에 대해 "왜?"라는 질문을 받곤 했습니다. 공백기가 있다면 이에 대한 합리적인 이유를 만들어 두어야 합니다.

이직이
후회될 때

미국에서 한차례 이직한 후 새 직장에 적응하며 실무를 무리 없이 처리하고 있었다. 매니저가 가끔씩 "우리 회사에서 일하는 것 어때?"라고 물어볼 때마다 "좋다"라고 답했지만 사실 100% 만족스러운 것은 아니었다. 이직이 옳은 판단이었는지 가끔 고민한 것도 사실이다.

모든 이직자가 그러하듯, 나 역시 탐색과 적응 기간이 필요했다. 새로운 회사라는 점도 그 이유였지만, 이직 과정에서 엔지니어로 직군을 전환했기 때문이다. 러닝 커브learning curve 기간이 끝나갈 즈음 본격적으로 팀 업무에 뛰어들었다. 내가 속한 아키텍처 팀이 하는 주요 업무는 '설계-구현-검증-양산'이라는 시스템 반도체 제품화 과정에서 설계 단계에 해당한다. 향후 출시될 제품을 설계하고, 실험을 통해 성능을 예측한 뒤 스펙을 써서 구현팀에 넘겨주는 일이 주 업무다.

합류할 당시 팀은 거의 새로 꾸려진 상태라 실험 환경이 제대로 갖춰져 있지 않았다. 실험 환경을 구축하는 모델링 엔지니어가 있었지만, 초기 환경을 다시 구축하는 일은 이들만으로 어려웠다. 따라서 나 같은 아키텍트들도 상당부분의 시간을 모델링 업무에 할애해야 했다. 이로 인해 이전 회사보다 업무 강도가 훨씬 높아졌다. 아키텍트로서 맡은 블록들을 설계하고, 스펙을 쓰면서도 다른 블록의 모델링도 함께 진행해야 했다. A라는 블록을 설계하는 동안, B 블록의 모델의 버그를 잡고, C 블록을 구현하면서, D 블록의 성능 분석을 진행하는 일이 실시간으로 발생했다.

이 정도의 업무 강도는 한국에서 실무형 관리자로 일할 때 경험했기에 낯설지 않았다. 하지만 그때는 매일 야근을 해도 거뜬한 시기였다. 이제는 가족이 생겼고, 가족과의 시간이 줄어들면서 미국 이직의 의미가 퇴색되는 느낌이 들었다.

또한 업에 대한 적성 문제도 있었다. 과거를 그리워하는 습관이 다시 고개를 든 것이다. 아키텍트로 커리어를 바꾸어 실무를 해보니, 리서치를 할 때처럼 가슴이 뛰지 않았다. 자연스레 전 직장에 대한 그리움이 생기기 시작했다.

"전 직장에서 카운터 오퍼를 준다고 할 때 수락할 걸 그랬나."

카운터 오퍼는 받는 것이 아니라는 개인적인 원칙이 있었다. 새로운 회사에 대한 예의가 아니라고 생각했기 때문이다. 하지만 동시에 '카운터 오퍼를 받아 연봉도 높이면서 하고 싶은 일을 계속하는 것이 더 나은 선택이었을지 모른다'는 후회가 밀려오기도 했다. 흥미롭게도 이럴 때마다 내 마음을 다잡게 만든 것은 새 회사의 주가 차트였다. 이전 회사에 비해 새 회사는 성장세가 높았고 그 영향이 주가에 그대로 반영되었다. 덕분에 입사와 동시에 부여받은 주식 자산의 가치가 함께 상승하고 있었다.

살다 보면 누구나 후회한다. 어떤 행동을 했을 때(또는 하지 않았을 때) 그 결과가 예상과 다를 경우, '하지 말걸(또는 해보기나 할 걸)'이라는 마음은 자연스럽게 따라온다. 젊은 날에 일 또는 공부를 더 열심히 할걸, 마음을 고백이나 해볼걸, 이 주식을 그때 살걸(팔 걸), 이 집을 사지 말걸*과 같은 것들이다. 미국에서 Quitter's Remorse라 부르는 이직 후 후회도 그중 하나인 것이다. 이직을 감행했지만, 새로운 회사가 기대한 것과 다르다면 현실 자각 시간이 찾아온다. 그 허탈함은 이직에 쏟은 에너지만큼 강렬하다. 심지어 '옛날이 나았어…'라며 전 직장을 그리워하기도 한다. 이전 직장의 장점이 자꾸 눈에 밟힌다.

이직자들이 후회를 느끼는 이유는 다양하다. 연봉, 복리후생, 워라밸과 업무 강도가 기대와 다를 수 있기 때문이다. 결국 '그 회사가 그 회사'라는 걸 깨닫게 된다. 이러한 이직 후 후회는 미국에서도 흔하며, 특히 코로나 이후 대퇴사great resignation 시대를 맞아 많은 사람들이 이직을 선택했지만, 몇 년 뒤 그 선택을 뒤늦게 후회하는 사례가 늘어났다.

후회의 감정 속에서 억지로 일하는 것만큼 고통스러운 일은 없다. 그렇다면 마음을 어떻게 다스려야 할까? 우선 이직 당시의 이유를 다시 한번 떠올려 볼 필요가 있다. 더 높은 연봉, 인간관계에 문제, 워라밸, 경력 향상 등 각자만의 이직 이유가 있었을 것이다.

후회의 이유를 곰곰이 생각해 보자. 이직의 이유는 충족되었지만

---

*이와 같이 주택 구매 후 후회하는 상황을 미국에서는 Buyer's Remorse라 한다.

예상치 못한 문제가 발생했는가? 아니면 새 직장에서도 기존의 문제는 여전히 해결되지 않았는가? 전자의 경우라면, 자신이 중요하게 여기는 가치들을 우선순위에 따라 재정리해 보자. 그리고 중요도가 상대적으로 낮은 요인을 포기할 수 있는지, 후회를 불러일으킨 새로운 문제들을 감내할 수 있는지 따져보아야 한다. 예를 들어 경력 향상을 위해 이직했고, 새로운 업무가 도전적이라 만족스러운데 워라밸이 부족하다면, 커리어 향상을 위해 워라밸을 일부 희생할 수 있는지 고민해야 한다. 연봉 상승을 이유로 이직했는데 새 직장에 어려운 인물이 있다면, 파격적으로 오른 연봉이 그로 인한 스트레스를 상쇄할 수 있는지도 생각해 봐야 한다.

또한 새 직장에서의 문제가 시간이 지나면 해결될 수 있는지, 내 통제 내에 있는 변수인지도 고려해 보자. 회사나 업종에 따라 바쁜 시기가 있기 때문에 워라밸은 시간에 따라 변할 수 있다. 사람과의 관계는 개인의 성향에 따라 개선 가능성이 있다. 하지만 시간이 지나도 내 노력과 상관없이 문제를 통제할 수 없고, 이직의 이유를 무색하게 만든다면, 또다시 이직을 심각하게 고려할 필요가 있다.

후자의 경우는 더 심각하다. 애초 기대한 이직의 이유조차 충족되지 않았다면 결국 그 회사가 그 회사라는 생각에 더 견디기 힘들 것이다. 이때 또 다른 이직이 선택지가 될 수 있다. 다만 짧은 시간에 잦은 이직은 결코 커리어에 유리하지 않다. 고용 유연성이 높은 미국조차도 한 회사에서 최소 2년 정도 근무하는 것이 일반화되어 있다.*

이직에 대한 후회는 어찌 보면 자연스러운 현상이다. 이직 후 후회하지 않는 경우가 더 적을지 모른다. 사람은 본래 장점보다 단점을 더 생각하기 마련이다. 만일 당신이 이전 직장에 계속 남았다면 마찬가

---

*통상 입사 후 2년 내에 또 이직을 하면 입사 시 받은 사이닝 보너스를 모두 반납해야 한다.

지로 후회했을 가능성이 높다. 이직 생각은 굴뚝같지만 때를 놓쳤거나 딱히 갈 수 있는 곳이 없다는 이유로, 개선될 여지없는 현재의 문제를 끌어안고 살고 있다면 반드시 후회하는 날이 오기 때문이다.

비록 후회할지라도 이직을 하고 후회하는 것이 낫다. 새 직장에서 맞게 되는 새로운 환경 안에서 시간과 에너지를 후회하며 흘려보낼지, 기회로 만들지는 당신에게 달려있다. 그리고 새로운 기회는 새로운 시도를 하는 이에게 주어진다. 이직 후 기대한 바를 이루지 못할 것 같아 계속 고민된다면, 적당한 시기에 또 다른 기회를 찾아 나서는 것도 방법이다.

결국 나도 전 직장에 대한 미련은 다시 접어두기로 했다. 지금 돌아간다 해도 내가 알던 회사가 아닐지 모른다. 몇 년 전 그곳에 정리해고가 한차례 몰아친 뒤, 조직은 개편되었고 많은 이들이 회사를 떠났다고 했다. 내게 남은 선택지는 현 직장에서 커리어를 더 강화해서 새로운 도전의 기회를 찾아보는 것이다. 그것이 또 다른 후회를 불러올지라도 말이다.

■
Q: 첫 이직을 하려고 합니다. 현재 회사에서 저를 잡기 위해 카운터 오퍼를 제시하고 있습니다. 이직처 오퍼보다 좋은 조건인데요 잔류해야 할까요?

A: 한국이라면 십중팔구 카운터 오퍼를 받지 않는 것이 정답이라고 답하겠습니다. 조직 문화가 위계와 관계 중심적이기 때문에, 잔류할 경우 충성도 약한 직원이라는 인식을 받기 쉽기 때문이죠. 심하면 구조조정 시 1차적으로 영향받을 가능성도 있습니다.

그러나 미국 회사에서는 상황이 조금 다릅니다. 실리콘밸리에서는 많은 엔지니어들이 카운터 오퍼로 연봉을 인상하기도 하므로 한 번쯤 고민해 볼 만합니다. 이직의 동기가 단순히 연봉 문제였고, 카운터 오퍼가 이를 말끔히 해결한다면 잔류하는 것도 괜찮다고 봅니다. 언어 장벽의 이유로 평소 자신의 처우 개선 요구를 적극적으로 하지 못했던 한국 엔지니어에게는 이직을 무기로 카운터 오퍼를 활용하는 것도 한 방법입니다.

반면 이직 이유가 인간관계, 과중한 업무, 직무 적성 등 복합적인 문제라면 카운터 오퍼를 거절하는 편이 좋습니다. 이러한 문제는 잔류하더라도 해결되지 않을 확률이 높기 때문입니다. 특히 승진과 같은 커리어 성장을 위한 이직을 고려했다면 카운터 오퍼로 문제를 해결하기는 어렵습니다. 형평성이나 타 부서와의 연관성 때문에 회사도 쉽게 결정할 수 없기 때문이지요. 그리고 아무리 조직 문화가 수평적인 미국이라 해도 이직 의사를 표출한 직원이 잔류할 경우, 직원에 대해 좋은 기억만 남지는 않습니다. 한국과 마찬가지로 고용주는 '이 직원은 충성도가 낮다'고 생각하기 마련이죠. 그래서 미국에서도 여전히 많은 커리어 전문가들이나 경험자들이 카운터 오퍼를 고사하라고 권고합니다.

만일 카운터 오퍼를 받는다면 그 시점도 중요합니다. 이직하기로 한 회사의 오퍼를 이미 수락accept한, 즉 서명까지 마친 상태라고 해봅시다. 현 회사에 퇴사를 통보하는 과정에서 카운터 오퍼 이야기가 나왔고 고심 끝에 이를 받기로 결정한다면, 필히 새 회사에 다시 취소 통보를 해야 합니다. 이 경우 이직하기로 한 회사는 해당 공고의 채용 정원이 사라질 수도 있습니다. 이미 채용 공고를 닫아버렸기 때문이죠. 이렇게 되면 그 회사와의 관계가 나빠질 가능성도 큽니다. 덩달아 업계 평판도 나빠질 수 있죠. 따라서 혹여나 카운터 오퍼를 받을 생각이 있다면, 새 회사 오퍼 수락을 보류한 상태에서 현 회사와 협상하는 것이 안전합니다. 상황을 잘 파악하신 후 좋은 판단 내리시기 바랍니다.

해외 이직 시
지켜야 할 것

2024년 4월 23일 미국의 연방거래위원회FTC: Federal Trade Commission는 경쟁 금지Non-compete Agreement 조항을 금지하는 최종 규정을 발표했다. '경쟁 금지를 금지한다'는 것이 무슨 말일까? 경쟁 금지 조항이란 쉽게 말해 한국에서 흔히 볼 수 있는 '동종업계 이직 방지법'에 해당한다. 이제 이 조항이 이제 미국 전역에서 사라지게 되는 것이다. FTC는 이번 규정 개정의 취지를 '근로자의 이동성을 높이고 경제적 다양성을 촉진하기 위함'이라고 밝혔다. 즉 경쟁 금지 조항이 근로자의 기본권을 제한하고 자유로운 경쟁과 기술 혁신, 스타트업 생태계를 저해했다는 판단이다.

"미국은 원래 경쟁사로 자유로운 이직이 가능한 것 아닌가요?"

이런 질문이 생길 수 있을 것이다. 사실 그동안 미국 내에서 이러한 자유는 단 몇 개 주에만 허용되었다. 캘리포니아, 노스다코타, 오클라호마 등 3개 주가 100여 년 전에 이 조항을 철폐했으며, 미네소타는 비교적 최근인 2013년에 이 대열에 합류했다. 일리노이와 워싱턴 D.C. 같은 몇몇 주도 특정 조건 하에서만 경쟁 금지 조항을 허용하고 있다. 그 외 대부분의 주는 여전히 동종업계 이직 방지 조항에 묶여 있었다.

FTC의 결정에 대해 재계 단체들은 즉각 반발하며, '지적재산권 보호'를 이유로 소송 전을 예고했다. 하지만 이미 이 조항을 단계별로 철폐하는 주들이 늘어나고 있었던 만큼 앞으로도 근로자의 이직 자유가 기본권이라는 인식이 더욱 확산될 것으로 보인다.

한국의 경우 역으로 동종업계 이직 방지를 강화하는 방향으로 나아가고 있다. 퇴사자에게 NDA 서명을 받아도 충분하지 않다고 판단한다. 그래서 정보의 유효 기간으로 판단되는 약 2년 동안 이직을 제한하는 법적 조치를 시행하고 있다. 특히 그룹장, 임원, 리더, 고경력자들과 같이 고급 정보를 다뤘거나 숙련도가 높은 직원들을 '핵심 인재'로 분류하고, 이들이 해외 경쟁사로 이직하는 정황이 포착되면 전직 금지 가처분 소송까지 제기하는 경우도 있다.

특히 메모리나 파운드리처럼 한국이 미국보다 강세인 분야는 국가가 첨단전략산업으로 지정해 해당 산업군의 인력들을 더욱 주시한다. 과거에는 반도체 굴기를 앞세워 한국을 쫓았던 중국으로의 이직을 단속했지만, 최근은 미국으로의 이직까지 단속 중이다. 미국이 고립주의를 표방하며 반도체 공급망을 재편하려 하면서 그간 열세였던 이 분야를 집중 육성하고 있기 때문이다.

이해를 못 할 일은 아니다. 개인의 자유를 최우선 가치로 두는 미국과는 다를 것이다. 반도체 패권 경쟁이 격화되면서, 대한민국이 믿을 것은 인적 자원이기에 불가피한 선택일 것이다. 그렇다면 이런 상황에서 경력자가 해외로 이직하려면 어떻게 해야 할까? "후진적이다", "글로벌 스탠다드에 역행한다", "이직할 때만 핵심 인력이냐"라는 비난을 해봐야 사실 여부와 상관없이 본인의 이직에 아무 도움이 되지 않는다.

흔히들 많이 하는 행동이 퇴사 시 이직처를 밝히지 않는 것이다.* "쉬겠다", "가족과 시간을 보내겠다" 등의 사유로 퇴직을 한 뒤 계획대로 미국으로 이직을 한다. 이는 그다지 좋은 방법은 아니라고 본다. 어딘가 미심쩍은 사유로 퇴직을 하면 더 주목받는다. 한동안 본인의 거취를 철저히 숨겨야 하는데 영원히 비밀로 남길 수는 없다.

---

*사실 실리콘밸리에서는 많은 퇴사자가 이후 계획을 밝히지 않는다. 회사에서도 퇴사자의 진로를 '먼저' 묻지 않는 편이다. 서구권은 개인 정보 보호를 우선시하기 때문에 민감한 사항이다.

가장 확실한 방법은 분야나 직무를 바꿔 비경쟁사 또는 경쟁사더라도 비경쟁 부서로 이직을 하는 것이다. 국가 첨단전략사업으로 지정된 분야는 향후 분쟁의 여지가 높기 때문에 특히 주의해야 한다. "이직을 하려면 경력을 활용해야 하는데 경력을 인정받을 수 있는 경쟁사 아니면 어디를 가라는 말이냐?"라고 생각할 수 있다. 하지만 실제로 해외로 이직하는 이들 중 상당수가 이런 과정을 거친다. 바로 자신이 속한 산업, 분야에서의 경력 그 자체가 아니라 그 경력을 쌓으며 축적한 '스킬셋'으로 이직을 하는 것이다. 분야는 조금 상이해도 스킬셋은 통용될 수 있기 때문이다. 5장에서 말했던 '스킬셋 전문성'이다.

한국에서 근무하던 당시, 내가 속한 팀은 주로 프로세서, 아키텍처, 하드웨어를 설계하는 그룹이었다. 그곳에서 함께 일하던 두 명의 경력자가 미국으로 이직하는 모습을 보게 되었는데, 두 사람 모두 미국 빅테크의 소프트웨어 엔지니어로 새 출발을 했다. 한 명은 아키텍트, 한 명은 컴파일러 엔지니어였으나, 미국에서는 스트리밍 서비스를 개발하는 팀으로 합류하게 되었다. 업무 분야는 달랐지만, 두 사람 모두 기본적으로 소프트웨어 개발 스킬이 뛰어났다. 덕분에 코딩 인터뷰를 무사히 통과했고, 이들의 소프트웨어 개발 경력도 제대로 인정받을 수 있었다.

내가 이직을 할 때는 한국 회사에는 '리서치 사이언티스트'로 이직함을 강조했다. 당시 근무하던 조직이 사업부로 이관되면서, 연구원에서 엔지니어 직군으로 전환된 상태였다. 따라서 이직할 미국 회사에서는 다시 연구 직무로 바뀔 것임을 알렸고, 이전과 달리 프로세서, 아키텍처, 하드웨어가 아닌, 상위 수준의 응용, 렌더링 알고리즘, 프로그래밍 모델을 연구하는 조직임을 설명했다.

내가 이직 시 활용한 스킬셋은 '연구 역량'이었다. 연구란 '문제를 설정하고 새로운 이론을 고안해 문제를 해결하는 일련의 과정'이고, 나는 이러한 연구자로서의 소양을 인터뷰에서 보여주었다. 연구 주제가 바뀌어도 연구자의 역량이라는 스킬셋은 통용될 수 있기 때문에 이직에 큰 어려움은 없었다. 퇴사 시에는 직군과 업무 분야의 차이를 강조해 이직처를 굳이 숨길 필요가 없었다. 현재는 다시 하드웨어 분야로 돌아와 엔지니어로 일하고 있지만, 이미 5년이라는 충분한 시간이 지난 후였고, 한국의 전 직장은 현 직장의 고객사로 이해 상충 관계도 없다. 이것이 가능했던 것은 같은 GPU/그래픽스 도메인 내에서 필요에 따라 스킬셋을 활용해 직군 전환을 했기 때문이다.

분쟁의 여지가 있는 분야는 미국으로 이직을 할 때 가능한 현 직장과 완전히 경쟁 관계에 있는 회사는 피하는 것은 좋다. 업무 적합도가 완벽히 일치하는 직군으로 가면 경력을 충분히 인정받을 수 있겠지만, 커리어에 오점이 남지 않는 것이 우선이다. 한국이나 미국 모두 테크 회사에서 보안은 핵심이고, 기술 유출이 발생할 경우 강력한 처벌이 따른다. 다만 한국에서는 특히 경쟁사 이직에 민감하게 반응하는 경향이 있다. 이직 후 자칫 내용 증명서를 받을 수도 있고, 심하면 전직금지 가처분 소송으로 이어질 수도 있다. 설령 재판에서 승소하더라도 커리어를 이어가긴 어려운 상황이 될 수 있다.

경쟁사를 대하는 한국과 미국의 인식 차이 때문이다. 이 문제에 대해 무엇이 옳고 그른지를 논하는 것은 의미가 없다. 우리 사회의 시스템을 개인이 바꿀 수 없기 때문이다. 최소한 국가가 집중 관리 중인 반도체 산업군의 엔지니어만큼은 미국 이직 시 같은 사업을 하는 경쟁사 이직은 피하는 것이 안전하다. 필요하다면 스킬셋 전문성을 활용해야 하는 것이다.

이후 원하면 일정 시간이 지나 다시 원래 분야로 돌아올 수 있다.

미국은 그만큼 일자리의 기회와 종류가 많고, 앞에서도 말했지만 미국에서 경쟁사 이직은 아무런 문제가 없다. 한국의 동종업계 이직 방지 조항이 과한 면은 있지만, 제도를 탓하기 앞서 불미스러운 사태의 여지를 남기지 않도록 선제적이고 보수적으로 접근해야 한다.

당연한 말이지만 퇴사 시 NDA에 서명한 이상, 묵비 의무를 철저히 지키는 것이 프로 직업인의 모습이다. 전 직장에서 업무상 접하게 된 기술과 지식 그 어느 것도 새로운 회사에서 절대로 발설해서는 안 된다. 미국에서는 NDA 위반으로 소송이라도 당한다면 업계에서 더 이상 활동할 수 없게 된다. 이 사실을 잘 알기 때문에, 경력자가 경쟁사에서 합류해도 전 직장 관련 정보를 묻지 않는 것이 관행이다. 심지어 누군가 실수로라도 발설할 조짐이 있으면 의도적으로 이를 제지하기까지 한다. 자사 기술이 오염contamination될 위험을 우려하기 때문이다. 엔지니어가 선행 특허를 직접 읽지 않는 것과도 같은 이유다.

따라서 향후 실리콘밸리 이직을 염두에 둔다면, 도메인 지식과 스킬셋을 쌓을 때 좀 더 확장 가능성을 고려하는 것이 좋다. 조금은 다른 분야에도 일반화할 수 있도록 시간을 두고 준비해 두면 유리할 것이다.

Q: 5장에서 도메인 중심적으로 경력 관리를 해서 도메인 전문가로 이직을 하라고 했잖아요? 그런데 왜 지금은 스킬셋으로 이직을 하라고 하십니까?

A: 이해합니다. 제 가이드라인이 다소 혼란스럽겠죠. 원칙적으로 도메인 전문성을 기르고 이를 통해 이직을 시도하는 것이 맞습니다. 미국 이직이 아니더라도 엔지니어로서 롱런하기 위해서는 도메인 전문가를 지향하는 것이 옳은 길이지요. 다만 엄격한 이직 방지 조항이 있는 한국의 특수성 때문에, 분쟁의 여지가 있는 분야는 다소 예외적인 방법을 취하는 것입니다. 조금 더 구체적인 방안들을 이야기해 보죠.

도메인 전문성을 지향하면서 경력 관리를 하다 보면, 같은 도메인 내에서도 다른 기술 스택의 지식과 스킬셋을 쌓게 됩니다. 또한 조직에서 경험한 관행, 노하우, 프로세스, 통찰력과 같은 조직적 지식institutional knowledge도 축적되죠. 이러한 스킬셋과 배경지식은 사용되지만 현재와는 다른 직무로 전환을 고려할 수 있습니다. 예를 들어 CPU 성능 분석 엔지니어는 GPU 아키텍트로 변신할 수 있죠. CPU와 GPU는 다른 도메인이지만 공통적으로 적용되는 것은 컴퓨터 구조 지식과 모델링 스킬셋입니다. 또한 넓은 의미에서 함께 시스템 반도체에 속하기 때문에 축적한 조직적 지식도 활용할 수 있습니다.

같은 도메인 내에서도 약간의 직군 전환도 고려해 볼 수 있습니다. 반도체 엔지니어는 수많은 직군들이 존재하죠. 아키텍처, 회로 설계, 레이아웃, 검증, 테스팅, 불량 진단, 패키징, 수율, 펌웨어/임베디드 소프트웨어와 같은 것들입니다. 이러한 직군들은 반도체 개발과 생산의 각 단계별로 포진하기 때문에, 앞뒤 단계 직군과 협력하고 일정 부분은 업무를 공유하기도 하죠. 따라서 업무상 간접적으로 쌓은 지식과 스킬셋을 통해 직군 전환도 가능할 것입니다. 예를 들어 테스팅 엔지니어가 불량 진단으로, 수율 엔지니어가 패키징으로 변신하는 것이죠.

아니면 같은 업계라도 고객사로 이직을 하면 이해 충돌을 어느 정도 피할 수도 있습니다. 직접적으로 경쟁관계에 놓이지 않기 때문이죠. 예를 들어 한국에서는 메모리(또는 파운드리) 반도체 회사에서 근무하다가 이 회사에 메모리를 주문(또는 파운드리에 생산을 위탁)하는 미국의 시스템 반도체 회사로 이직하는 것입니다. 고객사는 직접적으로 메모리와 파운드리foundry 사업을 하지 않지만 관련 기술 직군의 수요는 있기 마련입니다. 이 경우 도메인 전문성을 지키면서도 경쟁사 이직을 피할 수 있습니다.

미국으로 이직을 하려면 가능한 빠른 시기에 시도하는 것이 유리합니다. 경력과 연차가 쌓여 조직에서 중요한 위치에 있게 되면, 그만큼 기밀 정보를 더 많이 접하게 되어 이직 시 오해를 받기 더 쉽습니다. 만일 오해를 사기 쉬운 직군이고 비경쟁사 이직이 어렵다면, 미국 유학을 경유하는 것도 방법입니다. 시간을 벌 수도 있고 대학원 연구 주제에 따라 분야를 바꿀 수도 있기 때문이죠.

4부

실리콘밸리에
대한 현실적인
이야기

10장
실리콘밸리 빅테크 엔지니어의 삶

실리콘밸리에서 커리어를 시작하면 인생에 큰 변화가 찾아온다. 한국에서 이직할 때도 인간관계와 조직 문화 적응이 쉽지 않은데, 이번엔 국경을 넘어 완전히 새로운 국가에서의 시작이다. 커리어뿐만이 아니라 삶 전체가 송두리째 바뀌게 된다.

저녁이 있는 삶, 가족 중심적인 문화, 사생활과 개인의 자유 보장, 더 나은 자녀 교육! 태평양을 건너는 미국행 비행기 안에서 우리는 매체가 그려낸 환상에 젖는다. 하지만 그 환상이 깨지는 데는 그리 오랜 시간이 걸리지 않는다. 높은 생활 물가와 주거비, 교통 체증, 높은 업무 강도, 주거 및 소득 불평등, 문화적 다양성과 차별. 이민자가 맞닥뜨릴 이러한 장벽들은 생각보다 높고 단단하다. 사람 사는 곳은 어디나 똑같지만 그만큼 또 다르다. 그 다름을 빨리 인정하고 받아들이는 것만이 적응의 지름길이다.

이 장에서는 실리콘밸리에서 커리어를 시작하면서 맞닥뜨리게 될 다양한 삶의 문제를 이야기한다. 회사에서 한 직장인이었고, 지역사회의 구성원이었으며, 가정에서는 아빠이자 남편이었다. 오래된 앨범을 열어 과거를 추억하듯, 실리콘밸리에서 세 가지의 모습으로 살았던 내 모습, 내 인생의 스냅샷을 펼쳐볼 것이다.

Fit이라는 말이
내포하는 것

FAANG의 한 회사의 인터뷰를 본 적이 있었다. 그 회사의 HR 직원이 링크드인을 통해 먼저 연락을 해왔다. 해당 포지션에 그렇게 관심이 있지는 않았지만 가벼운 마음으로 지원을 해봤다. 하지만 두 차례 인터뷰가 끝났을 때 '이건 아니군'이라는 생각이 들었다. 해당 직무와 내 이력과의 접점이 그다지 많지 않았기 때문이다. 덕분에 인터뷰 내내 제대로 된 대답을 하지 못했다. 아니나 다를까 바로 당일 HR 직원으로부터 피드백이 왔다.

"우리에게 시간을 내줘서 고맙다. 이 자리가 너에게 적합하지 않지만, 또 다른 새로운 자리가 나올 때를 위해 너를 기억하고 있겠다."

거절을 알리는 평범한 말이었다. 그런데 그녀가 쓴 한 가지 영문 표현이 내 눈길을 끌었다.

"It's not a fit for this role"

'fit'이라는 단어가 좀 오묘했다. 같은 의미라도 "네가 부족해서 거절한다"가 아닌 "네가 이 역할과 맞지 않다"라고 해석되었기 때문이다. 거절을 당하는 입장에서도 그다지 기분 나쁘지 않은 말이었다.

이후 내가 회사에서 인터뷰를 진행할 때에도 이 표현을 자주 사용하게 되었다. 가령 지원자가 기준에 미치지 못할 때면 "He is not a good fit for this position"이라고 매니저에게 평가의견을 전달하는 식이었다. 물론 그 이유에 대해서는 별도로 상세히 기술했다. 내 의견이 그대로 지원자에게 전달되지는 않겠지만 1차 평가자로서 지원자에 대한 존중이나 배려를 담았다. "지금 우리가 당신을 거절하지만 그 이유가 당신에게 있는 것이 아니다. 단지 서로의 필요가 다를 뿐이다"
라는 의미를 핏이라는 이 짧은 단어로 함축한 것이다.

하지만 가끔은 이 말이 조금은 무책임한 표현이 아닌가 싶을 때가
있다. 소위 "핏이 안 맞아"라는 말을 구체적으로 해석하자면 다음과
같을 것이다.

- 너의 역량은 충분하고 우리는 이를 인정하지만 우리가 원하는 바와는 달라
- 네 배경은 우리와 맞지만 이 직무를 수행하기엔 너의 역량이 부족해

첫 번째의 경우 말 그대로 서로의 필요가 다를 뿐이라 별다른 피드
백은 필요하지 않다. 그런데 두 번째의 경우라면 단순히 핏이라는 말
로 끝내기보다, 인터뷰에서 발견한 문제점들을 정확히 알려주는 것이
지원자를 위해서도 좋지 않을까? 지원자에게는 상처받지 않을 누군
가의 배려만큼이나, 자신의 부족한 점을 정확히 아는 것도 중요하다.
자신의 문제를 좀 더 객관적으로 알게 된다면 다음 인터뷰 기회에서
보완할 수 있을 테니 말이다.

핏, 즉 적합성이라는 말은 스킬셋의 보유 유무뿐만 아니라 더 많은
의미를 담는다. 성격, 인격, 성향, 관심 사항, 인간관계, 지향성, 가치관
등 계량할 수 없는 사람의 여러 단면들 말이다. 회사 입장에서는 지원
자가 회사의 조직 문화와 잘 융합할지도 상당히 중요히 본다. 지원자
가 커뮤니케이션을 잘하고 함께 일하기 좋은 사람인지, 자신의 커리
어만큼이나 팀에 기여하는 것을 중요시하는 사람인지 미루어 짐작해
'적합하다'고 판단한다.

이를 파악하기 위해 몇몇 회사는 인터뷰에서 행동 사건 면접 세션
을 따로 갖는다. "상사 또는 동료와 갈등이 발생했을 때 어떻게 행
동했나요?", "업무 수행 중 여러 장애를 만났을 때 어떻게 해결했나
요?", "압박감이 있는 프로젝트들의 우선순위를 어떻게 정하나요?"와

같이 회사에서 발생할 여러 충돌 상황을 질문하고 그 대답을 통해 지원자의 성향을 간접적으로 파악하는 것이다. 우리로 치면 일종의 압박 면접인 셈이다.

하지만 행동 사건 면접으로 후보자를 걸러내는 것에도 역시 한계가 있다. 한국에 면접 학원이 있듯, 미국에서도 STAR(Situation, Task, Action, and Result)와 같은 행동면접 돌파 요령이 족보처럼 구직자들에게 회자되곤 한다. 예상 질문에 대한 모범답안을 미리 준비하는 것이다. 지원자가 면접에서의 대답대로 행동할지는 아무도 모르는 일이다. 그래서일까? 행동 사건 면접 무용론까지 등장했고, 실제로 많은 회사들이 이를 폐지했다. 이후 기업들은 직원의 레퍼런스를 더 선호하기 시작했다. 이전에 함께 일해 본 사람의 의견에 더 신뢰를 두는 것이다.

그런데 이 핏이라는 말은 채용 측에서 지원자에게 일방적으로 이야기하기엔 뭔가 이상하다. 애초에 '적합하다'는 상호성mutuality을 내포하는 말이다. A fits B라고 하면 A와 B가 '서로' 잘 어울리고 맞는 것이지, 어느 한쪽에 의해서만 결정되는 것이 아니다. 내 하체와 바지가 서로 주인을 잘 찾을 때 '핏이 좋다'고 느끼듯이 말이다. 이 말대로라면 지원자는 아직 회사가 나와 잘 맞는지 아닌지 파악하지 못했는데, 회사가 일방적으로 결론을 내린 것이다. 회사가 지원자에게 탈락 이유로 '우리와 핏이 맞지 않는다' 이야기하는 것은 그 자체로 형용모순인 셈이다. 그래서 이 핏이라는 말은 얼핏 탈락자를 배려하는 듯하지만 어떠한 면에서는 오만한 표현이다.

그렇다면 지원자는 어떻게 해야 할까? 나도 회사와 나의 궁합을 적극적으로 살펴야 한다. 회사의 조직 문화나, 정책, 업무 지원 등에 대해서는 실제로 다녀보기 전에는 알 수 없다. 하지만 인터뷰 시 면접관들에게 역질문을 하여 간접적으로 파악할 수는 있다. 그들은 인터뷰

때 질문만 하지 않는다. 지원자들이 회사에 대해 어떤 궁금한 점이 있는지도 궁금해한다. 이 시간을 면접을 보는 회사가 내 경력의 한 페이지를 차지하기에 적합한지 가늠하는 데 쓰면 된다. 그래서 면접은 회사와 지원자가 서로 간을 보는 일종의 상호 탐색 과정이다.

'우리와 잘 맞지 않을 뿐'이라는 표현에는 또 다른 결정적인 오류가 있다. 정말 회사가 지원자를 인재라고 생각했다면 우리와 맞을지 안 맞을지는 사실 중요하지 않다. 지원자가 탁월한 역량과 고매한 인품을 보여줬다면 단지 이 사람의 전문성이나 해온 일이 다르다고 탈락시키지 않는다. 전공 일치도가 다른 이유라면, 사내 다른 부서를 찾아서라도 지원자를 소개한다. 이 사람을 놓치면 안 되니 말이다. 그래서 앞에서 말한 핏이 안 맞다는 말의 해석에서, "너의 역량은 충분하고 우리는 이를 인정하지만 우리가 원하는 바와는 달라"의 경우는 없다. 정작 사유는 "네 배경은 우리와 맞지만 이 포지션을 위한 너의 역량은 부족해"이면서 이를 적당히 포장해 지원자에게 고지할 뿐이다.

사실 회사가 지원자에게 그대로 탈락 사유를 명확히 알려주지 않는 이유는 따로 있다. 부서장이 하위 고과를 준 직원과의 면담을 회피하려는 마음과 같다. 안 좋은 평가를 주는 것은 언제나 부담스러운 일이다. 상대는 누구나 그대로 수긍하고 받아들이지 못한다. 되묻고, 반례를 들며, 반발한다. 특히 부족한 스킬셋과 같은 객관적 이유가 아닌, 행동 사건 면접 결과와 같은 주관적 평가가 이유라면 지원자를 더욱 화나게 할 것이다. "당신은 이 역할을 맡기에 인격이 부족하다고 판단했습니다", "이기적인 면이 보여요. 팀워크를 해칠 가능성이 높습니다"라고 지원자에게 고지했다가 자칫 소송의 빌미까지 제공할 수도 있다.

이런 불미스러운 상황을 미연에 방지하기 위해, 회사는 지원자를 충분히 납득시키는 일을 포기한다. 채용 커미티에서 논의된 내밀한 속사정까지 지원자에게 알려줄 필요도, 아니 알려주면 안 된다고 생각한다. 그리고 회사는 그럴듯하게 "안타깝습니다. 이 자리가 당신과 맞지 않았군요"라며 친절함을 가장한다.

'핏이 안 맞는다'는 표현에는 이런 숨은 속사정이 있다. 마치 구직자를 배려하는 듯 우리와 맞지 않을 뿐이라는 말로 포장하지만, 실상은 탈락의 이유는 알아서 해석하라는 불친절한 표현이다. 그래서 인터뷰 후에 결과에 대해 피드백을 잘해주는 회사가 있다면 정말 좋은 회사라고 봐도 좋다. 그 회사는 임직원의 커리어를 진심으로 걱정해줄 가능성이 크다. 그리고 보니 나 역시 앞으로는 핏이라는 말을 남발하지 말아야겠다는 생각이 든다.

구직자 입장에서도 "우리와 핏이 안 맞는군요"라는 말에 큰 의미를 두지 않았으면 좋겠다. 결국 내 무언가가 이 회사의 눈높이에 맞지 않았다는 뜻일 뿐이다. 심기일전해서 다음 기회를 찾으면 된다. 후일 회사가 당신을 원한다 해도, 그 회사가 내 눈높이에 맞지 않다면 "제안은 고맙지만, 귀사는 저와 핏이 맞지 않는 것 같습니다"라고 당당히 말해주면 된다.

재택근무가
가진 의미

"당신이 원하는 근무형태는 다음 중 어떤 것인가요?
  1) On-site(사무실 근무)
  2) Fully Remote(영구 재택근무)
  3) Hybrid(사무실과 재택근무 절충)"

코로나가 끝나갈 무렵 회사는 향후 근무방식에 대한 선호도를 조사했다. 코로나 그 이후를 발 빠르게 준비했던 것이다. 실리콘밸리의 모든 회사가 이미 2년 가까이 재택근무를 하던 시점이었다. 캘리포니아 주의 백신 접종률이 53%를 넘어가면서 이 재앙이 곧 끝날 것으로 예상했다. 그래서인지 많은 회사들이 점차 직원들을 현장으로 복귀시키려는 근무환경의 미래future of workplace 계획을 속속 발표하기에 이른다. 나를 포함한 80% 이상의 직원들은 사무실과 재택을 절충하는 하이브리드 근무를 택했다. 2년 가까이 집에서 나오지 못해 피로도가 극에 달했지만, 이미 익숙해져 버린 재택근무의 장점도 포기하기 어려웠기 때문이다.

사실 코로나 이전부터 비공식적으로 운영되었기 때문에, 실리콘밸리의 엔지니어에게 재택근무는 이미 익숙했다. 유연한 근무환경으로 인해 필요시 직원이 집에서 일하는 것은 얼마든지 가능했다. 집이 먼 동료들은 오랜 출퇴근 시간을 이유로 주 2~3일만 출근했고 다른 날엔 재택근무를 했다. 하이브리드 근무는 이미 있었다. 회사는 직원들의 생산성을 최우선 가치로 생각했기 때문이다.

그런데 원해서 하는 것과 강제로 하는 것에는 분명한 차이가 있다. 2년간 동료들과 전혀 대면하지 못하면서 업무 효율이 떨어지기 시작했다. 연구직의 특성상 홀로 일하는 시간이 많지만, 동료들과 업무 내용, 아이디어를 공유하는 시간도 적지 않았다. 과거에는 코딩 중 버그가 발견되었을 때 옆자리의 동료에게 즉시 도움을 받았고, 좋은 아이디어가 떠오르기라도 하면 동료들과 화이트보드 앞에 모여 생산적인 대화를 나누곤 했다. 그 모든 것을 원격으로 해야 하니 불편할 때가 많았다.

특히 점심이나 티타임과 같이 업무 외 시간이 크게 느껴졌다. 함께 식사하며 가족, 일상, 타 부서, 회사 분위기, 업계 트렌드 등 다양한 이야기들을 나누곤 했다. 한국 같은 회식문화가 없는 미국에서 동료들과 자연스럽게 라포rapport(친밀도, 신뢰관계)를 형성하던 유일한 시간이었다. 팀원들의 답답함을 해결하기 위해 매니저가 가상 점심시간을 제안했다. 동료와 함께하는 점심시간을 화상으로 진행하려 한 것이다. 하지만 매일 하기도 어려웠고 효과도 미미했다. 무엇보다도 음식을 섭취하는 장면을 동료들에게 고스란히 스트리밍하는 것이 부담스러웠다. 다들 빈손으로 카메라 앞에 나타났고 결국 가볍게 수다를 떠는 또 다른 화상 회의가 되어 버렸다. 그렇게 모두들 회사에서 보냈던 시간을 그리워했다.

코로나가 끝나고 정식 출근을 하게 된 날, 2년 만에 만난 동료들의 얼굴은 상기되어 있었다. 흡사 이산가족 상봉하듯 너 나 할 것 없이 뜨겁게 악수하며 반가움을 표현했다. 돌아온 시간을 다시는 잊지 않으려는 듯 함께 더 많은 시간을 보냈다.

코로나 직후 실리콘밸리의 테크 기업들은 앞으로의 근무환경에 대해 진지하게 고민했다. 전면 재택근무가 이미 일상으로 자리 잡아 직원의 생활양식, 회사의 운영방식에 많은 변화가 찾아왔기 때문이다. 과거 방식으로의 일괄 회귀는 많은 부작용이 따를 수 있었다. 회사마다 방침은 다르겠지만 대체적으로 직원들의 선호도를 수렴하여 탄력적으로 운영했다. 직원들은 사무실, 영구 재택, 하이브리드의 선택지에서 자신이 원하는 근무 형태를 선택할 수 있었다. 회사의 업무 공간도 상당 부분 재편하였는데, 개인 지정 좌석은 사무실 근무자에게만 제공되었고, 하이브리드 근무자들은 공용 좌석을 이용했다. 하이브리드 근무자들은 연간 사용 가능한 근무일수의 범위 내에서 자유롭게 재택근무를 할 수 있게 되었다.

과거 재택근무와 다른 점은 공식적으로 '영구 재택근무'를 선택할 수도 있었다는 점이다. 코로나 기간 동안 재택근무를 통해서도 생산성을 유지할 수 있음이 확인되었기 때문이다. 회사 내 지정 좌석, 현장 근무의 장점을 포기해야 했지만, 직원은 대신 더 많은 자유를 누렸다. 더 이상 출퇴근 가능한 거리에 거주하지 않았다. 가뜩이나 물가가 비싼 실리콘밸리를 고집할 이유가 없어진 것이다. 남부 캘리포니아나 타주로 이주하는 이들이 늘어났다. 물가가 새롭게 반영돼 연봉삭감도 발생할 수 있었지만 기꺼이 이를 받아들였다. 실리콘밸리보다 저렴한 렌트, 교육비, 세금 등에서 오는 절약분이 이를 충분히 상쇄했고, 무엇보다도 특정 공간과 시간에 묶이지 않는 자유가 이들을 더 행복하게 했기 때문이다.

재택근무의 일반화는 채용에도 유연함을 가져왔다. 과거에는 팀에서 연구원을 새롭게 채용할 때, 해외 지원자는 리로케이션을 해야 할 의무가 있었다. 따라서 실력이 아무리 우수해도 자국을 떠나지 않으려는 지원자를 채용하지 않았다. 이러한 제한이 사라졌다. 미국과 원격회의를 진행할 때 시차에 문제만 없다면, 더 이상 현지 이주가 필요 없게 된 것이다. 인력 수급에 경쟁적인 실리콘밸리의 기업들은 세계 각지의 인재들을 채용하기 위해 이러한 이점을 십분 활용했다.

각국에 지사를 두고 있는 회사는 직원이 일정 기간 타국에서 근무하는 것도 허락했다. 직원들은 이 제도를 이용해 일하는 휴가working vacation를 떠났다. 덕분에 여름휴가에 맞춰 가족들과 고국을 방문할 수 있었다. 일정 기간 고국에 있는 지사에서 근무하고, 연이어 휴가를 사용하면 고국에서의 체류를 더 길게 가져갈 수 있었다. 실리콘밸리의 근무 방식은 재택근무를 넘어 세계 어디서나 근무할 수 있는 WFA(Work-From-Anywhere) 모델로 진화했다.

실리콘밸리에서 재택근무가 자연스러웠던 것은 일의 과정보다 결과로 평가하는 문화에서 비롯되었다. 계획한 목표를 함께 지향하지만, 그 목표에 도달하는 방법은 개인의 자율에 맡기는 것, 그리고 개인에게 주어진 그 자율을 스스로 통제할 수 있는 환경이 자연스러운 재택근무를 가져온 것이다. 직원들이 스스로 동기를 부여하고 성과 지향적으로 임할 수 있게 하는 것은, 일 자체가 주는 즐거움, 문제 해결에 따른 성취감, 현재 업무가 자신의 경력을 성장시킨다는 사실, 불필요한 잡무로 소모되지 않는 자신의 소중한 시간이었다.

직원에게 이런 환경을 마련해 주는 것 그것이 바로 조직이 해야 할 일지도 모른다. 조직의 목표와 개인의 목표가 중첩되면 개인은 자발적으로 자신의 모든 자원을 업무에 쏟기 마련이다. 그래서 재택근무는 그 자체로서 중요하기보다는 목표를 향해가는 하나의 수단이라는 점에 그 의미가 있는 것이다.[23]

벗을
기다리며

미국에 온 뒤 한국에 있는 후배나 전 직장의 동료들로부터 가끔씩 메일을 받곤 한다. 대부분 평소 연락을 하던 사이는 아니다. 그럼에도 그들이 용기를 낸 이유는 바로 미국 이직에 관심이 생겼기 때문이다. 경험자인 내게 많은 질문을 던지고 때로는 레퍼럴을 부탁했다. 그럴 때마다 나는 내 경험담을 자세히 알려주곤 했다. 그들이 어떤 심정인지 누구보다 잘 알기 때문이다. 자녀 교육, 진로, 경력 아니면 단순한 선망, 어떤 이유든 그들은 한국을 떠나고 싶게 되었다. 그리고 어디서부터 시작해야 하는지 막막한 상태에서 인터넷을 헤맸을 것이다. 그렇게 인연의 끈을 쫓다가 나에게 다다른 것이다.

　미국 이직, 아니 이민 자체를 결심했다는 것은 그들이 많은 리스크를 감당할 각오를 끝냈다는 것이다. 물론 그들은 그 희생의 크기가 어느 정도인지는 잘 모른다. 낯선 땅에서 이방인으로 사는 것, 사랑하는 부모, 형제, 친구들을 떠난다는 것이 어떤 의미인지 겪기 전까지 알수 없다. 지금보다 나을 것이라는 막연한 기대감뿐일 수도 있다. 하지만 확실한 것은 그들에게 고국을 떠나는 걱정보다 현실이 주는 고통의 무게가 훨씬 크다는 것이다.

　같은 길을 먼저 걸어왔기에 그래서 누구보다 그들을 이해한다고 했다. 하지만 정작 그들의 목소리에 귀 기울이는 이유는 따로 있다. 바로 내 안의 그리움 때문이다. 타향살이에 대한 진지한 고민이 없었던 것은 정작 나였다. 사람들과 어울리는 것보다 혼자만의 시간이 좋았던 나는 한국에서 맺었던 인연을 가볍게 여겼다. 그래서일까? 새로운 곳에 정착하는 것은 철저히 준비했지만 인간관계의 단절에 대해서는 많은 대비를 하지 않았다. 물론 새로운 곳에서도 새로운 인연은 시작된다. 새로운 동료, 이웃, 친구를 만들 수 있다. 하지만 내 삶 대부분의 시간을 함께했던 관계와는 그 깊이가 다르다.

　지긋지긋한 삶을 벗어나고자 택한 미국행이었지만, 이제는 그때 그 시간이 그리워진다. 오후 다섯 시 반이면 사내 식당에 우르르 몰려가던 기억, 테이크 아웃해온 저녁을 풀며 회의실에 모여 앉아 두런두런 떨던 그 수다가 생각난다. 조직개편 소문에 전전긍긍하고, 보너스 비율에 일희일비하며, 상사들에 대한 험담을 깨알같이 쏟아내던 동료들과의 그 시간이 말이다. 불안한 미래를 바라보는 같은 처지였기에, 숨김없이 속내를 털어낼 수 있었던 그 저녁 시간이 그리웠다.

　회식, 강요된 소속감, 경직된 조직 문화가 싫었다. 조직의 이익이 앞

세워질 때 개인의 욕망은 충돌하고 서로가 타인으로 변해갔다. 극심한 감정 소모가 나를 지배할 때 바다 너머 타국은 안식처처럼 다가왔다. 이민자의 나라, 모두가 이방인이기에 서로가 필요 이상의 선을 넘지 않는다. 가족과의 유대만이 중요하고 직장은 생계의 수단, 그 이상의 의미가 없는 절제된 조직 문화가 내게 완벽한 정서적 안정감을 주었다.

하지만 어느 날부터 내 안의 또 다른 나는 무언가를 갈망하기 시작했다. 사람들과 부대끼며 쌓아왔던 끈끈한 동질감, 으르렁대면서 정든 옛 전우들에게서만 느낄 수 있던 감정이었다. 그것은 언어와 문화의 장벽 너머의 이들과는 절대로 공유할 수 없었다. 그래서 한국에서의 짧은 인연이 어떤 이유로든 나에게 다시 연결될 때 그리움과 반가움이 교차했다. 그들이 도움을 요청하던 그 손길은 어쩌면 내가 마음으로 수십 번 내밀었던 그것이었다. 그래서인지 출장 왔다며 옛 동료가 연락이라도 하면 만사 제쳐두고 달려갔는지 모른다.

쇼생크 감옥에 억울하게 옥살이를 하던 앤디에게는 수감생활 동안 절친이 된 레드가 있었다. 앤디는 20년을 준비해 탈옥한 끝에 완벽한 자유를 얻었다. 하지만 그의 삶이 완성된 때는 가석방으로 출옥한 레드와 해후한 순간이었다. 그래서 나는 오늘도 기다린다. 나의 벗, 나의 레드와 만나는 순간을 말이다.[24]

'일보다는 가족'이
내게 어려웠던 이유

미국에 온 지 얼마 안 되었을 때의 일이다. 온라인 회의 중에 팀원 한 명이 회의를 나가봐야 한다며 채팅창에 짤막한 메시지를 올렸다(회의와 상관없는 간단한 메시지를 주고받는 경우 채팅창을 이용하곤 한다. 회의 진행에 방해하지 않기 위해서다).

"아내가 운전 중 타이어 펑크가 났다고 연락이 왔어. 내가 지금 가서 도와줘야 해!"

이윽고 몇 명의 참석자들이 "응, 얼른 가봐"라며 답장을 올렸다. 지금 생각하면 그리 대단할 것도 아닌데 당시 나는 꽤 문화 충격을 받았다. 지극히 사적인 이유로 회의실을 떠나는 것을 아무렇지 않게 이야기하는 모습이 너무 낯설었기 때문이다. 한국이었다면 상상하기 힘든 장면이었다. 공사 구별 못하는 무책임한 직원으로 찍히기 딱 좋았을 것이다.

그 이후로도 비슷한 경우를 자주 목격했다. 사람들은 개인적인 사정으로 회의를 나가거나, 사전 고지하고 회의를 불참하곤 했다. 그 사유도 참 다양했다. "관공서와 약속이 있어", "아이를 학교에서 픽업해야 해", "치과 가야 해", "자동차 엔진오일 갈아야 해" 심지어는 "지금 개 밥 주러 가야 해"도 있었다.

이것이 가능한 것은 유연한 근무 환경 때문이었다. 주간에 개인 사정이 발생하면 업무 시간이라도 몇 시간씩 자리를 비울 수 있다. 저녁 먹고 나서든 다음 날 아침 일찍이든, 개인이 알아서 시간을 만들어 하지 못했던 일을 하면 되는 것이다. 과정보다는 결과만 따지는 조직 문화 덕분이다.

미국 회사의 유연한 근무 환경을 뒷받침하는 또 하나의 축이 바로 가족 중심 문화다. 사회 전반적으로 일보다 가족을 중요시하는 문화를 당연하게 생각한다. 산업화 이후부터 조금씩 바뀐 한국과 달리, 미국은 1950년대부터 이미 핵가족이 자리 잡았다. 자유와 평등, 개인주의가 강조되는 미국 문화와 맞물리면서 가족 간의 유대를 가장 높은 가치로 삼게 된 것이다. 이런 문화에서는 가사家事와 일이 충돌할 때

늘 가사가 우선한다. 자연스럽게 직업은 가족을 부양하는 수단 그 이상으로 생각하지 않는다.

한국에서는 늘 일 때문에 가족은 뒷전이 될 수밖에 없었다. 회식, 야근은 일상이었고, 어린 자녀 양육은 보모에게 맡겨야 했다. 집에 무슨 일이라도 생기면 휴가나 반차를 써야 했다. 휴가 시스템에 사유를 올릴 때 개인적인 사정을 기입하는 것이 망설여졌다. 결국 구구절절 입력하는 대신 짤막하게 올렸던 사유가 바로 '가사'였다.

이랬던 내가 말로만 듣던 '가족 중심 문화'를 직접 접하게 되니 마치 신세계에 온 것 같았다. 출근 전 아이와 한 시간씩 놀아주고, 아내가 아프다고 전화라도 오면 바로 퇴근했다. 주말은 온전히 가족과 함께 보내는 시간이었다. 가족에 우선순위를 두면서 전에 없던 만족감이 찾아왔다.

그런데 고기도 먹어본 사람이 잘 먹는다고 했던가. 일보다 가족을 우선했을 때 마음 한편으로는 알 수 없는 불안함이 독버섯처럼 자라났다. '이래도 되는 건가'와 같은 마음이었다. 퇴근 후 저녁을 먹으면서도 문득 낮에 코딩하던 코드가 생각났다. 아이들에게 책을 읽어주면서도 내일 주간 미팅 때 해야 할 말을 생각했다. 결국 가족들이 다 잠든 밤이면 다시 책상에 앉아 노트북을 열고 회사 PC에 접속했다. 우습게도 그제야 심리적 안정감이 찾아왔다.

미국은 일보다 가족이라지만 그 문화를 온전히 누리는 것은 또 다른 문제였다. 미국 이주 후 얼마 동안은 회사에 적응해야 한다는 명분으로, 적응이 끝난 후에는 '더 나은 연봉을 위해'라는 이유를 만들었다. 그렇게 가족보다 일을 우선하게 될 때면 난 어느새 자신을 합리화할 이유를 찾고 있었다.

일종의 부작용이었다. 한국의 대학원, 대기업에서 도합 18년의 세월을 보냈으니, 일이 우선시되는 조직 문화가 내 몸에 깊이 뿌리박혀 있었다. 아니 어쩌면 나라는 인간 자체가 가족을 등한시하는 이기적인 존재였는지 모른다. 복잡하고 골치 아픈 집안일이라도 발생하면, 가장으로서 책임 있는 모습을 보이기보다 회피하는 편을 택했으니 말이다. 그때마다 '일'은 더할 나위 없는 그럴싸한 대의명분이 되어 주었다. 그렇게 문화가 문제였는지 내가 문제였는지 분간하기 힘든 만큼 18년의 시간은 길고도 길었다.

미국에 온 지 7년이라지만, 가족보다 일이라는 생각을 완전히 없애기에는 턱없이 짧은 시간이다. 그 세배가 넘는 시간을 나는 한국에서 보냈고 나는 뼛속까지 한국인이다. 나이가 들면서 점점 보수적으로 변하고, 나도 모르게 가끔씩 꼰대 같은 행동을 할 때면 깜짝 놀라기까지 한다. 젊은 날 보낸 시간과 환경을 무시할 수 없는 노릇인 것이다.

후회하지 않았으면 좋겠다. 뒤늦게 가족의 소중함을 깨닫는 후회를 말이다. 퇴근 후면 머리를 비우고 마음을 사랑하는 가족들의 얼굴로 채웠으면 한다. 일이라는 밥벌이 수단에 잠식당해, 정작 식사를 함께 하는 가족에 소홀한 일이 없기를 소망한다. 가족 중심 문화는 익숙한 자들의 것이라면 이제는 익숙해질 차례다. 너무도 당연한 것에 노력이 필요하다니 부끄러운 일이다.

전 직장에서 2박 3일로 내부 행사가 열린 적이 있다. 엔지니어와 연구원들이 자신의 연구를 발표하는 사내 콘퍼런스였다. 장소는 본사에서 차로 5시간 정도 거리에 있는 도시에서 열렸고, 일정이 월, 화, 수로 잡혔다. 나와 동료는 숙박을 위해 일요일부터 호텔을 예약했는데, 유독 매니저 C는 월요일 새벽같이 일어나 출발하겠다고 고집했다. 고생스럽지 않겠냐고 물었다.

"가족과 함께 하는 주말을 희생하고 싶지 않다."

일을 위해 가족이 희생하는 것이 아니라, 가족을 위해 자신이 희생하는 그의 모습을 닮고 싶었다. 그것이 이민자로서 내가 나 자신을 바꾸어 나가야 할 첫 번째 과제였다.

때론
남이 낫다

문자가 왔다. 출장을 왔다며 얼굴이나 한번 보자는 Q의 연락이었다. Q는 한국에 있을 때 업무상 협력하던 관계사의 직원이었다. 그래서 직장 동료만큼은 아니었지만, 협력 관계에 있었기에 적당한 수준에서 친분이 있었다. 그리고 보니 한국 출장자에게 연락 온 것도 꽤 오랜만이었다. 코로나 때문에 한동안 뜸하더니 이제는 미국으로 출장들을 꽤 자주 온다. 앞으로 만나자는 사람이 많아지겠다 싶다. 덕분에 내 지루하고 건조한 일상에 단비가 내려줄 것만 같다.

저녁식사 후 커피를 마시며 Q와 이야기를 나눴다. 모두 흥미진진한 한국의 소식들이었다. 몸은 한국을 떠난 지 꽤 되었지만 마음은 아직도 그곳에 있는지 Q의 이야기들이 모두 귀에 쏙쏙 들어왔다.

"미국 생활은 어떠세요?"

단순한 안부 인사라기에는 그의 표정이 꽤 진지했다. 알고 보니 그는 뒤늦게 미국에 오고 싶다는 의지가 생겼다고 했다. 의외로 가족들이 미국 이민을 강하게 원한다고도 했다. 본인도 생각은 있었으나 행동으로 옮기지는 못했다고 했다. 이해는 갔다. 직장 생활을 하다 보면 막상 행동으로 옮기는 것이 쉽지 않다. 아침 일찍 출근, 밤늦은 퇴근, 통근버스

왕복 2시간, 퇴근 후 씻고 가족이랑 조금 시간을 보내다 취침. 이런 일상이 반복되면 '미국은 무슨…'이라며 의지는 사그라들게 마련이다.

그리고 단기 유학, 어학연수, 출장 등 간접적으로라도 미국을 경험해 보지 못한 이들에겐 이민은 모험과도 같다. 타국 생활에 대한 막연한 두려움이 있기 때문이다. 특히 나이가 들면 들수록 가족, 자산, 인간관계와 같이 챙겨야 할 것도 많아지면서 익숙한 것과의 결별이 더욱 어려워진다. 같은 이유로 Q는 점점 소극적이 되었다.

그러던 그가 꽤 장기간 미국 출장을 경험하고 '사람 사는 것 다 똑같네…' 하는 마음을 갖게 되었다고 했다. 뒤늦게나마 의지를 불태우기 시작했다. 그리고 미국에서 직장 생활을 하고 있는 나를 기억해 내곤 출장이 끝나갈 즈음 연락을 한 것이다.

"글쎄요. 장점도 있고 단점도 있고 그렇죠. 근데 장점이 훨씬 많아요."

나는 오랜만에 수다를 늘어놓았다. 미국의 삶과 직장 생활에 대해 평소에 글을 쓰고 있던 터라 이미 콘텐츠가 넘쳐났다. 단점이라고 말한 것이 '일 처리가 늦어 관공서나 병원 다니는 게 불편한 정도'였다. 이미 미국 생활이 익숙해지다 보니 그 이상의 불편함은 별로 떠오르지 않았다. 나머지 시간 동안은 '왜 엔지니어가 실리콘밸리에서 일해야 하는지'에 대해 열정적으로 설명했다.

현실적으로 준비해야 할 방안에 대해서도 아는 대로 조언했다. 비자, 영주권 문제, 어떤 경력 위주로 이력서를 꾸며야 하는지, 영어를 다시 공부해야 하는지 등 이직 준비에 대해서 알려주었고, 미국 정착, 물가, 자녀 교육 등 전반적인 미국에서의 삶에 대해서도 아낌없이 정보를 제공했다. 계속 온라인에 글로 써내려 왔던 것들이었다.

Q는 눈이 동그래졌다. 아무도 이런 이야기를 해준 사람이 없었다고 했다. 사실 주변 사람들에게 미국 이직에 대해 말하면 다들 부정적이

었다고 했다. "정시에 퇴근할 수 있고, 집과 일터가 가까워 가족과의 시간이 많다던데…"라는 말을 하면 "그러게, 누가 서울에 살래? 회사 근처로 이사 오면 되잖아!"라는 빈정 섞인 대답까지 들었다고 한다.

"때로는 지인이 남보다 못한 법이에요."

사람은 누구나 이기적이다. 은근히 남의 실패를 바라는 심리마저 있다. 그래서 자신이 못한 것을 자신의 친구, 지인이 해내는 걸 보면 시기심이 생기기 마련이다. 깎아내리고 싶은 마음마저 든다. 물론 진심으로 나의 성공을 축하하는 사람이 있겠지만 극소수다.

친구, 동료, 지인들은 사실 미국 이직과 같은 삶의 중요한 결정을 의논하기엔 부적절한 상대다. 긍정적이든 부정적이든 이미 감정적으로 연결되어 있기 때문이다. 이미 나에 대한 호불호 감정으로 객관성을 잃는다. 질투심에 부정적인 면만을 부각할 수도 있고 아니면 무책임하게 밝은 면만을 강조할 수도 있다. 또 한 편의 대다수 사람들은 내 일에 크게 관심이 없다. 내 앞가림하기도 바쁜데 다른 이의 앞날을 진심으로 걱정할 여력이 없는 것이다. 그래서 이런 일을 의논해 봤자, "응, 좋네"라는 영혼 없는 대답만 듣게 된다. 실제로도 적당한 거리가 있는 느슨한 관계weak tie가 이직과 같은 상황에 더 도움이 된다는 학계 연구가 있다.[25]

차라리 나와 전혀 친분 관계가 없지만, 경험 있는 멘토를 찾아 나서는 것이 낫다. 어쩌면 얼굴도 모르는 누군가, 온라인으로 소통하던 사람이 더 큰 도움을 줄 수도 있다. 커뮤니티 게시판에 올린 질문에 누군가 더 값진 정보와 용기를 불러일으키는 대답을 줄 수 있다.

"미국으로 이직하게 되었다" 말했을 때 동료들의 시선은 각양각색이었다. 한국에서 미국으로 이직이 가능하다는 것에 대한 신기함, 궁금함, 부러움, 놀라움이 담긴 눈빛을 보였다. 간혹 가벼운 축하와 격려를 건넸다. 하지만 대부분의 반응은 바로 '무반응'이었다. '아, 또 누가 퇴사하는구나' 정도였을까? 사실 그러한 반응이 무리도 아니다. 솔직히 생각해 보면 나도 그랬다. 나보다 승승장구하는 팀 동료를 질투하고 잘 안되길 바라는 마음도 있었다. 미국에 와서도 미국 이직, 정착에 대해 물어오는 누군가가 있을 때면, "내가 고생해서 알게 된 것을 거저먹으려고?"라는 못난 심보를 가질 때도 있었다. 그럴 때마다 내가 미국에서 도움을 받았던 지인, 교회 분들을 생각하며 마음을 다시 고쳐먹곤 했다.

어쩌면 내가 Q와 그리 깊은 관계가 아니었기에 그에게 말을 아끼지 않은 것인지 모르겠다. 그저 살면서 하나둘씩 알게 된 것, 대단한 것도 아닌 것을 이야기해 준 것에 Q는 연신 고맙다고 했다. 그저 민망해졌다. Q는 용기를 얻었던 것 같았다. 호텔로 돌아가자마자 "고맙습니다. 조만간 다시 뵙도록 노력하겠습니다"라고 문자를 보냈다. 그에게 답장을 보내며 그를 미국에서 다시 만날 수 있기를 바랐다.

나이스한
매니저와의 추억

미국 회사로 이직한 이튿날, 처음으로 매니저 C와 일대일 면담을 하게 되었다. C는 각 팀원들과 주 1회씩 면담을 진행했는데, 업무 진척을 구체적으로 파악하거나 다양한 목소리를 경청하곤 했다. 첫 면담에서 매니저는 팀에서 진행하고 있는 프로젝트, 사내에서의 팀의 역할, 지향하는 가치 등에 대해 이야기해 주었다. 미국에 막 도착해 모든 것이 낯설었던 내게는 꽤 유익한 시간이었다.

한국에서만 직장을 다녔던 나는 미국 회사의 조직 문화에 대해서도 궁금한 것이 참 많았다. 그래서 실질적인 회사 생활에 대해서도 많은 질문을 했다. C는 근태, 휴가, 평가방식 등에 대한 나의 질문에 친절히 답변해 주었다. 그중 아직까지도 기억에 남는 인상적인 말이 있다.

"나는 당신의 시간을 관리하는 사람이 아닌, 당신을 코칭coaching하는 사람이다."

출퇴근 시간의 가이드라인이 있는지 질문하자, 그가 내게 준 답변이었다. 꽤나 생소하게 들렸다. 이전까지 정해진 규칙을 따르는 조직 문화에만 익숙했기 때문이다. 물론 한국 직장에서도 탄력 근무제를 시행했다. 주어진 시간을 채우는 조건 하에 자기 업무시간을 조정하는 것은 충분히 가능했다. 하지만 이 매니저의 관점은 업무시간의 자유로운 조정만을 의미하는 것이 아니었다. 주 단위의 책임 근무시간 같은 것은 애초에 존재하지도 않았고 그의 관심사항도 아니었다. C의 관심은 오로지 '팀원의 일이 잘 진행되는지', '자신이 도와줄 것이 없는지'에만 있었다.

매니저였던 C는 팀과 경영진 사이에서 가교 역할을 훌륭하게 수행했다. 매주 진행되는 팀 미팅을 통해 프로젝트들의 진행 사항을 파악하고 이를 정리해 효과적으로 경영진에게 보고했다. 또한 경영 전략이나 로드맵과 같이 주요 의사결정 사항을 팀원들과 공유함으로써, 팀원들의 프로젝트가 회사의 방향에 어떻게 맞춰지는지 주기적으로 알려주었다.

팀 전체의 프로젝트를 조율하는 일은 매니저의 가장 중요한 업무다. 팀원들은 관련 부서의 엔지니어들과 직접 소통하며 각자가 맡은 프로젝트의 연구 개발에 집중한다. 매니저는 기술적인 부분에 직접

관여하지는 않지만 주기적으로 진행사항을 점검하고 피드백을 준다. 그리고 회사의 상황, 중요성, 시의성에 따라 해당 팀원과 상의하여 프로젝트를 보류하거나 전환하는 등 그 방향까지도 결정하게 된다.

C는 외부 기관과의 대외 협력, 신규 인력 채용, 장비 구매와 같은 사소한 일까지 모두 전담함으로써 팀원들이 본업에 집중할 수 있도록 도왔다. 위에서 내려온 잡다한 서류 작업, 잡무를 실무진에게 전달하는 일도 없었다. 덕분에 C의 하루 일과는 다양한 회의들로 채워졌다. 팀 주간, 경영진 보고, 팀원과의 면담, 외부 협력, 채용 등 많은 회의에 참석하거나 주관했다. 회의록을 작성하는 일도 오로지 C의 몫이었다.

팀원을 평가하는 일은 매니저의 권한이자 책임인 또 다른 중요한 업무였다. 해마다 평가철이 되면 팀원들의 일 년간의 업적을 평가하여 등급을 책정한다. 이는 이듬해 팀원이 받는 연봉, 보너스, 주식에 직결되기 때문에 최대한 공정성을 유지하려 한다. 이를 위해 C는 평가철이면 팀원과 가능한 많은 대화를 나눴다. 평가와 동시에 팀원의 장단점에 대해 솔직한 피드백을 주며 팀원의 성장을 도왔다.

C는 팀원의 성장에 특히 많은 관심을 가졌다. 팀원들의 성장이 곧 팀의 성장이었기 때문이다. 팀원들이 진급에 동기 부여를 가질 수 있도록 사내 기준을 환기시키며, 부족한 항목에 대해서는 별도의 교육 기회도 제공했다. 예를 들면 나와 같은 비영어권 직원들이 ESL과 같은 외부 수업을 듣거나 개인 튜터를 고용하는 데 금전적 지원을 하는 식이었다. 그렇게 성장한 직원들이 더 좋은 기회를 찾아 떠날 수도 있지만, C는 이들에게 악감정을 품지 않았다. 회사가 직원을 붙잡을 만한 대우를 해주지 못한 것에 아쉬움만 가졌을 뿐이다. 떠나는 직원의 밝은 미래를 빌어주며 흔쾌히 보내주곤 했다.

팀원이 성장하면 더 좋은 조건을 찾아 회사를 떠나기도 한다. 이는 팀에게 위협 요소가 될 수 있지만, 아이러니하게도 위험 관리risk management가 되기도 한다. 좋은 매니저는 어느 한두 명의 뛰어난 직원에 의해 프로젝트가 좌우되지 않도록 팀의 수준을 유지해야 한다. 이를 위해서라도 모든 팀원들을 고르게 성장시키는 것이다.

심지어 실리콘밸리의 어떤 회사는 좋은 매니저의 덕목으로 지속적인 팀원의 순환을 꼽는다고 했다. 매니저는 팀원을 잘 성장시켜야 하고, 성장한 팀원이 회사를 떠나더라도 좋은 인력을 다시 잘 유입되도록 해야 한다. 게다가 장기간 성과가 없는 팀원이 있다면 단호히 내보낼 수도 있어야 한다. 이들의 관점에서는 같은 팀원들이 오랜 시간 한 팀에서 근무하는 것은 결코 바람직하지 않았다.

C는 또한 자기희생이 강한 사람이었다. 한국과 마찬가지로 팀원들의 좌석은 사무실에 서로 인접해 있었다. 그런데 C의 자리는 그중에서 가장 안 좋은 곳에 있었다. 사람들이 수시로 드나드는 복도에 위치해 누구나 꺼릴만한 좌석이었다. 그는 자발적으로 그 자리를 선택했고 업무 집중도가 좋을 만한 공간은 모두 팀원들에게 양보했다. 알고 보니 회사의 임원, 사장단들조차도 자신의 방을 따로 갖지 않았다고 했다. 말로만 듣던 수평적인 조직 문화를 접하니 일종의 문화 충격으로 다가왔다. 좌석의 크기나 위치가 곧 직급이나 권위를 상징했던 한국과는 사뭇 대조적이었기 때문이다.

학회 출장을 갔을 때였다. 쉬운 접근성을 위해 팀원들은 모두 한 호텔로 예약해 묵었다. 후발대로 합류한 C는 별도의 호텔을 예약하여 숙박했다. 저녁 일정을 끝내고 차로 그를 호텔까지 데려다주었는데 그가 묵는 호텔은 무척 허름했다. C는 자신의 편의를 포기하면서까지 팀의 비용 절감에 앞장섰다. 명분보다 효율성을 강조하는 미국식 조직 문화에서는 어쩌면 당연할 수 있다. 하지만 권위를 내세우지 않고,

팀원들이 일에 집중하는 환경을 조성하며, 자신이 몫까지 아끼며 자원을 지원하는 C의 모습은 나에게 인상 깊었다.

하지만 C가 누구에게나 완벽한 매니저는 아니었다. 오랫동안 테크 리드 역할을 한 K가 사석에서 팀원들에게 자주 하던 말이 있었다. "C는 나이스하기만 하다"라는 것이었다. 나는 K의 말에 동의할 수 없었다. '네가 한국 회사를 다녀봐야 지금이 얼마나 행복한지 알지' 하고 꼰대 같은 생각을 했다. C는 한국이었다면 쉽게 만나지 못할 관리자였기 때문이다. 물론 내 생각을 입 밖으로 내지는 않았다. K는 몇 년 후 이직으로 회사를 떠났다. 그리고 시간이 지나면서 K가 한 말의 의미를 나는 뒤늦게 깨달았다. 매니저의 탁월한 나이스함이 팀원들에게 독이 될 수도 있다는 것을 말이다. 그것은 평소에 전혀 나타나지 않지만 업무가 다른 팀과 엮이게 될 때 비로소 드러난다.

당시 나는 지난 3년간 몇 가지 주제로 연구를 진행했고 결과도 잘 나왔다. 논문으로 발표해 업계, 학계의 평가도 나쁘지 않았다. 향후 회사에 출시될 제품에 탑재될 새로운 기능에 관한 것이었다. 이를 바탕으로 주제 1, 주제 2를 연구해 결과를 냈고, 주제 3에 대해 연구 프로젝트를 진행하던 중이었다.

해당 제품의 출시가 임박하면서 매니저는 기술 홍보에 집중했다. 제품을 사용할 잠재적 고객사들, 표준화를 주도하는 회사를 상대로 기술을 시연하고자 한 것이다. 방향은 옳았다. 차기 표준에 포함시키고 고객들에게 좋은 피드백을 받는 것은 그만큼 업계에서 유리한 위치를 점하는 것이기 때문이다.

문제는 사업화로 이어지는 과정에서 발생하는 부서 간 업무 분장에 있었다. 연구와 사업화는 일의 성격이 매우 다르다. 연구는 기존에 존재하지 않는 새로운 기술을 개발하기 위해 문제점을 이론적으로 분석하고 이를 해결할 근본적인 해법을 내놓는 것이다. 반면 사업화는 연구 결과를 제품에 탑재하기 위해 기술 데모 개발, 성능 최적화, 매뉴얼 및 백서 작성 등을 수행하는 것이다. 이러한 다른 성격의 일을 전담하는 인력이 리서치 사이언티스트와 엔지니어인 것이다.

한국에서도 겪었지만 연구 결과를 이전하는 것은 결코 쉽지 않은 일이다. 사업부에 기술의 중요성을 설득시키고, 필요하다면 윗선의 도움을 받아서라도 관철할 추진력이 필요하다. 그러나 나이스하기만 했던 C는 이 과정에서 제대로 능력을 발휘하지 못했다. 바쁘다는 이유로, 현재 사업부가 일을 진행할 만한 여력이 안 된다는 이유로 부정적인 답변을 대는 사업부 앞에서 무기력하게 돌아왔다. 결국 그는 "그들을 잘 설득할 수 있도록 테스트 프로그램을 더 만들어 데이터를 달라"라거나 심지어 "안되면 우리가 직접 데모를 만들자"라며 연구팀에 불필요한 일거리만 늘렸다. 결국 나는 진행 중이었던 주제 3에 대한 연구를 잠정 중단하고, 개발 데모와 성능 최적화로 업무를 전환해야 했다.

사실 이런 일은 어떠한 회사, 어느 조직에서나 있을 만한 일이다. 미국 회사라고 톱니바퀴가 완벽히 맞으며 돌아가지 않는다. 조직 간의 이해는 늘 충돌하고 서로 자신의 일이 더 중요하다고 부르짖는다. 이런 상황에서 매니저의 역할이 더욱 중요하다. 협상과 타협을 통해 줄 것과 받을 것을 명확히 해내는 역량, 바로 '조정 능력'이 매니저의 주요 덕목 중 하나인 것이다.

C의 온건함은 타고난 것도 있겠지만, 오랜 기간 매니저로 일하며 최적화된 형질이 아니었을까 생각했다. 이해관계에 있는 모든 사람을 만족시킬 수는 없다면 최소한 누구에게도 미움받지 말자는 생각이 아니었을까? 탁월한 나이스함으로 모든 이를 대한 것이다. 그 과정에서 답답함을 느낀 팀원들은 팀을 떠났고 상사에게는 무능해 보였을 수도

있다. 하지만 팀원은 새로 뽑으면 되고, 어쨌든 팀원들과 좋은 관계를 유지하면 느리더라도 성과는 나기 마련이다.

그런 면에서 C는 무척이나 현명한 사람이었는지도 모른다. 탁월한 리더십, 정치력, 카리스마는 없어도 대인 관계만큼은 원만했기 때문이다. 가끔씩 고구마를 먹은 듯 답답함을 유발하지만 적어도 그에게 악감정을 품는 사람은 존재하지 않았다. 충돌 사항이 벌어졌을 때 권위로 해결하기보다 어떻게든 대화로 소통하려 했다. 나는 C와 가끔씩 논쟁을 벌이곤 했는데, 논쟁 자체가 가능했던 것은 평소 그가 보여준 열린 마음, 불만을 표출한 내게 그 또한 악감정을 품지 않을 것이란 믿음이 있었기 때문이었다.

회사는 이익을, 개인은 자신의 안위를 최우선으로 삼는다. 조직을 위해서, 다른 이를 위한 희생은 존재하지 않는 실리콘밸리에서, 내가 나를 지키는 방법은 '적을 만들지 않는 것'이었다. 특히 타국에서 이민자로서 살아가는 나와 같은 이들에게는 팀원, 조직원과 좋은 인간관계를 맺는 것이 능력을 발휘하는 것보다 중요할 수도 있다. 조직에서 성과를 내면서 관계를 해치는 것보다, 당장 성과를 내지 못하더라도 동료들과 좋은 관계를 유지하는 것이 장기적인 커리어 관점에서 도움이 되기 때문이다.

"대신 그런 스타일이 롱런하기 마련이야."

K가 매니저가 나이스하기만 하다고 불만을 토로할 때, 옆자리에 있던 다른 팀원 G가 한 말이었다. 참으로 신기했다. 가늘고 길게 사는 것이 미국에서도 미덕이라니 말이다.

하지만 아쉽게도 C는 롱런하지 못했다. 새로운 회사로 이직한 뒤 새로운 회사에 적응하느라 한동안 바쁜 시간을 보낼 때였다. 이직 한 달 즈음 뒤 뉴스를 통해 전 직장에서 대대적인 정리해고를 한다는 기사를 접했다. 코로나가 끝나며 반도체와 PC 시장이 직격탄을 맞을 때였다. 변화를 대비한 몇몇 회사는 상대적으로 충격을 최소화했지만, 상대적으로 재고율이 높았던 전 직장은 영업이익이 곤두박질쳤다. 비용 절감을 위해 극약 처방을 내렸다. 전 직원 월급 삭감, 주식 지급 취소, 그리고 대대적인 정리해고였다. 전 직장의 결정은 실리콘밸리 빅테크들의 정리해고 열풍의 신호탄이 되었다.

사람들은 나를 만날 때마다 어떻게 귀신같이 먼저 그 회사를 나왔냐며 농담을 건넸지만 나는 웃을 수가 없었다. 내가 느낀 건 안도감보다는 착잡함이었다. 이 정도에 쓰러질 회사는 아니었지만 상황이 안 좋다는 것은 어쨌든 반가운 소식이 아니었다. 혹시나 이전의 동료들에게 부정적인 영향을 미치지는 않았는지 걱정되었다. 그렇다고 전 직장 동료에게 한 명씩 연락해 안위를 물을 수도 없는 노릇이었다.

그로부터 몇 달이 지나 전 직장 동료 G는 저녁 식사를 제안했다. 모임 시간과 장소를 문자로 알려주면서 G는 한 가지 슬픈 소식을 전했다.

"사실 우리 매니저였던 C가 이번 주를 마지막으로 회사를 떠나. 이번 정리해고에 영향을 받았거든. 오늘 C를 만나게 될 텐데 혹시 놀랄까 미리 알려주는 거야."

전 직장 동료 중 누군가는 정리해고를 당했을 수도 있겠다 싶었다. 하지만 C가 될 줄은 꿈에도 생각하지 못했다. 통상 정리해고 시기에도 매니저들은 그 영향권에서 벗어나기 때문이다. 자신의 팀에서 대상자들을 어렵게 선별하는 것이 그들의 역할이니까 말이다.

내가 퇴사한 직후 연구 조직은 소규모 조직개편을 단행했고 그 과정에서 C는 보직을 기술 프로그램 매니저TPM: Technical Program Manager로 옮겼다고 했다. 팀들은 뒤섞였고 이 과정에서 그는 특정 팀을 더 이상 맡지 않았다. 대신 연구팀들과 사업부와의 관계를 조율하는 새로운 역할을 자원한 것이다. 한 회사에서 오랜 시간을 보낸 C는 사내 여러 사람들과 좋은 관계를 맺고 있었다. 탁월하게 나이스한 C는 TPM에 적임자였다. 하지만 C조차도 회사에 급작스레 정리해고가 닥칠지 꿈에도 몰랐다. 알았다면 TPM이 되지는 않았을 테니까 말이다. 지원 업무 성격이 강한 TPM은 구조조정 시기엔 부가 비용으로 간주되기 쉬운 보직이었다.

다행히 저녁 자리에서 만난 C의 얼굴은 의외로 밝았다. 그는 이미 나이가 지긋했기 때문에, 혹시나 이번을 계기로 은퇴 생각은 없었는지 물었다. 하지만 C는 단호하게 은퇴 생각은 조금도 하지 않는다고 말했다. 질문을 던진 내가 미안해질 정도였다. 그의 주택 대출 모기지는 끝나지 않았고, 막내가 이제 막 대학에 들어갔기에 아직 은퇴할 준비가 되지 않았다. 그는 반도체 회사의 지인들에게 열심히 전화를 돌리고 있다고 했다. 그리고 요즘 집에서 프로그래밍을 다시 공부한다고도 했다. "내가 손을 놓은 그동안 C++이 엄청나게 바뀌었더라"라고 말하며 해맑게 웃는 백발의 C의 모습에서 나는 왠지 모를 쓸쓸함을 느꼈다. 내 미래 모습이 아니라고 누가 장담하겠는가.

이방인으로
살아간다는 것은

2020년에 미국 대선으로 온 미국이 떠들썩했다. 당시 집에 TV가 없어서 미국 미디어를 그다지 접할 일이 없었지만 어떤 식으로든 선거 관련 뉴스들이 귀에 들어왔다. 팀 미팅에서도 동료들은 선거 결과에 대해 한두 마디씩 보탰고, 인터넷을 조금만 돌아다니면 뉴스나 소셜 미디어에서 관련 소식이 들려왔다. 평소 국제 정세나 정치권 뉴스에 그다지 관심을 두지 않았다. 하지만 당시 선거만큼은 그 결과에 민감할 수밖에 없었는데, 바로 미국 이민자로 살아가는 나와 가족의 현실 때문이었다.

선거 전부터 공포 분위기가 조장되곤 했다. 선거 후 양진영 지지자들이 충돌하는 대규모 폭동이 있을 것이라 했기 때문이다. 이를 대비해 미리 장을 봐 둬야 한다고도 했다. 다행히도 실리콘밸리 지역엔 별다른 사건 사고는 없었다. 사실 캘리포니아주는 대대로 민주당 텃밭이었고 당시 선거에서도 과반을 훌쩍 넘는 64%의 압도적인 지지로 민주당 후보가 55명의 선거인단을 가져갔다. 이민자로서 극우 성향의 지지자들에게 둘러싸이는 일이 없는 것만으로도 무척이나 다행이었다.

실리콘밸리 지역에 살면서 회사나 사석에서 정치 이야기를 할 일은 거의 없었다. 아니 의도적으로 피했다. 테크 기업에 종사하는 대부분의 인력들이 이민자들이고, 대체로 친민주당 성향이 지배적이지만 어디에나 소수의견을 가진 사람은 있기 마련이다. 오랫동안 함께 일해온 직장 동료가 극우파가 아닐 것이라는 보장도 없다.

선거 개표 초반 공화당 후보가 우세한 상황을 보며 아내와 나는 한숨을 쉬었다. 다시 4년 동안 같은 대통령을 마주해야 할지 모른다는 생각에 말이다. 그가 집권한 4년 중 3년 동안 미국에 살고 있었지만 직접적으로 피해를 입은 일은 없었다. 실리콘밸리 지역의 인종 비율로 따지면 아시아인들이 대다수였고 인종 차별이 그다지 심한 곳도 아니기 때문이다. 하지만 대통령이 은연중에 미국 전역에 심은 극우파적 관점은 사회에 암암리에 스며들었고, 인지하지 못하는 사이 나와 내 가족 주위에 독버섯처럼 자라나고 있었다.

특히 코로나가 창궐하던 시기, 크고 작은 피해를 입었다는 지인들의 이야기가 가끔씩 들려왔다. 아내가 아이들을 데리고 장을 보러 갔을 때 괴성을 지르며 피하는 백인을 마주했다는 이야기를 들었을 때,

비로소 남의 나라에서 살고 있다는 것을 실감하게 되었다. 그래서 당시 선거 결과에 더욱더 관심을 기울일 수밖에 없었다.

미국 이주 직후 가족과 함께 살집을 구하면서, 순진하게도 '나이스' 한 현지 이웃과 어울리는 이상적인 이민생활을 그리곤 했다. 후에 아이들이 다니게 될 학교를 생각할 때도 네이티브 미국인이 많은 학군을 찾기도 했다. 하지만 운전 중이거나 주차장에서 사소한 시비가 붙었을 때 손가락 욕을 해대던 이들은 다름 아닌 바로 네이티브 미국인들이었다. 그들에게 아시아인들은 이유 없이 적개심을 불태우는 존재였다. 그 일이 있은 뒤, 나는 그들에 대한 환상을 완벽하게 지웠다.

내 나라가 아닌 곳에서 사는 것이 어디 쉽겠는가. 관공서에서 서류라도 떼러 가면 불친절함은 기본이고, 때로는 투명 인간 취급하기도 한다. 물건을 사면서도 주의를 기울이지 않으면 자칫 바가지를 쓰는 것은 기본이다. 이런 불편함은 이민 1세대로 응당 감수할 문제로 받아들일 수도 있지만, 역시나 걱정은 내 아이들이 나중에 겪을지 모르는 차별이다. 자라면서 직면하게 될 인종 차별 때문에 자존감에 상처를 입으면 어떡하나? 걱정이 든다. 아버지로서 완벽한 울타리가 되어주지 못할 수도 있다는 불안감이 함께 찾아온다.

타국에서 이민자로 살면서 나와 가족을 지킬 사람은 나뿐이라는 생각을 한다. 늘 긴장감을 유지하고 혹시나 분쟁에 휘말리지 않도록 조심한다. 밤이면 외출을 삼가고, 운전은 늘 조심하고, 사람과의 관계에서도 일정 이상의 거리를 유지한다. 미국에서 일하면서 느끼는 행복감에는 이민자로서 치러야 하는 이러한 대가가 따른다.

사전 우편 투표가 개표되면서 형세가 역전되기 시작했다. 백악관에서 대통령이 물러날 것이라는 사실은 이민자들에게 희망적인 이야기였다. 민주당 후보가 차기 미국 대통령으로 당선됐다는 소식을 전하는 CNN 방송에서, 언론인 반 존스는 "오늘 아침, 부모가 되는 일이 더 쉬워졌다. 아빠가 되는 일이 더 쉬워졌다. 아이들에게 성격, 진실, 좋은 사람됨이 중요하다고 말해주는 일이 더 쉬워졌다"라고 말했다. 나는 가슴이 먹먹해졌다. 그의 눈물에 나와 내 아이의 얼굴이 투영되었기 때문이다.

실리콘밸리에 살려면 연봉은 얼마를 받아야 해요?

"왜 이직하셨어요?"

두 번째 회사로 이직한 직후, 나의 소식이 주변에 알려지면서 가끔씩 이런 원초적인 질문을 하는 사람들이 있었다. 그 이유가 뭐 그리 특별하겠는가. 누구나 다 '더 나은 연봉과 커리어'를 위해 이직하지 않던가?

"뭐, 남들 다 하는 이유 때문이죠."

딱히 특별한 이유가 있었던 것도 아니었으니 구구절절이 대답해 줄 필요가 없었다. 그랬다. 직군까지 바꿔가며 이직을 했던 결정적인 이유는 바로 연봉 때문이었다. 2장에서 잠깐 이야기했듯 한국에서 미국으로 건너올 때 나는 연봉 협상을 제대로 하지 못했다. 정보의 비대칭성으로 내 경력의 가치판단이 힘들었고, 미국 이주를 전제하기 때문에 협상력도 없었다. 무리하게 요구를 했다가 이직이 결렬될 수도 있다는 불안함도 있었다. 비자, 이주, 영주권, 정착 지원이 잘 되는 것만으로 충분히 만족했다.

이렇듯 한국에서 미국으로 이직할 때 첫 오퍼에 만족하지 못하는 경우가 대부분이다. 아니 만족할 만한 금액인지 판단하기도 힘들다. 현지 물가가 비싸다고는 들었지만 어렴풋하게만 알고 있다. 내가 받은 오퍼 금액으로 현지에서 어느 정도의 생활수준을 누릴지 감을 잡기 어렵다. 살아보지 않았기 때문이다.

이에 대해 명쾌히 대답하기 어렵다. 사람마다 가족 구성원, 자녀 유무, 나이와 같이 월지출에 영향을 주는 조건이 다르고, 주 수입원을 벌어올 가장의 연봉도 나이, 경력, 직급에 따라 천차만별일 것이기 때문이다. 결정적으로 한국과 미국의 생활 물가가 달라서 한국에서의 씀씀이를 토대로 한 일괄 환산이 불가능하다.

7년 전, 미국 이주를 준비할 때 한국에서 사전 조사를 했다. 당시 미국에 먼저 온 경험자들이 남긴 말이 있었다. 한국에서 받던 연봉을 달러로 환산한 뒤, 그 금액의 두 배를 미국 연봉으로 받아야 생활 수준이 비슷할 것이라 했다. 생활비와 물가 차이 때문이다. 살아보니 대략 맞는 말이다(지난 코로나 시기처럼 인플레이션이 극심할 때는 두 배도 부족하다).

예를 들어보자. 2023년 사업보고서에 따르면 한국 양대 반도체 기업인 삼성과 SK하이닉스의 평균 직원 연봉이 1억 2,000~3,000만 원이다. 이를 위 '연봉 두 배 법칙'에 적용해 보자. 2억 6,000만 원에 환율 1,350원을 반영하면 192,593달러가 나온다. 한국 대기업 엔지니어가 미국 이주 시 대략 20만 불 정도의 연봉을 받아야 한국에서 누렸던 생활수준이 가능하다는 의미다.

대부분의 실리콘밸리 테크 기업의 연봉 패키지는 기본급, 보너스, 주식으로 구성된다.* 기본급과 보너스로 이 환산 금액을 넘지 못하면 주식을 팔아 생활비를 충당해야 할 수도 있다. 만일 미국으로 이주하며

---

* 사인온(Sign-On) 보너스와 같이 일회성으로 지급되는 항목은 제외하였다.

한국에서 맞벌이한 부부가 외벌이로 전환할 수밖에 없는 경우 가장의 '2배 환산 금액'만으로는 한국에서의 생활 수준을 못 맞출 수도 있다.

그렇다면 2배 환산이 필요할 만큼 생활비 차이를 보이는 이유는 무엇일까? 기본적으로 생활에 필요한 항목별로 알아보자. 이하 금액 설명에서 환율은 1달러 = 1,350원을 적용했다.

주거비

실리콘밸리 지역 거주 시 가장 많은 지출이 발생하는 항목이다. 이주 초기엔 대부분 아파트에서 렌트를 살게 된다. 실리콘밸리 지역에서 자녀 없는 부부가 살 수 있는 1-Bed 아파트의 경우 렌트비가 3,000~3,500불(한화 약 405~473만 원), 1~2명의 어린 자녀와 함께 살 수 있는 2-Bed 아파트의 경우 3,500~4500불(한화 약 473~608만 원) 정도선이다. 미국의 아파트는 개인이 아닌 특정 회사 소유다. 따라서 코로나와 같이 특수 상황만 아니면 해마다 예외 없이 렌트비는 계속 인상된다. 해마다 인상률만 3~6%에 달한다.

자녀가 취학 연령인 경우 거주지를 고를 때 학군을 생각할 수밖에 없다. 학군이 좋은 팔로알토, 마운틴 뷰, 서니베일, 쿠퍼티노 지역은 아파트가 많지 않다. 따라서 싱글홈이나 타운홈 렌트를 해야 하는데 이런 좋은 학군지의 2, 3-Bed 주택 렌트비만 해도 4,500~5,500불(한화 약 608~743만원)선이다. 렌트를 살다 보면 이 비용이 너무 아깝게 느껴진다. 미국에 이주한 한국 사람들이 하루빨리 종잣돈을 모아 집을 구매하려는 이유다.

자녀 교육비

다음으로 많은 지출을 차지하는 항목이 교육비다. 한국의 유치원에 해당하는 데이케어나 프리스쿨은 모두 사립 시설이다. 실리콘밸리 지역에서 미취학 자녀 한 명을 프리스쿨에 보낼 때 월 1,500~2,000불(한화 약 203~270만 원) 정도는 생각해야 한다. 이 비용이 매우 부담되기 때문에 매일이 아닌 주 3일, 전일이 아니라 오전만 보내는 식으로 타협을 하기도 한다.

아이가 자라 초등학생이 되면 공교육을 받으면서 이 비용이 사라진다. 대신 다양한 사교육을 병행해야 한다. 캘리포니아주 공교육이 매우 부실하기 때문이다. 다만 국영수 중심의 한국과는 달리 액티비티라 불리는 예체능에 집중하는 편이다. 그런데 이 액티비티를 시키는 비용을 합하면 아이가 프리스쿨에 다닐 때 소요되는 비용과 맞먹게 된다.

차량 유지비

대중교통이 발달하지 않았기 때문에 성인 1명당 차 한 대는 필요하다. 자동차 한 대를 유지하기 위한 지출로 등록비, 보험료, 유류비가 있다. 차량의 연식, 가격, 무게에 따라 다르지만 등록비는 연 200~400불(한화 약 27~54만 원) 정도 필요하다. 보험료는 한국보다 훨씬 비싸다. 차량 소유자의 나이, 운전 기록, 차량 종류, 거주 지역, 보험 범위에 따라 다르지만 연 1,800~2,400불(한화 약 243~324만 원) 정도다. 차량이 두 대라고 보험료가 두 배로 오르지는 않는다. 동일 가구에서 차량이 추가되면 5~25%까지 할인 혜택을 받는다. 보험료는 일시불 완납이 아니라 나눠서 매월 납입한다. 유류비는 한국에 비해 상대적으로 저렴하지만 여행이나 출장으로 장거리 이동도 많아서 생각보다 지출이 높다.

의료 보험 및 의료비

미국에서는 의료 보험 없이 사는 것은 생각할 수 없다. 한국과 달리 전부 사보험이기 때문에 기본적으로 프리미엄(납입액)이 비싸다. 다만 회사가 프리미엄의 80~90%까지 대납해 준다. 보험 종류, 보장 범위, 디덕터블deductible(공제액), 연령에 따라 월 부담액이 달라지지만 직원이 부담해야 할 금액은 월 100~400불(한화 약 14~54만 원) 정도다.

실제 병원 진료 시 청구되는 금액이 꽤 비싸다. 병원비 지출이 연간 디덕터블 금액에 도달하지 않은 상태면 방문 시마다 발생하는 진료비는 모두 개인부담이다. 한 번 방문 시 100~300불(한화 약 14~41만 원)까지 청구되기도 한다. 병원비 지출이 디덕터블을 넘어선 이후부터는 50%는 보험사가 부담한다. 보험 플랜의 월 프리미엄이 높으면 연간 디덕터블이 낮아 방문 시 진료비 부담이 적고, 월 프리미엄이 낮은 플랜이면 디덕터블이 높아 평균 진료비가 높은 편이다.

디덕터블 다음으로 한 단계가 더 존재한다. 병원비 지출이 아웃 오브 포켓 맥시멈Out-of-Pocket Maximum이라고 불리는 본인 부담 최대한도 금액에 도달하면 이후부터는 100% 보험사가 부담하게 된다. 한국에서 막연히 '미국 의료비가 무섭다'는 인식이 있는데, 불의의 사고를 당해 큰 의료비가 청구되더라도 아웃 오브 포켓 맥시멈 이상의 금액은 모두 보험사에서 대납한다. 출산, 수술을 하지 않는 이상 살면서 아웃 오브 포켓 맥시멈을 넘길 일은 거의 없다.

인터넷, 통신 요금

미국은 인터넷도 비싸다. 사업자, 속도별 상품에 따라 다르지만, 50~100(한화 약 7~14만 원)불 정도 비용이 든다. 가입 첫해 1~2년은 프로모션 된 할인 금액으로 30~60불(한화 약 4~8만 원)에 제공하지만, 이 기간이 끝나면 스리슬쩍 표준 요금제로 전환한다. 오래된 고객에게 더 할인 혜택을 주는 한국과는 대조적이다. 핸드폰 요금은 한국과 유사한 편이다. 요금제에 따라 다르지만 1인당 50~60불(한화 약 7~8만 원) 정도 생각하면 된다.

유틸리티

한국 아파트의 관리비에 해당한다. 미국 아파트에 살면 전기, 가스, 수도, 쓰레기 처리 비용으로 월 200~400불(한화 약 27~54만 원) 정도 청구된다.

식비(식재료, 외식비)

실리콘밸리의 장바구니 물가도 비싼 편이다. 특히 고국의 입맛이 그리워 한식 위주로 장을 보면 식재료 값도 꽤 들어간다. 한국도 물가가 많이 올랐지만, 여전히 한국보다 50% 이상 비싸다. 가족 구성원에 따라 다르겠지만, 4인 가족이면 월 1,500~2,000불(한화 약 203~270만 원)은 지출된다. 여기에 가족이 외식이라도 하면 레스토랑 한 번 갈 때마다 팁을 포함해 최소 100~200불(한화 약 14~27만 원)은 줘야 한다.

이 정도가 고정 비용이다. 이를 대략 합하면 최소 월 1만 불 정도다. 4인 가족이 기본적인 생활만 해결하는 데 필요한 비용이다. 여기에 생활에 필요한 잡다한 쇼핑을 하고, 주말에 아이들과 외출하며, 가끔씩 여행하고, 문화생활이나 품위 유지라도 하려면 추가적으로 더 많은 비용이 발생한다. 이를 고려해 월평균 1만 2,000불의 가처분소득이 필요하다고 생각하면, 세전 월급이 16,956불(연방 세율 32% + 캘리포니아주 세율 9.3%)*이어야 한다. 연봉으로 환산하면 203,472불이다. 앞에서 대한민국 대기업 평균 엔지니어의 연봉을 실리콘밸리 물가에 비춰 환산한 20만 불과 대략 비슷하다. 게다가 여기에는 401K(연금)나 ESPP(직원이 자사주를 매입하는 방식)와 같은 저축성으로 월급에서 공제되는 금액은 빠져 있다.

노파심에 다시 말하지만 지금까지 산출한 값들은 절대적인 수치가 아니다. 엔지니어의 연차, 경력, 협상력에 따라 당연히 편차는 존재한다. 누구는 이보다 훨씬 더, 누구는 이보다도 적을 수 있다. 또한 실리콘밸리 생활 물가를 기초로 계산한 비용도 편차가 발생할 수 있다. 가족 구성원, 연령대에 따라 달라질 수도 있고, 씀씀이에 따라 이보다 적게 필요할 수도, 더 필요할 수 있다. 따라서 각자의 상황에 맞는 대략적인 값을 파악하기 위한 참고로만 삼기 바란다.

■

Q: EB-2 NIW로 신분 문제를 해결한 뒤 실리콘밸리에 있는 한 중소기업의 인터뷰를 통과하는 데 성공했습니다. 한국에서 미국으로 랜딩 하기 전에 구직이 확정되어 다행이라고 생각합니다. 다만 제시받은 연봉이 한국 연봉의 2배에 미치지 못합니다. 말씀하신 물가를 생각했을 때 생활 수준이 오히려 떨어질 것 같아 고민됩니다. 그럼에도 미국으로 가야 할까요?

A: 우선 더 이상 오퍼 협상의 여지가 없고, 다른 구직처도 알아볼 수 없는 상황이시죠? 만일 한국 연봉의 1.7~1.8배 수준(연봉 2배의 20~30% 정도의 손실)에 해당한다면 그럼에도 불구하고 미국으로 오시는 것을 추천드립니다. 물론 질문자의 생활 수준이 떨어질 수 있어 조심스러운 부분이지만, 한국에서 미국으로의 이직은 그만큼 특수한 의미가 있습니다. 일단 미국으로 건너오는 것이

---

* 한국과 마찬가지로 미국도 누진세율을 적용한다. 위 계산 시 사용된 세율은 해당 소득 구간에 따른 값이다

중요하기 때문이죠.

사실 한국에서 미국으로 직접 이직하는 경우 협상 여지 자체가 그리 크지 않아 기대보다 낮은 연봉이나 직급을 받는 일이 흔합니다. 때로는 생활비가 모자라 한국에 있는 자금을 송금해 와야 하는 경우도 있는데, 이는 높은 생활 물가 때문입니다. 그럼에도 불구하고 실리콘밸리 진입 자체에 의미가 큽니다. 현지에 오면 더 많은 기회를 모색할 수 있습니다. 한국에서 연봉 협상력을 높이지 못했던 이유는 현지 사정에 익숙하지 못했기 때문입니다. 따라서 일단 현지에서 근무를 시작하면서 분위기를 익혀가며 다음 기회를 준비하세요. 현지 적응과 함께 영어 능력을 향상하고, 실리콘밸리 경력을 쌓고 1~2년 뒤 이직하면 됩니다. 그 기간 동안 연봉 협상력을 키우면, 향후에 최초 손실분을 상쇄할 정도로 몸값을 올릴 수 있습니다. 게다가 미국 현지에서 이직하는 것 자체로 협상력은 올라갑니다. 그만큼 더 많은 이직 선택지가 있기 때문이죠.

그리고 본문에서 '연봉 2배 법칙'이라고 했지만 결코 절대적인 기준이 아닙니다. 정량적으로 가늠할 수 없는 양국의 생활 물가 차이 때문에, 경험적으로 그 정도 차이일 것이라고 한 것뿐이죠. 또한 한국과 미국 경력은 1:1로 대응되지 않습니다. 한국 연봉의 2배가 꼭 미국에서의 적정 연봉이라고 쉽게 단정할 수 없다는 뜻이지요. 미국 현지에서 엔지니어의 가치는 구직 시장의 수요와 공급, 구직자가 인터뷰에서 보여준 역량, 회사 규모 등 여러 요인에 의해 결정되며, 이러한 다양한 변수를 한국 엔지니어에게 적용하는 것은 애초에 불가능합니다. 따라서 2배에 미치지 못했다고 실망하실 필요는 없습니다. 노력 여하에 따라 현지에서 얼마든지 경제적으로 생활할 수 있습니다. 물론 조금 불편할 수는 있지요.

중요한 것은 하루라도 빨리 와서 '현지 경험'을 쌓는 것입니다. 그리고 그 경험을 바탕으로 미국 구직 시장에서 본인의 가치를 정확하게 가늠한 뒤, 빠른 시기에 적정 연봉을 제시하는 곳으로 이직을 하시면 됩니다.

정리해고가 상식인 세상에
대처하는 법

미국으로 건너올 때 나는 바짝 긴장했다. 새 회사 적응, 현지 정착과 같은 현실적 문제 때문이 아니었다. '미국 회사에서는 언제든 해고당할 수 있다'는 말을 한국에서 지나치게 많이 들었기 때문이다. 당시에는 한 귀로 듣고 흘렸지만, 오퍼에 적힌 한 문구가 본격적으로 나를 긴장시켰다. 고용계약은 임의로 종료될 수 있다는 의미인 'At-Will'이라는 표현이었다. 그 비정함을 직접 피부로 느낀 순간이었다. 취업비자 신분일 때 해고를 당해 곤경에 빠졌다는 사례들을 접하며 '과연 미국에 가는 게 맞는 걸까?' 하는 생각마저 들었다.

미국에서 한 해 두 해 연차가 쌓이면서 차츰 그 긴장감은 조금씩 줄었다. 업무는 점차 익숙해졌고 최고는 아니어도 최선의 결과를 꾸준히 냈기 때문이다. 어떻게든 평균 이상의 평가는 계속 받아왔고, 이 정도면 저성과자로 분류될 염려는 없을 것 같았다. 하지만 정리해고는 언제, 어떻게 들이닥칠지 모르는 법이다. 조직 전체가 사라진다면 개인의 능력이 아무리 뛰어나더라도 그 소용돌이에 휘말리게 된다. 결국 긴장의 끈을 놓을 수는 없는 노릇이었다.

미국에서 지금까지 7년간 근무하면서 함께 일하고 있는 팀 동료가 해고당한 것을 본 적은 없다. 운이 좋았던 건지 회사의 정리해고 시기를 용케 잘 피했다. 미국에서 재직한 첫 회사인 인텔은 2016년 직원의 10%를 감원하는 대규모 정리해고를 단행했다. 그 이후인 2017년에 입사했고 2022년 두 번째 회사인 AMD로 이직을 했다. 이직하자마자 한 달 뒤 인텔은 5%를 감원하는 정리해고를 6년 만에 또다시 단행했다. 그리고 계속된 수익성 악화로 2024년 또다시 직원의 15% 감원하는 대대적인 정리해고를 발표했다. 이 쓰나미에 인텔의 과거 동료 몇몇이 영향을 받았다는 안타까운 소식을 들었다. 매니저 C와 동료였던 D였다. 이들은 1년이 넘어가는 시간 동안 재취업을 하지 못했다고 했다.

코로나 이후 인플레이션과 높은 이자율로 경제 불확실성은 높아졌고, 2022년 말부터 실리콘밸리 전역으로 정리해고가 들불처럼 번졌다. 이러한 소식은 곧 한국에 전해졌고 각종 매체에서도 뉴스로 다루기 시작했다. 한국의 엔지니어들은 안도하였고 미국행을 준비 중인 이들은 고심했다. 실리콘밸리에서 근무 중인 한국인들은 하나둘씩 인터넷에 목격담을 올렸다. 자신의 동료, 지인이 해고당하는 것을 접하고는 '다행히 살아남았다. 하지만 언제든 나도 당할 수 있다. 미국은 이런 곳이다'라는 위기감을 환기했다. 한인 커뮤니티에는 남편의 해고로 인한 근심을 토로하는 아내의 글도 올라왔고, 현지 엔지니어들은 익명 커리어 커뮤니티에 정리해고 정보들을 계속 공유했다.

미국에서 근무하려면 응당 각오해야 할 일이지만 막상 내게 닥치면 당황할 수밖에 없다. 아무리 레이오프와 파이어fire가 다르다 해도 내 의지와 상관없이 고용 계약이 해지되는 것은 매한가지다. 참담함이 밀려오고 자존감은 바닥을 친다. 남은 사람이라고 행복할까? 살아남았다고 안도하기엔 갑자기 사라진 동료의 얼굴이 계속 어른거린다. 회사 분위기는 뒤숭숭하고 직원들은 일에 집중하지 못한다. 언제 내 차례가 올지 모른다. 일감이 늘어나는 것은 덤이다. 떠난 이들이 하던 일을 남은 누군가가 해야 하기 때문이다.

정리해고가 상식인 실리콘밸리에서 나 자신을 지킬 수 있는 방법은 없을까? 당연한 말이지만 당하면 피할 수 없다. 우리가 서명한 오퍼에는 임의 고용이 명시되어 있기 때문이다. 회사가 연방법과 주법에 명시된 불법적인 이유*만 아니라면 '임의로' 해고할 수 있다는 것이다. 따라서 회사가 해고를 강제하면 물리적으로 막을 방법은 없다. 그렇다면 우리가 할 수 있는 대처법은 1) 정리해고 시기에 그 대상자가 되지 않도록, 2) 해고를 당했다면 빠르게 재취업 가능하도록 평소 위기관리를 잘해 두는 것이다. 이를 위한 몇 가지 방법을 이야기해 본다.

정리해고 대상자가 되지 않기 위한 최선

사실 완벽한 정답은 없다. 회사가 정리해고를 단행할 때 그 기준을 공개하지 않는다. 시스템이 잘 구축되어 있는 빅테크들은 알고리즘을 돌리기도 한다. 그리고 알고리즘조차도 매번 바뀐다. 주기적으로 실시할 때는 하위 평가자를 주로 내보내지만, 회사에 위기가 찾아와 대규모로 실시하는 경우라면 그동안 받은 평가가 무의미하다. 어느 경우든 '대체 불가능한 사람'이 되는 것이 정답이겠지만, 그 기준도 주관적이고 달성하기 쉽지 않은 목표이기도 하다.

통상의 엔지니어라면 어떻게 해야 할까? 내가 회사를 경영하는 경영자, 팀을 책임지는 매니저라고 한번 생각해 보자. 위기가 찾아왔을 때 피해를 최소화하며 비용 절감을 이루려면 사업, 프로젝트의 우선순위를 따질 것이다. 그 우선순위가 떨어지는 부문, 중요도가 떨어지는 인력부터 정리할 것이다. 따라서 우리는 정리해고가 일어날 때가 아니라 입사 때부터 이를 생각해야 한다.

주력 사업부에 소속

초기 단계의 스타트업을 제외하고 모든 테크 회사는 주력 제품이나 서비스를 담당하는 사업부가 있다. 이 사업부는 충분한 고객을 확보

---

*인종, 성별, 장애, 종교, 정치성향 등의 이유로 해고하는 경우

하고, 안정적으로 시장에 제품을 공급하며, 명확한 향후 제품 로드맵을 갖추어 회사의 영업이익을 책임진다. 위기 상황이 닥칠 때, 회사는 이러한 핵심 사업부를 최우선으로 보호한다. 따라서 이런 부서에서 근무하면 정리해고의 위험을 상대적으로 피할 가능성이 높다. 정리해고는 보통 중요도가 낮은 사업부부터 시작되기 때문이다. 입사 지원 시에는 단순히 적성과 연봉만을 고려하기보다는, 지원할 부서의 과거, 현재, 그리고 미래까지 면밀히 따져 보는 것이 현명하다.

개인 입장에서는 위기가 찾아오기 전 선제적으로 행동할 필요도 있다. 주력 사업이어도 경기, 업황에 따라 영업 이익은 요동치고, 기술 트렌드에 따라 성장세가 멈추거나 심지어 하향세에 접어들 수도 있다. 시장에서 해당 기술 분야는 살아있지만, 회사 자체의 문제로 쇠락의 길을 걷는다면 하루빨리 이직을 해야 한다. 만일 해당 분야의 매크로 트렌드가 업계 전반에 걸쳐 하향세라면, 스킬셋을 살려 단계별로 분야를 바꾸는 것도 고려해야 한다.

리서치와 제품 연계

회사의 연구 조직은 상대적으로 정리해고 시기에 취약할 수밖에 없다. 위기가 찾아오면 당연히 미래보다 '현재'를 더 중요시하기 때문이다. 따라서 개인적인 적성 때문에 리서치 사이언티스트로 커리어를 시작했다면, 자신의 연구가 회사 먹거리에 기여할 수 있음을 꾸준히 증명해야 한다. 지난 2024년, 한 빅테크 기업 M은 정리해고를 시작하며 연구조직을 솎아내기 시작했다. 사업화 실적이 없는 연구원을 우선 내보냈고, 프로젝트 착수 프로세스를 대폭 강화했다. 연구원들은 더 이상 자유롭게 자신의 연구 주제를 정하지 못했고 관련 사업부의 승인을 받아야 했다. 제품과 일대일로 연계되지 않으면 연구를 시작조차 못 하게 한 것이다.

연구직 커리어만을 생각해 연구활동을 논문 발표로 끝내는 연구원들도 많다. 논문 자체가 영향력이 있다면 다음 세대 제품에 넣자고 사업부에서 먼저 찾아온다. 하지만 대부분 발표된 논문의 기술은 적극적으로 홍보하지 않으면 절대 먼저 사용되지 않는다. 회사 연구소는 철저히 사업부를 위한 곳이다. 제품에 탑재되지 않은 연구 결과는 중요도에서 뒤처진다. 따라서 연구를 착수, 진행할 때부터 사업화를 염두에 두어야 하고, 제품 로드맵에 포함될 수 있도록 사업부 엔지니어들과 끊임없이 소통해야 한다.

연구원 커리어를 은퇴까지 이어가는 것은 결코 쉽지 않은 일이다. 앞에서 말했듯 업 자체가 정리해고에 취약하고, 미래를 예측하는 일이기 때문에 기본적으로 일의 난도가 높다. 단순히 업계 경험만 축적한다고 커리어를 유지할 수 있는 일이 아니다. 따라서 직업 안정성을 위해 엔지니어로 전직하는 것도 고려해 볼만하다.

중심 인력이 되어야

빅테크의 개발, 연구 팀은 여러 배경을 가진 인력들로 구성된다. 팀의 임무를 완수하기 위해서는 다양한 스킬셋을 가진 인력들이 필요하기 때문이다. 이때 팀 본연의 목적을 담당하는 '중심 인력'과 지원 성격의 일을 하는 '주변 인력'으로 나눌 수 있다. 평소에는 두 직군 모두 중요해 보이며 그 가치를 쉽게 구분하기 어렵다. 하지만 위기 상황에서는 그 차이가 수면 위로 드러난다.

위로부터 해고 할당이 내려오면 매니저는 고심한다. 팀원의 성과, 기여도, 역량 등을 따지겠지만, 가장 쉽게 가지치기를 할 수 있는 것은 바로 '주변 인력'이다. 중심 인력의 업무는 그 팀 본연의 정체성이지만, 주변 인력의 일은 중심 인력이 나누어 맡거나, 심지어 없어도 큰 지장이 없다. 단지 불편할 뿐이다.

이전 직장에서 내가 속했던 '그래픽스 연구팀'의 팀원들은 다양한 배경을 가지고 있었다. 하지만 공통적으로 그래픽스 도메인의 전문가였다. 어느 날 내부 조직 개편으로 '데이터 사이언티스트'였던 D가 연구팀에 합류했는데, 업계에 인공지능 기술이 부각되면서 그래픽스에 AI를 접목하려는 시도의 일환이었다. 그 결과 인공지능 스킬셋을 가진 D의 가치는 높아 보였다. 새로운 임원이 부임하고 연구 조직이 성장하면서 인력도 계속 채용되었다. 조직은 디자이너, 모델링, 툴링 tooling 등 연구원의 연구 활동을 돕는 인프라 인력도 충원했다.

하지만 회사가 구조조정을 맞이하면서 결국 그래픽스 연구원들만 남기고 데이터 사이언티스트 D와 인프라 인력들을 모두 해고했다. 애초에 팀의 정체성이 그래픽스 연구였기 때문이다. D는 대학원에서 뇌과학으로 박사까지 받은 전문 인력이었지만, 그래픽스 도메인 지식이 없어 스스로 연구 프로젝트를 이끌지 못했고, 주로 협업에 의존했다. D는 해고 후 재취업에도 어려움을 겪었다. 타사로 이직한 전 직장 동료들과 도메인이 달라 레퍼럴을 받지 못했기 때문이다.

따라서 우리는 자신의 전문성과 팀의 정체성이 일치하는 곳에 있어야 한다. 만일 팀에 특정 스킬셋 인력이 필요해 채용되었더라도 가능한 한 빨리 팀의 도메인 지식을 습득하고 내 것으로 만들어야 한다. 스킬셋 중심의 주변 인력은 쉽게 대체 가능하기 때문이다. 전 직장 동료 D가 중심 인력이 되기 원했다면, 빠른 시간 내에 그래픽스 도메인 전문가로 거듭나거나 데이터 사이언스가 주력인 타사로 이직했어야 했을 것이다.

정리해고에 대비하려면

만일 정리해고를 당했다면 하루라도 빨리 재취업해야 한다. 그런데 재취업을 위한 대처 방안도 사전에 준비해야 한다. 호황일 때 불황을 대비해야 하는 것이다.

영주권 취득

만일 H-1B, O-1와 같이 취업비자 신분자라면, 가장 중요한 것은 하루라도 빨리 영주권을 취득하는 것이다. 해고 시 스폰서가 되었던 고용주가 사라지기 때문이다. 60일간의 유예기간 동안 새롭게 스폰서가 되어줄 회사로 이직하지 못하면 미국을 떠나야 한다. L-1 비자의 경유 유예기간도 주어지지 않고, 해고와 동시에 신분을 잃는다. 실제로 회사에서 정리해고를 예고할 때 취업비자 신분자들이 가장 스트레스를 받는다.

따라서 만일 취업비자로 미국 이직에 성공했다면 미국 이주 후 가능한 한 빨리 영주권 신청에 들어가야 한다. 영주권 지원은 회사마다 사정이 다르지만, 지원을 잘해주는 빅테크에 입사하면 통상 1개월 이내 회사로부터 연락이 온다. 주로 온보딩 기간이라 업무 파악, 현지 정착에 바빠 영주권 신청을 차일피일 미루기도 한다. 영주권보다 중요한 것은 없다. 시간이 갈수록 이민청 대기자가 늘어나고 있는 만큼 하루라도 빨리 신청해야 한다. 만일 회사가 영주권을 지원하지 않는다면, 개인적으로 이민 변호사를 찾아가서라도 신청 절차를 하루빨리 개시해야 한다.

인맥 관리

이직과 마찬가지로 재취업도 인맥의 힘을 빌릴수록 성공 가능성이 높다. 특히 해고를 당한 뒤면 정신적으로 충격을 받기 때문에 공황상태에 빠진다. 스스로에 대한 실망감, 자괴감에 해고 사실 자체를 받아들이지 못하기도 한다. 이럴 때일수록 정신을 가다듬고 자신의 관계망 지인들에 해고 사실을 알리고 도움을 구해야 한다. 지난 2023년 빅테크 해고 대란 시 링크드인에는 자신의 해고를 알리고 레퍼럴을 요청하는 글들이 쏟아졌다.

미국에서 정리해고자에 대한 인식은 저성과자라기보다 회사의 사정에 의한 '희생자'로 보는 경향이 있다. 통상 성과 기반으로 해고를 하는 경우는 5% 미만의 소규모일 때다. 대규모 정리해고를 단행한 I사가 정리해고 대상자들을 저성과자라고 밝혔던 사례가 있는데 대단히 무례한 짓이라고 지탄을 받았다.

평상시의 인맥관리가 중요하다. 연구원들은 학회장에서 타사 연구원들과 적극적으로 교류하고, 엔지니어는 표준화 활동에 자원해 업계 인사들과의 인맥을 확장한다. 모두 같은 맥락이다. 8장에서도 이야기했듯 인맥관리는 결국 평판관리다. 평소에 '함께 일하기 좋은 사람, 레퍼럴하기 쉬운 사람'이 되어야 이직뿐 아니라 재취업이 필요할 때 도움을 얻을 수 있다.

HR 관리

타사 HR 직원과의 관계를 유지하는 것도 중요하다. 실리콘밸리에서 근무하다 보면 타사 HR 직원, 리크루터들에게 꽤 많은 연락이 온다. 인바운드 채용을 위해 회사에서 인재들을 직접 찾아 나서기 때문이다. 이때 당장 이직에 대한 생각이 없다고 해도, 직무 자체에 관심이 있다면 해당 HR 직원에게 답장을 해 두는 것이 좋다. "나에게 매우 흥미로운 직무를 제안해 주어 고맙다. 다만 지금 당장은 이직할 생각이 없다. 향후 기회가 된다면 귀사와 서로의 필요를 논하고 싶다" 정도로 메일을 보내면 된다. 답장을 받은 HR 직원들은 나를 자신이 관리하는 후보자 풀에 등록한다. 그리고 1년, 2년 뒤 "지금은 이직 준비가 되었냐?"며 다시 연락을 해오기도 한다.

　이러한 타사 HR 직원들과 유대를 형성해 두면 정리해고를 당했을 때 우선적으로 이들에게 접촉해 볼 수 있다. 현 직장에 이직한 지 얼마 안 되어서, 아니면 큰 필요성을 못 느껴서, 또는 이직 준비 과정이 귀찮고 번거로워서 미뤄두었지만, 정리해고 이후라면 시간이 남아돈다. 평소 연결해 둔 타사 HR 직원들에게 연락해 본격적으로 채용 프로세스를 개시할 수 있다. 이를 위해 평상시 이들과의 관계도 잘 유지해 두어야 한다.

　실리콘밸리에서 근무하게 되면, 무엇보다도 자신의 커리어에 대한 주도적인 결정을 내리는 것이 중요하다. '나는 언제든 이 회사를 떠날 준비가 되어 있다'고 마음가짐을 갖는 것이다. 이것은 회사를 떠날 생각으로 일을 대충하라는 뜻이 아니다. 오히려 현재 배우고 있는 지식과 기술을 미래에 어떤 회사에서 어떻게 활용할 수 있을지 끊임없이 고민하며 일하라는 의미다.

　지금 다니는 회사에 특별히 불만이 없더라도 정기적으로 이직 시도를 해보는 것이 좋다. 이를 통해 현재 회사에서 쌓아온 경력이 실제로 나를 성장시켰는지 고용 시장에서 확인할 수 있기 때문이다. 이직 시도를 통해 업계에서 요구하는 최신 기술과 스킬셋이 무엇인지, 나의 부족한 점이 무엇인지 파악할 수 있다. 만약 인터뷰에 성공한다면 실제로 이직을 선택할 수도 있고, 그 기회를 활용해 현 회사에서 더 나은 조건을 제안받는 것도 가능하다. 설령 인터뷰에 실패하더라도, 고용 시장에 대한 감각을 유지하는 것만으로도 의미가 있다. 정리해고와 같은 위기 상황에서 어떻게 대처하느냐는, 평소 얼마나 자주 고용 시장에서 자신을 시험해 보았는지에 따라 크게 달라질 것이다.

11장

마치며,
엔지니어의 미래
그리고 업의
본질에 관하여

엔지니어의 길은 험난하다. 끊임없는 혁신을 요구하는 직업이기 때문이다. 최근 기술 발전의 속도는 놀라움을 넘어 당혹스러울 정도다. 지난 18년간의 커리어를 돌이켜보아도 이처럼 변화무쌍한 시장을 본 적이 없다. 특히 AI가 세상을 바꾸는 모습은 경이로움을 넘어 두려움마저 불러일으킨다. AI뿐만 아니라 양자 컴퓨팅, 동형 암호, 5G/6G 통신, 생명공학, 자율주행, 사물인터넷, 블록체인 등 미래를 이끌 유망한 첨단 기술들이 속속 등장하고 있다.

이러한 격변의 시기에 엔지니어로서의 생존 전략은 무엇일까? 지금까지 쌓아온 전문성을 과감히 버리고 새로운 유망 기술을 좇아 변신해야 할까? 아니면 유행에 휩쓸리지 않고 묵묵히 자신의 길을 고수해야 할까? 예측 불가능한 미래를 준비하기 위한 올바른 자세는 무엇일까?

이 책의 마지막 장에서는 엔지니어의 미래와 그 업의 본질에 관하여 이야기하며 마무리 짓고자 한다.

AI 시대의
엔지니어

2010년대 초반 AI는 봄을 맞이했다. 학계에 딥러닝 기술이 등장해 인공지능의 난제가 풀리기 시작한 것이다. 실리콘밸리 주요 빅테크들이 연구에 뛰어들었다. 한국의 한 기업 연구소도 전담 랩을 신설해 연구에 박차를 가하고 있었다. 바로 옆 랩 소속이었던 나와 동료들은 흥미롭게 이 상황을 지켜봤다.

이미 연구소 전체에 AI가 화두였기에 이를 놓고 동료들과 자주 잡담을 나누곤 했다. "저 랩 요즘 인기라며? 지금이라도 전공을 바꿔야 하나?"라는 농담부터 시작해서, 진지하게는 자신의 연구에 어떻게 딥러닝을 활용할지도 고민했다. 그때 한 연구원이 툭하고 던진 말이 있었다.

"나중에 AI가 우리 대신 RTL 코딩(하드웨어 설계)을 할지 몰라."

동료들은 SF 소설 쓰냐며 그를 비웃었다. 하지만 나를 포함한 연구원들의 마음속엔 설마 아니겠지 하는 일말의 불안감도 함께 자라나기 시작했다.

그로부터 10여 년이 흐르며 동료 연구원들과 함께했던 상상은 점차 현실이 되어갔다. 2024년 봄 미국 스타트업 Cognition Labs이 발표한 AI 에이전트가 화제가 된 적이 있다. CEO는 시연 영상을 통해 코드 작성, 테스트, 디버깅, 배포까지 스스로 알아서 하는 가상의 소프트웨어 엔지니어를 소개했다. 이들은 제품명을 '데빈Devin'이라 지었다. 영미권에서 흔한 이름이다. AI에게 인격을 부여하려 했던 것이다.

하지만 시연을 관심 있게 살펴본 현직 개발자들은 모두 회의적이었다. 현재 모습의 데빈은 실제 현업에서는 극히 일부에만 활용될 것이라 했다. 그리고 10년 내 소프트웨어 엔지니어를 대체하는 일은 절대 벌어지지 않을 것이라고 힘주어 강조했다. 설사 데빈이 더 발전해 품질 좋은 코드를 생산하더라도, 성능, 보안, 품질 보장을 위해서도 인간이 반드시 필요하다는 논리였다. 이러한 전문가들의 의견처럼 소프트웨어 엔지니어가 AI에게 대체될 날은 가까운 시일에 오지 않을 것이다. 하지만 AI의 발전은 늘 예측을 무색하게 만들어왔다. 이세돌이 알파고와 격돌할 때도 사람들은 이세돌이 손쉽게 이길 것이라 하지 않았던가.

AI 에이전트는 이미 '생산성'을 높여주는 도구로 널리 활용되고 있다. 마이크로소프트의 코파일럿Copilot이 반복식의 간단한 코딩을 대신한다. 실리콘밸리에서는 엔지니어, 스태프, 경영진들까지 개발과 일반 사무에서 이를 적극적으로 활용한다. 새로운 도구, 기술을 흡수하는 데 누구보다도 빠른 한국의 개발자들도 이를 적극적으로 자신의 업무에 적용하고 있다.

2020~2024년 미국 빅테크의 정리해고를 가속했던 요인 중 하나도 바로 이 AI였다. IBM은 직무를 자동화하면서 백오피스 직원을 대규모로 해고했고, 아마존은 물류, 창고 직원을 로봇으로, AT&T와 Verizon과 같은 통신사는 전화 상담 인력을 모두 챗봇으로 교체했다. 엔지니어 직군에서는 테스트나 품질 보장과 같은 단순 반복 업무가 영향을 받았다. 마이크로소프트, 아마존, 구글이 이러한 엔지니어들을 모두 AI로 대체했다.

AI가 화두가 되자 직업을 불문하고 언제 내 일자리가 없어질지 불안해하고 있다. 나를 포함한 엔지니어들도 예외가 아니다. AI가 얼마나 더 똑똑해질지 그래서 언젠가 내 일을 대체할지 종잡을 수 없다.

마음 한편으로는 AI가 거품이길, 70~90년대까지 있었던 'AI의 겨울'이 다시 한번 오길 바라기까지 했다. 하지만 실리콘밸리는 AI에 막대한 투자를 하며 더욱 가속페달을 밟고 있다. 채용 공고에 올라온 직군들의 대부분은 AI/ML 스킬셋을 요구한다. 이러한 시기에 우리는 어떻게 해야 할까? 미국 취업/이직을 고려한 엔지니어의 생존 전략을 이야기한다.

AI를 전공하지 않은 현직자

실리콘밸리에 AI/ML 직군 채용 공고가 자주 뜨는 것을 보면 흔들릴 것이다. 지금이라도 AI/ML 엔지니어로 전직을 해야 하나 고민할 수도 있다. 하지만 자신이 지금까지 해온 도메인 전문성을 버리면서 AI로 향하는 것은 매우 위험한 생각이다. 5장에서 미국 이직을 위해서는 도메인 중심 경력을 쌓아야 한다고 했다. 하지만 이렇게 새로운 분야로 전직하면 지금까지의 경력이 사라지기 때문에 오히려 미국 이직의 가능성은 더 떨어진다.

경력자로서 직급 불일치 문제도 발생한다. 예를 들어 한국에서 과장급의 중견 경력자라면 미국 이직 시 시니어 엔지니어 직급을 받아야 한다. 이 직급이 실리콘밸리의 구직 시장에서 가장 수요가 많다. 즉시 전력감을 선호하기 때문이다. 그런데 반대급부로 AI/ML 전공자 공급도 과잉되어 하향 지원하는 일까지 벌어지고 있다. 미국 현지에서 이미 후보자가 많다는 이야기다.

이제 AI를 내 것으로 만드는 것은 피할 수는 없는 시대다. 그렇다고 AI로 달려갈 필요는 없다. 누구나 AI를 쓰지 않으면 안 되는 시기가 온다. 이때를 대비해 시장에 소개되는 AI 기반 개발자 환경, 생산성 도구를 적극 활용하되 자신의 도메인은 굳건히 지켜야 한다. AI가 스킬셋은 대체할 수 있지만, 고도의 도메인 지식은 쉽게 대체하지 못하기 때문이다.

AI를 전공한 현직자

학부, 대학원에서 AI를 전공하고 이러한 전문성을 활용해서 현업에서 커리어를 이어가고 있는 경우다. AI에 대한 전문성은 스펙트럼이 넓다. LLM과 같은 AI 모델 자체를 연구하는 AI 연구자일 수도 있고, 기존 모델을 잘 조합하여 최적의 신경망을 구축하는 ML 엔지니어의 길도 있다. 컴퓨터 비전, 자연어 처리와 같이 특정 도메인 업계에서 딥러닝과 생성형 AI 기술을 스킬셋으로 활용하는 엔지니어들도 있다. 또한 AI/ML 모델이 원활하게 동작할 수 있는 클라우드/서버 인프라를 설계하고 관리하는 엔지니어들도 있다. 어떤 직군이든 AI가 '업'인 셈이다. 하지만 각광받는 분야인 AI에 종사하는 엔지니어라고 안심할 수 없다.

실리콘밸리에서 가장 수요가 많다는 ML 엔지니어의 업무는 다음과 같이 어느 정도 정형화되어 있다.

1) 데이터 엔지니어 혹은 사이언티스트로부터 전달받은 데이터를 가공한다.
2) 회귀, 분류, 비지도, 강화 학습과 같은 ML 알고리즘 중 하나를 선택하고 적절히 기존 모델을 조합해 신경망을 구축한다.
3) 구축한 신경망을 훈련시킨다.
4) 훈련된 모델을 평가한다. 최적의 모델 성능을 얻을 때까지 데이터 품질 개선, 신경망 재구축, 파라미터 조정 후 1)~4)의 과정을 반복한다. 최종 모델이 완성되면 배포한다.

이러한 과정을 우리는 'ML 알고리즘을 설계'한다고 한다. 여기서 핵심은 최적의 모델을 찾아내는 것이다. 데이터 노이즈 제거, 신경망 레이어 변경, 학습률과 배치 크기 같은 하이퍼 파라미터 튜닝, 과적합 및 과소적합 문제를 해결 후 반복적인 학습과 평가 과정을 통해 모델을 찾는다. 그런데 이러한 과정은 선험적인 측면이 강하다. 즉 모델 내부가 어떻게 동작하는지를 이해하고 대응하는 것이 아니라, 외부에서 여러 조건을 바꿔가며 출력되는 각각의 결과를 보고 추론하는 것이다. 선험성이 높기 때문에 경험이 쌓이면 자연스럽게 알고리즘 설계 능력이 향상된다. 모델링, 학습, 평가의 반복 작업의 횟수가 줄어드는 것이다.

문제는 이러한 ML 알고리즘 설계 능력은 도메인에 종속된다는 것이다. 즉 특정 분야에서 ML 알고리즘을 설계하면서 노하우를 축적했더라도, 도메인을 바꾸면 더 이상 그 능력을 활용하기 힘들다는 것이다. 도메인마다 데이터 특성이 다르기 때문이다. 즉 다양한 도메인에 적용 가능한 범용적 '스킬셋 전문성'으로도 발전시키기 어렵다는 말이다. 게다가 ML 알고리즘 설계도 점차 스킬셋으로 변모한다. 설계와 개발 환경, 관련 라이브러리가 향상되면서 일반 도메인 엔지니어들도 쉽게 ML 알고리즘 설계를 하게 된다. AI가 필수인 시대가 되어가기 때문이다. 일반 엔지니어들도 자신의 문제들을 AI로 해결하려 할 것이고, 이러한 필요가 AI 인프라를 더욱 편리하게 개선할 것이기 때문이다.

따라서 ML 엔지니어가 자신만의 차별점을 찾기 위해서는 도메인 방향으로 전문성을 확장해 나가야 한다. 자신만의 분야를 선정해 이에 대한 지식을 쌓아야 한다. 범용성이 없는 'ML 알고리즘 설계' 그 자체는 더 이상 전문성이 될 수 없을 것이기 때문이다.

AI를 세부 전공하려는 공학도

대학에서 CS 또는 기타 공학을 전공한 많은 이들이 AI를 세부 전공하려고 한다. AI 대학원에 진학하거나, 유학의 길을 떠나는 것이다. AI 세상이 흥미롭고 자신의 적성이라고 굳게 믿을 수 있다. 본인의 선택이므로 말릴 수는 없을 것이다. 다만 AI가 업계의 강한 트렌드라서, 취업에 용이할 것 같다는 이유라면 말리고 싶다.

AI를 세부 전공한 미국의 공학도들이 시장에 몰리고 있다. 이미 레드오션이다. 지금 대학원에 진학해 석사, 박사 과정 동안 AI를 세부 전공한다면, 졸업 시점에 과연 나를 차별화할 수 있을까 생각해 보자. 엔지니어가 가장 활발하게 자신의 경력을 증진시키는 시기는 30대 중반~40대 중반이다. 지금 당장은 인기가 없을지라도 세부 전공을 택할 때는 현재가 아닌 이 시기가 되었을 '미래'의 수요를 보아야 한다. 주식으로 비유하자면 저가매수를 해야 한다는 말과 같다.

현재 빅테크에서 높은 급여를 제시하며 경쟁적으로 뽑아가려는 AI 연구자, 엔지니어들은 최소 10년 전부터 준비했던 이들이다. 10년 전이라 해도 학계에 이미 딥러닝이 보급되었고, 대학원생들은 부족한 성능의 GPU로 밤새 실험하며 논문을 쓰던 시기다. 늦어도 이때부터 뛰어들어 자신의 주전공을 삼은 이들이 지금 빛을 보고 있으며, 현재 AI 대학원의 교수로 재직 중인 것이다. 20년부터 준비한 사람들은 엄혹한 'AI 겨울'을 극복한 이들이니 더 대단할 수밖에 없다.

졸업 시점이면 AI 기술은 이미 시장에 보편화되었고, 모든 엔지니어가 AI를 '도구'로 사용하는 시대가 될 것이다. 앞에서도 말했듯 미래의 엔지니어는 자신만의 확실한 도메인을 갖추는 것이 무엇보다 중요하다. 즉 특정 도메인에 특화된 연구 경험, 지식과 전문성을 쌓고

AI는 스킬셋과 도구로 접근하는 것이 가장 좋은 조합이 될 것이다.

미래의 엔지니어에게는 소프트 스킬과 도메인 지식이 더 중요해질 것이다. 특정 툴, 개발 환경, API, SDK, 클라우드, 라이브러리를 사용해 본 경험, 숙련도 등 일명 '하드 스킬'은 AI가 그 지능을 높여갈수록 우선 자동화될 것이기 때문이다. 리더십, 커뮤니케이션, 인맥, 평판과 같은 소프트 스킬에 더 신경을 쓰고 도메인 중심으로 전문성을 더욱 강화해야 한다. 직군 선택에 있어서도 '설계'와 같은 좀 더 창의적인 분야로 나아가야 할 것이다. '테스트, 품질 보장'과 같은 단순 반복의 직무가 우선 AI로 대체되고, 다음으로는 '최적의 해'를 찾는 직무로 넘어갈 것이다. 이제 점차 '검증'의 영역, 궁극적으로는 '구현'의 영역까지 AI가 맡을 것으로 본다.

19세기 초반 사진술이 등장했을 때 가장 먼저 좌절했던 이들은 바로 화가들이었다. 사물을 정확하게 그려내는 사실주의, 리얼리즘이 회화 양식의 주류인 시대였다. 하지만 이들의 그림은 결코 '사진'의 재현성을 따라갈 수 없었다. 사실주의 그림의 가치가 하락하자 많은 화가들이 생업을 포기했다. 하지만 애드가 드가Edgar Degas와 같은 일부 화가는 이를 적극적으로 받아들여 자신의 회화에 적용했다. 그는 발레리나의 모습을 자주 그림으로 남겼는데, 직접 촬영한 사진을 통해 인물의 자세, 움직임을 포착했다. 덕분에 기존에 없었던 역동적이며, 참신한 구도의 그림을 그려냈다. 그는 '회화'라는 자신의 도메인을 지켰고, '사진술'이라는 새로운 스킬셋을 적극적으로 도메인에 활용했다. 결국 미술사에서 후기 인상파의 주요한 화가로 남았다.

엔지니어에게 AI는 위기이자 기회다. 모든 엔지니어가 AI 전문가가 될 필요는 없다. AI가 우리에게 찾아올 때 이를 받아들이면 된다. 어느 시대에나 위기로 느껴질 기술 변곡점은 있었고, 이를 적극적으로 활용하는 자들은 살아남았다. 에드가 드가와 같이 새로운 기회를 여는 엔지니어가 되는 것은 우리의 노력에 달려있다.

널리 세상을 이롭게 하는 엔지니어

한국 회사에서 딱 한 번 눈물을 흘린 적이 있다. 팀 일손이 부족해 관리자였음에도 실무를 겸해야 했던 시기였다. 낮에는 이런저런 회의에 참석하며 온갖 서류 작업으로 인해 바빴고, 석식 후 야근을 해야 밀린 코딩을 할 수가 있었다. 어느 날이었다. 다음날까지 끝내야 했던 코드의 디버깅을 하던 중 갑자기 새로운 일거리가 떨어졌다. 잡히지 않은 버그 걱정을 뒤로 하고 허겁지겁 발표 자료를 작성해야만 했다. 갑자기 와락 눈물이 쏟아졌다. 야근을 해도 끝나지 않을 만큼 일이 계속되자 서러운 감정이 몰려온 것이다. 모두가 퇴근한 사무실이라 다행이었다.

'무슨 영광을 보겠다고 내가 밤늦게까지 이러고 있을까?'

이런 생각에 갑자기 일에 대한 회의감이 찾아왔다. 나아가 '이 일이 내게 과연 맞는 걸까?' 하는 생각마저 들었다. 생각은 꼬리를 물어 퇴근길까지 이어졌다. '내가 어떻게 여기까지 오게 되었을까?', '왜 공대에 갔고, 대학원까지 진학을 한 것이었을까?'

아무리 생각을 해봐도 특별한 이유는 없었다. 어린 시절 부모님께서 선물해 주신 애플 컴퓨터를 만지다 보니 컴퓨터 공학과에 진학했고, 조금이나마 나은 스펙을 쌓기 위해 대학원에 진학했다. 선견지명이 있었던 선배, 훌륭한 지도 교수님 덕에 유망한 주제를 세부 전공으로 삼았다. 대학원에서의 다양한 경험은 부족한 나에게 대기업 연구소의 문을 열어 주었다. 그저 매 순간 나에게 놓인 선택지 중 최선을 찾으려 했던 결과일 뿐이었다.

그런데 지금 다시 생각해 보면 내 커리어를 이끌었던 것은 일종의 '갈증'이었던 것 같다. 입시 준비에 매몰되던 수험생일 때 유년 시절의 추억을 되새겼다. 대학교에서는 컴퓨터에 빠져 살 수 있을 것 같았지만 지식의 한계에 부딪혀 대학원이라는 또 다른 갈증을 느꼈다. 연구 다운 연구를 맛보지 못한 갈증에 박사까지 진학했고, 박사를 마치는 시점에는 좋은 논문에 대한 갈증에 대기업 연구소로 향했다. 회사에서는 전업 연구자의 길을 갈망해 결국 미국에까지 이르렀다.

해소되지 않았던 갈증에 늘 답답했지만 아이러니하게도 이 갈증은 업을 계속하게 하는 이유가 되기도 했다. 동기들과 조별 과제를 성공적으로 끝냈을 때, 학회에 제출한 첫 논문이 수락되었을 때, 산학과제를 의뢰하기 위해 업계에서 연구실로 찾아왔을 때, 일본 연구소 연수 프로그램에 합격했을 때, 학위 논문 심사를 성공적으로 끝냈을 때를 기억한다. 팀원들을 이끌고 힘들게 개발한 지적 자산을 기술 이전하던 기억이 생생하다. 미국 회사로부터 연락을 받았을 때 뛰는 가슴을 진정시킬 수 없었다. 미국에 와서는 내가 개발했던 기술이 전 세계인이 쓰는 제품에 탑재된다는 사실에 전율마저 느껴졌다. 내 안의 갈증을 해소하려 발버둥 치다 보니 순간순간 성취감을 맛본 것이다. 이것은 엔지니어로서의 업을 이어가게 했던 동력이 되었다.

엔지니어의 길을 걷고 있다면 이러한 크고 작은 성취의 순간은 반드시 찾아온다. 업 자체가 가장 실용적인 학문인 공학에 기초하기 때문이다. 내가 배운 지식과 기술은 곧 시장에서 팔리는 제품과 서비스가 된다. 사람들의 삶에 직간접적인 영향을 주고, 더 나아가 인류의 삶의 질을 향상하는 데 기여한다.

"엔지니어는 홍익인간이다. 널리 세상을 이롭게 하는 사람이니까."

농담반 진담반으로 자주 하던 말이다. '건국이념 실천'같은 거룩한 소명의식을 말하는 것이 아니다. 여기서 방점은 '널리'에 있다. 소비자와 가장 가까이에서 호흡하고, 자신의 결과물을 이토록 많은 이들에게 전파시키는 직업은 엔지니어밖에 없다. 그래서 자신이 내놓은 결과물이 '세상'을 변화시킬 때 엔지니어가 비로소 보람을 느끼는 것이다.

엔지니어 역시 다른 사람들처럼 행복을 추구해야만 한다. 높은 연봉도 받아야 하고, 커리어에서 성공을 맛보고, 워라밸을 누리며 가족과 많은 시간도 보내야 한다. 하지만 나는 궁극적으로 엔지니어에게 가장 큰 행복감을 가져다주는 것이 바로 업의 본질인 '실용성'에 있다고 생각한다. 그래서 엔지니어는 비실용적이고, 비생산적인 일을 할 때 가장 불행하다. 이러한 환경은 엔지니어의 영혼을 빼앗는다. 엔지니어는 자괴감에 빠지고, '돈이라도 많이 벌자', '워라밸이라도 챙기자'라고 생각하며 다른 것들로 보상받으려 한다. 그래서 '세상을 이롭게'라는 말은 무한한 이타심, 사명감 같은 것은 아니다. 엔지니어가 세상에 이로운 일을 해야 비로소 행복해지는 존재이기에 본인의 행복을 위해서라도 행해야 하는 것이다. 자신의 행복이라는 이기적인 목적을 가장 이타적인 방법으로 달성하는 직업인 것이다.

엔지니어가 커리어를 가꾸기 위해 더 높은 실용성을 추구하는 것은 그래서 당연하다. 그 숙명 같은 길에는 다양한 가능성이 있다. 새로운 직장과 업일 수도, 미국의 한 대학 연구실, 실리콘밸리의 스타트업과 빅테크일 수도 있다. 각자마다 걸어갈 길은 다르겠지만 결국 우리 모두는 하나의 목적지로 향한다. 바로 '세상을 널리 이롭게 하는 존재가 되는 것'이다. 그것이 바로 우리가 공학을 전공했던 이유였고, 엔지니어로서의 정체성이다. 이 책에서 지금까지 이야기했던 모든 내용이 그 목적지에 다다르는 길라잡이가 되었길 바란다. 여러분의 커리어를 진심으로 응원한다.

후주

1. 오은지. (2010, February 10). *내년 종결되는 '시스템IC 2010사업'의 의.* 전자신문. https://www.etnews.com/201002090232

2. Gillmor, S. (2004). *Fred Terman at Stanford: Building a Discipline, a University, and Silicon Valley.* Stanford University Press.

3. Niftyhontas, I. (2023, December 7). *Journey Through Time: A Comprehensive History of Venture Capital.* GoingVC. https://www.goingvc.com/post/journey-through-time-a-comprehensive-history-of-venture-capital

4. Lager, C. (2024, September 18). *Venture Capital Firms and Investors in Silicon Valley.* Gilion. https://vc-mapping.gilion.com/venture-capital-firms/silicon-valley

5. *How Many Silicon Valley Engineers Are There and Who Are They?* (2023, May 18). Celential.Ai. https://www.celential.ai/blog/how-many-silicon-valley-engineers-are-there/

6. *Management by Walking Around.* (n.d.). Hewlett-Packard Historical Archive. https://www.hewlettpackardhistory.com/item/management-by-walking-around/

7. Laws, D. (2017, September 9). *Fairchild Semiconductor: The 60th Anniversary of a Silicon Valley Legend.* Computer History. https://computerhistory.org/blog/fairchild-semiconductor-the-60th-anniversary-of-a-silicon-valley-legend/

8. 해당 글, 「그들이 알아서 열심히 하는 이유」 일부 내용은 블라인드 웹진 『브리핑스』(현재는 폐간) 2021년 10월호에 게재됨.

9. Lobachev, S. (2008). Top Languages in Global Information Production. *Partnership: The Canadian Journal of Library and Information Practice and Research, 3*(2). https://journal.lib.uoguelph.ca/index.php/perj/article/view/826/1357

10. Hartshorne, J. K., Tenenbaum, J. B., & Pinker, S. A Critical Period for Second Language Acquisition: Evidence from 2/3 Million English Speakers. (2018). *Cognition, 177*, 263-277.

11. Waqas Ahmed. (2019). *The Polymath: Unlocking the Power of Human Versatility.* Wiley.

12. 말콤 글래드웰. (2009). *아웃라이어*(노태정, 역). 김영사.

13. *H-1B Electronic Registration Process.* (2024, August 5). United States Citizenship and Immigration Services. https://www.uscis.gov/working-in-the-united-states/temporary-workers/h-1b-specialty-occupations/h-1b-electronic-registration-process/

14. *Matter of DHANASAR, Petitioner.* (n.d.). US Department of Justice. https://www.justice.gov/eoir/page/file/920996/dl

15. *20 CFR 656.17 - Basic Labor Certification Process.* (n.d.). GovInfo. https://www.govinfo.gov/app/details/CFR-2011-title20-vol3/CFR-2011-title20-vol3-sec656-17/context

16. *AMERICAN COMPETITIVENESS IN THE TWENTY-FIRST CENTURY.* (n.d.). GovInfo. https://www.govinfo.gov/content/pkg/PLAW-106publ313/pdf/PLAW-106publ313.pdf

17. Stanovich, K. E., & Cunningham, A. E. Studying the Consequences of Literacy within a Literate Society: The Cognitive Correlates of Print Exposure. (1992). *Memory & Cognition, 20*(1), 51-68.

18. Woolnough, O., Donos, C., Murphy, E., Rollo, P. S., Roccaforte, Z. J., Dehaene, S., & Tandon, N. (2023). Spatiotemporally Distributed Frontotemporal Networks for Sentence Reading. *The Proceedings of the National Academy of Sciences, 120*(17).

19. 모티머 J. 애들러, 찰스 반 도렌. (2000). *생각을 넓혀주는 독서법*(독고앤, 역). 멘토, p.19.

20. *Mars Climate Orbiter*. (n.d.). NASA. https://nssdc.gsfc.nasa.gov/nmc/spacecraft/display.action?id=1998-073A

21. 강범모, 김흥규. (2000). *한국어 형태소 및 어휘 사용 빈도의 분석*. 고려대학교 민족문화연구원.

22. *2024 PATENT 300® LIST*. (n.d.). Harrity. https://harrityllp.com/patent300/

23. 해당 글, 「재택근무가 가진 의미」는 블라인드 웹진 『브리핑스』(현재는 폐간) 2021년 9월호에 게재됨. 일부 수정 및 삭제 후 수록.

24. 해당 글, 「벗을 기다리며」는 『월간 에세이』 2022년 6월호에 게재됨. 일부 수정 및 삭제 후 수록.

25. Granovellter, M. (1983). The Strength of Weak Ties: A Network Theory Revisited. *Sociological Theory, 1*.

실리콘밸리가 원하는 사람

현직 실리콘밸리 엔지니어가 말하는 글로벌 커리어 & 로드맵

발행일   2025년 2월 12일

지은이   이원종
펴낸이   김범준
기획·책임편집   한영서
교정교열   오상욱
편집디자인   나은경
표지디자인   이수경

발행처   (주)비제이퍼블릭
출판신고   2009년 05월 01일 제300-2009-38호
주 소   서울시 중구 청계천로 100 시그니쳐타워 서관 9층 945, 946호
주문/문의   02-739-0739   **팩스**   02-6442-0739
홈페이지   http://bjpublic.co.kr   **이메일**   bjpublic@bjpublic.co.kr

가 격   27,000원
ISBN   979-11-6592-316-7 (13320)
한국어판 © 2025 (주)비제이퍼블릭